G2 시대
리더십으로 본
조선왕
성적표

난세를 극복하고 강력한 통치 리더십을 발휘한
조선시대 최고의 왕은 누구일까?

위화도회군을 결단해 새 왕조를 세우다 패도를 구사해 사직의 기반을 다지다
한글창제로 문화대국의 기틀을 마련하다 권신을 토벌해 사직을 안정시키다
탁월한 외교술로 국익을 지켜내다 사림 중용으로 붕당정치의 길을 열다
대책도 없이 기회주의로 일관하다 환국정치로 유혈당쟁을 격화시키다
허울뿐인 탕평으로 붕당을 남겨두다 쓸데없이 신하들과 지혜를 다투다
붕당정치에 앞장서며 외침을 부르다 줏대 없는 명분론으로 화를 자초하다
민비와 영합해 세도정치를 부활시키다

G2 시대 리더십으로 본 조선왕 성적표

신동준 지음

인간사랑

차례

3장

암군 暗君 · 275

저자 서문

21세기를 G2 시대라고 한다. 중국이 문득 굴기崛起해 천하를 호령하던 G1 미국과 어깨를 나란히 한 결과다. 동양 전래의 역사에 비춰보면 천하의 주인이 뒤바뀌는 왕조교체기에 해당한다. 왕조교체기는 난세의 전형에 해당한다. G2 중국이 과연 '팍스 아메리카나'를 대신한 '팍스 시니카'의 시대를 열어갈 것인지 여부에 대해서는 내로라하는 학자들 내에서도 전망이 엇갈린다.

그러나 분명한 것은 한반도가 미·중이 격돌하는 싸움의 한복판에 서 있다는 점이다. 우리에게는 위기이자 기회이기도 하다. 민족의 숙원인 한반도 통일도 이 와중에 달성될 가능성이 그 어느 때보다 커졌기 때문이다. 최고통치권자를 비롯한 위정자와 21세기 경제전쟁의 일선 사령관인 기업 CEO들의 심기일전 자세와 현명한 대응이 절실히 필요한 시점이다.

본서가 조선조 역대 군왕 가운데 난세의 시기에 재위한 인물을 선정해 그들의 리더십을 집중 분석한 것도 그 때문이다. 그들의 승착勝着 및 패착敗着에 대한 정밀분석을 통해 G2 시대 난관 타개의 지략으로 삼고자 하는 사람들에게 조금이라도 도움을 주고자 한 것이다. 이런 접근은 크게 2가지 면에서 의미가 있다고 생각한다.

첫째, 조선조가 21세기를 사는 한국인에게 가장 큰 영향을 미치고 있는 왕조라는 점이다. 이웃 중국인과 일본인이 각각 조선조와 비슷한 시기에 존재했던 명·청조와 에도 막부의 영향을 크게 받고 있는 것과 같다. 대통령 후보가 청와대 입성 직후 예외 없이 '선출된 왕'의 모습을 보이는 게 그 증거다. 중국의 공산당 총서기와 일본의 총리가 각각 '선출된 황제'와 '선출된 쇼군'의 모습을 보이는 것과 유사하다. 서양의 자유민주주의와 인민민주주의 통치체제를 도입했음에도 역사문화의 DNA만큼은 그대로 살아남아 있는 셈이다. 해방 이후의 대통령만 분석 대상으로 삼을 경우 최고통치권자의 리더십을 제대로 파악키 어려운 것도 이와 무관치 않을 것이다. 그런 점에서 본서는 분석대상의 시간대를 5백년 이상 끌어올린 경우에 해당한다. 자료가 풍부할수록 의미 있는 분석이 가능하다. 역사문화의 DNA만큼은 통치체제 등의 외피가 아무리 바뀔지라도 쉽게 바뀌지 않기 때문이다. 자국의 역사문화에 기초하지 않은 체제 및 이념의 이식은 실패할 수밖에 없다. 통일시대를 코앞에 둔 현재, 우리의 역사문화에 부응하는 새로운 체제와 이념의 정립이 시급한 이유다.

둘째, G2 시대의 혼란스런 모습이 조선조 역사에 등장한 왕조교체기의 혼란스런 모습과 사뭇 닮아 있다는 점이다. 조선조는 5백년 간 이어지는 와중에 크게 3번에 걸친 천하대란의 소용돌이에 휩싸인 바 있다. 개국 초기에 빚어진 원·명 교체기의 혼란, 왜란 및 호란으로 상징되는 명·청 교체기의 혼란, 아편전쟁 이후 반세기 가까이 진행된 동서 문명의 충돌시기의 혼란이 그것이다. 모두 21세기 현재 우리가 맞닥뜨리고 있는 G2 시대 소용돌이의 원형에 해당한다. 천하의 주인이 바뀌는 혼란스런 상황에서 조선의 왕들이 어떤 리더십을 발휘했는지 여부를 탐사하는 것은 매우 중요하다. 미·중이 격돌하는 21세기 G2 시대를 헤쳐 나가는데 많은 것을 암시하고 있기 때문이다. 역사에서 흥망성쇠의 이치를 배우지 못하는 민족에게는 앞날이 없다. 학자들이 21세기의 새로운 통치리더십 패러다임을 찾고자 하면서 해방 이후의 대통령들만 분석 대상으로 삼는 것은 의미 있는 분석을 스스로 포기하는 것이나 다름없다.

본서가 조선조 때 출현한 3번의 G2 시대를 총망라해 분석하면서 최고의 리더십을 발휘한 명군明君으로 태조와 태종, 세종, 세조, 광해 등을 든 것도 바로 이 때문이다. 태조 이성계는 위화도 회군의 결단으로 새 왕조의 창업주가 된 점에서는 명군으로 꼽을 만하다. 태종은 원명 교체기의 G2 시대에 놀라운 결단력과 지혜를 발휘해 조선조 건국의 기틀을 닦았다. 실질적인 창업주에 해당한다. 세종이 문무 두 측면에서 조선조 5백년을 통틀어 최고의 성세를 구가할 수 있었던 것도 그가 미리 기반을 닦아 놓았기에 가능했다. 그러나 한글이 역사상 인류가 찾아낸 문자 가운데 최고의 문자로 평가받게 된 것은 전적으로 세종의 공이다. 세조 또한 전광석화 같은 반격으로 신권臣權 세력의 발호를 제압하고 왕권王權을 튼튼히 함으로써 5백년 사직의 기초를 튼튼히 한 점에서 명군에 속한다. 조선조가 맞닥뜨린 두 번째 G2 시대인 명·청 교체기 때 놀라운 외교수완을 발휘해 나라의 안녕을 꾀한 광해군 역시 명군의 반열에 오를 만하다.

그런 점에서 대명 사대주의자들이 반정을 일으켜 그를 보위에서 끌어내려 호란을 자초한 것은 두고두고 반성할 일이다. 본서가 반정의 주역인 인조를 왜란을 초래한 선조와 함께 암군暗君의 전형으로 꼽은 이유다. 세 번째 G2 시대인 구한말에 민비의 치맛자락에 휘둘려 총 한 번 쏘아보지 못한 채 나라를 일제에게 고스란히 상납한 고종도 하등 다를 게 없다. 뒤늦게 광무개혁을 실시해 독립을 꾀했으나 이미 끝난 일이었다.

G2 시대가 아닌 G1의 시기에 재위한 인물 가운데 조선조 사대부들에 의해 성군의 칭송을 받은 성종과 중종, 숙종, 정조 등은 엄밀한 재평가를 요한다. 성종은 모후인 인수대비에게 휘둘려 국기를 문란케 만든 데다 사림을 중용해 붕당정치의 길을 열었다. 조선조가 '신하의 나라'로 변질되는 단초를 연 셈이다. 사대부들이 일으킨 최초의 반정 덕분에 얼떨결에 보위에 오른 중종은 대책도 없이 기회주의로 일관하다가 기묘사화의 유혈참사를 빚었다. 이는 군왕을 압박하며 극단적인 명분론을 펼친 조광조가 명신으로 떠받들어지는 빌미가 됐다. 숙종은 부인까지 당쟁의 희생양으로 삼아 유혈당쟁을 자초한 장본인이다. 21세기 현재 세종과 더불어 최고의 성군으로 일컬어지는 정조의 경우는 신하들과 재치를 다투는 식으로 나라를 다스린 점에서 더 큰 문제를 안고 있다. 이들 모두 군도君道가 아닌 신도臣道의 길을 걸었다는 점에서 결코 명군으로 평할 수 없다. 이들을 하나로 묶어 평범한 군주를 뜻하는 용군庸君으로 분류한 이유다.

본서의 이런 분류는 기존 학계의 평가와 커다란 차이가 있다. 이에 대해 여러 반론이 제기될 수 있을 것이다. 본서의 평가는 조선조 5백년 동안 등장한 3번의 G2 시대를 얼마나 슬기롭게 헤쳐 나갔는지 여부를 기준으로 삼은 것임을 거듭 밝혀둔다. 본서의 평가를 수용할 것인지 여부는 전적으로 독자들의 몫이다.

본서의 평가는 조선의 역대 군왕이 G2 시대의 난세를 얼마나 슬기롭게 타개했는지 여부를 기준으로 삼았다는 점에서 매우 독특하다. 본서의 가장 큰 특징이자 매력이기도 하다. 실제로 독자들은 본서를 통해 왕조교체기의 혼란스런 G2 시대에 국가존망이 갈리게 된 배경이 무엇이고, 이를 초래한 리더십의 실체가 무엇인지에 대해 쉽게 이해할 수 있을 것으로 본다. 본서는 민족의 염원인 한반도 통일과 명실상부한 '동북아 허브시대'를 여는데 앞장서고자 하는 사람들에게 도움을 주고자 하는 충정에서 나왔다. 독자 제현의 분발을 기대한다.

2013년 겨울 학오재學吾齋에서 저자 쓰다.

들어가는 글

리더십 평가의 잣대

리더십과 통치

인문학과 사회과학, 자연과학을 막론하고 21세기의 학계를 풍미하는 화두 가운데 하나가 '리더십'과 통섭統攝이다. '리더십'을 직역하면 여러 부문을 하나로 묶어 다스린다는 뜻의 통치統治 내지 통할統轄에 가깝다. 글자 자체로 보면 여러 부문을 도맡아 다스린다는 뜻의 '통섭'과 아무 차이가 없다. 그러나 학계에서는 양자를 구분해 사용하고 있다. '리더십'은 인간관계에 대한 과학적인 탐사, '통섭'은 학문 간의 벽을 허무는 연구방법론으로 풀이하는 게 그렇다.

'리더십'의 사전적 의미는 휘하 사람을 다스리거나 올바른 방향으로 이끌어 가는 지도자로서의 능력이다. 통상 지도력 내지 통솔력으로 번역하는 배경이다. 현재 널리 사용되는 개념을 토대로 보면 똑같은 리더십일지라도 통치와 통할은 '특수한 리더십'에 속한다. 통치는 최고통치권자와 기업총수 등 1인자의 리더십, 통할은 최고통치권자의 명을 받아 휘하 관원을 통솔하는 총리와 계열사 CEO 등 2인자의 리더십에 가깝다. 영어 '리더십' 개념이 매우 다양한 의미로 사용되고 있음을 알 수 있다.

일반인들이 볼 때 '리더십' 개념이 매우 혼란스런 모습을 보이는 이유가 여기에 있다. 예컨대 미국의 '대통령학'에서 말하는 국가원수 및 행정수반의 리더십을 위시해 경영대학원 MBA과정에서 집중 탐사하는 기업 CEO의 리더십, 정치학자들이 초점을 맞추고 있는 의회를 중심으로 한 정치 리더십, 역사학자들이 주목하는 제왕 리더십, 군사학자들이 중시하는 장수 리더십, 스포츠에 종사하는 사람들이 많은 관심을 기울이는 스포츠지도자 리더십 등이 그것이다. '리더십'을 전문으로 연구하는 학자들조차 헷갈릴 수밖에 없다.

가장 큰 문제는 이런 다양한 유형의 리더십이 서로 어떤 공통점과 차이점을 지니고 있는지에 대한 체계적인 연구가 아직 없다는 점이다. 2012년 말 대선정국에서 돌풍을 일으킨 바 있는 전 서울대 교수 안철수의 발언이 그 실례다. 그는 출마 선언에 즈음해 이같이 말했다.

"수심 2미터의 수영장에서 수영할 줄 알면 태평양에서도 가능하다!"

이는 스포츠지도자의 리더십이나 제왕의 통치 리더십이나 하등 다를 게 없다는 논리에 기초한 것이다. 당시 그는 자신이 500명 이상의 종업원이 있는 컴퓨터 바이러스 백신 회사의 운영 경험을 논거로 들었다. 통상적으로 사용되고 있는 다양한 종류의 리더십 개념이 구체적으로 어떤 공통점과 차이점이 있는지 제대로 연구가 안 된 후과로 볼 수 있다.

상식적으로 판단할 때 아무런 장애물도 없는 잔잔한 수영장에서 수영할 때와 거친 파도가 넘실대는 대해에서 수영하는 것이 과연 같을 수 있는 것일까? 과연 500명의 종업원을 다루었다고 해서 5,000만 명의 국민을 대상으로 뛰어난 통치 리더십을 발휘할 수 있는 것일까? 더구나 지금은 미·중 양국이 한반도를 중심으로 치열한 신경전을 펼치는 G2 시대이다. 스포츠지도자의 리더십과 제왕의 통치 리더십을 엄히 구분해야 하는 이유다.

의사 출신인 안씨가 생물학의 기초 상식에 해당하는 상사相似와 상동相同 개념조차 제대로 파악치 못한 것은 충격이다. 곤충의 날개와 새의 날개는 하늘을 나는 점에서는 같지만 하나는 곤충이고, 다른 하나는 조류이다. 같은 포유류에 속하는 사람의 팔과 고래의 가슴지느러미는 발생학적으로는 같지만 하나는 육지에 사는 영장류의 팔이고, 다른 하나는 바다에서 생활하는 포유류의 지느러미일 뿐이다. '상사'와 '상동'은 모습과 기능만 같을 뿐 본체는 엄연히 다른 것이다.

'상사'와 '상동'의 경우는 말할 것도 없고 같은 사람일지라도 그 그릇과 기량에 따라서는 하늘과 땅만큼의 차이가 난다. 적과 맞붙었을 때 장수의 자질과 기량을 갖추지 못한 자가 군사를 지휘할 경우 어찌될까? 본인은 말할 것도 없고 애꿎은 장병들 모두 몰사하고 말 것이다. 기업 CEO의 자질과 능력이 없는 사람이 사령탑에 앉아 있을 경우 어찌 될까? 이내 도산하고 말 것이다.

나라의 경우는 더 심각하다. 군인 출신 대통령을 '군바리' 운운하며 '문민정부'를 자랑스럽게 내세웠던 김영삼 정권이 IMF 외환위기를 초래한 게 그 증거다. 국민들의 입장에서 볼 때는 '군바리'와 '문민' 출신의 구별이 하등 중요한 게 아니다. '단군 이래 최대의 경제 위기'로 불리는 IMF 환란의 위기상황을 미연에 방지할 줄 아는 능력이 더 중요하다. 당사자에게 그런 능력이 없다면 뛰어난 인재를 곁에 두고 그 지혜를 빌려야 했다. 그러나 그는 그리하지 않았다. 수많은 직장인이 구조조정의 미명 하에 거리로 쫓겨나고, 중산층이 무너져 내리면서 비정규직 일자리가 천문학적으로 늘어난 것 등이 모두 여기서 비롯됐다. 문민정부가 나름 국민의 군대를 사병私兵처럼 운용한 하나회를 척결하는 등의 공을 세웠음에도 결코 높이 평가할 수 없는 이유다.

'준비된 대통령' 운운하며 최초의 여야 간 정권교체를 자랑했던 국민의 정부도 별반 나을 게 없다. 1%의 상징인 월가의 조종을 받는 IMF가 '장학생' 운운하는 말에 우쭐해한 나머지 멀쩡한 기업을 국제투기자본에 헐값으로 넘기는 우를 범한 게 그렇다. IMF 환란 이듬해인 1998년 10월 쿠알라룸푸르에서 열린 제6차 아시아태평양경제협력체 정상회의에서 '준비된 대통령'은 말레시아 수상 마하티르에게 넌지시 '한 수'를 가르쳐주었다.

"수상 각하, 적극적으로 시장을 개방해야만 아시아에 몰아닥친 이번 환란위기를 극복할 수 있습니다!"

마하티르가 쓴 웃음을 지으며 말했다.

"그렇지 않습니다. 위기의 주범은 제어할 수 없는 국제투기자본입니다!"

마하티르는 내심 '선 무당이 사람 잡는다'는 식의 황당한 느낌을 받았을지도 모른다. 옥스퍼드 경제학박사 출신인 그는 IMF를 조정하는 월가 투기자본의 내막을 훤히 꿰고 있었다. 실제로 말레이시아는 마하티르 경제명령 발동 덕분에 환란을 무난히 극복함으로써 미국 주도의 세계화에 경종을 울렸다. 그가 이후 미국 등 서방세계가 주도하는 세계화에 끊임없이 독설을 퍼부은 이유다. 당시 'IMF 장학생'이 제출한 답안지는 지난 2008년 금융위기 당시 미국이 달러를 마치 종이를 찍어내듯 인출해 파산 직전의 GM과 BOA 등을 살려낸 것과 너무나 대조되기에 두고두고 아쉬움을 남긴다.

'황당한' 모범 답안이 한국경제에 끼친 내상이 너무 커 사실 'IMF 환란 극복'이라는 찬사가 무색해진다. 지난 2009년 촉발돼 2013년 초까지 지속되고 있는 '쌍용자동차 사태'를 위시해 수조 원 대의 '먹튀'도 모자라 2012년 말 한국정부를 상대로 부당한 세금을 돌려달라며 국제중재기관에 제소한 론스타의 파렴치한 행각 등이 그렇다. 노무현 정부와 이명박 정부가 이런 사태의 확산에 일조했음은 말할 것도 없다. 현재의 한국경제가 직면하고 있는 모든 위기는 역대 정부가 합작으로 빚어낸 실정失政의 결과물이라고 해도 과언이 아니다. 일각에서는 대우그룹의 해체도 이런 맥락에서 바라보고 있다. 대우그룹 해체의 당사자로 지목받고 있는 전 재경부장관 이헌재는 지난 2012년 초 한 일간지와 가진 인터뷰에서 당시 상황을 이같이 복기한 바 있다.

"돌이켜보면 우리도 당시 모라토리엄을 각오했어야 했다. 당시 그런 주장도 있었고, 나름 계산도 해봤다. 우리도 견딜 만했다. 그러나 국민의 정부는 '금리 불문, 어떻게든 갚는다'는 쪽으로 외채협상 가닥을 잡았다. 복기해보면 참으로 아쉬운 부분이다."

IMF를 '협잡꾼'으로 맹비난하며 경제명령으로 모라토리엄을 선언해 환란위기를 무사히 넘긴 마하티르의 대처와 너무나 대비된다. 한국에서 '정치 9단'으로 통하던 최고통치권자 모두 국제정치 무대에서는 일개 '정치 초단'에 불과하다는 사실을 극명하게 보여준다. 소규모 회사를 운영한 경험을 토대로 수영장을 태평양에 비유한 안철수의 언행도 따지고 보면 같은 맥락이다. 자칫 나라를 패망의 수렁으로 밀어 넣을 수도 있다. 국내의 '정치 9단'조차 한낱 국제투기자본의 농락 대상이 된 뼈아픈 과거가 이를 반증한다. 본서가 조선시대의 3번에 걸친 G2 시대에 재위한 왕들의 리더십을 집중 조명한 이유가 여기에 있다.

군신공치와 군주독치

동양에서는 전통적으로 통치 리더십을 치도治道로 표현했다. 치국평천하의 근본도리를 뜻한다. 이는 크게 군도君道와 신도臣道로 대별된다. 말 그대로 군주의 길과 신하의 길이다. 현대의 리더십 이론에 대입하면 '군도'는 1인자 리더십, '신도'는 2인자 리더십에 해당한다. 양자 간에는 어떤 이동異同이 있는 것일까?

과거 성리학자들은 양자의 차이를 전혀 인정치 않았다. 역할 차이만 인정할 뿐 본질상 아무 차이가 없다고 본 것이다. 이런 견해를 이른바 군신공치君臣共治라고 한다. 군주와 신하가 치국평천하에 똑같은 책임을 지고 있으며, 군도와 신도 사이에 본질상 아무런 차이가 없다는 견해이다. 있다면 오직 군주와 신하의 자리에서 치도를 행하는데 따른 '역할 상의 차이'만 있다고 본 것이다. 군주를 '제1의 사대부'로 간주한 게 그렇다. 이는 성리학자들이 바라본 치국평천하의 키워드이기도 했다.

이와 정반대되는 것이 한비자 등의 법가가 주장한 군주독치君主獨治이다. 군주만이 오로지 통치 권력을 행사하는 것을 말한다. 이때 신하는 군주의 심부름꾼 내지 고용원에 지나지 않게 된다. 기업경영으로 치면 '군신공치'는 민주경영, '군주독치'는 오너경영에 가깝다.

과연 어느 것이 좋은 것일까? 치세에는 '군신공치'가 맞지만 난세에는 '군주독치'가 정답에 가깝다. 전쟁 상황을 상기하면 쉽게 이해할 수 있다. 전쟁 시에는 전황이 늘 급박하게 돌아가는 까닭에 위로부터 내려오는 명령이 단일해야 한다. 그래야만 임기응변할 수 있기 때문이다. 명령이 여러 곳에서 나오면 설령 국지전에서 승리를 거둘지라도 결국 전쟁에서는 패하게 된다. 난세에 법가 및 병가사상이 빛을 발하는 이유다.

그렇다면 총사령관인 군주와 일선 사령관인 장수의 견해가 충돌할 경우 어찌 대처하는 게 좋은 것일까? 『손자병법』은 장수에게 일단 군사를 이끌고 출정하면 상황에 따라 총사령관인 군주의 명을 거부할 것을 주문하고 있다. 그러나 여기에는 엄격한 제한이 있다는 사실을 잊어서는 안 된다. 『손자병법』「지형」의 해당 대목이다.

"전쟁의 기본이치인 전도戰道에 비춰 승리가 확실할 경우에는 싸우지 말라는 군명君命을 거슬러 싸울지라도 무방하다. 전도에 비춰 승리를 기약할 수 없을 경우에는 싸우라는 군명을 거슬러 싸우지 않을지라도 무방하다. 오로지 백성을 보호하고 군주의 이익에 부합하도록 행보하는 장수야말로 나라의 보배이다."

장수가 군명을 거부하려면 군명이 전쟁의 기본이치에 어긋나고, 누가 볼지라도 객관적으로 승패가 분명해야 하는 2가지 전제조건을 충족시켜야 한다는 지적이다. 어느 하나만 충족시킬 경우는 부득불 군명을 좇아야 한다. 예컨대 군명이 '전도'에 어긋날지라도 승패가 객관적으로 분명치 않거나, 객관적으로 승패가 분명할지라도 군명이 '전도'에 어긋나지 않을 경우에는 승복해야 한다는 얘기다.

2가지 전제조건이 충족되지 않았는데도 군명을 거부할 경우 이는 장수 스스로 쿠데타 즉 반군叛軍을 자처하는 셈이 된다. 고려 말 이성계가 위화도에서 임의로 회군한 게 대표적인 사례다. 이는 이성계가 정도전의 계책을 좇아 새 왕조를 세울 생각을 품고 출병한데 따른 것이었다. 조정으로부터 요동공벌을 통보받자 곧바로 이에 반대하는 상소를 올린 게 그 증거다. 우왕 14년(1388) 초에 올린 상소문의 골자다.

"지금 군사를 출동시키는 일은 4가지 점에서 옳지 못합니다. 첫째, 소국이 대국에 거역하는 점입니다. 둘째, 여름철에 군사를 동원하는 점입니다. 셋째, 온 나라 군사를 동원하여 멀리 정벌하면 왜적이 그 허술한 틈을 타게 되는 점입니다. 넷째, 지금 한창 장마철이므로 활과 쇠뇌의의 아교가 풀어지고 많은 군사들이 역병을 앓게 될 것이라는 점입니다."

이것이 그 유명한 '4불가론四不可論'이다. 적잖은 사람들은 이성계가 위화도 회군 때 '4불가론'을 개진한 것으로 알고 있다. 그러나 위화도 회군 때 올린 '4불가론'의 상소문은 출병 이전에 일련의 상소를 통해 제기한 주장을 정당화하기 위해 재차 꺼내든 것에 지나지 않는다. 애초부터 쿠데타를 염두에 두고 출병했음을 암시한다.

이성계의 위화도 회군은 『손자병법』에서 말한 2가지 전제조건을 모두 충족시키지 못한 상황에서 군명을 거부한 대표적인 사례에 해당한다. 객관적으로 볼 때 당시 요동정벌에 관한 우왕의 명은 전쟁의 기본이치인 '전도'에 전혀 어긋나지 않았다. 소국이 대국을 섬기는 것이 국가보전의 도리라는 '이소역대以小逆大' 운운은 핑계에 불과하다. 이런 주장은 장수가 언급할 사항도 아니었다. '전도' 차원의 판단에 그쳐야 할 장수가 '이소역대' 운운한 것은 쿠데타의 속셈을 드러낸 것이나 다름없다. 나아가 당시 북원北元이 명나라를 강력 견제하고 있었던 까닭에 명나라 군사가 산해관山海關 밖으로 출병해 적극 반격에 나설 수 있는 상황도 아니었다.

고금을 막론하고 장수는 무신武臣의 상징이다. 무신이 진면목을 발휘하는 것은 전장에서 군명을 좇아 용병할 때다. 지상의 목표는 병사들을 온존시킨 가운데 적을 굴복시키는 데 있다. 『손자병법』이 '오로지 백성을 보호하는 일에 전념' 운운한 이유다. 원문은 '유인시보惟人是保'이다. 유민시보惟民是保와 같은 말이다. '유민시보'를 추구하는 일에 군주와 장수의 차이가 있을 수 없다. 군도와 신도가 만나는 지점이다. '유민시보'는 군도와 신도의 궁극적인 목표라고 할 수 있다. 『손자병법』에서 장수가 나라의 보배가 될 수 있는 두 가지 조건 가운데 첫 번째로 언급한 '오로지 백성을 보호하는 일에 충실해야 한다'는 조건이 이에 해당한다.

그러나 군도와 신도는 '유민시보'에서는 서로 뜻을 같이하지만 다른 면도 있다. 공자가 『논어』 전편을 통해 군주와 신하가 일면 서로 협조하고 일면 서로 견제하는 군신공치를 역설한 것은 바로 이 때문이다. 『논어』는 이를 군군신신君君臣臣으로 표현했다. 군주는 군주답고 신하는 신하다워야 한다는 뜻이다.

『손자병법』이 '장수는 군주의 이익에 부합해야 한다'고 언급한 것도 같은 맥락이다. 바로 군도와 신도의 차이를 말한 것이다. 원문은 이합어주利合於主이다. 장수는 '유민시보' 이외에도 '이합어주'의 조건을 충족시켜야만 비로소 나라의 보배가 될 수 있다. 두 번째 조건을 충족시키지 못하면 이내 반란군의 괴수로 돌변하게 된다. 이성계의 조선 건국이 지니고 있는 근본성격이다. 이를 탓할 수만도 없다. 역대 모든 왕조가 따지고 보면 쿠데타 정권에서 출발했기 때문이다. 사실 민심이 등을 돌린 왕조는 더 이상 존속할 가치가 없다. 군웅간의 치열한 각축 끝에 승리한 자가 새 왕조의 주인이 된다.

삼국시대 당시 군웅들의 토벌대상이 된 동탁도 기치만큼은 '유민시보'를 내걸었다. 그 또한 초기에는 나름 볼만한 정책을 잇달아 시행했다. 조야의 많은 인재들이 그의 부름을 좇아 기꺼이 '동탁 정권'에 가담한 사실이 이를 뒷받침한다. 고금의 역사가 보여 주듯이 반란이 성공하면 새 왕조의 창업주가 되고 실패하면 만고의 역적이 된다. 동탁은 실패한 경우이고 이성계는 성공한 경우다.

왕도와 패도

고금동서를 막론하고 본래 1인자의 리더십은 2인자의 리더십이 뒷받침되지 않는 한 빛을 발할 수 없고, 2인자의 리더십은 1인자의 리더십이 지지하지 않는 한 존재 근거를 상실한다. 『논어』와 『춘추좌전』을 비롯한 동양의 모든 고전은 온통 이에 관한 이야기로 점철되어 있다고 해도 과언이 아니다.

동서고금을 통틀어 가장 어지러웠던 춘추전국시대는 군도와 신도 문제를 가장 심도 있게 천착한 시기였다. 당시 제자백가는 가장 바람직한 군도와 신도를 찾아내기 위해 백가쟁명百家爭鳴의 이론투쟁을 펼쳤다. 그 결과로 나타난 것이 바로 덕치에 초점을 맞춘 왕도王道와 무력이나 법치에 무게를 둔 패도霸道의 이론이다. 이를 둘러싼 논쟁을 통상 왕패지변王霸之辨이라고 한다. 유가와 법가의 정면충돌에 해당한다.

도가는 '왕패지변' 논쟁에서 한 발 비껴나 있었다. 그렇다고 전혀 관심을 기울이지 않은 것은 아니다. 왕도와 패도를 싸잡아 비판하면서 무위에 입각한 다스림인 이른바 무위지치無爲之治를 역설한 게 그렇다. 이를 통상 제도帝道라고 한다. 왕도보다 한 수 위이다.

맹자에 앞서 묵자는 천하 사람을 두루 사랑하는 겸애兼愛를 강조한 바 있다. 묵가의 '왕패지변'에 대한 입장은 제도의 수준에 육박하는 왕도에 가깝다. 힘을 배경으로 한 패도를 천시한 이유다. 이른바 묵수墨守가 이를 상징한다. 이는 묵자가 자신의 지론인 비전론非戰論을 뒷받침하기 위해 시뮬레이션을 통해 아홉 번에 걸친 공격을 막아낸 고사에서 나왔다. 힘을 기반으로 한 패도를 깎아내린 이유다.

맹자는 묵가의 이런 '비전론'에 편승해 왕도와 패도를 엄격히 분리한 뒤 오직 왕도만이 치도에 해당한다고 역설했다. 한 세대 뒤에 태어난 순자는 왕도가 가장 바람직하나 현실적으로 불가피할 때는 패도를 적극 구사할 필요가 있다며 왕도와 패도의 혼용을 주장했다. 난세에는 패도가 타당한 것임은 말할 것도 없다. 진시황이 막강한 무력과 법가사상에 기초해 천하를 통일한 뒤 사상 최초로 '황제'를 칭한 사실이 이를 뒷받침한다.

신도는 실천 주체에 따라 크게 왕도와 밀접한 관계를 맺고 있는 문관 위주의 문도文道, 패도와 불가분의 관계를 맺고 있는 무인 위주의 무도武道로 나눌 수 있다. 군웅할거로 상징되는 왕조교체기의 G2 시대에는 예외 없이 수많은 책사와 장수가 천하통일의 대업에 뛰어든다. 이들의 재능과 지략의 수준에 따라 군도와 신도 사이에 수많은 조합관계가 이루어지면서 성패가 엇갈린다. 주목할 점은 왕도를 내세운 자들 모두 하나같이 실패했다는 사실이다.

유비는 『삼국연의』에서 왕도의 대변자로 묘사되어 있으나 사실은 패도의 전형이다. 제갈량도 예외가 아니다. 난세의 시기에 왕도로는 결코 대업을 이룰 수 없다는 사실이 춘추전국시대에 이어 또다시 명확히 입증된 셈이다. 당시 이를 가장 잘 실천한 인물이 바로 조조였다. 그의 휘하에 기라성 같은 수많은 책사와 장수가 운집한 사실이 이를 말해 준다. 21세기라고 다를 리 없다.

천하의 패권을 다투는 대선 등의 각종 선거전과 국가총력전 양상으로 진행되고 있는 21세기 경제전쟁 모두 춘추전국시대나 삼국시대의 경쟁 양상과 닮았다. 성패는 얼마나 많은 인재를 휘하로 끌어들여 제대로 활용하는지 여부에 달려 있다. 본서가 3번에 걸친 G2 시대에 재위한 조선왕들의 리더십에 주목한 이유다.

조선조는 한반도에 세워진 최초의 유교 국가다. 개국공신 정도전은 무인 출신 이성계를 송태조 조광윤과 유사한 인물로 간주해 조선조를 송나라처럼 유교를 숭상하는 사대부의 나라로 만들고자 했다. 당시 유교 소양이 깊지 못했던 이성계는 정도전의 구상을 그저 좇는 것으로 만족해했으나 그의 아들 가운데 유일하게 고려조의 성균관에 다녔던 문관 출신 이방원은 정도전의 속셈을 꿰뚫었다. 사대부의 나라가 될 경우 왕은 허수아비나 다름없게 된다. 그는 강력한 황권을 행사한 명태조 주원장을 모델로 삼았다. 그러나 부왕 이성계는 주원장이 지녔던 책략과 포부가 없었다. 그가 기습공격을 통해 정몽주와 정도전 등을 척살하는 식으로 손에 피를 묻힌 배경이 여기에 있다. 그를 실질적인 개국조로 보는 이유다.

이방원은 여러모로 당태종 이세민과 닮았다. '현무문의 변'으로 불리는 기습공격을 통해 태자인 이건성 무리를 일거에 제압하고 부황인 당고조 이연으로부터 곧바로 보위를 물려받은 것 등이 그렇다. 이방원도 정도전과 더불어 세자 이방석을 일거에 쓸어낸 뒤 부왕인 이성계의 퇴위를 이끌어 냈다. 과도적으로 정종이 2년 동안 보위에 앉아 있었으나 이는 형식에 불과했다. 그는 보위에 오르자마자 힘으로 공신들을 제압한 뒤 강력한 부국강병책을 추진했다. 『정관정요』에 묘사된 당태종의 모습 그대로이다. 문무 두 측면에서 뛰어난 치세를 이룬 배경이 여기에 있다. 본서가 그를 세종과 더불어 조선조 역대 군왕 가운데 최고의 성군으로 꼽은 것도 바로 이 때문이다.

'왕도'로 상징되는 유가사상을 깊이 흡입한 세종도 부왕의 행보를 흉내냈다. 관료 집단의 자발적 협조 분위기를 이끌어낸 게 그렇다. 조선의 관료통치 체제는 이때 기본 틀이 만들어졌다고 해도 과언이 아니다. 이런 분위기는 대략 임진왜란이 터질 때까지 그대로 유지됐다. 명종 때 불거지기 시작한 붕당정치의 조짐이 선조 때 들어와 하나의 틀로 굳어지면서 정국이 완전히 일변했다. 합리적인 대안을 찾고자 하는 건설적인 토론문화는 찾아볼 길이 없게 됐다. 오직 정적을 무너뜨리고 흠집을 내는데 모든 노력이 경주된 결과다. 망국의 조짐이었다. 당대 최고의 거유巨儒로 숭앙받은 이퇴계와 이율곡도 반대당에서는 한낱 속유俗儒에 지나지 않았다. 심지어 '개'로 비유하는 양상마저 나타났다. 2012년 대선 후보 TV토론회에서 상대당 후보를 두고 '당신을 떨어뜨리기 위해 출마했다'고 떠든 것과 하등 다를 바가 없다. 당쟁이 극한으로 치달으면 이런 꼴이 난다. 이들의 머릿속에 민생은 없다.

붕당정치가 고착화하면서 조선조는 '왕의 나라'에서 '신하의 나라'로 변질되고 말았다. 이른바 군약신강君弱臣强으로 인한 것이다. 이는 전국시대 중엽 서쪽 변방의 진나라를 문득 최강의 군사대국으로 만드는데 결정적인 공헌을 한 상앙의 저서 『상군서商君書』가 처음으로 언급한 것이다. 상앙은 '군약신강'을 패망의 지름길로 간주했다. 『상군서』「신법」의 해당 대목이다.

"군주가 '군약신강'의 배경을 제대로 살피지 못하면 설령 열국 제후들의 침공을 받지 않을지라도 반드시 백성들의 겁박劫迫을 받게 된다. 붕당세력의 교묘한 언설이 횡행하면 현자나 불초한 자나 모두 이를 따라 배울 것이다. 선비들이 언변에 뛰어난 사람에게서 배우면 일반 백성은 실질적인 일을 팽개친 채 허황된 언설을 낭송하고 다닐 것이다. 국력이 줄어들고 서로를 비난하는 얘기가 난무하는 이유다. 군주가 이를 제대로 살피지 못하면 전쟁이 일어났을 때 반드시 장병을 모두 잃을 것이고, 성을 지키고자 할지라도 반드시 성을 팔아먹는 자가 나타날 것이다."

왜란과 호란 당시의 상황이 꼭 이와 같았다. 백성들은 평양의 사수를 외치던 선조가 황급히 성을 빠져나가자 선조 일행의 가마에 돌멩이를 던지고 왜군에게 선조 일행이 올라간 길을 가르쳐 주었다. 왜란을 겪으면서 군주의 권위는 땅에 떨어진데 반해, 사림의 권위는 하늘을 찌르게 된 근본 배경이다. 천조天朝로 불리며 조선왕의 권위를 뒷받침해 주던 명나라가 말기에 이르러 추한 모습을 드러낸 것도 이런 분위기를 부추기는데 결정적인 배경으로 작용했다.

그러나 땅에 떨어진 군위君威를 완전히 박살낸 장본인은 선조가 아닌 인조였다. 명분도 없이 광해군을 보위에서 끌어내고, 쿠데타를 합리화하기 위해 대명 사대외교를 명분으로 내걸었다가 두 차례의 호란을 자초한 게 그렇다. 나아가 그는 소현세자를 스스로 제거함으로써 정조 때까지 이어지는 심각한 정통성 문제까지 촉발시키는 우를 범했다. 조선조 최악의 군주로 간주하는 이유다.

그의 뒤를 이은 효종 때 나온 북벌론北伐論도 이런 맥락에서 이해할 수 있다. 군신 모두 현실에 눈을 감은 채 중원의 새 주인이 된 청나라를 '오랑캐'로 업신여기며 패망한 명나라를 추숭追崇한 결과다. 이는 위기의 G2 시대에 빚어진 황당한 논의의 대표적인 사례에 속한다. 조선성리학의 지나친 명분론에 매몰된 후과로 볼 수 있다. 말할 것도 없이 사대부들이 경세經世의 과제를 외면한 채 공허한 사변논쟁에 매달리는 망국적인 풍조로 인한 것이었다.

이는 기본적으로 '군약신강'의 왜곡된 통치구조에서 비롯된 것이다. '사림'에 뿌리를 둔 당쟁이 원흉이다. 16세기 이후 천하대세가 일변하는 상황에서 '사림'은 허황된 논변과 유혈당쟁으로 국가의 대응능력을 한없이 갉아먹었다. 경세의 과제는 실학파로 불리는 일부 재야 학자들의 '학문적 호기심'에 그쳤다. 나라가 제대로 될 리 없다. 숙종에서 정조에 이르는 시기는 중원의 새 주인이 된 청나라가 중국의 전 역사를 통틀어 가장 화려한 강건성세康乾盛世를 구가하던 때였다. 청나라가 명실상부한 G1으로 군림할 당시 '강건성세'의 분위기에 올라탄 숙종과 영조, 정도 등도 나름 뛰어난 역량을 보여주었다. 그러나 그게 끝이었다. '군약신강'을 초래한 망국적인 붕당의 틀을 깨지 못한 게 그렇다. 이로 인해 재야의 사림세력이 군권君權과 군위君威를 압도하는 양상이 더욱 확대됐다. 군주의 통치능력이 무력화된 배경이다. 그 후과가 바로 구한말에 등장한 극소수의 외척세력 사대부 가문이 사실상의 통치 권력을 행사한 세도정치勢道政治이다.

순조 즉위 이후 세도정치가 일상화하면서 '홍경래의 난'과 '진주민란' 등의 대규모 민란이 잇달았다. 모두 중앙의 세도정치 권력자와 결탁한 토호와 지방관장들의 가렴주구로 인해 백성들이 막다른 길로 내몰린 결과였다. 이 시기는 아편전쟁이 상징하듯이 '진정한 의미의 세계사'가 처음으로 진행되는 격동의 시대였다. 동양의 신구新舊 패권을 상징하는 청나라와 일본이 애꿎은 조선에서 싸움을 시작한 이유다. 그 결과는 나라의 패망이었다.

나라를 다스리던 사대부 지식인들이 나라의 안녕과 민생은 아랑곳하지 않고 오직 정적을 거꾸러뜨리는데 열중한 당쟁의 후과로 볼 수밖에 없다. 국토가 분단된 가운데 이념적으로 갈라져 진흙 밭의 개싸움 형식으로 전개되고 있는 작금의 상황과 별반 다를 게 없다. 지난 세기 말 터져 나온 IMF 환란을 두고 '단군 이래 최대의 경제 위기'로 부르고 있는 게 그 증거다. 그 후유증은 21세기 현재까지 지속되고 있다.

고금을 막론하고 '사림'으로 상징되는 재야在野 세력이 위세를 떨치면 떨칠수록 통치기능은 마비되고 통치체제는 뿌리채 흔들리게 된다. 전운이 한창 감도는 상황에서 힘을 결집하기는커녕 자중지란을 벌이는 꼴이다. G2 시대에 집권하는 최고통치권자의 리더십이 이처럼 중요하다. 국가존망과 민생의 흥폐가 여기에 달려 있기 때문이다. 본서가 조선조 5백년 기간 동안에 나타난 G2 시대의 리더십을 집중 분석한 이유다.

G2 시대의 리더십은 기본적으로 '난세의 리더십'을 말한다. 천하가 하나로 통일된 G1 시대의 '치세 리더십'과 다를 수밖에 없다. 이는 리더십이 득천하得天下과 치천하治天下, 군도와 신도 등의 차이에 따라 달라질 수밖에 없는 이치와 같다. 같은 병증이라도 체질에 따라 상이한 처방을 내놓듯이 주어진 상황에 따라 다양한 리더십을 구사해야 한다. 치세를 뜻하는 '수영장'과 난세를 뜻하는 '태평양'을 같이 논할 수 없다는 얘기다. 난세에는 난세의 리더십이 절실하다. 비상한 시기에 비상한 계책이 필요한 것과 같다.

제왕학과 한국모델

동양의 제왕학은 『대학』에서 말하는 치국평천하에 관한 학문을 말한다. 인문학서의 총아로 꼽히는 『춘추좌전』과 『자치통감』을 비롯해 『논어』와 『노자』, 『순자』, 『한비자』, 『손자병법』 등의 제자백가서와 『사기』, 『한서』, 『삼국지』 등의 역대 사서 등이 그것이다. 후대에 나온 『정관정요』와 『독통감론』, 『일지록』 등을 더하면 일일이 거론키 어려울 정도로 많다.

그럼에도 이에 대한 깊은 천착도 없이 구미의 리더십 이론만이 횡행하고 있다. 역사문화의 배경이 다르면 그 해석은 물론 대응까지 달라야 한다. 난세의 G2 시대를 슬기롭게 헤쳐 나가기 위해서는 먼저 국민들의 역량을 하나로 결집시킨 가운데 '부국강병'을 실현해야만 한다. 이어 한반도를 둘러싼 주변 4강을 설득해 통일시대를 앞당기는 노련한 외교술을 발휘해야 한다. 21세기의 한국 대통령은 떠맡은 책무는 막중하기 그지없다. 천하대세를 정확히 읽고 국민들에게 희망의 비전을 제시할 줄 아는 식견과 당대의 인재를 두루 끌어 모아 그들의 지혜와 능력을 최대한 활용할 줄 아는 리더십이 절실하다.

그러기 위해서는 '부국강병'에 모든 초점이 맞춰져야 한다. 기업 CEO들로 하여금 경제전쟁에서 승리를 거둘 수 있도록 강력한 뒷받침을 하는 상공입국商工立國, 유사시를 대비해 평소 국방에 만전을 기하는 유비무환有備無患, 상과 벌을 분명히 하는 신상필벌信賞必罰, 화려한 겉모습을 배격하고 검박한 태도로 실속을 다지는 거화취실去華就實 등이 필요한 이유다. 한국의 대통령은 미국 대통령과 마찬가지로 양복을 입었을 뿐 속내를 보면 조선조 왕들의 역사문화 전통에서 크게 벗어나지 않고 있다. 외국의 학자들이 한국의 대통령을 '선출된 왕'으로 칭하는 게 그렇다. 역사문화 맥락은 그 연원이 깊고 지속적인 것이어서 단순히 다른 나라의 통치제도를 도입한다고 해서 바뀌는 게 아니다. 조선조 역대 군왕의 리더십을 거울로 삼아 21세기 스마트혁명 시대에 부응하는 '한국 모델'의 리더십을 만들어야 하는 이유다.

동서고금을 막론하고 왕도는 모든 사람이 좋아하기 마련이고 강제력을 동원하는 패도는 인기가 없을 수밖에 없다. 그러나 악성 종기를 앓는 아이에게 가장 좋은 치료법은 아이가 일시 우는 것을 무시한 채 종기의 뿌리를 뽑아내는 일이다. 미국 대통령학이 역설하는 민주리더십 이론을 맹종하는 것은 IMF 환란 때처럼 동시가 서시의 찡그린 모습을 흉내 낸 효빈效顰의 우를 범하는 짓이나 다름없다. 『춘추좌전』「소공 6년」 조에 이를 뒷받침하는 유명한 일화가 나온다.

기원전 536년 봄 3월, 정나라 대부 자산子産이 정鼎에 형벌 조항을 주조해 넣었다. 자산과 절친한 진나라 대부 숙향叔向이 이를 전해 듣고는 곧바로 자산에게 서신을 보냈다.

"백성들이 형법이 있다는 사실을 알게 되면 장차 모두 다투는 마음을 일으켜 송곳 끝처럼 작은 일조차 모두 법조문을 끌어대 다툴 것이 분명하오. 결국 범법이 날로 극심해지고 뇌물이 성행해 그대가 살아 있는 동안 정나라는 극히 쇠미해지고 말 것이오. 듣건대 '나라가 장차 망하려 하면 반드시 법령이 많아진다'고 했소. 이는 지금의 정나라를 두고 한 말일 것이오."

그러자 자산이 이같이 회신했다.

"과연 그대의 말씀과 같소. 나는 재주가 없어 자손대의 이익을 고려치 못하고 오직 당대만을 구하려고 했소. 감히 그대의 가르침을 잊을 리 있겠소만 이미 일이 진행되어 그대의 명을 받들 수가 없게 되었소."

대국인 중원의 진나라와 소국인 정나라는 처한 입장과 역사 문화가 다른 만큼 같은 방식으로 나라를 다스릴 수 없다고 잘라 말한 것이다. 이후 정나라는 자산의 강력한 변법 덕분에 남북의 강대국인 진나라와 초나라로부터 동시에 '러브콜'을 받는 허브 국가가 되었다. 21세기 G2 시대에 '롤 모델'로 삼을 만하다.

『춘추좌전』은 자산이 박물군자博物君子의 칭송을 받게 된 일화를 실어 놓았다. 이는 죽을 때까지 손에서 책을 놓지 않는 이른바 수불석권手不釋卷을 행한 결과였다. 과거 위정자들은 평생 부단히 학습하며 사정思政하고 근정謹政하는 것을 당연시했다. 그런 전통이 이제는 온데간데없이 사라지고 말았다. 위정자에게 이를 채근하는 사람도 없다.

수불석권을 행한 대표적인 인물로 삼국시대의 조조를 들 수 있다. 그는 자신처럼 군막 안에서도 스승을 모셔 놓고 가르침을 받은 하후돈을 크게 존경했다. 위왕의 자리에 오를 당시 위나라 대신 한나라의 관호를 수여했다. 자신을 군주로 섬기지 않아도 된다는 취지에서 나온 것이었다. 조조의 깊은 뜻을 헤아리지 못한 하후돈이 상소를 올려 그 부당함을 따지자 조조가 이같이 답했다.

"내가 듣건대 신하 가운데 최상은 사신師臣, 그 다음은 우신友臣이라고 했소. 무릇 신하란 덕을 귀하게 여기는 사람이오. 어찌 구구하게 위나라의 신하가 되어 과인에게 몸을 굽힐 수 있겠소!"

'사신'은 군왕이 스승처럼 모시는 신하, '우신'은 벗처럼 예우하는 신하를 뜻한다. 문신과 무신을 통틀어 삼국시대에 활약한 인물 중 주군으로부터 '사신'의 평을 들은 사람은 하후돈이 유일하다. 훌륭한 인물로 성장키 위해서는 반드시 스승과 벗이 있어야 하듯이 뛰어난 리더십을 발휘하기 위해서는 반드시 '사신'과 '우신'을 곁에 두고 자문을 구해야 한다. 자문을 구하는 것에 그쳐서도 안 된다. 제갈량이 『출사표』에서 지적했듯이 군왕 스스로 바쁜 와중에 시간을 내어 '제왕학' 관련서적을 탐독하며 '사정'하고 '근정'하는 모습을 보여야 한다.

북송대의 명신 사마광이 불후의 명저 『자치통감』을 펴낸 이유가 여기에 있다. 제왕이 바쁜 시간을 쪼개 사서 등을 뒤지며 흥망성쇠의 이치를 찾는 시간을 덜어주고자 한 것이다. 본서와 취지를 같이한다.

동서고금을 막론하고 어느 나라든 그들의 유구한 역사문화와 유리된 통치는 실패할 수밖에 없다. 본서가 격동하는 21세기 경제전쟁 시대를 슬기롭게 헤쳐 나갈 수 있는 지혜를 조선왕들의 '난세 리더십'에서 찾아내고자 한 이유다.

1장 명군
明君

난세를 극복하고 강력한 통치 리더십을 발휘한 조선시대
최고의 왕은 누구일까?

G2 시대에 요구되는
리더십을 분석한다

1

태조

위화도회군을 결단해 새 왕조를 세우다

이성계와 여진족

객관적으로 볼 때 조선의 개국은 무력을 토대로 한 '쿠데타'에 기초한 것이었다. 조선뿐 아니라 동양의 역사에 나타난 모든 왕조의 개창은 형식만 선양禪讓의 방식을 빌렸을 뿐 그 본질은 '성공한 쿠데타'였다고 해도 과언이 아니다. 조선조의 창업주인 이성계는 어떤 수법으로 쿠데타에 성공해 마침내 새 왕조를 세울 수 있었던 것일까?

조선조는 태종 때 전주 이씨의 조상인 이한을 모신 조경묘肇慶廟를 전주에 조성한데 이어 고종 때 이성계의 5대조인 현조부玄祖父 이양무를 모신 삼척의 준경묘濬慶墓를 조성했다. 그러나 이는 모두 후대에 만들어진 것이다. 특히 2008년 초에 소실된 남대문의 복원에 사용된 금강송의 산지인 준경묘는 조선조가 패망하기 직전에 억지로 조성한 곳이다. 패망 직전에 나라를 구하기 위한 최후의 수단으로 조상의 음덕을 찾고자 했던 것으로 짐작된다.

그러나 역사적으로 확인이 가능한 이성계의 가장 먼 조상은 4대조인 고조부 이안사李安社이다. 『조선왕조실록』에 따르면 훗날 목조穆祖로 추존된 그는 원제국의 쿠빌라이 칸이 등장할 당시 식솔을 이끌고 세거지인 전주에서 삼척을 거쳐 여진족의 소굴인 간도지역으로 들어가 천호千戶가 된 것으로 되어 있다. 사서의 기록과 당시의 정황 등을 종합해 때 그는 원래부터 두만강의 간도 일대에 거주하던 여진족인 것이 거의 확실하다는 게 학계의 중론이다. '사직을 안정시킨 시조'의 의미를 지닌 '안사安社'라는 이름도 후대에 붙여진 게 거의 확실해 이런 추정을 뒷받침하고 있다.

원래 이성계의 집안이 고려조와 인연을 맺게 된 것은 그의 조부 이춘李椿 때이다. 이춘은 첫 부인에게서 이자흥李子興과 이자춘李子春 등 2명의 아들을 두었다. 그는 부인이 죽자 이내 식솔들을 이끌고 원나라 관할 하에 있는 쌍성총관부의 화주和州 영흥으로 내려와 정착했다. 이때 그는 쌍성총관부 총관의 딸인 조씨趙氏을 얻어 완자부케完者不花과 나하이那海 등 2명의 아들을 얻었다. 이성계는 이곳에서 충숙왕 4년(1335) 10월에 부친 이자춘과 모친 최씨 사이에서 태어났다.

이성계가 태어난 지 얼마 안 돼 조부 이춘은 다시 비옥한 함주咸州 즉 지금의 함흥으로 이주했다. 이때 간도에 있던 동족 여진족들이 대거 함주로 내려와 살게 되었다. 이들을 이른바 '오동 이르건斡東逸彦'이라고 한다. 여진어로 '오동'은 '간도'의 고유 지명이고, '이르건'은 백성을 뜻한다. 이성계가 훗날 막강한 무력을 자랑케 된 것은 바로 이들 '오동 이르건'으로 구성된 기마대로 인한 것이었다.

이춘이 지정 2년(1342)에 죽은 지 얼마 안 돼 '천호'의 지위를 물려받은 장자 이자흥마저 곧바로 죽자 이내 내분이 일어났다. 이는 이자흥의 어린 아들 이교주李咬住가 뒤를 잇는 것에 불만을 품은 나하이那海가 인신을 훔쳐간 데서 비롯되었다. 당시 이자춘이 이를 원나라 관부에 진정을 내며 호소하자 원나라 조정은 이자춘으로 하여금 임시로 '천호'를 맡았다가 장차 이교주가 성장하면 물려주도록 조치했다.

『태조실록』의 「총서」는 훗날 이자춘이 장조카인 이교주에게 인신을 돌려주고자 했으나 이교주가 사양했다고 기록해 놓았으나 이를 액면 그대로 믿기는 어렵다. 이교주가 난을 꾀했다는 이유로 도중에 이성계 휘하의 손에 척살된 것이 그 증거이다. 이는 당시 이교주의 반발이 만만치 않았음을 시사하는 것이다. '천호'의 자리가 적통인 이교주에게 반환되지 않고 이성계에게 넘어간 것은 이자춘이 손을 쓴 결과로 보는 게 타당하다. 당시 '천호'의 자리가 이교주에게 넘어갔을 경우 이성계가 조선조를 개창하는 일도 없었을지 모른다.

그러나 '천호'의 자리는 어디까지나 원나라의 직책으로 고려조와는 아무 상관이 없었다. 당시 쌍성총관부는 비록 원나라 관할이기는 했으나 몽골인 이외에도 여진족과 고려인들이 혼거하고 있었다. 이때 마침 고려조의 공민왕은 원제국 기황후의 오라비인 기철奇轍 일당을 제압키 위한 방안으로 쌍성총관부의 탈환에 부심하고 있었다. 이런 상황에서 이자춘은 공민왕 4년(1355)에 고려조의 밀직부사 유인우가 본격적인 쌍성총관부 탈환 작업에 나서자 원나라 '천호'의 지위를 배경으로 이에 내응해 대공을 세웠다. 그는 내심 원나라를 배신하고 고려조에 붙는 것이 유리하다고 판단했음에 틀림없다. 이성계 역시 부친과 함께 이에 내응해 적잖은 공을 세운 것으로 알려졌다. 당시 그의 나이 21세였다.

고려조의 입장에서 볼 때 쌍성총관부의 탈환은 원나라에 빼앗긴 지 99년 만의 쾌거였다. 공민왕이 환호작약한 것은 말할 것도 없다. 원제국의 '천호'에 불과했던 이자춘이 일약 고려조 중앙조정의 사복경司僕卿에 임명되어 개경에 저택까지 하사받은 사실이 이를 뒷받침한다. 이것이 훗날 이성계가 고려조의 최고 군벌로 성장해 마침내 새 왕조를 개창케 된 디딤돌이 된 것은 말할 것도 없다. 그런 점에서 훗날 환조桓祖로 추존된 이자춘은 조선조 개창의 단초를 연 당사자로 평가할 수 있다. 사실 '환桓'이라는 묘호廟號 자체가 '크고 굳세다'의 의미를 지니고 있다. 이는 조선조 초기의 개국공신들 역시 이자춘의 역할을 높이 평가했음을 시사한다.

개경에 머물던 이자춘은 사복경에 제수된 지 6년 뒤인 공민왕 10년(1361)에 삭방도만호朔方道萬戶 겸 병마사에 제수되었다. 당시 어사대에서 상소를 올려 '이자춘은 본래 동북면 사람으로 병마사를 삼아서 진수鎭守시킬 수는 없다'고 반대했다. 이들은 혹여 자신의 근거지인 함흥 일대에서 발호할까 우려했던 것이다. 그러나 공민왕은 이를 듣지 않았다. 이는 이자춘에 대한 공민왕의 신임이 간단치 않았음을 뒷받침한다.

당시 이자춘은 임지에 도착하자마자 곧바로 병사하고 말았다. 이에 이성계가 부친의 관작을 그대로 이어받았다. 당시 그의 나이 27세였다. 이해 겨울에 문득 홍건적이 고려를 침공해 개경을 함락시키는 사태가 빚어졌다. 그는 이듬해인 공민왕 12년(1362)에 휘하의 사병私兵 2,000명을 이끌고 도성 탈환전에 참여해 가장 먼저 입성하는 전공을 세웠다. 이는 휘하의 여진족이 뛰어난 정예병으로 구성된 결과였다. 이에 그는 동북면병마사東北面兵馬使로 승진했다.

이성계는 6년 뒤인 공민왕 18년(1369)에 다시 주원장에 의해 북쪽 초원지대로 쫓겨나 북원北元으로 잔존케 된 원나라의 군사를 물리치는 대공을 세웠다. 당시 북원은 평장사平章事로 있는 기철의 아들 기-사인티무르奇-賽因帖木兒에게 명해 요동의 동녕부東寧府을 점거케 했다. 공민왕은 북원과의 관계를 끊을 생각으로 이해 12월에 이성계를 동북면원수東北面元帥로 삼아 동녕부를 치게 했다. 이성계가 친위병인 여진족 기마대를 이끌고 압록강을 건너가 기-사인티무르의 군사를 격파했다.

이성계의 중앙정계 진출

이성계는 신돈辛旽이 처형되는 공민왕 20년(1371) 7월에 지문하부사知門下府事에 임명되었다. 시종 변방의 무장으로 활약하던 그가 처음으로 중앙정계에 그 모습을 드러낸 것이다. 당시 최영도 신돈의 탄압을 받아 계림윤鷄林尹으로 좌천된 후 삭탈관직을 당했다가 그의 죽음을 계기로 중앙정계에 복귀해 이성계의 직속상관인 문하찬성사門下贊成事에 제수되었다. 최영은 이성계보다 19세나 위인 데다가 고려조의 명문거족이었다. 최영은 우왕 2년(1376)에 왜구가 삼남지방을 휩쓸 당시 홍산鴻山에서 적을 대파해 철원부원군鐵原府院君

에 봉해졌다.

당시 왜구의 침공은 매우 극심했다. 이는 고려의 패망을 앞당기고 이성계가 중앙정계에서 지위를 굳히는 중요한 계기로 작용했다. 우왕 6년(1380)에는 전선 5백 척을 이끌고 침공해 개경이 있는 양광楊廣 경기 일대도를 비롯해 전라와 경상 일대를 유린하자 고려 조정은 도성을 내륙인 철원으로 옮길 생각을 하기도 했다.

우왕은 이해 8월에 이성계를 3도도순찰사三道都巡察使에 임명해 이들을 토벌케 했다. 이성계는 뛰어난 용병술로 아기하토阿其拔都가 이끄는 왜구를 대파했다. 「총서」의 기록이다.

"왜구의 섬멸로 냇물이 모두 붉어져 6~7일 동안이나 빛깔이 변하지 않으므로 사람들이 물을 마실 수가 없었다. 노획한 말은 1천 6백여 필이었고, 무기 또한 헤아릴 수 없이 많았다."

「총서」는 당시 이성계가 대승을 거두고 돌아오자 최영이 크게 기뻐하며 백관을 이끌고 나가 그를 영접했다고 기록해 놓았다. 이때의 무공으로 이성계의 명성이 사실상 해도도통사海道都統使로 있던 최영과 어깨를 나란히 하는 위치로 올라서게 되었다. 그러나 최영이 66세가 되는 우왕 7년(1381)에 영삼사사領三司事가 되어 현직에서 물러나면서 사실상의 최고의 무력은 이성계가 장악케 되었다. 이성계는 이듬해인 우왕 8년(1382) 7월에 동북면도지휘사東北面都指揮使에 제수되었다.

당시 조정의 권력은 시중侍中 이인임李仁任이 장악하고 있었다. 최영은 이성계와 합세해 우왕 14년(1388) 정월에 이인임 일당을 일거에 제거한 뒤 수상의 직무대리인 수문하시중守門下侍中이 되었다.

요동정벌과 4불가론

이성계가 혁혁한 무공으로 승승장구하고 있을 때 고려 안팎의 국제정세는 복잡하게 돌아가고 있었다. 최영이 문하시중으로 승진하고 이성계가 수문하시중에 제수되었을 때 명나라 황제 주원장이 사자를 보내 쌍성총관부가 있는 철령鐵嶺 이북을 요동도사의 관할 하에 둘 뜻을 내비쳤다. 이 지역은 개원로開元路에서 관할하던 곳으로 중국인과 여진족, 몽골족, 고려인 등이 혼거한 지역이므로 원나라를 몰아낸 명나라가 관할해야 한다는 논리였다. 최영이 회의를 소집하자 백관들이 이구동성으로 반대했다.

얼마 후 서북면도안무사西北面都安撫使가 '명나라의 요동군이 강계江界에 이르러 철령위鐵嶺衛를 세우려 한다'는 내용의 급보를 올렸다. 이내 요동백호遼東百戶 왕득명王得明이 와서 일방적으로 철령위의 건립계획을 통보했다. 더 이상 이를 좌시할 수 없다고 판단한 최영은 곧 우왕과 함께 요동공벌을 긴밀히 논의했다. 이때 우왕은 최영의 집을 자주 찾던 중 이해 3월에 그의 딸을 왕비로 맞아들였다. 그녀가 바로 우왕과 생사를 같이 한 영비寧妃이다.

당시 이성계는 정도전의 계책을 받아들여 새 왕조를 세울 생각을 품고 있었다. 명제국과 갈등을 빚는 것은 북원과 연결돼 있는 고려조의 수명을 연장시키는 것밖에 되지 않았다. 실제로 당시 고려는 5백년 왕업이 지속되는 와중에 국교인 불교가 퇴폐하고, 토지제도의 모순이 심화되고, 북로남왜로 상징되는 외침이 극심했던 까닭에 백성들의 원성이 하늘을 찌르고 있었다. 이성계와 정도전 모두 새 왕조의 창건이 불가피하다는 생각이었다. 그는 조정으로부터 요동공벌의 계책을 통보받자 곧 이에 반대하는 상언上言을 올렸다.

"지금에 출사出師하는 일은 4가지 옳지 못한 점이 있습니다. 소국이 대국에 거역하는 것이 첫째입니다. 여름철에 군사를 동원하는 것이 둘째입니다. 온 나라 군사를 동원하여 멀리 정벌하면 왜적이 그 허술한 틈을 타게 되는 것이 셋째입니다. 지금 한창 장마철이므로 궁노弓弩는 아교가 풀어지고 많은 군사들이 역병疫病을 앓게 될 것이니 이것이 넷째입니다."

이것이 그 유명한 이른바 '4불가론四不可論'이다. 이에 대해서는 고려를 찬탈키 위한 이성계의 야심이 드러난 것이라는 비판을 비롯해 여러 견해가 있으나 당시의 상황에 비춰볼 때 '4불가론'이 결코 터무니없는 것은 아니었다. '4불가론'은 크게 이소역대以小逆大, 하월발병夏月發兵, 거국원정擧國遠征 및 왜승기허倭乘其虛, 서우노궁署雨弩弓 및 대군질역大軍疾疫으로 요약된다. 그 타당성 여부를 간략히 검토해 보기로 하자.

'이소역대'의 경우 겉으로 드러난 문맥에 집착해 이성계를 일언지하에 친명사대親明事大로 매도하는 것은 지나치다. 당시의 정황에 비춰 요동을 칠 경우 명나라가 반격에 나서기가 쉽지 않았다. 그러나 이것이 요동을 고려의 영토로 삼을 수 있다는 것을 뜻하는 것은 아니다. 북원과 고려의 연결은 명제국이 가장 두려워한 것인 만큼 어떤 식으로든 요동을 수복하려고 대군을 동원할 공산이 컸다. 이미 새 왕조를 세울 생각을 하고 있던 이성계는 나름대로 앞날을 내다보고 이런 주장을 펼쳤다고 보는 게 타당하다.

'하월발병'의 경우 나름대로 타당한 것이기는 하나 근본적인 이유가 될 수는 없다. 물론 전쟁이 예상외로 장기화되어질 경우 이는 큰 문제로 부상할 수 있다. 그러나 당시의 발병은 장기전을 염두에 둔 것이 아니었다. 이성계가 회군의 명분으로 내세우기 위한 원론적인 문제제기로 보는 것이 타당하다.

'거국원정'과 '왜승기허'의 경우는 당시 왜구의 침입이 일상화해 있었던 점에 비춰 상당히 근거가 있다. 실제로 당시 병사들은 요동토벌에 소극적이었다. 고려불화高麗佛畫 중 현존하는 90% 이상이 지금 일본에 있는 것도 당시의 약탈과 무관치 않았다. 부모와 처자식의 안위가 걱정 되는 상황에서 제대로 싸우기가 쉽지 않았을 것이다. 4불가론 중 가장 설득력이 있는 대목이다.

'서우노궁'과 '대군질역'의 경우는 당시 고려군이 활에 크게 의존하고 있었던 점에 비춰 '서우노궁'은 나름대로 일리가 있으나 '대군역질'은 억지에 가깝다. 대군을 동원할 경우 계절과 상관없이 가장 큰 어려움은 치중輜重에 있다. 장마철의 경우는 물웅덩이가 가장 큰 장애물이다. 요동지역은 예로부터 습지와 늪지가 많은 곳으로 유명하다. '대군역질'보다는 치중의 어려움을 드는 것이 훨씬 논리적이었다.

이를 통해 '4불가론'을 종합해 볼 때 일면 타당성이 있으면서도 반대를 위한 반대의 측면도 있었음을 알 수 있다. 이는 출정 당시 이미 군사정변에 관한 기본골격이 마련되어 있었음을 시사하는 것이다. 만일 이성계가 군사정변에 대한 복안을 갖지 않았고, '4불가론'에 대한 강한 신념을 갖고 있었다면 수차례에 걸쳐 유사한 주장을 펼치며 자신의 뜻을 관철시키고자 했을 것이다. 그러나 그는 자신의 상언이 묵살되자 이내 순순히 좇는 모습을 보였다. 이는 자신의 상언이 묵살되리라는 것을 전제로 후속조치를 마련해 두었음을 암시하는 것이다.

물론 여기에는 당시 우왕과 최영의 요동정벌 의지가 그만큼 결연

했던 점도 적잖이 작용했을 것이다. 이는 우왕이 부도副都인 서경西京 즉 평양에 머물면서 요동토벌군을 독려한 사실을 통해 쉽게 확인할 수 있다. 이성계가 반기를 들 생각이 없었다면 최소한 일시적인 점거는 가능했다고 보는 게 타당하다. 그러나 「총서」는 '4불가론'을 합리화하기 위해 이같이 기록해 놓았다.

"우왕은 늘 대동강의 부벽루로 나아가 스스로 호적胡笛을 불면서 즐거워하여 돌아올 줄 몰랐다. 최영은 날마다 군사를 거느리고 드나들면서 피리를 불었다. 군신君臣이 주색에 빠져 사람을 죽임이 날로 심하니 백성들이 크게 원망했다."

이는 말할 것도 없이 이성계의 '위화도 회군'을 미화키 위해 사실을 왜곡해 놓은 것으로 중원을 제패한 명나라를 상대로 전쟁을 준비하는 상황에서 이런 일을 했다는 것은 있을 수 없는 일이다. 당시 최영도 나름대로 여러 측면을 종합적으로 검토해 요동토벌의 결단을 내렸다고 보는 게 옳다. 당시의 정황에 비춰 볼 때 건국한지 얼마 안 된 명제국이 북원과 고려의 연합을 부추길 소지가 큰 요동수복에 선뜻 나서기가 쉽지 않았다.

특이한 것은 팔도도통사八道都統使인 최영이 직접 행군에 나서지 않은 점이다. 이를 두고 여러 해석이 있으나 우왕이 개경 및 자신의 신변 안전을 위해 최영의 출전을 만류했다고 보는 견해가 다수설이다. 그러나 최영의 고령이 가장 큰 이유로 작용했다고 보는 게 타당하다. 당시 최영의 나이는 이미 73세에 달해 있었다. 나아가 최영은 내심 요동토벌이 실패로 돌아갈 경우 이성계 일파를 제거하는 구실로 활용코자 하는 속셈도 있었을 것이다.

이에 대한 고려도 없이 만일 최영이 출정했으면 이성계가 쉽게 '위화도회군'을 감행하지도 못했고, 요동토벌도 가능했을 것으로 보는 것은 지나친 추론이다. 당시 이성계가 이미 회군에 대한 복안을 갖고 출정한 점을 감안할 필요가 있다. 설령 압록강을 넘어 요동으로 들어갔을지라도 오히려 군사들을 부추겨 회군 직전에 참살했을 공산이 크다.

위화도 회군 결단

당시의 여러 정황에 비춰 이성계가 이해 5월에 우군도통사가 되어 좌군도통사 조민수와 함께 순순히 요동토벌에 나선 것은 위기를 기회로 활용코자 하는 복안이 이미 섰다는 반증으로 보는 게 옳다. 출정 당시 정벌군은 좌군과 우군을 합쳐 모두 5만여 명이었다. 이들이 압록강을 도강할 즈음 '4불가론'에서 언급한 바와 같이 큰 비가 내렸다. 지류가 범람해 많은 병사가 익사하자 부득불 위화도에 군막을 쳤다. 비가 그치지 않자 더 이상 앞으로 나아갈 수 없었다. 조민수와 이성계는 곧 공벌중지를 청하기 위해 상언했다. 「총서」에 실려 있는 상언의 골자는 다음과 같다.

"소국이 대국을 섬기는 것은 나라를 보전하는 도리입니다. 지금 갑자기 대국을 범하고자 하니 종사宗社과 생민生民의 복이 아닙니다. 하물며 지금은 장마철이므로 활은 아교가 풀어지고, 갑옷은 무겁고, 군사와 말이 모두 피곤합니다. 이를 몰아 견고한 성城 아래로 간다면 싸워도 승리함을 기약할 수 없고, 공격하여도 탈취를 기약할 수 없습니다. 더구나 군량이 공급되지 않으므로 나아갈 수도 없고 물러갈 수도 없습니다. 전하가 특별히 회군을 명하여 백성들의 기대에 보답할 것을 간청합니다."

이는 출정 이전에 이미 피력한 바 있는 '4불가론'을 보다 구체화한 것이었다. 그러나 우왕과 최영은 이성계의 속셈을 전혀 헤아리지 못했다. 이에 오히려 내관 김완金完을 보내어 전진을 독촉하고 나섰다. 화가 난 조민수는 김완을 억류한 뒤 다시 사람을 최영에게 보내 회군을 허가해줄 것을 청했다.

표현은 정중했으나 내용은 완강했다. 유사시 반란이 일어날 것임을 예고한 것이었다. 이때 군중軍中에 '이성계가 휘하의 친병을 거느리고 동북면을 향하고 있다'는 소문이 나돌았다. 이는 이성계 측이 부모와 처자식의 안위 문제로 불안해하는 군심을 동요시키기 위해 의도적으로 흘린 것일 공산이 크다. 실제로 이 소문이 나자마자 군중이 큰 혼란에 빠졌다. 이때를 기다려 마침내 이성계가 장병들 앞에서 반란을 선동하고 나섰다.

"만일 대국의 국경을 범하여 천자에게 죄를 얻으면 재화災禍가 즉시 이르게 될 것이다. 내가 순리順理와 역리逆理로 글을 올려 군사를 돌이킬 것을 청했으나 군왕도 살피지 아니하고, 최영 또한 늙고 흐리멍덩해 듣지 않고 있다. 어찌 그대들과 함께 군왕을 만나 화복禍福을 진술하고 주변의 악인들을 제거함으로써 백성들을 편안하게 만드는 길을 가지 않겠는가."

역사적인 반기 선언이었다. 「총서」는 당시 제장諸將들이 흔쾌히 이를 받아들였고, 이씨가 나라를 얻는다는 뜻의 '목자득국木子得國' 동요가 유행해 사람들이 모두 이를 노래했다고 기록해 놓았다. 이는 이성계 일파가 고려조를 뒤엎기 위한 분위기 조성용으로 전파시켰을 공산이 크다.

「총서」는 이성계가 회군하여 개경으로 향할 당시 동북면의 백성과 여진족으로서 회군 소식을 듣고 다투어 모여든 자가 1천여 명이나 되었다고 기록해 놓았다. 당시 이성계의 군사 중에 여진족으로 구성된 친병이 매우 많았음을 짐작케 해주는 대목이다. 실제로 이성계는 이들을 앞세워 파죽지세로 남하해 개경을 함락시켰다. 새 왕조 개창의 서막이 오르는 순간이었다.

회군과 황포가신

이성계의 위화도회군은 송태조 조광윤趙匡胤의 이른바 '황포가신黃袍加身' 고사와 사뭇 닮아 있다. 후주後周의 현덕 7년(960) 정월 초하루에 거란군이 문득 침범했다는 급보가 올라왔다. 당시 후주의 황제는 공제恭帝 시종훈施宗訓으로 겨우 7세에 불과했다. 이 소식을 접한 후주의 조정은 금군을 통수하고 있던 조광윤에게 대군을 이끌고 가 이들을 영격토록 했다. 조정의 군신들은 이것이 군사정변을 일으키기 위한 간교한 계책이었다는 사실을 모르고 있었다.

당초 공제 시종훈의 부황인 세종 시영柴榮은 당나라 패망 이후 약 50여 년 동안 진행된 '오대십국' 당시에 출현한 여러 제왕 가운데 가장 영명한 황제였다. 대외적으로도 북변을 위협하는 거란에 반격을 가해 연운 16주 중 3주 17현, 1만8천호를 취한 바 있었다. 그러나 돌연 그는 병이 들어 46일 만에 사망하고 말았다. 이에 조광윤이 후주 최고의 군사지도자가 되어 도성인 개봉開封을 방어하는 금군禁軍

을 통솔했다. 금군은 국가정책에 의해 여타 지역의 군사를 압도했다. 그는 이어 귀덕절도사歸德節度使가 되었다. 귀덕은 춘추전국시대 당시 송국宋國의 고토였다. 이로써 귀덕절도사 조광윤은 언제든 정변을 일으키면 성공할 수 있을 정도로 막강한 무력을 쥐고 있었다.

조광윤은 개봉을 출발한 지 얼마 안 돼 어두워지자 개봉성의 동북쪽 40 리에 있는 진교역陳橋驛에 주둔했다. 이날 밤 병사들이 들고 일어나 조광윤에게 강제로 황색 깃발로 만든 황포黃袍을 입힌 뒤 다음날 다시 개봉성으로 회군했다. 개봉성으로 회군할 때 아무런 저지도 받지 않았다. 이 군사정변으로 마침내 후주를 대신한 송나라가 들어서게 되었다. '황포가신'의 계교를 내어 연출을 한 인물은 훗날 재상이 된 군사軍師 조보趙普와 조광윤의 동생 조광의趙匡義였다. '황포가신'의 연출이 시행된 장소인 진교는 이후 매우 유명해져 후세 사가들은 '황포가신'의 고사를 흔히 '진교병변陳橋兵變'으로 부르기도 했다.

당시 조보는 조광윤을 황제로 옹립한 뒤 남쪽에 할거하고 있는 정권을 먼저 치는 이른바 '선남후북先南後北'의 계책을 건의한 바 있다. 조광윤이 그 이유를 묻자 그는 이같이 대답했다.

"북한北漢이 비록 약하다고는 하나 지세를 이용해 지키고 있고, 북방의 요나라를 막아주고 있습니다. 그대로 두어 요나라를 막아내도록 하면서 우리가 남쪽을 제압한 뒤 쳐도 늦지 않을 것이다."

이것이 바로 수십 년의 전쟁으로 남방을 통일한 뒤 마침내 979년에 북상하여 북한을 멸망시키고 오대십국의 난세에 종지부를 찍게 만든 결정적인 헌책이다. 조보와 관련해 가장 유명한 말은 '반부논어치천하半部論語治天下'이다. 『논어』에서 말하는 치평 이치의 절반 수준만으로도 천하를 능히 다스렸다는 뜻이다. 이는 그가 말년에 『논어』

를 손에서 떼지 않은데서 나온 말이다.

조선조 개창 당시 조보의 역할을 수행한 인물이 바로 정도전이었다. 정도전 역시 고려조 말기에 9년에 걸친 유배기간 동안 『맹자』를 탐독하며 새 왕조의 개창을 도모했다. 그는 우왕 9년(1383) 가을에 함주에 있는 동북면 도지휘사로 있는 이성계를 찾아가 이성계의 군대가 기강이 잡히고 훈련이 잘 되어 있는 것을 보고 역성혁명이 성공할 것을 확신했다. 정도전과 이성계가 처음으로 만난 지 불과 5년 만인 우왕 14년(1388) 5월에 구체화된 '위화도회군'은 '조선판 진교병변'에 해당한다. 사서는 '위화도회군'을 미화하기 위해 모두 이성계의 공으로 돌려놓았으나 기본 계책은 정도전 등의 머리에서 나온 것으로 보는 게 정황상 타당하다.

실제로 '위화도회군'은 여러 면에서 '진교병변'과 닮아 있다. 이는 무인 출신의 머리에서 나올 수 있는 게 아니다. '위화도회군'은 출병 자체가 사전의 각본에 따라 이뤄진 '진교병변'과 달리 토벌군의 출병이 정적인 최영에 의해 이뤄진 점만이 다를 뿐이다. '진교병변'이 그렇듯이 『고려사』와 『태조실록』 등에 실려 있는 '위화도회군' 내용을 액면 그대로 믿을 수는 없다. 보다 객관적인 진실을 파악키 위해서는 중국의 사서를 비롯해 여러 자료를 종합적으로 검토할 필요가 있다.

최영의 제거

원래 이성계 및 조민수가 이끈 요동토벌군은 고려의 전 군사력을 집중시킨 것이었다. 이는 최영이 내심 요동토벌을 계기로 명나라가 소유권을 주장하는 철령 이북의 땅은 물론 고구려의 고토인 요동까지 되찾을 생각을 품고 있었다는 반증이기도 하다. 그러나 '4불가론'을 들어 요동토벌을 반대한 이성계는 출정 이전에 이미 위화도 부근에서 회군의 명분을 찾고자 했을 공산이 크다. 이는 이성계가 공민왕 때 이미 두 차례나 성공적으로 요동을 공략한 경험이 있었다는 사실이 뒷받침한다. 회군하기 전에 며칠 동안 큰 비가 집중적으로 내렸다고는 하나 이성계는 짐짓 행군속도를 늦추고 장기간 위화도에 머물면서 큰비가 내리기를 기다렸을 가능성이 크다. 최영이 열흘에서 1달가량 공략 일정이 늦춰질 경우 일의 성사를 바랄 수 없다며 우왕에게 자신이 직접 지휘에 나설 것을 주청한 사실이 이를 뒷받침한다.

실제로 요동토벌군이 평양에서 위화도까지 가는데 19일을 소비하고 위화도에서 14일을 머물렀다는 것은 회군의 명분을 찾기 위한 것으로 볼 수밖에 없다. 특히 토벌군이 회군한 지 불과 9일 만에 우왕을 쫓아내고 개경에 입성한 것도 평양에서 위화도까지 무려 19일이나 소요한 것과 대조된다. 그럼에도『고려사』와『태조실록』등은 오히려 이성계가 개경으로 내려올 때 일부러 사냥을 하면서 속도를 늦췄다는 식으로 기록해 놓았다.

이성계와 조민수가 이끄는 반란군이 개경에 입성할 당시 조민수는 흑색 대기大旗을 세우고 이성계는 황색 대기를 세웠다. 그러나 최영의 군사도 만만치 않았다. 조민수의 군사는 영의서교永義署橋에서 최영의 군사에게 크게 패했다. 이때 이성계의 군사가 화원花園을 수백 겹이나 포위하자 최영의 군사들이 궤주하기 시작했다. 우왕이 영비寧妃 및 최영과 함께 팔각전八角殿 안으로 숨어들자 곽충보郭忠輔 등이 팔각전 안으로 들어가서 최영을 찾아냈다. 최영은 일단 고봉高峰 즉 지금의 경기도 고양시 등지로 유배되었다가 창왕이 들어선 후 이내 개경에서 참형에 처해졌다. 최영의 묘는 유배지였던 경기도 고양시 덕양구에 있다. 「총서」는 당시의 상황을 이같이 기록해 놓았다.

"태조가 최영에게 말하기를, '이러한 사변은 나라가 편치 못하고 인민이 피곤하여 원통한 원망이 하늘까지 이르게 된 까닭으로 일어난 것으로 부득이한 일이오. 잘 가시오'라고 했다. 이에 서로 마주보며 울었다."

이성계의 입장에서 볼 때 최영은 대선배에 해당한다. 「총서」의 기록이 사실에 가까울 공산이 크다. 사실 이성계와 최영 모두 고려조 말기의 난세를 바로잡기를 바라는 백성들의 여망에 부응할 수 있는 대표적인 군벌에 해당했다. 그러나 서로의 입장이 달랐다. 최영은 온건개혁파를 대표한데 반해 이성계는 정도전 등 급진개혁파의 지지를 받았다. 두 사람은 우왕 14년(1388)에 이인임 일파를 몰아낼 때만 해도 서로 힘을 합쳤으나 노선갈등으로 인해 서로 다른 길을 걸은 것이다.

조민수의 제거

이성계는 최영을 제거한 후 이내 또 다른 군벌인 조민수를 제거하는데 성공했다. 이는 5.16 당시 최고재건회의 의장 장도영이 반혁명 혐의를 받고 박정희에 의해 밀려난 것과 사뭇 닮아 있다. 군사 쿠데타의 기본모형은 시대를 뛰어넘어 유사성을 보이고 있는 셈이다.

객관적으로 볼 때 당시 이성계는 정치적 술수에 능하다기보다는 솔직담백한 성격으로 인해 전형적인 무인상에 해당했다. 이에 반해 조민수는 나름대로 정치적 술수를 부릴 줄 알았다. 그럼에도 이성계에게 패한 것은 그의 술수가 천하를 거머쥐는 차원의 술수에 이르지 못하고 한낱 일족의 부귀영화를 꾀하는 차원에 그쳤기 때문이다. 난세의 시기에 이런 식의 접근을 하는 것은 극히 위험하다. 자신보다 아래에 있던 이성계가 조선조를 개창하는 국조가 된 데 반해 자신은 비참한 최후를 맞이해 마침내 『고려사』의 「간신조」에 실리는 결과를 빚게 된 이유이다.

위화도회군 당시 두 사람은 같은 도통사였다. 그러나 조민수가 맡은 좌군도통사가 더 상위였다. 실질적인 총사령관은 조민수였던 셈이다. 두 사람은 회군할 당시 요동진격을 명하는 왕명을 어긴 까닭에 죽음을 각오해야만 했다. 말할 것도 없이 이들의 회군은 우왕을 폐하고 새로운 왕을 세우기로 합의한데서 가능했다.

두 사람은 회군 도중 고려조의 왕씨 종친 중에서 한 명을 선정해 새 군주를 옹립한다는데 합의했다. 그러나 구체적으로 누구를 왕으로 세울 것인지에 대한 합의를 이루지 못했다. 조민수는 우왕이 근비謹妃 이씨에게서 얻은 창왕昌王을 내세웠다. 당시 창왕은 9세의 어린 아이에 불과했다. 근비 이씨는 이인임의 형제인 이림李琳의 딸이었다. 조민수가 근비 소생이 창왕을 천거한 것은 과거 이인임의 천거를 받은 인연이 있기 때문이었다. 그는 자신의 주장을 관철시키기 위해 명성이 높은 온건파 신흥사대부인 이색과 이숭인 등을 끌어들였다. 이들은 이성계 일파의 급진적인 개혁방안을 위험시한 까닭에 조민수의 주장을 흔쾌히 받아들였다. 당시 조민수가 창왕을 고집한 것은 이성계와 맺은 연합전선의 파기를 의미했다.

이성계 일파는 조민수의 방안이 내심 불만이었으나 명망 있는 한산군 이색까지 창왕 옹립을 주장하는 상황에서 이를 무조건 반대할 수만도 없었다. 정도전을 비롯한 이성계 일파는 창왕이 현재는 9세에 불과하나 앞으로 장성하면 장차 자신들을 역적으로 단죄할 공산이 큰 만큼 어떤 식으로든 자신들의 입맛에 맞는 인물로 교체해야만 했다. 이들은 시기를 저울질했다.

조민수와 이성계 일파의 잠정적인 합의로 일단 창왕이 우왕 14년(1388) 6월에 공민왕비인 정비定妃의 교서를 받은 형식으로 즉위했다. 우왕은 신돈의 자식이라는 이성계 일파의 주장으로 이내 보위에서 쫓겨나 강화도로 유배되었다. 창왕은 즉위한 후 이성계 일파의 주장을 받아들여 권문세가가 독점하고 있는 토지제도에 대한 개혁조치를 강구하면서 문무관의 인사를 이부吏部과 병부兵部에서 관장토록 하는 전선법銓選法을 복구시켰다. 이때 창왕은 부왕인 우왕을 강화에서 여흥군驪興郡 여주로 옮겼다. 개경에서의 거리로 보면 강화보다 여흥군이 멀다. 이후 우왕이 다시 강릉으로 멀리 이배移配된 뒤 창왕 원년(1389) 12월에 아들 창왕과 함께 살해된 점에 비춰 창왕에 대한 이성계 일파의 압박이 매우 급속히 진행되고 있었음을 알 수 있다.

이성계 일파가 새 왕조 창건을 위한 정지작업에 박차를 가하자 또 다른 군벌인 조민수는 이를 견제하기 위해 이색과 이숭인 등의 온건파 신흥사대부 이외에도 이인임과 같은 구세력과도 연결코자 했다. 나름대로 일리가 없는 것은 아니나 이인임만큼은 당시 고려 농민들이 저주해 마지않은 개혁대상이었다. 이는 스스로 개혁의 주체가 아니라 개혁의 대상임을 내외에 선포한 것이나 다름없었다. 실제로 이성계 일파는 조민수를 제거할 때 그런 식으로 몰아갔다.

당시 이색과 정몽주 등으로 대표되는 온건개혁파 신흥사대부는 고려 왕실은 존속시킨 채 부분적인 개혁을 수행코자 했다. 이에 반해 정도전으로 대표되는 역성혁명파 신흥사대부는 고려왕실과 권문세족을 모두 제거하고 새 왕조를 세우고자 했다. 이성계 일파는 위화도 회군 이후 또 다른 신흥사대부 조준을 끌어들였다. 조민수가 개혁대상인 이인임을 끌어들인 것과 대조되는 대목이다.

두 세력이 팽팽히 맞서고 있는 상황에서 패배의 빌미를 제공한 것은 조민수 자신이었다. 그는 안사공신安社功臣의 위세에 '5개도도통사'라는 최고의 권좌에 있었음에도 불구하고 이성계 세력을 제압할 생각은 하지 않은 채 오히려 백성들을 수탈하는 모습을 보였다. 그는 농민들의 토지를 무작정 빼앗은 임견미와 염흥방 등이 이성계와 최영에게 제거될 당시 자신도 화를 입을까 우려해 농민들로부터 강탈한 토지를 일시 반환한 적이 있었다. 그러나 그는 권력을 잡자마자 다시 구태의연한 모습을 보이며 축재에 열을 올리기 시작한 것이다. 스스로 묘혈墓穴을 판 것이나 다름없었다.

이와 정반대로 이성계 일파는 기득권 세력이 과점하고 있는 토지제도에 대한 일대 개혁을 단행해 고려 백성들의 마음을 일거에 거두고자 했다. 이들은 조민수가 사전私田 개혁을 반대하고 나서자 대사헌 조준을 동원해 본격적인 공격에 나섰다. 조준 등이 조민수를 유배에 처해야 한다는 상소를 올리며 연일 공격에 나서자 조민수를 대항마로 내세워 이를 견제코자 한 창왕도 마냥 이들의 주장을 무시할 수 없었다.

결국 조민수는 창녕에 유배되었다가 이듬해인 창왕 원년(1389)에 창왕의 탄신일에 사면령으로 풀려날 수 있었다. 그는 곧 우왕에 이어 창왕마저 요승妖僧 신돈辛旽의 혈통을 몰아붙이는 이성계 일파와 대립했으나 이미 때가 늦었다. 논쟁에서 패한 조민수는 평민으로 강등되어 다시 창녕으로 유배되었다가 이듬해에 그곳에서 세상을 떠나고 말았다. 모든 것이 일변하려는 혁명적인 상황에서 그는 반동의 길을 걸음으로써 스스로 몰락한 셈이다. 이성계가 토지제도를 비롯해 국가통치제도와 관련한 일련의 개혁을 진행시켜 새 왕조의 개국조가 된 것과 대비되는 모습이다.

기득권 세력의 옹호자 정몽주

당시 신구세력 간에 가장 첨예한 대립을 보인 것은 토지개혁 문제였다. 이성계 일파는 이색 휘하의 관원들이 서경署經을 하지 않아 시행이 연기되는 등 어려움을 겪었다. 이들은 창왕 원년(1389) 11월에 마침내 최영의 사위가 유배중인 우왕을 만난 사건을 빌미로 창왕을 폐위하고 공양왕을 즉위시킨 뒤 이를 관철시켰다. 이는 이들의 경제적 기반을 강제로 박탈하는 것이나 다름없었다. 이들은 공양왕 3년(1391)에 새 왕조 창건의 근간이 되는 과전법을 단행하고 기존의 권문세력의 토지문서를 모아 개경의 왕궁 앞에서 불태워 버렸다. 이로써 새 왕조 개창의 물적 토대가 확보되었다.

그러나 노비제도의 개혁은 구세력의 반발로 소기의 성과를 거두지 못해 이후 조선조의 개혁에 최대 걸림돌이 작용했다. 이 개혁은 양인 출신 노비를 원래의 신분으로 환원시켜 조세 등의 국역을 부담토록

함으로써 재정 및 군사 기반을 튼튼히 하자는 의도에서 나온 것이었다. 그러나 공양왕의 스승이자 '수문하시중'으로 있던 정몽주 등이 정국주도권을 장악하는 역풍을 맞게 되었다. 결국 암살이라는 비상수단을 동원해 주도권을 찾았으나 기존의 정치세력을 무마하기 위해 노비제도의 개혁은 포기할 수밖에 없었다.

이후 이성계 일파는 고려조의 존속을 지지하는 온건개혁파 세력을 차례로 제거해 나가기 시작했다. 당시 개경에는 송악산의 소나무가 송충이로 말미암아 헐벗게 되자 고려의 천명이 다했다는 소문이 나돌았다. 말할 것도 없이 이성계 일파가 도참설圖讖說을 이용해 고려조에 대한 민심이반을 획책한 결과였다. 결국 조작된 여론에 밀린 공민왕비인 정비는 공양왕 4년(1392) 7월에 관원들의 상소에 따라 공양왕의 옥새를 회수했다. 이에 이성계는 마침내 추종세력인 도평의사사都評議使司의 수상 배극렴 등의 결의를 받아들이는 형식으로 보위에 올랐다.

우리는 이때 이성계가 새 왕조를 개창한 것으로 알고 있으나 엄밀히 따지면 기존의 고려왕조를 잠시 맡아보는 것에 불과했다. 그가 명제국으로부터 받은 공식직함이 '고려권지국사高麗權知國事'인 것이 이를 뒷받침한다. 잠정적인 고려왕 대행이라는 뜻이다. 당시 명제국은 초원 일대를 장악하고 있는 북원을 제압키 위해서라도 '친명사대親明事大'를 표방한 조선조의 개창을 인정하는 것이 훨씬 유리했다. 그럼에도 승인을 미루며 '고려권지국사'라는 책명을 내린 것은 이성계가 보위에 오르기 3달 전인 홍무 25년(1392) 4월에 황태자 주표가 급서한 사실과 무관치 않았다.

당시 주원장은 제국을 창건한 지 얼마 안 된 상황에서 황태자가 급서하자 크게 당황해 후사後嗣을 쉽게 결정하지 못했다. 그의 나이는 65세에 달했다. 황태자 주표의 아들 주윤문이 황태손으로 책봉된 것은 이성계가 보위에 오른 지 2달 뒤였다. 이성계가 신청한 '조선' 국호에 대한 재가가 늦어진 것은 바로 이 때문이었다.

조선조의 창업자인 이성계는 보위에 앉아 있는 동안 시종 대외적으로는 '조선국왕'을 칭하지 못하고 '고려권지국사'를 칭할 수밖에 없었다. 명제국에 보내는 국서와 외교사절이 '조선국왕'을 칭하게 된 것은 고명誥命과 인장印章을 받게 되는 태종 원년(1401) 6월 이후의 일이다. 이는 전적으로 중국 내부의 사정에 따른 것이었다. 그러나 이성계도 내부적으로는 국호를 '조선'으로 칭하며 '조선왕'을 자처했다. 그는 왕의 몸이 된 자신의 위세를 높이기 위해 이름을 단旦으로 바꿨다. 아침에 뜨는 해처럼 새 왕조의 개국조가 되겠다는 취지에서 나온 것이나 '조선'이라는 국명과 그 뜻이 상통하는 것이기도 했다.

당시 그가 국명을 '조선'으로 바꾼 것은 단군檀君 및 기자箕子에 대한 인식이 널리 퍼져 있었던데 따른 것이었다. 실제로 조선조의 건국을 계기로 단군과 기자는 국가에서 제사 지내는 숭배의 대상이 되었다. 단군이 국가 차원의 제사 대상이 된 것은 이때가 처음이다. 평양에 단군사당이 세워지고 중국사신이 입국할 때 이곳에서 참배케 되었다. 단군사당은 영조 5년(1729)에 숭녕전崇寧殿으로 승격되었다. '조선'이라는 국호는 한양으로의 천도와 더불어 민족의식을 확대하는 계기로 작용했다.

위화도 회군 평가

조선조의 개창은 이성계가 '위화도회군'이라는 승부수를 던짐으로써 가능했다고 할 수 있다. 일각에서는 이를 두고 왕명을 거부한 비주체적인 사대주의 행보로 폄하하고 있으나 이는 지나치다. 고려 말의 상황은 누가 앞장을 서든 대대적인 개혁을 절실히 필요로 하고 있었다. 고려조의 존속을 전제로 한 개혁을 추진한 최영과 정몽주 등의 온건개혁세력과 이성계와 정도전을 중심으로 한 급진개혁세력은 나름대로 시대상황을 정확히 읽고 있었다. 고려조의 백성 입장에서는 도성인 개경의 백성을 제외하고는 누가 이기든 상관이 없었다.

결국 힘겨루기에서 이성계 일파가 강압적인 방법으로 승리를 낚아 새 왕조를 개창하는데 성공한 셈이다. 성공의 배경은 말할 것도 없이 대대적인 변혁을 요구하는 시대적 흐름을 읽은데 있다. 그런 점에서 우왕과 창왕을 신돈의 후예로 몰아 축출한 것을 두고 역신逆臣의 행보로 폄하하는 것도 초점을 벗어난 것이다. 우왕과 창왕의 축출은 이미 위화도회군에서 예정된 것이나 다름없었다. 한마디로 이성계는 시대적 요구를 읽고 힘으로 바탕으로 한 패도를 적시에 구사해 마침내 새로운 왕조를 개창하는 위업을 이뤘다고 평가할 수 있다. 그를 명군으로 평하는 이유다.

다만 개국 후 불사이군不事二君의 명분을 내걸고 몸을 숨긴 고려의 유신들을 적극 설득해 조정에 참여시킴으로써 국가의 역량을 극대화하지 못한 점 등은 아쉬움으로 남는다. 당시 적잖은 고려의 유신들이 조선조에 출사하는 것을 거부하고 고향으로 돌아가거나 산 속으로 숨어 들어갔다. 특히 개경 광덕산 두문동 산골짜기에서는 100여 명이나 모여 살았다. 이들의 설득에 실패한 이성계가 두문동에 불을 지르자 모두 불에 타죽은 까닭에 훗날 꼼짝하지 않고 들어앉아 있는 사람을 '두문불출杜門不出'로 칭하는 사자성어가 나왔다. 이는 물론 야사이기는 하나 당시 고려 유신들을 제대로 설득하지 못했음을 시사한다. 만일 개국세력이 두문동을 비롯해 명분론에 입각해 임천林泉에 숨어든 인재들을 적극 설득하는데 성공했다면 조선조는 전혀 다른 길을 걸었을 공산이 컸다.

2

태종

패도를 구사해 사직의 기반을 다지다

사실상의 창업주

조선조는 이성계가 창업주인 것이 확실하나 보다 엄밀히 얘기하면 태종 이방원이 사실상의 창업주에 가깝다. 그가 조선조 제3대 군왕으로 기록되어 있는 점에 주목해 태조를 창업, 정종을 안정, 태종을 혁신, 세종을 제2의 창업과정으로 보는 견해가 있으나 이는 태종의 역할을 제대로 간취하지 못한 결과로 볼 수 있다. 태종 이방원은 초창기 창업과정에 깊숙이 간여한 것은 물론 창업 직후에 있었던 두 차례에 걸친 왕자의 난을 일사천리로 진행시켰다. 이는 수양제 양광 및 당태종 이세민이 사실상의 창업주와 유사한 역할을 수행한 것과 사뭇 닮아 있다. 수문제 양견 및 당고조 이연의 경우는 조선조 태조 이성계와 마찬가지로 명목상의 창업주에 해당한다.

이성계 일파는 위화도회군 이후 크게 3단계에 걸쳐 정적을 제거했다. 최영과 조민수, 정몽주의 제거가 그것이다. 최영의 경우는 위화도회군 당시 이미 예정된 것인 까닭에 전적으로 이성계의 몫이었다. 조민수의 제거는 정도전의 공이 컸다. 그러나 조민수의 제거 역시 이미 위화도회군 때 예상된 것으로 보아야 한다. 그러나 정몽주의 제거는 미리 계산된 것이 아니었다.

이는 전적으로 이방원의 결단에 의한 것이다. 나아가 두 차례에 걸친 왕자의 난 역시 예상된 것도 아니었다. 이방원이 조선조 개창 과정에서 차지하고 있는 의미와 비중을 보다 정확히 파악키 위해서는 정몽주의 제거와 두 차례에 걸친 왕자의 난이 지니고 있는 의미를 보다 분명히 알아야 한다.

당초 이성계 일파는 최영을 제거하고 실권을 장악한 후 창왕 원년(1389)에 창왕을 폐위하고 신종의 7대손인 공양왕을 옹립했다. 당시 이들이 내세운 논리는 가짜를 몰아내고 진짜를 세운다는 이른바 '폐가입진廢假立眞'이었다. '폐가입진'을 주장한 정도전은 우왕과 창왕 모두 신돈과 반야라는 여종 사이에 태어난 인물인 까닭에 왕씨의 후손인 공양왕을 세워야 한다는 주장을 펼쳤다. 정도전은 여세를 몰아 공양왕 2년(1390)에 공사전적公私田籍을 모두 불사른 뒤 이듬해인 공양왕 3년(1391)에 마침내 새로운 전제田制의 기준이 되는 과전법科田法을 공포했다. 이는 생산량의 10분의 1을 바치게 하여 백성의 부담을 획기적으로 줄인 것으로 구세력의 경제력 기반을 박탈하는 동시에 백성들의 지지를 얻어내는 일석이조의 효과를 겨냥한 것이었다.

막다른 골목에 내몰린 구세력은 정도전을 탄핵해 귀양을 보내는데 성공했으나 정도전은 이듬해인 공양왕 4년(1392) 봄에 풀려나 고향인 영주로 돌아왔다. 공교롭게도 이해 4월 이성계가 해주에서 사냥을 하다가 말에서 떨어져 부상을 당했다. 정몽주를 중심으로 한 구세력들이 이 틈을 놓치지 않고 들고 일어났다. 당초 '폐가입진'에는 찬성하면서도 과격한 전제개혁에는 미온적인 입장을 취하고 있던 정몽주는 이성계 일파가 아무런 힘도 없는 공양왕을 지렛대로 삼아 새 왕조 창건에 박차를 가하고 나서자 최후의 저항을 시도했다. 그는 문하시중門下侍中의 지위를 최대한 활용해 간관을 총동원하는 수법으로 이성계 일파에 대한 탄핵상소를 주도했다. 제1차 표적은 정도전이었다. 정몽주는 정도전 등을 제거한 뒤 이성계 일파를 완전히 무력하게 만드는 방안을 구상하고 있었다. 이로 인해 이해 4~7월에 마침내 새 왕조를 건립코자 하는 급진 혁명파와 이를 끝까지 저지코자 하는 온건 개혁파 사이에 치열한 공방전이 전개되었다.

그간 이성계와 함께 우왕과 창왕을 폐위하고 공양왕을 옹립하는 데 뜻을 같이 했던 정몽주의 반격은 만만치 않았다. 원래 '폐가입진'은 새 왕조 창건을 전제로 하여 진행된 것으로 반역행위나 다름없었다. 반역의 공모에 참여했던 정몽주가 문득 반대 행보를 보이자 이성계 일파는 적잖이 곤혹스러워했다. 사실 정몽주는 전제개혁 때부터 다른 모습을 보이기 시작했다. 그는 찬성과 반대의 중간에 서서 애매한 태도를 보이다가 마침내 반혁명 세력의 영수를 자처하고 나선 것이다. 정몽주 일파는 강도 높게 이성계 세력을 탄핵했다. 공격의 화살은 정도전과 조준, 남은 등 세 사람에게 집중되었다. 권세를 부리며 변란을 선동하고 있으므로 응당 주살해야 한다는 것이었다.

공양왕은 비록 이성계 일파의 주도로 보위에 오르기는 했으나 고려조의 패망을 그대로 방관할 수만도 없었다. 그는 정몽주 등과 협의해 정도전을 봉화에서 체포해 지금의 경북 예천인 보주甫州의 감옥에 가두는 조치를 취했다. 여기서 한 발 더 나아가면 새 왕조 창건을 위해 그간 기울여 온 모든 노력이 일거에 수포로 돌아갈지도 모를 일이었다. 이때 이방원이 비상수단을 동원했다. 그는 조영규趙英珪 등 자객 네댓 사람을 보내 선죽교에서 정몽주를 죽인 뒤 대역죄를 뒤집어씌워 그의 시신을 개성의 저잣거리에 효수했다. 이로써 상황이 갑자기 반전되었다. 당시 이방원의 나이는 26세였다.

그의 과감한 조치는 곤경에 처해 있던 이성계를 구하는 결정적인 계기로 작용했다. 정몽주의 죽음은 이성계 일파를 견제할 수 있는 최후의 보루가 붕괴된 것이나 다름없었다. 관작을 회복케 된 정도전은 더 이상 구세력에게 반격의 빌미를 제공치 않기 위해 조선조 개창을 위한 준비 작업에 박차를 가했다. 그는 이해 7월에 마침내 이성계를 새 왕조의 개국조로 옹립하는데 성공함으로써 자신이 평소에 구상해 왔던 이상적인 왕도王道국가 건설의 첫발을 내디디게 되었다. 그 단초를 제공한 것이 바로 이방원이었던 셈이다.

큰 틀에서 볼 때 정몽주의 경우는 무력을 보유치 않았던 까닭에 그리 큰 문제가 될 수는 없었다. 단지 마땅한 명분을 구하기가 어려웠을 뿐이다. 이방원은 이런 상황에서 쾌도난마의 해법을 제시한 셈이다. 정작 큰 문제는 조선조가 개창한 이후에 벌어졌다. 그것은 바로 세자인 이방석의 사부로 있는 정도전이 자칫 조선조의 개창을 뒤집을 수도 있는 막강한 위세를 떨치고 있었던 점이다. 새 왕조의 개창 과정에서 개국공신이 막강한 위세를 떨치는 것은 극히 위험한 일이다. 한고조 유방이 이른바 '토사구팽兎死狗烹'을 행한 이유가 여기에 있다.

제1차 왕자의 난

흔히 제1차 왕자의 난을 두고 정도전을 두둔하는 측은 '이방원의 난', 이방원을 두둔하는 측은 '정도전의 난'으로 부르고 있다. 일각에서는 난이 일어난 태조 7년(1398)의 간지를 사용해 '무인정사戊寅靖社'로 부르기도 한다. 무인년에 사직을 안정시킨 사건이라는 의미이다. 그러나 '무인정사'도 이방원의 입장에 선 것으로 보다 객관적인 입장에 서고자 하는 측에서는 정종 2년(1400)에 일어난 왕자의 난과 연관시켜 제1차 왕자의 난으로 규정하고 있다. 그러나 정종 2년에 일어난 난은 '왕자의 난'으로 규정할 수 있으나 제1차 왕자의 난은 이와 성격을 달리하고 있다. 당시 정도전이 세자인 이방석을 끼고돌며 이방원과 대립한 것은 사실이나 이방석이 직접 싸움에 끼어든 것은 아니었다. 비록 이방원을 두둔하는 의미를 함축하고 있기는 하나 조선조 개창 당시의 관점에서 볼 때 제1차 왕자의 난은 '무인정사'로 명명하는 것이 타당하다.

그렇다면 무인정사의 배경 및 의미는 무엇일까. 먼저 당시의 상황부터 간략히 검토해 볼 필요가 있다. 앞서 간략히 언급한 바와 같이 조선조 개창 당시 최고의 개국공신은 말할 것도 없이 정도전이다. 그러나 이성계의 제5자인 이방원의 공도 이에 버금할 정도로 컸다. 두 사람간의 대립은 새 왕조의 성격과 관련한 갈등에서 비롯되었다. 정도전은 『맹자』가 강조하는 왕도王道를 최상의 통치로 간주한 까닭에 신권신臣權이 왕권王權보다 우위에서는 '왕도국가' 내지 '신권국가'를 만들고자 했다. 이에 반해 이방원은『순자』가 긍정적으로 평가한 패도覇道을 중시한 까닭에 강력한 왕권이 우위에 서는 명실상부한 '왕권국가' 내지 '패도국가'를 만들고자 했다.

누구의 견해가 옳은 것일까. 말할 것도 없이 이방원의 입장이 타당한 것이었다. 명제국의 건국 당시 유사한 갈등이 있었다. 당시 최고의 명유로 알려진 유기劉基는 정도전과 마찬가지로 명제국을 신권이 우위에 서는 '왕도국가'로 만들고자 했다. 그러나 주원장의 생각은 달랐다. 몽골초원을 종횡으로 오가며 중원을 위협하고 있는 북원을 제압키 위해서는 막강한 황권皇權이 뒷받침되어야 한다는 게 그의 판단이었다. 이는 강남의 신사紳士들이 주축이 된 신권세력이 황권을 압도한 까닭에 남송이 패망케 되었다는 인식에서 나온 것이었다. 실제로 유기의 '왕도국가' 구상은 강남 신사층의 입장을 대변하는 것이기도 했다. 당시 강남의 신사들은 한미한 가문 출신인 주원장을 매우 우습게 여겼다. 명제국이 남송과 유사한 '왕도국가'가 될 경우 남송의 전철을 밟을 소지가 컸다. 명제국의 건국 초기에 공신세력 및 강남 신사층에 대한 무자비한 탄압이 등장케 된 배경이 여기에 있다.

조선조의 경우도 정도전의 의도대로 '왕도국가'가 될 경우 이내 문약文弱한 나라가 되어 명제국과 북원의 압박에 눌려 조기에 패망하거나 정도전을 중심으로 한 정씨 일족의 발호로 인해 자칫 정씨의 나라로 뒤바뀔 소지가 컸다. 이는 '무인정사'가 빚어질 당시의 세력분포를 살펴보면 쉽게 알 수 있다. 당시 이성계는 계비繼妃 강씨康氏를 극히 총애한 까닭에 강씨 소생의 제8왕자인 이방석李芳碩을 세자로 삼았다. 세자 이방석의 보도輔導 책임까지 떠맡아 막강한 위세를 떨치고 있는 정도전을 비롯해 요직을 장악하고 있는 남은南誾과 심효생沈孝生 등의 개국공신이 이를 지지했다. 이는 개국 과정에서 정도전에 버금하는 대공을 세운 이방원의 입장에서 볼 때 용인할 수 없는 일이었다.

태조 7년(1398) 3월에 정도전이 함경도 일원의 주부군현 제도를 정비한 뒤 귀경하자 이성계는 큰 연회를 베풀고 그의 노고를 치하했다. 이때 남은이 이방원을 겨냥해 사병私兵의 혁파를 건의했다. 이성계가 이를 수용하자 곧 북벌을 구실로 내세운 정도전의 구상을 좇아 대대적인 군사훈련이 시작되었다. 이해 8월에 이방원을 포함한 여러 왕자와 대장군을 포함한 여러 장령 등 2백여 명이 훈련을 제대로 받지 않아 사헌부의 탄핵을 받는 일이 빚어졌다. 그 결과 이방원 휘하의 장수들이 태형을 받은데 이어 사병 혁파조치가 강행되었다. 이방원으로서는 선택의 여지가 없었다. 굴복케 되면 일단 목숨을 부지할 수는 있으나 손발이 완전히 잘린 상황에서 이내 정도전 일파가 쳐 놓은 법망에 걸려들어 대역죄를 뒤집어쓰고 형장의 이슬로 사라질 공산이 컸다.

이방원이 제거될 경우 정도전 일파를 견제할 수 있는 대항세력은 사실상 존재치 않았다. 게다가 정도전은 새 왕조의 건국이념을 제시한 당사자인 까닭에 무부武夫 출신인 이성계와 어린 이방석이 그를 제압할 길도 없었다. 당시 상황에 비춰볼 때 이방원으로서는 건곤일척의 승부수를 내던져 무력으로 이들을 제거하는 수밖에 없었다. 먼저 하수下手하는 쪽이 승리를 거머쥘 공산이 컸다.

『태조실록』의 기록에 따르면, 이해 8월 26일 밤에 정도전이 남은과 심효생 등과 함께 이방원을 죽이기 위해 송현松峴 즉 과거 한국일보

사가 있던 광화문 앞 서울 중구 중학동의 남은 첩의 집에 모여 모의를 했다. 이성계의 병이 위독하다는 구실을 내세워 이방원을 비롯한 여러 왕자들을 궁으로 불러들인 뒤 병사들을 동원해 죽인다는 계획이었다. 사병이 혁파되어 무력을 갖지 못한 이방원이 궁으로 들어갔다가는 빠져나올 길이 없었다. 이때 이방원의 심복인 이숙번과 조영무 등이 궁으로 들어오라는 승지의 전갈을 받고 궁으로 들어갔다가 궁 안에 등이 꺼져 있는 것을 보고 문득 의심이 들어 속히 궁을 뛰쳐나와 이방원에게 달려갔다. 이들은 곧 보졸과 노복 수십 명을 이끌고 정도전이 있는 송현으로 갔다. 당시 정도전은 남은 및 이방석의 장인인 심효생 등과 앉아 담소를 나누고 있었다. 이방원은 보졸들에게 정도전이 있던 집 주위를 둘러싸도록 하고 이웃집 세 곳에 불을 질렀다. 이에 놀란 정도전 등이 집을 뛰쳐나와 도주하는 와중에 모두 붙잡혀 그 자리에서 참살을 당했다.

이상이 실록의 기록이다. 그러나 당시 정도전이 모든 왕자들을 궁으로 불러들여 한꺼번에 죽이려고 했다는 것은 있을 수 없는 일이다. 당시 그들은 아무런 방비를 하지 않고 있었다. 자신의 주변과 궁 안에 병력을 배치하지도 않은 채 왕자들을 죽이려고 했다는 것은 상식으로 보아 있을 수 없는 일이다. 실록은 당시 이성계가 세자를 잘못 책봉한 실수를 사과하고 그 책임의 일부가 정도전에게 있다고 말한 것처럼 기록해 놓았으나 이는 사실과 다르다. 이성계가 무인정사에 크게 상심한 나머지 이해 9월에 둘째 아들 방과를 세자에 책봉한 뒤 3달 뒤에 마침내 왕위를 물려주고 상왕이 되어 고향인 함흥으로 물러난 사실이 이를 뒷받침한다. 무인정사는 왕자들 간의 싸움이 아니라 '신권국가'를 꿈꾸는 정도전을 비롯한 개국공신세력과 '왕권국가'를 꿈꾼 이방원 세력이 충돌한 사건이었다. 이를 계기로 조선조를 '신권국가'로 만들고자 한 세력은 사실상 사라졌다고 볼 수 있다. 이는 말할 것도 없이 이방원의 결단에 따른 것이었다.

제2차 왕자의 난

객관적으로 볼 때 정종 2년에 빚어진 제2차 왕자의 난은 사실 찻잔 속의 태풍에 지나지 않았다. 당시 정종의 즉위는 임시방편의 성격을 띠고 있었다. 그럼에도 정종을 둘러싸고 이방원을 견제코자 하는 세력이 생겨났다. 이는 정종이 도성을 다시 개성으로 환도한데서 비롯되었다. 정종은 개경으로 환도한 후 재위 원년(1399) 6월에 근신들에게 이같이 말했다.

"지금 과인은 구경舊京에 있는데, 종묘는 신경新京에 있으니 참으로 불가하다. 종묘를 옮기고 친히 제사를 받드는 것이 어떠한가."

종묘의 이건移建을 통해 다시는 도성을 한양으로 옮기지 않을 뜻을 밝힌 것이다. 이때 참찬문하부사參贊門下府事 이거이李居易가 상왕인 이성계의 창업건도創業建都한 뜻을 저버려서는 안 된다는 이유로 이를 반대하고 나섰다. 과단성이 없는 정종은 이내 당초의 의사를 굽혔다. 여기에는 이성계의 반대가 크게 작용했다. 이해 여름에 부엉이와 여우가 정종이 거처하는 수창궁 주변에서 자주 우는 등 이변이 빚어지는 와중에 이듬해인 정종 2년(1400)에 마침내 이방원의 친형인 회안군 이방간李芳幹이 이방원에게 대결을 선언하고 나섰다.

당초 제2자인 정종 이방과가 보위에 오를 당시만 해도 이후의 보위는 응당 제5자인 정안군 이방원에게 이어질 것으로 생각했다. 이는 정종에게 적실 왕자가 없다는 사실에 기초한 것이었다. 당시 정안군 이방원의 위로는 장자인 진안군 이방우가 죽은 까닭에 제2자인 정종과 제3자인 익안군 이방의, 제4자인 회안군 이방간 등 3명만이 남아 있었다. 이방의는 성품이 순후해 다른 마음을 품지 않았으나 이방간은 학문이 없고 성질이 거친데다 야심이 컸다. 그는 이방원을 시기하며 보위를 엿보았다. 이때 박포 등이 그의 이런 야심을 자극하자 어리석은 이방간은 이에 넘어가 이내 사단을 일으키고 만 것이다. 이 사건을 '이방간의 난' 내지 '박포의 난'으로 부르는 이유이다.

지중추원사 박포는 태조 7년의 무인정사에 가담했으나 논공행상에 불만을 품고 있었다. 이후 자주 이방간의 집을 찾아가 불만을 털어놓으며 서로 친교를 쌓게 되었다. 그러던 중 하루는 기회를 틈타 이같이 부추기고 나섰다.

"정안군이 공을 보는 눈이 다르니 반드시 변이 생길 것인즉 공이 선수를 써야 합니다."

그는 무인정사 때 이무 등이 이방원에게 정도전 등의 모해가 있다고 밀고하며 먼저 손을 써야한다고 유도한 수법을 사용해 이방간을 부추긴 것이다. 이방간이 이를 받아들이자 이방원 측도 즉각 이를 눈치 채고 대비에 나섰다. 선수는 이방간 측이 썼으나 무인정사 때와 달리 싸움은 오히려 이방원의 승리로 끝났다. 이는 이방원 측의 무력이 압도적으로 강한데다가 만반의 대비책을 강구한 결과였다.

정종 2년 정월 그믐날에 이방간은 휘하의 상장군을 시켜 정종에게 이방원이 먼저 자신을 치려고 해 부득이 군사를 일으켜 공격케 되었다고 고했다. 정종은 크게 놀라 도승지를 보내 군사를 해산하고 궁궐로 들어올 것을 명했다. 그러나 이방간 측은 수백 명의 무장병을 이끌고 개성의 동대문을 향하여 진입했다. 이숙번 및 민무구 등과 함께 남산 등 여러 요해처를 파수하던 이방원 측은 곧바로 영격에 나섰다. 개성 시내의 가조가可祚街 일대에서 격전이 벌어졌으나 곧 무력에서 앞선 이방원 측의 승리로 돌아갔다. 이 사건은 이방간이 '거병작란擧兵作亂' 및 '모해동기謀害同氣'의 죄명으로 황해도로 유배되고, 박포가 참형에 처해지면서 이내 마무리 되었다. 정종이 이 사건을 계기로 이방원에게 보위를 물려줌으로써 이방원이 마침내 제3대 왕인 태종으로 즉위했다.

왕권국가의 수립

태종은 보위에 오르자마자 조선을 강력한 왕권에 기초한 '왕권국가'로 만들기 위해 사병을 혁파하고, 의정부 기능을 대폭 축소했다. 이는 정도전이 구상한 재상중심의 통치 체제를 뒤엎기 위한 조치였다. 마침내 태종 14년(1414)에 이른바 '육조직계제六曹直啓制'가 채택됨으로써 6조판서가 왕에게 직접 보고하는 길이 열리면서 의정부는 허울만 남게 되었다. 육조직계제는 왕권 우위 통치 체제를 제도적으로 보장하는 것이었다. 태종은 육조직계제 시행 이후에도 몇 차례 부분적인 개혁을 단행해 제도의 미비한 점을 보완했다.

육조의 기능 강화는 국왕과 의정부에 집중된 정치권력을 더 넓게 분산하는 효과가 있었다. 태종 전반기까지만 하더라도 정치를 논의하는 장에는 몇몇 중신과 근신만이 참여할 수 있었다. 육조직계제로 인해 육조의 장관까지 참여할 수 있는 폭이 넓어졌다. 그는 의정부에 집중된 신권의 권력을 분산함으로써 왕권 강화의 반사이익을 꾀한 셈이다. 태종의 강력한 왕권은 바로 이러한 제도 개혁을 통해 담보되었다고 해도 과언이 아니다. 오늘날의 중앙정부 체제와 유사한 육조직계제의 확립은 왕권 우위 통치 체제의 가장 중요한 징표이다. 최고통치권자에게 최종적인 통치 권력을 부여한 현대의 대통령제의 특징이 육조직계제에 그대로 나타나고 있는 것도 바로 이 때문이다.

당시 태종의 핵심참모인 하륜은 명제국에 승상부가 없다는 이유로 아예 의정부를 폐지할 것을 요구하고 나섰으나 태종은 이를 받아들이지 않았다. 태종의 이런 판단은 현명한 것이었다. 명나라는 개국 초에 재상제도를 폐지함으로써 황제의 자문기관인 내각의 각신閣臣들이 재상의 역할을 대신하는 파행적인 통치체제를 계속 유지할 수밖에 없었다. 이는 황권을 강화하는 차원을 넘어 오히려 제국의 통치체제를 불안케 만드는 요인으로 작용했다. 명제국이 황명皇命을 빙자한 환관들의 발호로 인해 영락제 사후 이내 쇠락의 길을 걷게 된 배경이 여기에 있다. 이보다는 비록 명목에 그칠지라도 재상을 두어 백관들을 관할토록 하는 것이 훨씬 타당한 것임은 말할 것도 없다.

본래 태조 7년 8월에 일어난 '무인정사'는 왕권축소를 꾀하는 정도전 세력을 제압키 위한 것이고, 정종 2년 정월에 일어난 '박포의 난'은 사병혁파에 대한 이방간의 반발을 제압키 위한 것이었다. 모두 불가피한 측면이 있었다. 당시 태종은 안팎의 상황을 감안할 때 제왕이 명실상부한 통치의 주체가 되어 강력한 부국강병을 추구하는 길만이 유일한 해결책이라고 보았다. 그의 이런 판단은 타당했다. 그가 성리학이 강조하는 왕도 대신 법가가 주장하는 패도의 통치술을 구사한 이유가 여기에 있다.

사실 태종이 정도전이 마련해 놓은 신권 우위의 통치 체제를 상징하는 의정부를 무력화하고, 확고한 왕권 우위의 통치 체제를 마련하면서 왕실은 비로소 안정될 수 있었다. 왕권 우위에 대한 태종의 입장은 재이災異 재앙을 불러오는 괴이한 일과 관련한 언급에 잘 나타나 있다.

"옛 사람은 천재지변을 만나면 모두 군주의 잘못을 언급하면서 현명하지 못한 벼슬아치에 대해서는 한마디도 언급하지 않았으니 이는 그 근본을 잃음이 아니겠는가."

이는 모든 재이를 군주의 덕행으로 연결해 해석한 기존의 통념을 뒤집은 것이다. 모든 책임을 군주 한 사람에게 뒤집어씌우는 것은 사리에 맞지 않다는 지적이다.

조선은 신권 우위를 전제로 한 성리학을 유일무이한 통치 이념으로 내세운 까닭에 태종의 이런 행태는 사실 적잖은 반발을 불러일으켰다. 왕권이 강화되면 될수록 이에 대한 신권세력의 반발도 강해질 수밖에 없었다. 그의 치세에 수많은 옥사 사건이 빚어진 이유가 바로 여기에 있다. 태종 2년 6월에 사헌부와 사간원 관원들 사이에 왕권 우위의 통치를 두고 논란이 일어난 적이 있었다. 당시 사간원의 좌정언 신개申槩는 이같이 말했다.

"군주가 대신들과 더불어 일을 도모하지 않고 혼자서만 정사를 하니 그르다."

좌사간 최긍崔兢이 반박했다.

"오직 군주만이 화복禍福을 만든다. 군주가 스스로 정사를 하지 않고 누구와 더불어 하겠는가."

이것은 본질적으로 태종의 통치 행태를 평가하는 기준을 둘러싼 논란이다. 당시 대간臺諫을 중심으로 한 신권 서력은 태종에게 의사소통의 중요성을 강조하면서 공론公論 정치를 주장했다. 이들은 경연과 대간의 기능을 활성화함으로써 왕권을 규제하고자 한 것이다. 이는 태종의 구상에 간접적으로 반발하는 것이기도 했다. 그러나 태종은 이를 무시했다. 신생 조선을 둘러싼 안팎의 상황이 결코 한가하지 못하다고 판단한 것이다. 이에 대해 하륜 등은 왕권의 강화를 주장하고 나섰다.

이에 태종은 대간의 언론 활동이 재상의 지휘에 따라 이루어지는 것을 용납하지 않겠다는 강경한 입장을 밝혔다. 그럼에도 민무구 등은 태종의 이런 경고를 무시했다. 이들이 모두 비명횡사한 것은 바로 이 때문이었다. 태종은 왕권을 위협하는 것이 부인과 자식, 환관 등과 같이 제왕과 가장 가까운 자들의 방자함에서 시작된다는 사실을 통찰하고 있었던 것이다.

그러나 태종이 대간들의 언론 활동을 봉쇄한 것은 아니었다. 그는 왕권에 대한 도전은 용납하지 않았으나 재상 등에 대한 탄핵은 적극 수용했다. 태종은 왕권의 강화를 위해 성향이 다른 인사들을 동시에 재상에 임명해 서로 견제하도록 만들고, 대간을 통해 재상들의 세력화를 억제했다. 이로써 조선은 강력한 왕권을 바탕으로 새 왕조의 기반을 튼튼히 다질 수 있었다.

하버드대 케네디스쿨의 리더십 전문가인 바버라 켈러먼은 집권과정이나 통치방식이 정당하지 않은 지도자가 좋은 결과를 낳는 패러독스를 '리더십의 딜레마'로 규정한 바 있다. 마키아벨리가 『군주론』에서 난세를 타개하는 군주리더십의 덕목으로 여우의 교지狡智와 사자의 흉맹凶猛을 예로 든 것과 취지를 같이한다. 태종이 손에 피를 묻히지 않았다면 세종의 성세는 불가능했다. 그를 조선조 최고의 명군이자 난세 리더십의 표상으로 간주하는 이유다.

3
세종
한글창제로 문화대국의 기틀을 만들다

창업과 수성

원래 고려의 입장에서 볼 때 조선의 개국은 찬탈이었다. 조선이 정통성을 인정받기 위해서는 일정한 시간이 지나야만 했다. 그러나 이는 단순히 시간이 흐른다고 해결될 문제가 아니었다. 고려에서 '사서삼경'보다 경연의 주요 강독 원전으로 채택되었던 『정관정요』는 이 문제를 창업과 수성의 논리로 풀었다. 당태종이 토로한 것처럼 수성은 창업 못지않게 어려운 과제이다. 수성이 제대로 이뤄지지 않을 경우 창업 자체도 수포로 돌아가기 마련이다. 역성혁명에 성공한 모든 역대 왕조는 개국 뒤 바로 이 수성의 문제로 고뇌할 수밖에 없었다. 수성의 요체는 창업자의 유지를 이어받아 통치 기반을 확고히 다질 수 있는 뛰어난 후계자를 선택하는데 있었다. 그러나 조선은 악역을 스스로 맡은 태종의 거침없는 행보 덕분에 비교적 짧은 기간에 수성의 단계로 진입했다.

32년에 달하는 세종의 치세 중 부왕인 태종이 군사권을 장악한 채 상왕으로 물러나 있던 4년은 창업과 수성의 시기가 겹치는 과도기로 보는 것이 옳다. 이 시기는 태종의 비호 아래 22세의 젊은 왕 세종이 제왕의 실무를 익히는 수습 기간인 동시에 태종에게 최종 낙점을 받는 시험 기간이기도 했다. 당시 세종은 그 의미를 정확히 꿰고 있었다. 이는 그 스스로가 이 시기에 철저히 몸을 낮춰 '종이 위의 군왕'을 자처한 사실을 보면 알 수 있다.

만일 당시 세종이 상왕인 태종의 심기를 거스르며 정무를 자신의 뜻대로 했다면 어떤 일이 일어났을지 짐작하기 어렵지 않다. 세종은 대군 시절에 이미 외가인 민씨 일족이 멸문지화를 당하고 큰형인 양녕대군이 세자 자리에서 쫓겨나는 것을 보았다. 그리고 마침내 둘째 형인 효령대군을 제치고 보위에 올랐다. 보위에 오른 뒤에는 장인인 심온을 비롯한 처가인 심씨 일족이 모두 죽임을 당하는 모습을 아무 말도 못한 채 눈뜨고 지켜봐야만 했다. 이때 그는 침묵을 지켰다. 그는 명민하기도 했지만 뛰어난 인내심을 지니고 있었던 것이다.

세종이 조선 최고의 성군이 될 수 있었던 것은 보위에 오른 후 상왕으로 물러난 태종이 제시한 여러 관문을 무사히 통과한 결과로 볼 수 있다. 세종은 시간이 흐르면서 패도로 일관한 부왕과 달리 상황에 따라 패도와 왕도를 적절히 섞어 사용하는 자신만의 독특한 통치력을 발휘했다. 역사의 흐름은 난세와 태평세의 시기보다는 소강세가 많다는 점에서 볼 때 이는 최고의 통치술이기도 하다.

이는 그가 조선의 역대 군왕 가운데 가장 대표적으로 잠시도 책을 손에서 놓지 않는 수불석권手不釋卷의 자세를 보인 사실과 무관치 않다. 그는 '수불석권'의 자세를 통해 통치의 요체가 어디에 있는지를 통찰하고 있었던 것이다. 동양의 역대 군주 중 '수불석권'의 학문을 좋아하는 모습을 보여준 사람은 그리 많지 않았다. 중국의 경우는 삼국 시대의 조조와 당제국의 실질적인 창업주인 당태종, 세계 최고의 전성기를 구가한 청대의 강희제康熙帝, 현대의 마오쩌둥毛澤東 등을 들 수 있다. 조선에서는 세종과 정조만이 여기에 들어갈 만하다.

세종이 부왕의 낙점을 받아 세자가 된 뒤 상왕인 태종의 감시 하에 치러진 '검증시험' 까지 무사히 마치고 마침내 자신의 시대를 연 것은 '굴신인욕'과 더불어 '수불석권'의 모습을 보였기에 가능했다. 태종이 장자인 양녕대군을 폐위하면서 마지막 순간까지 크게 고심한 사실이 이를 뒷받침한다. 이는 양녕대군이 처신을 조금만 잘했어도 보위에 오를 수 있었음을 암시한다.

그러나 양녕은 너무 방자했다. 당시 온갖 역경을 헤치고 보위에 오른 태종은 그 어떤 신하일지라도 자신의 손 위에 올려놓고 강력한 왕권을 행사할 자신이 있었으나, 경험이 많고 교활한 신하들을 생각할 때마다 자신의 사후를 염려하지 않을 수 없었다. 태종이 여러 차례에 걸쳐 선위禪位 파동을 일으키고, 또 일찍 양위한 뒤 상왕이 되어 왕권에 위협이 될 만한 세력을 가차 없이 제거한 이유가 바로 여기에 있다.

태종이 양녕대군의 실수를 미리 엄하게 꾸짖지 못한 것을 뒤늦게 후회하고 세자를 폐하기로 결단을 내렸을 때 그가 선택할 수 있는 대안은 세종밖에 없었다. 태종이 이런 결단을 내릴 때 결정적인 역할을 한 것이 바로 세종의 '수불석권'하는 자세였다. 한쪽에서는 세종이 내심 세자의 꿈을 키우면서 양녕대군과 자신을 차별하기 위해 수불석권의 모습을 보인 것으로 의심하기도 하나 이는 지나친 억측이다. 세종도 사람인 이상 그런 마음이 전혀 없었다고 할 수는 없으나 그의 '수불석권'은 타고난 기질에 가까웠다.

집현전과 한글 창제

원래 세종의 '수불석권'은 타고난 '호학好學'에서 비롯된 것이었다. 세종은 16세부터 스승인 이수李隨에게 배우기 시작해 남다른 호학으로 많은 지식을 축적했다. 세자가 된 이후에는 서연書筵에서 공부를 하다가 즉위 후에는 경연經筵에서 학문을 보다 깊이 쌓았다. 즉위 즉시 세자 때 학습을 받던 서연관書筵官을 경연관經筵官으로 고쳐 제수하고, 경연제經筵制를 증원하고, 경연청經筵廳을 새로 지었다.

원래 경연은 사실상 신하가 군왕을 가르치는 자리인 까닭에 당대 최고의 학문을 자랑하는 인물이 경연관으로 선발되었다. 경연청에는 정승 급에서 충원되는 정1품의 영사領事에서 정7품의 서사까지 약 20여명의 우수한 관리가 배치되었다. 왕은 대략 20여명의 전문가들로부터 특별학습을 받으며 국가경영의 수업을 받았다고 할 수 있다.

그의 경연에 대한 열정은 대단했다. 이전의 군왕이 30여회를 넘기지 못한 경연을 건강문제로 중단할 때까지 무려 1,900회나 연 게 그 증거이다. 이런 '호학' 행보는 이미 즉위 이전에 나타난 것이었다. 『세종실록』의 기록이다.

"즉위하기 이전부터 학문을 좋아하여 게을리 하지 않았다. 일찍이 작은 병이 있었는데도 책 읽기를 그치지 않자 태종은 환관을 시켜 책들을 다 가져오게 하였다. 즉위 후에도 손에서 책을 놓지 않았으니 비록 식사 중일지라도 반드시 좌우에 책을 펼쳐 놓았고, 밤중이 되어도 힘써 보며 싫어함이 없었다. 일찍이 근신近臣에 이르기를, '나는 궁중에 있으면서 손을 거두고 한가히 앉아있을 때가 없었다'고 하였다. 그 총명과 호학은 천성이었다."

당시 그가 문사철로 요약되는 인문학의 지평을 더욱 넓히기 위해 설치한 게 바로 집현전集賢殿이다. 설치의 기본 취지는 유가의 왕도 이념을 기초로 한 융평隆平과 풍평豐平이었다. '융평'은 높은 차원의 치평治平, '풍평'은 풍요 차원의 치평을 뜻한다. 당대 최고의 두뇌를 끌어들여 치평의 기본 틀을 제도적으로 확립하고, 변화하는 세상을 앞서 개척해 나가려는 열망을 담은 것이다. 당시 집현전 학사에 선발된 인재는 대개 20~30세 안팎의 젊은 수재들이었다.

당시 집현전 설치의 결과는 놀라웠다. 바로 집현전을 배경으로 훈민정음의 창제가 이뤄졌기 때문이다. 이는 집현전의 설치와 세종의 '수불석권'하는 자세가 빚어낸 최대 성과로 꼽을 만하다. 실제로 21세기 현재에 이르기까지 한글만큼 우리 민족문화의 전수를 잘 보여준 문화유산도 없다. 세종을 조선의 역대 군왕 중 최고의 성군으로 꼽는 이유이다.

지난 2008년 1년 가까이 방영된 KBS 대하드라마 「대왕세종」은 세종의 한글 창제와 관련한 통치 리더십이 어떤 것이었는지를 잘 보여주고 있다. 이 드라마에서 세종과 대비된 인물이 한글 반포를 반대한 최만리였다.

그러나 원래 최만리는 우리가 흔히 알고 있는 것과 같이 단순히 한글을 반대한 인물이 아니었다. 그는 나름대로의 논리를 갖추고 이를 반대했다. 세종이 한글을 창제해 널리 반포한 것은 백성들의 우민화愚民化을 걱정했기 때문이다. 그러나 역설적이게도 한글의 반포를 반대한 최만리 역시 이로 인한 우민화를 걱정했다. 어떻게 해서 이런 논리가 가능한 것일까? 영어몰입교육이 화두로 등장한 21세기에도 그대로 적용될 수 있는 논점이 두 사람의 논쟁 속에 고스란히 녹아 있다.

원래 한자는 표의문자인 까닭에 배우기가 쉽지 않으나 한글은 10개의 모음과 14개의 자음으로 약 8,000개에 달하는 음을 표시할 수 있다. 소리 나는 것은 거의 다 쓸 수 있다고 해도 과언이 아니다. 같은 표음문자일지라도 영어의 경우는 소리 나는 대로 쓰거나 읽을 수 없다. 영어를 읽고 쓸 줄 아는 미국인은 80%에 지나지 않으나 우리나라의 문맹률은 사실상 제로이다. 이를 가능케 한 장본인이 바로 세종이다. 그가 조선조 최고의 성군으로 손꼽히는 것은 당연지사이다.

21세기는 정확한 정보의 양과 질이 국가경쟁력을 좌우하는 말 그대로 정보화시대이다. 우리나라가 IT강국이 될 수 있었던 것도 따지고 보면 읽고 쓰기 쉬운 한글 덕분이다. 한글의 효능은 컴퓨터에서 이뤄지는 업무처리 능력을 보면 쉽게 알 수 있다. 전문가의 연구결과에 따르면 한글은 한자나 일본어에 비해 7배 이상 경제적 효과가 있다. 한글은 최첨단 정보기술을 확산시키는 1등 공신의 역할을 수행하고 있는 셈이다.

은밀한 창제 작업

당초 세종의 한글 창제 작업은 측근인 집현전 학사들도 전혀 눈치 채지 못한데서 알 수 있듯이 매우 은밀한 방법으로 진행되었다. 원래 세종은 재위 4년(1422)부터 활자의 개량을 직접 지휘할 만큼 문자에 대한 관심이 많았다. 이는 마침내 손수 한글을 만들어내는 위업으로 이어졌다. 『세종실록』의 재위 25년(1443) 12월 30일조의 기록이 이를 뒷받침한다.

"이 달에 임금이 친히 언문諺文 28자를 지었다. 그 글자는 옛 전자篆字를 모방한 것이다. 초성과 중성, 종성으로 나누어 합친 연후에 글자를 이루었다. 무릇 문자에 관한 것과 순 우리말에 관한 것을 모두 쓸 수 있었다. 글자는 비록 간단하지만 전환하는 것은 무궁하다. 이것을 일러 훈민정음이라고 했다."

이는 세종이 홀로 직접 한글을 만들었음을 뒷받침한다. 한글의 창제 과정이 매우 비밀스럽게 진행된 것은 바로 이 때문이다. 세종은 자신의 취지를 제대로 헤아리지 못한 자들의 반발로 인한 불필요한 잡음을 우려했던 것이다. 당시 한자는 사대부들의 특권이었다. 한문을 잘 이해하는 사람만이 출세하는 상황에서 한글창제는 사대부들의 이런 특권을 일거에 뒤집을 수도 있었다. 그가 집현전 학사들에게도 알리지 않은 이유가 여기에 있다.

세종이 세자인 문종에게 대리청정을 명하면서 태종 때 만들어진 '육조직계제'를 '의정부사서제議政府司署制'로 변환시킨 것은 바로 이 때문이었다. '의정부사서제'는 의정부의 세 정승이 정무를 결정하여 제시하면 왕은 결제만 하는 것으로 재상의 권한을 크게 강화시킨 것이다. 당시 세종은 왜 강력한 왕권을 뒷받침하기 위한 제도인 '육조직계제' 대신 '의정부사서제'를 택한 것일까? 그는 부왕인 태종과 달리 신권 우위의 통치체제를 추구한 것일까?

세종은 비록 겉으로는 신권 우위의 왕도를 내세웠으나 속으로는 강력한 왕권을 추구했다. 그가 '의정부사서제'를 채택한 것은 건강이 그리 좋지도 않았지만 한글을 창제할 개인적인 시간을 확보코자 한 데 있었다. 모든 현안을 일일이 검토해 결재하는 '육조직계제'로는 한글 창제에 투여할 시간을 확보키가 쉽지 않았던 것이다. 한창 일하는 40세 가량인데도 많은 신하들의 반대를 물리치고 서무에 관한 결재권을 왕세자에게 넘긴 이유가 여기에 있다. 그가 한글을 극비리에 창제하기 위해 얼마나 고심했는지를 뒷받침하는 대목이다. 최만리를 비롯한 집현전학사를 의금부옥사에 가두기까지 하면서 한글 반포를 밀어붙인 것도 이런 맥락에서 이해할 수 있다. 이는 집현전 학사들이 거의 눈치 못하는 은밀한 방법으로 친히 한글을 창제했음을 증명하는 것이다.

그럼에도 학계에서는 지금까지도 한글의 창제와 관련해 크게 3가지 설이 대립하고 있다. 세종이 학자들에게 명하여 이루어졌다는 명제설命制說과 학자들의 협력을 얻어 공동으로 이루어낸 것이라는 협제설協制說, 세종 직접 만든 것이라는 친제설親制說 등이 그것이다. 오랫동안 명제설과 협제설이 주류를 이뤄왔으나 최근에는 친제설이 설득력을 얻고 있다.

아직까지 협제설 및 명제설을 주장하는 학자들은 '친히 언문 28자를 지었다'는 사관의 기록을 액면 그대로 인정하는 것을 거부하고 있다. 이들은 세종이 어떻게 언어학과 같은 전문 분야에 해박할 수 있는가 하는 의구심을 떨치지 못하면서 사관들이 세종의 업적을 미화키 위해 이같이 기록한 것으로 간주하고 있다. 이는 당시 사관을 비롯해 대다수의 사대부들이 한글창제에 부정적인 입장을 견지했다는 점에서 설득력이 없다.

탁월한 언어학자 세종

동양의 역대 제왕을 보면 뛰어난 자가 적지 않았다. 대표적인 인물이 청대의 강희제이다. 그는 중국의 고전을 두루 꿰는 당대 최고의 학자였고, 라틴어를 비롯해 서양의 언어에 해박한 언어학자였고, 삼각함수 등을 이해한 당대 최고의 수학자이기도 했다. 이는 서양의 선교사들을 스승으로 두고 서양 학문을 열심히 배운 결과였다. 세종도 강희제 못지않은 호학군주好學君主였다. 그가 음운학 및 문자학에 깊은 조예를 가지고 있었다는 사실을 이상하게 생각할 게 없다.

당시 불가의 학승들 중에는 표음문자인 산스크리트어를 이해하는 자들이 적지 않았다. 세종 역시 세자 시절부터 불경을 탐독하는 등 호불군주好佛君主의 모습을 보였다. 그가 성리학을 숭상하는 사대부들의 격렬한 반대를 무릅쓰고 궁중에 내불당內佛堂을 지은 사실이 이를 뒷받침한다. 여러 정황에 비춰 세종은 산스크리트어에도 해박했다고 보는 게 타당하다. 실제로 한글 자모 중에는 'ㄴ'과 'ㅁ', 'ㅂ' 등 산스크리트어의 데바나가리 문자 및 이를 변형한 티베트 문자와 유사한 형태를 띠고 있는 게 매우 많다.

그럼에도 명제설과 협제설을 주장하는 학자들은 이에 대해 계속 의문을 표시하면서 언문청諺文廳의 설치를 친제설을 반박하는 논거로 들고 있으나 이 또한 잘못이다. 언문청은 한글을 반포한 직후인 세종 28년(1446) 11월에야 비로소 설치의 건이 논의되었다. 나아가 언문청은 한글 창제를 위한 것이 아니라 『용비어천가』와 같이 언문을 이용한 글들을 편찬키 위해 설치한 기관이다. 한글은 세종대왕이 밝혔듯이 발명의 목적과 대상이 분명하고 은밀히 진행되었다는 점에서 세종이 홀로 만든 것으로 보는 게 타당하다.

당시 세종은 한글을 창제한 후 왕립연구소라고 할 수 있는 집현전의 관원 중 정인지와 최항, 박팽년, 신숙주, 강희안, 성삼문 등에게 명하여 이를 다듬게 했다. 그러나 신숙주와 성삼문 등은 한글 반포를 위한 언문 해제 등에 참여하는 등 보조하는 역할을 하는데 그쳤을 뿐 창제에 참여했던 것은 아니다. 이는 『성종실록』의 재위 18년(1487) 2월 2일조에 나오는 시강관 이창신의 다음 발언이 뒷받침한다.

"세종 때 신숙주와 성삼문 등을 요동에 보내 황찬黃瓚에게 어음語音과 자훈字訓을 바로잡게 하여 『홍무정운洪武正韻』과 『사성통고四聲通考』 등의 책을 만들었다. 이에 우리나라 사람들이 한자의 뜻을 대강 알게 되었다."

신숙주와 성삼문이 음운학자인 황찬을 만나러 간 것은 훈민정음 창제를 위한 것이 아니라 『홍무정운』 등을 펴내기 위한 것이었다. 『홍무정운』과 『사성통고』는 세종 29년(1447) 9월에 완성된 『동국정운』을 토대로 한 것으로 한자음을 중국의 음운에 가깝도록 또다시 고친 것이다. 세종이 직접 한글을 창제했다는 것은 학문이 세분화된 현대의 기준으로는 믿기 어렵겠지만 엄연한 역사적 사실이다.

당시 집현전 부제학의 자리에 있던 최만리 등이 올린 반대 상소문도 세종이 홀로 한글을 창제했음을 반증하고 있다. 이 상소는 최만리 이외에도 신석조와 김문, 정창손, 하위지, 조근 등이 공동으로 올린 것이었다. 이들은 당시 집현전을 대표하던 쟁쟁한 학자들이었다. 한글 창제 이듬해인 세종 26년(1444) 2월에 올린 이들의 반대 상소 골자는 대략 다음과 같다.

“언문이 중국으로 흘러 들어가서 그르다고 말하는 이가 있으면 중국문화를 섬기는 자세에서 어찌 부끄럽지 않겠습니까. 몽고, 서하, 여진, 일본 등이 각각 제 글자를 가지고 있으나 이는 모두 오랑캐들만의 일이라 더 말할 가치도 없습니다. 우리나라는 기자箕子의 유풍을 지니고 있고 문물제도가 중국과 견줄 만하다는 칭송을 들었는데 이제 따로 언문을 만들어 스스로 오랑캐와 같아진다면 어찌 문명의 큰 해가 아니겠습니까. 후진後進이 장차 이를 보고 생각하기를, ‘27자의 언문으로도 족히 세상에 입신할 수 있다’고 할 것이니 무엇 때문에 고심노사苦心勞思하여 성리학을 궁리하려 하겠습니까.”

이들이 세종에게 올린 상소는 크게 6가지 내용으로 요약된다. 첫째 언문은 하나의 신기한 재주에 불과할 뿐이고 학문과 정치를 위해 이로움은커녕 손해가 있을 것이다. 둘째 송사에 억울한 경우가 생기는 것은 한자나 이두가 어려워서가 아니라 관리의 자질에 따른 것이니 새 글자를 만들 이유가 되지 못한다. 셋째 글자를 가진 나라는 모두 오랑캐뿐이다. 넷째 수 천년동안 사용한 이두가 아무 탈이 없는데도 언문이 통용되면 관리가 될 사람은 오로지 언문만 배우고 학문을 돌보지 않을 것이다. 다섯째 넓게 여러 사람의 의논을 채택하지도 않은 채 갑자기 언문을 만들어 널리 반포하려 하니 이는 공의公議에 어긋난다. 여섯째 군주는 몸을 해쳐 가며 언문 창제에 과도한 열성을 기울이고 있고, 동궁도 덕성함양과 무관한 글자 만들기에 정력을 소모하고 있다는 지적이 그것이다. 학계에서는 이를 흔히 '최만리의 6조'로 부른다.

이들의 반대상소 내용을 통해 당시 세종이 여러 사람의 의논도 듣지 않고 자신의 신념에 따라 일을 은밀히 추진했고, 제작과 동시에 여러 서리들에게 이를 습득시켜 그 효용을 검증했음을 알 수 있다. 나아가 세종이 『삼강행실』을 비롯한 여러 언해본을 빠른 시일 안에 널리 배포코자 했고, 한글의 창제를 그 어떤 일보다도 중요한 과업으로 생각한 사실을 쉽게 확인할 수 있다.

당시 최만리 등은 이것이 성현의 학문인 성리학을 제대로 배우지 않는 그릇된 풍조를 만연케 할까 우려했다. 그는 백성들의 우민화를 걱정한 것이 아니라 상류층인 사대부들의 우민화를 걱정했던 것이다. 이는 당시 성리학자들의 생각을 대변한 것이기도 했다. 교조적인 명분론에 함몰된 당시 조선 성리학자들의 입장에서는 응당 그런 주장을 펼 만도 했다. 그러나 한글을 널리 쓰게 되면 한문을 학습하지 않을 것이라는 주장 자체가 논리의 비약이다. 이는 한글 교육을 강화하면 영어교육이 소홀해질 것이라는 주장이 성립될 수 없는 것과 같은 이치이다.

한글창제와 애민정신

청나라 황실의 경우는 중원을 장악한 이후 황자

들에게 어릴 때부터 한문과 더불어 우리의 한글에 해당하는 만주문자의 습득을 필수과목으로 부과했다. 만주어뿐만 아니라 몽골어에도 능통해야만 했다. 청나라의 쇠망은 만주어에 대한 황자들이 교육이 소홀해진데서 찾을 수 있다. 이는 최만리를 비롯한 조선조의 사대부 성리학자들이 얼마나 비주체적인 생각을 하고 있었는지를 극명하게 보여주는 것이다. 세종도 이를 문제 삼았다. 상소문을 접한 세종의 논리정연한 반박이 그 증거이다.

"설총이 이두를 제작한 본뜻은 백성을 편리하게 하려 함이 아니겠는가. 그대들이 설총은 옳다고 하면서 내가 하는 일이 그르다고 하는 것은 무슨 이유인가. 그대가 운서韻書을 아는가, 사성칠음四聲七音에 자모가 몇 개나 있는지 아는가. 만일 내가 그 운서를 바로잡지 아니하면 누가 이를 바로잡을 것인가."

세종의 애민 정신이 확연히 드러나는 대목이 아닐 수 없다. 그러나 당시 최만리는 반대 상소문을 무려 18번이나 올리면서 이를 거듭 반대하고 나섰다. 세종의 한글 창제에 대한 집념을 익히 알고 있는 최만리가 이처럼 반대상소를 거듭 올리며 강고하게 반대하고 나서는 것은 결코 쉬운 일이 아니었다. 최만리 역시 세종 못지않게 자기 확신이 강한 인물이었다.

그러나 세종은 한 번도 화를 낸 적이 없다. 오히려 자신의 잘못을 뒤돌아보기도 하고 자신의 짧은 생각을 뉘우치기도 했다. 세종이 이처럼 자신이 그토록 심혈을 기울여 창제한 한글에 대한 찬반양론을 모두 수용하는 아량을 보인 것은 한글 창제 및 반포와 관련한 집현전 내부의 이견 및 일반 사대부들의 여론을 반영한 결과로 보아야 한다. 나아가 최만리가 거듭 반대상소를 올렸음에도 불구하고 집현전의 부제학으로 있게 된 데에는 최만리에 대한 세종의 신임이 적잖이 작용했을 것으로 짐작된다. 실제로 최만리가 잠시 부제학의 자리를 비웠을 때 주변에서 새 사람을 뽑아 쓸 것을 주장하자 세종은 일언지하에 이같이 반대한 바 있다.

"빈자리를 채울 사람은 많으나 그런 인재는 없다."

세종은 최만리의 소신 있는 행보를 좋아했다. 그에게 집현전 부제학의 자리와 1천 칸의 집을 지을 땅을 준 이유이다. 그곳이 바로 지금 서울의 만리동이다. 당시 최만리가 상소문의 말미에서 세종의 건강을 극도로 걱정한 것도 군왕에 대한 한없는 충성심에서 우러나온 것으로 보아야 한다. 실제로 당시 세종은 한글을 창제하면서 몸을 돌보지 않은 까닭에 한글이 완성되었을 즈음에는 건강이 악화돼 있었다. 특히 시력이 극도로 나빠져 이후 약수가 나오는 청주의 초정리로 요양을 떠나지 않을 수 없었다. 당시 세종은 요양을 떠나면서도 유독 한글 자료만을 챙겨 떠나고자 했다. 최만리는 세종이 한글창제로 병이 나 부득불 요양을 떠나는 상황에서조차 한글과 관련된 자료만 들고 떠나려고 하자 이는 극렬히 반대하고 나선 것이다.

세종도 이들의 이런 충정을 이해했다. 그가 이들의 상소문을 접한 직후 이들 모두를 불러 격의 없이 문제점을 논의한 것은 바로 이 때문이었다. 그러나 이 와중에 김문이 언문 『삼강행실』의 반포를 찬성했다가 번복한 점이 거론되고, 정창손이 강력한 어조로 이를 반대한 점 등이 문제가 되었다. 이에 세종은 이들을 의금부에 내렸다가 이튿날 석방하는 조치를 취했다. 이후 최만리 등의 반발이 가라앉자 세종은 이내 몇 가지 문헌을 한글로 만드는 실용의 시험을 거친 뒤 마침내 재위 28년(1446)에 『훈민정음』을 반포했다. 그는 『훈민정음』의 서문에서 이같이 역설했다.

"우리나라의 말이 중국 말과 달라서, 한자와는 서로 통하지 않고 있다. 이런 까닭에 어진 백성들이 말하고 싶은 것이 있어도, 그 뜻을 담아서 나타내지 못하는 사람이 많다. 내가 이것을 딱하게 여겨 새로 28자를 만들었으니 모든 사람으로 하여금 쉽게 깨우쳐 날로 씀에 편하게 하고자 할 따름이다."

이 서문에는 중국의 문물에 사로잡히지 않은 강한 주체의식과 백성들의 어려움을 덜어 주고자 하는 애민사상, 일상의 편의를 위해 새로운 글자를 만든다는 실용주의 등의 정신이 고스란히 드러나 있다. 『훈민정음』의 반포로 인해 최만리 등은 세종의 애민사상을 제대로 이해하지 못한 고루한 자로 치부되었다. 이를 논문으로 뒷받침한 사람은 일본의 사학자 오구라 신페이小倉進平였다.

주시경 밑에서 한글을 배운 국어학자 김윤경이 이를 더욱 확대 해석하면서 오랫동안 최만리는 반동수구의 원흉으로 지목되었다. 그는 1938년에 펴낸 『조선 문자 및 어학사』에서 최만리를 두고 '한글창제를 반대한 저능아'로 비판했다. 이후 극단적인 한글 전용론을 전개한 일부 학자들은 여기서 한 발 더 나아가서 '최만리 등의 사대주의자들이 한글을 언문이라고 비하했다'는 억지주장을 펼치며 최만리를 반동으로 몰아갔다.

'언문'이라는 용어를 처음 사용하고 '언문청'이라는 기관을 처음으로 세운 사람은 세종이었다. 언문이 한글을 비하하기 위해 지어낸 말이라는 주장은 근거가 없는 것이다. 세종을 기리기 위해 세종이 총애했던 최만리를 반동으로 몰아가는 것은 결코 바람직스럽지 못하다. 이는 이순신을 미화하기 위해 원균을 역적으로 몰아가는 것과 마찬가지로 중대한 역사왜곡에 해당한다. 극단적인 한글 전용을 주장하는 것은 세종의 한글 창제 취지를 왜곡하는 것이다.

한글창제의 역사적 의미

당초 최만리도 비록 한글 반포를 반대하기는 했으나 한글의 뛰어난 점을 부정한 적은 없었다. 그는 오히려 상소문의 첫머리에서 "언문을 제작한 것이 지극히 신묘해 만물을 창조하고 지혜를 운전하는 것이 천고에 뛰어나다"며 한글의 우수성을 크게 칭송했다. 그의 반대는 언문의 유행으로 조선의 성리학이 피폐해질까 우려한데 따른 것이었다. 사실 그는 조선조 5백년을 통틀어 얼마 되지 않는 청백리 중 제1호로 꼽히는 인물이기도 하다. 그가 최고의 학문을 자랑하는 관원들이 모인 집현전에서 대제학 다음의 자리인 부제학에 있었다는 것은 그의 학문적 업적이 간단치 않았음을 시사한다. 최만리는 세종 원년(1419)에 진사시 을과에 합격해 벼슬길에 올랐다. 이후 집현전에 들어가 박사博士를 거쳐 직제학이 되었다. 세종 21년(1439)에 강원도 관찰사가 되어 잠시 세종 곁을 떠났다가 이듬해에 집현전 부제학이 되어 서울로 돌아왔다. 세종이 청렴하면서도 강직한 그를 다시 불러들여 그의 직언을 듣고자 한 것이다. 세종과 최만리는 당태종과 위징의 경우를 연상시키는 면이 있다.

그럼에도 오구라가 유독 최만리를 지목해 고루한 사대주의자의 원흉으로 몰아간 것이다. 김윤경의 사료에 대한 정밀한 검토를 생략한 채 이를 확대해석한 것은 더 큰 문제였다. 현재 학계에서 오구라와 김윤경의 주장을 좇는 학자들은 거의 없다. 최만리가 세종의 총애를 입고, 집현전에서 세종과 함께 침식을 같이 하며 24년 동안 봉직한 사실을 주목한 결과이다. 그는 성종 때 세종의 사당에 배향되었다.

세종은 32년간에 달하는 재위기간 중 2가지를 중시했다. 조상의 땅을 회복하는 북방영토의 개척과 애민사상에 입각한 한글의 반포가 그것이다. 그는 금은 등의 조공을 마포馬布로 대신하고, 화전和戰의 양면정책을 구사해 4군6진四郡六鎭을 개척하고, 왜구의 소굴인 쓰시마對馬島를 정벌했다. 이는 부왕인 태종의 부국강병책을 구체화한 것이다. 조선의 강역이 현재처럼 두만강 일대까지 확정될 수 있었던 것은 전적으로 세종의 강력한 북방영토 개척의지가 있기에 가능했다.

당시 세종은 북방영토 개척 못지않게 한글의 반포를 중시했다. 세종의 이런 정신과 노력이 없었다면 우리는 우리의 글도 없이 지내다가 개화기 때 일본의 가나나 서양의 알파벳을 변용한 자모를 사용했을지도 모를 일이다. 실제로 세종의 여러 업적 가운데 한글 창제만큼 위대한 업적은 없었다. 최근의 영어몰입 교육과 관련한 논란을 감안할 때 세종의 한글 창제 취지는 더욱 빛을 발할 수밖에 없다. 세종을 태종과 더불어 조선조 최고의 명군으로 꼽는 이유다.

4

세조

권신을 토벌해 사직을 안정시키다

엇갈린 평가

세조는 제2의 창업주에 해당한다. 김종서 등의 권신을 제거하지 않았다면 조선조는 이내 '신하의 나라'로 바뀌었을 공산이 컸다. 그는 결단력도 있었지만 형식에 얽매이지 않는 식으로 그릇도 컸다. 술자리에서 신하들과 거리낌 없이 어울린 게 그렇다. 정인지는 술만 취하면 세조에게 '너汝'라는 반말을 썼다. 그럼에도 아무 탈이 없었다. 왕의 침전인 강녕전에서 종친이나 공신을 위로하는 주연이 자주 열렸다. 심지어 왕비의 침전인 교태전에서도 술자리가 이어졌다. 한명회와 신숙주 등 최측근들만 그 자리에 초대받았다. 그의 이런 '주석酒席

정치'는 유가경전 등 고전에 대한 담론으로 시작하는 세종의 '경연經筵 정치'와 대비된다.

그럼에도 그는 14년의 재위기간 동안 많은 업적을 남겼다. '진관鎭管체제'라고 불리는 향토방위 개념에 기초해 전국적인 방위체제를 수립하고, 세종의 뒤를 이어 북방 변경에 대규모 이민정책을 시행해 영토를 확고히 하고, 토지개간으로 농업생산을 늘려 민생을 안정시키고, 많은 편찬사업을 통해 자주적인 문화국가를 지향한 것 등이 그렇다. 조선조 운영의 기본 틀이 된 『경국대전』을 편찬한 게 그 실례다.

오랫동안 그는 명분도 없이 조카의 자리를 빼앗은 찬탈자로 매도됐음에도 그를 명군의 일원으로 평가하는 이유다. 실제로 『세조실록』을 보면 당시 사람들이 그의 치세를 높이 평가했음을 알 수 있다. 뛰어난 리더십이 있었기에 가능했던 일이다. 그는 왕자 시절 이같이 자부한 바 있다.

"일은 모두 세勢의 흐름의 영향을 받는다. '세'는 하늘의 뜻이다. 그러나 사람의 일이 더욱 중하다. 어리석은 자는 하늘에 책임을 미루고, 지혜로운 자는 사람에게서 모든 것을 살핀다. 나는 남이 하는 것은 하지 않고, 반드시 남이 하지 않는 것을 할 것이다!"

결과론적인 얘기지만 스스로 운명을 개척해 나갈 것임을 선언한 셈이다. 당시 군신들의 평가도 크게 다르지 않았다. 재위 14년(1468) 9월, 그가 52세의 나이로 사망했을 때 신하들은 그의 삶을 '책운제권策運制權'으로 요약했다. 스스로의 운명을 획책하여 통치 권력을 행사했다는 뜻이다. 그가 '세조'라는 뛰어난 시호를 받게 된 이유다. 이 시호는 원나라 최고의 명군인 원세조 쿠빌라이의 시호가 보여주듯이 신하들이 창업주에 준하는 공을 세운 인물에게 올리는 시호다. '태종'보다 더 높은 것으로 볼 수 있다.

그의 용인술은 뛰어난 바가 있다. 인재에게 일을 맡겨서 난관을 돌파하게 하는 게 그렇다. 재위 6년(1460) 7월에 이뤄진 여진족 토벌이 대표적인 사례다. 명나라와의 관계 등을 고려해 토벌을 망설이는 신숙주에게 그는 이같이 일갈했다.

"기회를 놓칠 수는 없다. 용병할 때 가장 안 꺼리는 것은 바로 결단하지 못하고 머뭇거리는 것이다."

원래 세조의 부왕인 세종은 생전에 소헌왕후 심씨와 금슬이 좋았다. 큰아들 문종文宗을 비롯해 훗날 세조가 된 둘째 아들인 수양대군首陽大君과 셋째 아들 안평대군安平大君, 여섯 째 아들인 금성대군錦城大君 등 모두 8명의 아들을 둔 사실이 이를 방증한다. 그러나 장자인 문종은 부왕인 세종을 닮아 호학하기는 했으나 매우 병약했다. 세종은 유사시를 대비해야만 했다. 그 대상이 수양이었다. 이는 수양이 문종 못지않게 학문을 좋아한 사실과 무관치 않았다.

수양은 유가경전에 열성을 기울인 문종과 달리 사서 및 제자백가 등 군서를 두루 박람博覽하는 모습을 보였다. 세종이 평소 애독하던 『자치통감』을 수양에게 하사한 것이 그 증거이다. 세종이 그에게 '조선판 자치통감'에 해당하는 『치평요람治平要覽』의 편찬을 감독하게 한 것도 같은 맥락에서 이해할 수 있다. 이를 계기로 그는 집현전의 젊은 학자들과 두루 친분을 맺었다. 훗날 수양이 이른바 '계유정난癸酉靖難'을 계기로 권력을 장악하면서 신숙주를 비롯한 집현전 학자들을 대거 발탁된 배경이 여기에 있다.

계유정난은 세조의 통치리더십이 패도에 입각해 있었음을 극명하게 보여준 사례에 해당한다. 『자치통감』과 『춘추좌전』 등의 사서는 장구한 역사 속에 드러나는 다양한 유형의 통치리더십을 전해주면서 패도가 왕도 못지않게 매우 중요한 통치리더십이라는 사실을 극명하게 보여주고 있다. 춘추전국시대를 시대배경으로 다루고 있는 제자백가서 역시 난세의 상황에서는 강력한 무력을 바탕으로 한 패도를 통해야만 능히 득천하得天下 및 치천하治天下에 성공할 수 있다는 사실을 설득력 있게 설명해 놓았다. 군서를 박람한 군왕이 거의 예외 없이 패도의 행보를 보인 이유이다.

세조의 패도 행보는 세종 말기에 그 조짐을 드러내고 있었다. 세종은 재위 후기에 들어와 건강상의 이유를 들어 군국대사 이외의 모든 나랏일은 세자인 문종이 직접 처리하도록 했다. 황희를 비롯한 일부 대신들이 이를 내선內禪으로 여겨 반대했으나 세종은 자신의 입장을 굽히지 않았다. 얼마 뒤 왕비 심씨가 세상을 떠나자 세종은 급격히 불교에 마음이 기울었다. 세종은 마침내 재위 30년에 궁중에 내불당을 지어 심씨의 명복을 빌고자 했다. 대소 관원들이 들고 일어나 한 달 넘게 온 힘을 다해 강력히 반대했다. 그러나 세종은 요지부동이었다. 이는 수양대군을 비롯한 여러 왕자들에게 깊은 영향을 끼쳤다. 수양대군이 조선 국왕 중 유일하게 스스로 '호불군주好佛君主'를 칭한 것은 이 때문이다. 그는 부왕의 명을 받아 불당을 건립하고 부처의 공덕을 기리는 각종 경찬회慶讚會를 주관했다.

일각에서는 '계유정난'과 '사육신사건'에서 많은 사람들을 죽인 죄의식 때문에 '호불군주'가 되었다는 속설을 거의 그대로 인용하고 있으나 이는 잘못이다. 세조가 불교에 열중한 데에는 부왕에 이어 친형인 문종의 잇따른 죽음과 자신의 신병 등이 복합적으로 작용했다. 지난 1984년에 강원도 오대산 상원사의 문수동자상의 복장유물腹藏

遺物에서 나온 세조의 피고름이 묻은 속적삼이 그 증거이다. 그는 부왕 및 문종과 마찬가지로 재위 14년 동안 온 몸에 난 창진瘡疹으로 크게 고생했다. 이는 부왕인 세종에게서 전염된 것일 공산이 크다. 그러나 그는 결코 이런 이유 등으로 인해 불교에 심취한 것은 아니다. 그 역시 호학군주이자 호불군주의 행보를 보인 세종과 마찬가지로 불경에 대한 깊은 이해를 바탕으로 '호불군주'를 자처했다고 보는 게 타당하다. 이는 지나친 명분론에 치우친 조선의 일반 사대부에 대한 반감을 동반한 것이기도 했다. 계유정난 및 사육신 사건의 심정적 배경이 여기에 있었다.

불안한 주변정세

계유정난이 일어나게 된 역사적 배경과 관련해 여러 해석이 있다. 일단 주변 정세를 살펴볼 필요가 있다. 세종의 재위 말기에 중원의 흐름이 급박하게 변하고 있었다. 세종 31년(1449)에 몽골의 에센也先이 명제국의 황제인 정통제正統帝를 포로로 잡아가는 이른바 '토목지변土木之變'이 빚어진 것이 그 실례이다. 이는 북송 말기에 흠종과 휘종이 금나라에 포로가 된 이른바 '정강지변靖康之變'에 비유할 만한 사건이었다. 북송은 이 사태로 멸망하고 남쪽으로 내려가 잔명을 잇게 되었다. 명나라도 '토목지변'으로 인해 패망 일보 직전의 위기에 처하게 됐다. 조선의 입장에서 볼 때 몽골이 중원의 새로운 주인으로 될 지도 모를 사건이 빚어진 셈이다.

당시 명나라는 에센의 침략에 대비해 사신을 급파해 정병 10만 명을 파견해 합동 작전을 펼 것을 요구한 바 있다. 세종은 삼면이 바다와 붙어 있어 왜구의 침입이 우려되고, 북쪽도 여진족과 맞붙어 있어 방어가 필요하다는 이유로 간곡히 거절했다. 이듬해인 세종 32년(1450)에 명나라는 용병에는 말보다 급한 것이 없다며 2~3만 마리의 말을 요구했다. 이에 조선에서는 관색마官色馬를 설치해 말 5천 마리를 급히 징발했다. 이때 포로가 된 정통제가 송환되어 왔으나 그를 대신해 보위에 오른 이복동생 경태제景泰帝는 계속 황제로 있으면서 명제국을 통치했다.

조선조의 세종은 중원이 이처럼 어지러운 긴박한 시기에 운명했다. 문제는 뒤를 이어 보위에 오른 문종 또한 신병이 위중했다는 것이다. 문종은 부왕인 세종을 닮아 학문을 좋아하면서도 국방을 완전하게 정비한 인물이었다. 그의 신병은 대외적으로 중국의 급격한 변화와 더불어 관료사회에 커다란 동요를 일으킬 만했다. 문종은 재위 2년 3개월 만에 39세로 요절하고 말았다. 문종이 갑작스럽게 죽자 12세의 어린 세자가 즉위했다. 그가 바로 단종이다. 연이은 국상으로 왕실과 온 나라의 분위기는 가라앉아 있었다. 어린 왕의 등극으로 왕권 역시 미약하고 불안정했다.

당시 문종은 죽기 직전에 의정부를 장악하고 있는 영의정 황보인과 우의정 김종서 등을 '보정대신輔政大臣'에 임명했다. 당시 의정부는 세종 때 '의정부사서제'가 만들어진 이후 막강한 권한을 행사하는 최고의 권부로 자리 잡고 있었다. 이제 어린 왕이 즉위한 상황에서 황보인 등이 '보정대신'의 지위를 남용할 경우 이를 통제할 방법이 없었다. 정도전이 이상적으로 생각한 의정부 중심의 신권국가가 형성된 것이나 다름없었다. 이는 왕권이 강력한 신권에 의해 제압되는 이른바 '군약신강君弱臣强'의 상황이 도래했음을 의미했다.

황표정사와 군약신강

고래로 왕조교체의 혼란기를 지나 새로운 왕조가 개창될 때에는 예외 없이 군강신강君强臣强의 모습을 띄기 마련이다. 창업주는 혼란스런 난세 속에서 건곤일척의 승부수를 띄워 대업을 이룬 만큼 남다른 의지와 결단력을 지니고 있다. 창업공신 또한 새가 나뭇가지를 가려 앉듯이 나름의 판단 하에 주군을 선택해 공업을 이룬 만큼 남다른 지용智勇을 지니고 있다. 창업주의 경우는 그런대로 강신强臣을 제압할 수 있으나 궁정에서 자란 수성守成 단계의 후사後嗣는 이런 강신을 제압키가 쉽지 않다. 강신을 방치할 경우 이내 '군약신강'의 상황이 초래될 수밖에 없다. 개국의 기업이 이내 무너져 내릴 위험이 큰 것이다. 창업주 때 거의 예외 없이 막강한 세력을 형성한 공신들을 제거하는 이른바 '토사구팽兎死狗烹'이 행해진 이유가 여기에 있다.

그러나 건국 초기에 아무리 '토사구팽' 등을 통해 '군강신약君强臣弱'의 기반을 마련할지라도 이런 상황이 오래 유지되기는 극히 어렵다. 신하들을 능란하게 제압할 수 있는 현군賢君의 속출을 기대할 수는 없기 때문이다. 태종과 세종의 치세 하에서 새 왕조의 기틀이 어느 정도 다져졌다고는 하나 세종에 이어 문종이 잇달아 죽고 어린 왕이 즉위한 상황에서 '군약신강'의 상황이 빚어진 것은 조선 왕실의 입장에서 볼 때 일대 위기가 아닐 수 없다. 더구나 조선의 북변 안정을 책임지고 있는 명제국마저 황제가 포로가 되었다가 송환되었으나 이복동생이 보위에 계속 앉아 있으면서 황태자를 폐해 자신의 자식을 후사로 정하는 등 한 치 앞을 내다보기 어려운 혼미한 양상을 보이고 있었다. '보정대신'들이 발호할 경우 조선조는 건국한 지 채 1백 년도 안 돼 커다란 위기를 맞을 수 있는 상황이었다.

당시 의정부에는 영의정 황보인과 좌의정 남지, 우의정 김종서 등이 있었으나 좌의정 남지는 몸이 아파 쉬고 있었다. 이런 까닭에 황보인과 김종서가 정사를 도맡아 보았다. 이들은 자식과 사위, 일족 등을 대간에 임명하는 등 정실 인사를 일삼았다. 사헌부와 사간원은 재상권과 더불어 신권의 막강한 축을 형성하는 언론권의 중추기관이었다. 이들이 재상권의 영향을 받는 것은 왕권과 신권의 균형 관계가 무너졌음을 의미한다. 당시 관료 임명과정은 한심하기 짝이 없었다. 의정부에서 세 사람을 적어 그 중 임명받고자 하는 이름 아래에 황표黃標를 붙여 올리면 단종은 그곳에 낙점하는 일만 했다. 이 사실이 알려져 비판 여론이 일자, 얼마 뒤에는 편법으로 '특명'이 나타났다. 이는 왕이 특별 지시를 해서 임명하는 형태로 악용되었다. 얼마 후 비판 여론이 가라앉자 다시 황표가 등장했다. 의정부가 군왕의 인사대권을 사실상 장악한 것이나 다름없었다. 제왕이 행사하는 통치권의 핵심은 인사대권이다. 인사대권을 상실한 군왕은 허수아비에 지나지 않았다.

단종 원년(1453) 7월에 의정부 좌참찬 겸 이조판서인 허후가 "주상이 나이가 들어 지금의 실정을 알면 저들은 대륙大戮을 면치 못했을 것이다"라며 황보인과 김종서의 독단적인 정국 운영을 신랄히 비판했다. 집현전 직제학 하위지도 병을 핑계로 사직을 요청하고 고향으로 돌아가면서, 김종서를 늙은 여우라고 부르며 "늙은 여우가 제거된 뒤 돌아오겠다."고 약속했다. 당시 안평대군은 이들과 연계되어 인사문제에 깊숙이 간여하고 있었다. 성삼문의 부친인 의주목사 성승成勝이 위법 행위로 임명장을 회수 당했다가 안평대군의 도움으로 이를 되돌려 받은 적도 있었다. 이런 상황에서 풍수학에 일가견이 있는 이현로李賢老가 안평대군을 부추기고 나섰다. 이로 인해 수양대군과 안평대군의 사이가 급속히 악화되었다.

한명회와 이현로

당시 수양대군 곁에는 천하의 꾀주머니 한명회韓明澮가 있었다. 이현로와 한명회는 어렸을 때 친구였다. 한명회는 청주 출신으로 어머니 이씨가 임신한 지 일곱 달 만에 낳았기에 '칠삭둥이'라는 별명이 있었다. 일찍이 어버이를 여의고 과거에 응시했으나 계속 낙방했다. 그는 이미 문종 때 김종서와 연계된 안평대군 세력이 모반을 일으킬 것으로 내다보고 당시 장원급제해서 사헌부 감찰로 활동하던 권람權擥을 수양대군에게 소개했다. 원래 권람은 문종 때 수양대군이 주도해서 여러 서책을 간행할 때 집현전 교리로 있으면서 이에 참여한 적이 있다. 그러나 수양대군과 인간적인 교류가 있었던 것은 아니었다. 권람이 은밀히 수양대군을 찾아갔다.

"선왕이 승하하고 왕위를 이은 임금이 나이가 어려 나라가 크게 뒤숭숭합니다. 안평대군은 보좌하는 자들이 세를 이뤄 조정의 안팎을 위협하고 있으나, 대군을 찾아오는 자는 없습니다. 만일 종묘사직과 백성을 염려하지 않으면 반드시 크게 후회할 일이 있을 것입니다."

수양대군이 말했다.

"안평대군이 비록 대신들과 결탁했을지라도 모두 재물로 사귄 것이고, 또 모두 용렬한 인재들이다. 일에는 순리와 역리가 있으니 또한 어찌 족히 두려워하겠는가. 그대는 곰곰이 생각해 보라."

수양대군은 권람과 이야기를 나눈 뒤 문제가 심각하다는 사실을 알게 되었다. 얼마 뒤 한명회가 세조를 찾아가자 세조가 한 번 보고 옛 친구와 같이 여기며 물었다.

"역대 왕조의 운수는 혹은 길기도 혹은 짧기도 했소. 우리나라는 대대로 선왕들의 깊고 두터운 은택이 백성들의 마음에 흡족하고, 주상은 비록 어리다고 하나 이미 큰 도량이 있으니, 잘 보좌하면 족히 수성守成할 수 있을 것이오. 다만 한스러운 것은 대신이 간사해 어린 임금을 부탁할 수 없고 딴마음을 품어 선왕의 부탁한 뜻을 저버리는 것이오. 지난번에 권람을 보고 그대가 이 세상에 뜻이 있음을 알았으니, 청하건대 나를 위해 현명한 판단을 내려주시오."

한명회가 사례했다.

"안평대군이 대신들과 결탁해 장차 반역을 도모하려 하는 것은 길 가는 사람들도 아는 것이나, 그의 배반하는 정상을 뒤밟아 그 역모를 드러낼 수 없으니, 비록 즉시 의병을 일으키려고 해도 또한 이루기 어려울 듯합니다."

얼마 뒤 중국에서 단종을 국왕으로 책봉하는 고명誥命이 왔다. 고명에는 반드시 고관인 정승을 사은사謝恩使로 파견하는 것이 관례였다. 당시 황보인은 최근에 다녀왔고 남지는 와병 중이어서 이번에는 김종서의 차례였다. 그러나 그는 나이가 많다는 이유로 사직서를 올려 회피했다.

이때 수양대군이 한명회와 권람 등의 반대를 무릅쓰고 사행을 자처했다. 이는 외교 절차를 무사히 마무리 지어 왕실의 권위를 공고히 하려는 취지에서 나온 것으로 결코 단종의 폐위를 염두에 둔 것이 아니었다. 수양대군의 사행은 모두 넉 달여의 시간이 걸렸다. 이 사이 김종서는 우의정에서 좌의정으로 승진했다. 수양대군이 귀국할 즈음 정국의 기류는 안평대군의 발호로 심상치 않은 조짐을 보이고 있었다.

한명회가 수양대군에게 안평대군의 역모를 속히 파헤쳐야 한다고 건의했다. 수양대군이 이를 받아들여 곧 노비 조득림趙得琳 등을 시켜 안평대군의 집안 노비와 주변 인물들을 탐지하게 했다. 한명회도 안평대군의 심복인 군기녹사 조번趙藩에게 접근했다. 자주 왕래하면서 매우 친근하게 대하자 조번이 속마음을 털어놓기 시작했다. 하루는 한명회가 넌지시 물었다.

"그대는 안평대군의 사람됨을 아는가. 너그럽고 어진 도량으로 사람을 사랑하며 선비에게 몸을 낮추어 여러 사람의 환심을 얻으니, 재주와 덕을 가지고 어찌 오랫동안 남의 밑에 있을 사람이겠는가."

"요행히 그대도 한번 뵙는다면, 마땅히 그대는 먼저 용납을 받을 것이다."

한명회가 기쁜 빛을 하며 함께 일을 도모하는 사람들의 이름을 묻자 조번이 전부 털어놓았다. 이때 황보인은 장차 사태가 크게 번질 것을 우려해 김종서에게 말했다.

"우리들은 지위가 극품極品인 정승에 이르렀고 이미 연로하였으니 다시 무엇을 구하겠는가. 편안히 자리 위에서 죽으면 또한 좋지 아니하겠는가."

그러자 김종서가 눈을 똑바로 뜨고 꾸짖었다.

"이미 정해진 일인데 어찌하여 이러고저러고 하는가."

그리고는 곧 자신의 측근을 모두 군사 요직에 앉혔다. 이때 안평대군의 우익羽翼 역시 안팎의 요직을 두루 차지했다. 당시 도체찰사에 임명된 김종서의 심복 이양은 안평대군에게 "대군이 보위에 오르는 것이 실로 사물의 이치에 화합할 것이니 저희들의 뜻은 항상 거기에 있습니다"라고 보위 찬탈을 부추겼다. 안평대군과 김종서의 모반은 시간이 갈수록 그 징후가 뚜렷이 드러났다.

모반과 선참후계

당시 김종서는 단종이 성년이 되기 전에 자신의 지위와 기반을 확고히 다져 놓을 필요가 있었다. 그의 입장에서 볼 때 자신의 이런 구상을 실현하기에 가장 적합한 인물은 안평대군이었다. 김종서와 안평대군의 연합은 서로의 이해관계가 맞아떨어진 결과였다.

수양대군은 권람과 한명회를 통해 대책 마련에 부심했다. 이때 마침 안평대군은 부인 정씨가 죽자 묘 자리를 찾아본다는 핑계로 충청도로 내려가 충청도관찰사 안완경을 만났다. 이현로가 안평대군에게 조만간 보위에 오르게 될 것이라는 내용의 서신을 전달하자 안평대군은 크게 기뻐하며 그의 풍수설에 따라 무계정사武溪精舍를 건립했다. 『단종실록』에는 단종 원년 10월 12~22일 무렵에 이들이 거사

일자를 정했다는 자세한 기록이 있다. 창덕궁 수리 지연을 구실삼아 외방의 군인 수천 명을 소집하도록 하고, 비밀리에 황해와 충청 해안 지역의 군사를 징발해 합세하도록 한다는 것이었다.

이를 탐지한 권람은 수양대군에게 이 사실을 고하면서 신속히 대처할 것을 건의했다. 수양대군은 곧 권람과 한명회를 불러 대책을 논의했다. 이들은 임기응변으로 먼저 역모를 꾀한 자들을 제거한 뒤 나중에 보고하는 이른바 선참후계先斬後啓의 계책을 세웠다. 요체는 선제공격에 있었다. 날짜는 이들이 거사하기 직전인 10월 10일이었다. 『단종실록』의 이해 10월 2일자 기록에 따르면 당시 안평대군 쪽도 수양대군의 움직임을 눈치 채고 있었다. 권람이 이를 수양대군에게 보고하자 수양대군이 한참 동안 말이 없다가 이같이 말했다.

"저들이 비록 우리의 계획을 알았을지라도 회의會議에 3일, 사람을 배치하는 경영經營에 3일, 약속約束에 3일을 보내 모두 8~9일은 걸릴 것이오. 만일 10일의 기한만 어기지 않으면 별 문제가 없을 것이오. 이를 입 밖에 내지 말고 더욱 조심해 기다리고 다시는 와서 의논하지 마시오."

실질적인 병권을 장악하고 있으면서도 별다른 대책을 내지 못한 김종서와 무력은 없었으나 냉정한 판단력을 구비하고 있던 수양대군의 운명이 분명히 엇갈리는 순간이었다. 수양대군은 거사 당일 시중을 드는 사람들에게 자신의 뜻을 밝히고 결연하게 집을 떠났다. 부인 윤씨가 따라 나오며 갑옷을 입혀 주었다. 수양대군이 김종서의 집에 도착한 뒤 김승규에게 그 아비를 보기를 청했다. 김승규가 들어가서 고하자 김종서가 한참 만에 나왔다. 김종서는 무사들을 모아 음식을 먹이고 병기를 정돈하던 중 수양대군이 오자 사람을 시켜 담 위에서 엿보게 하며 이같이 주문했다.

"사람이 적으면 나아가 접하고, 많으면 쏘라."

수양대군 일행이 얼마 안 된다는 보고를 듣고 김종서는 오히려 칼두어 자루를 뽑아 벽 사이에 걸어 놓고 나왔다. 김종서는 문 밖으로 나온 뒤 멀찍이 선 채 수양대군이 있는 곳으로 나아가지 않았다. 수양대군이 말했다.

"해가 저물었으니 문에는 들어가지 못하겠고, 다만 한 가지 일을 청하려고 왔습니다."

두세 번 들어오기를 청하였으나 수양대군이 굳이 거절하자 김종서가 어쩔 수 없이 앞으로 나왔다. 이때 어얼운이 나서자 수양대군이 꾸짖어 물리쳤다. 김종서가 하늘을 우러러보며 한참 말이 없었다. 수양대군이 김종서에게 말했다.

"청을 드리는 편지가 있습니다."

이어 종자를 불러 가져오게 했다. 김종서가 편지를 받아 물러서서 달에 비춰 보는 사이 수양의 노비 어얼운이 철퇴로 김종서를 쳐서 땅에 쓰러뜨렸다. 김승규가 놀라서 그 위에 엎드리자 수양의 수하인 양정이 칼을 뽑아 내리쳤다. 수양대군이 김종서를 제거하고 순청으로 돌아와 권람을 시켜 입직 승지를 불러오게 했다. 승지 최항에게 전후 사정을 전달하고 환관을 시켜 단종에게 보고하게 했다. 이어 좌우를 시켜 궁으로 들어오는 요소를 방비하게 한 뒤 영을 내렸다.

"이 안이 심히 좁으니 재상들은 함께 온 종을 두고 혼자 들어오게 하라."

조극관과 황보인, 이양 등이 궁 안으로 들어오다가 모두 철퇴를 맞고 그 자리에서 숨을 거두었다. 이어 안평대군을 성녕대군의 집에서 잡은 뒤 강화로 압송했다. 이때 수양대군이 사람을 시켜 편지를 보냈다.

"네 죄가 커서 참으로 주살을 면할 수 없으나 다만 세종과 문종이 너를 사랑하시던 마음으로 너를 용서한다."

그러나 안평대군은 양화도에 이르러 급하게 비복을 불러 옷을 벗어 입히고는 이같이 부탁했다.

"네가 급히 가서 김종서 정승에게 때가 늦은 실수를 말해 주라."

당시 김종서는 죽지 않았다. 그는 다시 깨어나서 사람을 시켜 돈의문을 지키는 자에게 이같이 고하게 했다.

"내가 밤에 어떤 사람에게 상처를 입어 죽게 되었으니 빨리 의정부에 고해 의원이 약을 가지고 와서 구제하게 하고, 또 속히 안평대군에게 고해 내금위를 보내도록 하라."

그러고는 곧 여자 옷으로 갈아입고는 가마를 타고 돈의문으로 갔으나 들어가지 못하자 아들 김승벽의 처가에 숨어들었다. 이때 수양대군은 김종서 무리가 살아날 것을 염려해 곧 좌우에 명해 이들을 치게 했다. 결국 김종서 부자와 황보인, 이현로 등은 모두 사로잡혀 곧바로 거리에서 효수되었다. 계유정난은 단종 원년 10월 10일 저녁과 11일 새벽 사이에 완전히 마무리되었다.

단종은 다음날 숙부 수양대군이 정사를 보조하면서 군국대사를 모두 위임받아 처리한다는 교서를 발표했다. 이에 수양대군은 영의정이 되어 이조와 병조의 판사를 겸하게 되었다. 실질적으로 군사와 인사, 행정을 장악한 것이다. 안평대군이 이내 사사되자 곧바로 대폭 인사가 단행되었다.

계유정난 재해석

계유정난에서 주목할 점은 훗날 사육신으로 몰린 집현전 출신이 대거 발탁된 점이다. 도승지에 최항, 좌부승지 박팽년, 사헌부 집의 이개, 사간원 좌사간 하위지, 우사간 성삼문 등이 그들이다. 신숙주는 우승지에 발탁되었다. 이는 계유정난이 황보인과 김종서를 주축으로 하는 '황표정사'에 비판적이었던 관료층의 지지를 받아 실행된 것임을 뒷받침한다. 그럼에도 이광수는 『단종애사』에서 계유정난을 수양대군이 왕이 되기 위해 일으킨 정변으로 기술해 놓았다. 사실을 기초로 하지 않은 역사소설이 역사를 얼마나 왜곡할 수 있는지를 보여주는 실례가 아닐 수 없다.

계유정난은 '정난靖難'이라는 말 그대로 단종을 해치려는 역도들을 쳐서 위급한 상황을 평정했다는 뜻으로 해석하는 것이 옳다. 단종 3년(1455) 윤6월에 이뤄진 단종의 선양도 『단종애사』처럼 수양대군이 압력을 넣어 이루어진 것이 아니었다. 단종이 상왕으로 물러난 직후 세조와 함께 태평관에 머물던 명나라 사신들을 초청해 연회를 베푼 것이 그 증거이다. 당시 단종이 보위를 숙부인 수양대군에게 물려준 것을 흔쾌히 여기고 있었음을 뒷받침하는 대목이다.

실제로 성삼문을 비롯한 모든 관원들이 이를 긍정적으로 받아들였다. 세조가 경복궁으로 입궁할 때 모든 관료가 호위했다. 당시 성삼문은 우부승지로 승진해 세조가 종묘와 사직에 친히 제사를 지내는 과정에 모두 참여해 적극적으로 활동했다. 그의 부친 중추원부사 성승은 중추원동지사로 임명되어 활동하고 있었다. 단종이 선양한 이틀 뒤 충청도관찰사 박팽년을 비롯한 각도의 관찰사들이 글을 올려 즉위를 축하했다. 이때 하위지는 예조참의에서 참판으로 승진되었다. 그럼에도 『연려실기술』은 세조가 선위를 받는 그날 박팽년이 경회루 연못에서 자결하려고 했고, 성삼문이 선위를 만류했다고 기록해 놓았다. 사림 세력의 세조에 대한 왜곡된 시각을 그대로 채용한 것이다.

세조는 그의 묘호가 상징하듯 조선 역대 군주를 통틀어 부국강병책을 가장 강력히 펼친 군왕에 해당한다. 이는 그가 재위 14년 동안 시행한 일련의 정책을 살펴보면 쉽게 확인할 수 있다. 그는 경사經史은 물론 잡학 등에도 조예가 깊었다. 그가 현실과 동떨어진 성리학자들의 공리공론을 타기唾棄한 것은 바로 이 때문이었다. 그가 단종을 복위하려다 적발돼 참극을 낳은 '사육신 사건'을 계기로 경연經筵을 없앤 것도 이와 무관치 않았다. 그는 경연의 기능을 대신하는 방안으로 신료들이 군왕과 함께 문답을 나누고 현실정치를 토론하는 자리를 마련한 뒤 직접 나서 경전과 역사를 강의했다. 동양의 전 역사를 통틀어 왕이 신하들에게 친강親講을 한 사람은 그가 유일무이했다. 흔히 창업주들이 보이는 거침없는 행보에 가깝다. 실제로 그가 실현한 일련의 업적은 '제2의 창업주' 칭호에 어울린다. 그를 주저 없이 명군의 일원으로 꼽는 이유다.

5

광해

탁월한 외교술로 국익을 지켜내다

폭군 광해

조선 5백년을 통틀어 신하들에게 쫓겨난 군왕은 연산군과 광해군光海君 단 두 사람뿐이다. 두 사람 모두 유배지에서 생을 마친 뒤 '폭군'과 '패륜아'의 오명을 뒤집어썼다. 광해군은 인조 19년(1641) 7월 1일에 두 번째 유배지인 제주도에서 67세의 나이로 숨을 거두었다. 폐위된 지 얼마 안 되어 독살된 것으로 추정되는 연산군과 달리 광해군은 오래도록 목숨을 부지했으나, 유배지에서 아들과 며느리의 자결과 부인의 갑작스러운 참사를 지켜보며 죽을 때까지 처참한 삶을 살았다는 점에서 보면 연산군보다 나을 것도 없었다.

광해군은 왜 신하들에게 쫓겨나 비참한 삶을 살다가 죽은 뒤에 '폭군'과 '패륜아'라는 오명을 뒤집어쓰고 만 것일까? 당시 인조반정을 일으킨 자들이 내세운 사유는 무려 36가지에 달한다. 이중에는 날조되거나 과장된 내용이 많아 그대로 받아들일 수는 없다. 그러나 내용을 종합해 보면 대략 국내 요인과 국외 요인으로 요약할 수 있다.

국내 요인은 크게 이복동생을 죽이고 대비를 유폐시킨 사건과 백성을 도탄에 빠뜨린 궁궐 건축 사건을 들 수 있다. 국외 요인으로는 왜의 침략으로 거의 망할 지경이었을 때 조선을 도와준 명나라를 저버리고 오랑캐인 후금後金을 섬긴 사건으로 정리할 수 있다.

광해군이 재위했던 시기는 대외적으로 중원의 주인공이 명에서 청으로 바뀌는 대표적인 G2 시대였다. 명·청 두 세력 간의 격돌로 인한 거센 압력이 조선을 숨막히게 만들었다. 대내적으로도 선조 때 시작된 붕당정치가 국가 통치의 기본 틀로 고정되면서 각종 현안이 생길 때마다 군왕의 명령이 당쟁의 소용돌이 속에서 실종되는 양상이 일반화되어 있었다. 국내외 요인은 특정 사안이 생길 때마다 반작용 양상을 보이며 서로 깊은 영향을 주었다. 광해군의 통치 행위는 이러한 국내외 요인을 총체적으로 분석하지 않고는 제대로 평가하기 어렵다.

원래 광해군은 보위에 오를 수 있는 가능성이 거의 없었다. 선조의 후궁 공빈恭賓 김씨 소생인 광해군은 서출인 데다가 장자도 아닌 차자였다. 그렇다고 부왕인 선조가 광해군을 유달리 총애한 것도 아니다. 그런데 공교롭게도 왜란이 일어나자 난리를 피해 안전한 곳으로 떠난 선조가 평양성에서 일부 대신들의 주청을 받아들여 그를 왕세자로 지명했다. 국가 패망의 위기에서 취해진 일종의 편법으로 왕세자가 된 셈이다. 때문에 출발부터 정통성이 취약할 수밖에 없었다.

왜란이 일어났을 당시 선조는 41세였다. 왜란 전에 서인인 정철鄭澈이 선불리 왕세자 책봉 문제를 논했다가 된서리를 맞은 이른바 건저의建儲議 사건이 일어난 데서 알 수 있듯이, 정상적인 상황에서 차서자次庶子인 광해군이 왕세자로 책봉될 가능성은 거의 없었다. 더구나 방계 출신으로는 최초로 보위에 오른 선조는 자신의 후계자만큼은 반드시 적자가 이어주기를 바랐다. 선조의 이런 바람은 자신이 서자 출신으로 보위에 오르는 과정에서 느낀 여러 뼈아픈 경험 때문에 더욱 간절했다.

선조의 정비인 의인왕후 박씨는 자식을 낳지 못했다. 이 와중에 임진왜란이 일어났다. 급히 피난길에 나선 선조는 파죽지세로 북상하는 왜군의 진격 소식에 초조감을 감추지 못했다. 마침내 평양성에 이르러 대신들의 주청을 받아들여 차서자인 광해군을 왕세자로 책봉하고 분조分朝를 맡겼다. 이는 병란 등의 비상시기에 조정을 둘로 나누는 것을 말한다. 당시 광해군이 친형인 임해군臨海君을 누르고 세자로 지명된 것은 평소 임해군이 보여준 광포한 행위에 실망한 대신들이 그 대안으로 광해군을 천거한 덕분이다.

당시 선조는 최악의 경우 압록강을 건너 요동으로 들어가 명나라 요동도사遼東都司에게 의탁하겠다는 생각을 하고 있었다. 실제로 의주까지 몸을 피한 선조는 이내 요동으로 넘어갈 생각으로 기별을 넣었다. 요동순무 학걸郝杰은 선조의 요청을 받고 명나라 조정에 "거절하자니 어질지 못하고, 받아들이자니 난처하기 그지없습니다"라고 보고했다.

선조가 이끌던 조정은 이미 그 기능이 정지된 것이나 다름없었다.

이런 상황에서 광해군은 부왕의 신임에 보답하기라도 하듯 분조를 이끌며 함경도와 강원도 일대를 순행하면서 근왕병을 모집하는 한편 민심을 수습하기 위한 활동을 활발히 펼쳤다. 사대부를 비롯한 서민들은 광해군을 칭송했다. 광해군은 경기도 이천에 머물고 있을 때 그를 찾아온 성혼成渾을 만나기도 했다. 성혼은 훗날『우계집牛溪集』에서 당시의 해후를 감격스럽게 회상해 놓았다.

"사변 직후 임금을 태운 수레가 멀리 피하자 양반과 평민들은 목을 빼어 멀리 바라보면서 눈물을 감추지 못한 채 어디로 쫓아가야 할지를 몰랐다. 왜군이 물밀듯이 쳐들어오자 모든 군현이 잔인하게 파괴되어 백성들은 내심 이미 나라가 없어졌다고 여겼다. 이때 세자가 이천에서 분조를 이끌고 있다는 소식이 들리자 사방에서 칭송하기를, '비로소 우리 군주가 있는 곳을 알았다'고 했다. 이에 비로소 민심이 안정되었다."

서자의 등극

당시 선조는 광해군 이외에도 임해군과 이복동생인 순화군順和君 등을 함경과 강원 양도에 파견해 근왕병을 모집하도록 했다. 그러나 임해군과 순화군은 모두 왜군에게 포로로 잡히고 말았다. 따라서 선조는 광해군에게 기대를 걸 수밖에 없었다. 이때 선조는 광해군에게 절박한 심경을 담아 "나는 살아서 망국의 군주이니 죽어서도 다른 나라 땅의 귀신이 되려고 한다. 부자가 서로 떨어져 만날 기약조차 없구나"라는 내용의 편지를 보냈다.

광해군은 이 글을 보고 가슴이 메어 밤새 통곡했다. 임진왜란 초기만 해도 선조는 광해군을 절대적으로 신임했다. 전란 와중에 선조가 쉬지 않고 명나라에 왕세자 책봉을 주청한 사실이 이를 뒷받침한다. 그러나 명나라 조정의 반응은 의외로 싸늘했다. 광해군이 왕세자로 책봉된 1592년부터 1604년까지 무려 13년 동안 왕세자 책봉을 청하는 주청사奏請使가 북경에 모두 다섯 차례 갔으나 모두 거부당했다. 마지막에는 광해군이 수만 명의 근왕병을 모은 것은 물론 분조 활동을 통해 민심을 수습하는 등 혁혁한 공을 세웠고, 광해군을 왕세자로 정한 것은 모든 신민의 여망이라는 식의 간절한 내용의 글을 보냈지만 이마저도 거부당했다.

당시 명나라 예부禮部는 겉으로는 광해군이 차서자라는 점을 그 이유로 내세웠다. 그러나 사실은 명나라 신종神宗이 아직 황태자를 결정하지 않았기 때문이었다. 황태자를 정하지 않은 상황에서 번국藩國의 차서자를 승인할 경우 장차 황태자를 책봉할 때 적장자 이외의 다른 왕자를 선택할지도 모른다는 명나라 대신들의 의구심이 작용한 것이다. 그런데도 조선이 계속 주청을 하자 명나라 도독주사都督主事 섭운한은 조선의 주청사를 향해 "너희 나라 왕은 흐릿하고 분별이 없어 임진년에 성을 버리고 도주했다. 그러니 장자가 어찌 왜적에게 붙잡히지 않을 수 있겠는가? 그런데도 오히려 장자가 포로가 된 것을 죄로 삼아 그 차자를 세우고자 하니 어찌 너희들의 말을 들어줄 수 있겠는가? 너희들은 '난신적자亂臣賊子'의 무리이다. 짐승들이나 하는 일을 내가 어찌 차마 받아들일 수 있겠는가"라는 모욕적인 언사를 퍼붓기도 했다.

이로 인해 명나라 조정의 중론은 끝내 광해군의 세자 책봉을 인정할 수 없다는 쪽으로 가닥이 잡히고 말았다. 결국 명나라 신종은 선조에게 이런 칙유勅諭를 내렸다.

"사람이 마땅히 지켜야 할 도리는 바꿀 수 없는 만큼 임해군을 왕세자로 다시 정하고, 광해군은 차자로서 분수를 지키도록 하라!"

신종의 칙유를 접수한 조선 조정은 크게 당혹했다. 더 큰 문제는 이를 계기로 선조와 광해군 사이에 미묘한 갈등이 생기기 시작한 점이다. 이미 사자를 통해 섭운한의 질책을 보고받은 선조는 자신을 어리석은 임금으로 여기고 있는 명나라 조정의 심상치 않은 분위기를 이내 눈치 채고 주변에 대해 극도의 경계심을 나타내기 시작했다. 선조는 자신의 위신이 실추된 반면 광해군에 대한 조정과 민간의 신망이 날로 높아지자 불안감을 느끼지 않을 수 없었다.

마침내 선조는 임진왜란이 끝난 지 얼마 안 된 재위 33년(1600)에 의인왕후가 사망하자 광해군을 엄격히 대하기 시작했다. 『선조실록』「33년 3월 30일」조는 당시의 상황을 다음 같이 기록해 놓았다.

"주상이 세자에게 대하는 것이 매우 엄해져, 세자를 들어오게 해 대접하는 일이 아주 드물었다. 이에 세자는 문안할 적마다 외문外門에 이르렀다가 이내 물러가곤 했다."

당시 선조의 나이는 48세였다. 선조는 내심 새 왕비를 맞아 적자를 둘 생각을 하고 있었을 가능성이 크다. 실제로 이로부터 2년 뒤인 재위 35년(1602)에 선조는 50세의 나이에 18세인 이조좌랑 김제남의 딸을 새 왕비로 맞아들였다. 선조 사후 인목대비仁穆大妃로 추존된 새 왕비는 결혼한 지 4년 뒤인 선조 39년(1606)에 마침내 선조가 그토록 고대하던 적자 영창대군永昌大君을 낳았다. 영창대군이 태어나자 선조의 마음은 빠르게 어린 적자에게 기울었다. 선조의 속마음을 눈치 챈 북인의 유영경이 적자 탄생을 축하하기 위한 백관들의 하례식을 추진하는 등 발빠르게 광해군을 견제하고 나섰다.

이를 계기로 북인은 마침내 광해군을 지지하는 정인홍의 대북파와 유영경의 소북파로 갈리게 되었다. 이때 정인홍이 소북파의 왕세자 교체 시도를 매섭게 따지고 공격하면서 광해군을 비호하는 소를 올리자 선조가 크게 화를 냈다. 훗날 이건창이 쓴 『당의통략黨議通略』은 당시의 상황을 다음과 같이 기술해 놓았다.

"선조가 대노해 말하기를, '정인홍이 세자에게 속히 전위傳位할 것을 꾀하니 이는 신하로서 옛 군주를 몰아내는 일을 능사로 삼는 것이 아닌가'라고 했다. 이후 광해군이 문안할 때마다 선조는 대놓고 질책하기를, '책명冊命을 아직 받지도 않았는데 어찌하여 세자를 칭하며 문안을 하는 것인가. 다시는 문안하지 말라'고 했다. 광해군이 땅에 엎어져 피를 토했다."

광해군으로서는 참으로 억장이 무너지는 일이 아닐 수 없다. 나라가 위태로운 상황에서 목숨을 걸고 전국 각지를 뛰어다니며 근왕병을 모아 부왕의 신임에 보답했으나 오직 서자라는 이유만으로 적자가 태어나자마자 이토록 냉대를 받게 된 현실에 비통한 마음을 가누지 못했을 것이다.

당시의 분위기에 비춰 만일 선조가 몇 년 만 더 살았다면 광해군은 폐세자가 되었을지도 모를 일이었다. 당시 조선의 군신은 일치단결해 전란의 폐해를 복구하는 일에 전력투구해야만 했다. 이미 정해진 세자 문제를 놓고 갈등을 빚으며 다툴 시간이 없었다. 그런데도 이런 망국적인 모습을 보인 것이다. 조선 역사에서 두 번째로 신하들이 군주를 내모는 패륜적인 사태가 일어난 계기는 바로 여기서 시작되었다.

이런 와중에 선조가 마침내 재위 41년(1608)에 이르러 57세의 나이로 갑자기 운명했다. 훗날 반정 세력은 '선조 독살설'을 퍼뜨렸으나 이는 터무니없는 날조이다. 선조가 죽기 직전에 보위를 광해군에게 넘길 수밖에 없다는 사실을 깨닫고 영창대군의 앞날을 당부하기 위해 전임 대신 일곱 명을 부른 사실이 이를 뒷받침한다.

그러나 이때 영의정 유영경은 전임 대신들에게 선조가 현임 대신만을 불렀다고 속인 뒤 혼자서 선조의 말을 들었다. 선조가 광해군에게 보위를 물려줄 뜻을 밝히자 유영경은 이를 완강히 거부하다가 뜻대로 되지 않자 이내 광해군에게 전위하는 내용을 담은 교서를 자신의 집에 감추어 두었다. 이어 같은 소북인 병조판서 박승종과 공모한 뒤 군사를 동원해 대궐을 에워쌌다. 군왕의 유명을 뒤집기 위한 간계를 서슴없이 자행한 것이다.

그러나 얼마 뒤 이 사실이 정인홍과 이이첨 등 대북파에게 발각되었다. 이들은 곧 임종 직전의 선조를 찾아가 유영경을 처벌할 것을 강력히 주청했으나 선조는 결정을 내리지 못한 채 이내 세상을 떠나고 말았다. 선조가 죽자 유영경은 다시 한 번 역전을 꾀하기 위해 인목대비를 찾아가 속히 왕비의 명령을 발표해 영창대군을 즉위시킨 뒤 수렴청정에 나설 것을 종용했다.

24세의 어린 인목대비는 순간 크게 흔들렸다. 그러나 이미 16년 동안 세자 자리에 있던 33세의 광해군을 제치고 강보에 싸인 두 살짜리 영창대군을 후계자로 발표하는 것은 아무래도 무리였다. 비록 소북파인 박승종이 병조판서로 있다고는 하나 소북 세력이 병권을 완전히 장악한 것도 아니었다. 자칫 선왕의 유명을 날조한 역도로 몰려

때죽음을 당할 수도 있는 일이었다. 인목대비는 곧 광해군을 즉위시킨다는 언문 의지를 내렸다.

이로써 광해군은 일단 커다란 위기를 넘겼다. 그러나 아직 명나라로부터 왕위 계승을 승인받는 어려운 문제가 남아 있었다. 세자 책봉을 거부한 명나라 조정이 광해군의 왕위 계승을 선뜻 승인할 리 만무했다. 특히 임해군 문제가 걸림돌이었다. 광해군은 곧 명나라에 사자를 보내 임해군이 중풍 때문에 왕위를 사양했다는 내용의 글을 제출했다. 예상대로 명나라 조정은 트집을 잡았다. 이내 요동도사 엄일괴에게 명령해 사문관査問官을 조선에 파견해 사실 여부를 조사하게 했다.

이때 임해군은 왕위를 도둑질 당했다고 떠들고 다니다가 무사들을 모아 역모를 꾀한다는 의심을 받고 강화도 교동으로 유배를 가 있었다. 얼마 뒤 서울에 온 엄일괴는 임해군을 만나 조사하겠다고 고집을 피워 광해군을 곤혹스럽게 만들었다. 결국 엄일괴에게 막대한 양의 은자를 건네 형식적인 조사로 적당히 끝내게 함으로써 위기를 넘겼으나, 광해군은 보위 계승의 정통성에 커다란 상처를 입었다.

광해군은 즉위한 이듬해 6월에 가까스로 조선 국왕으로 승인을 받았다. 이때 책봉례를 주관하기 위해 조선에 온 태감 유용은 약 6만 냥의 은자를 뇌물로 받아갔다. 이후 조선에 오는 명나라 사신마다 갖은 명목으로 막대한 양의 은자를 수탈해 가는 관행이 생겼다.

광해군이 즉위할 당시 명나라 조정에서는 조선 문제를 놓고 논의가 분분했다. 이때 임진왜란 때 참전한 이여송의 부친 광녕총병廣寧摠兵 이성량이 조선 침략을 골자로 하는 상주문을 올렸다. 『광해군일기』「즉위년 7월 29일」조에 고부사告訃使가 보고한 상주문의 골자가 수록되어 있다.

"이성량은 명나라 조정이 조선왕의 책봉을 인준하지 않은 것을 알고 곧 도어사都御史 조즙趙楫과 더불어 은밀히 주청하기를, '조선이 형제간에 서로 다투고 있으니 군사를 일으켜서 습격하고 탈취해 군현으로 삼기 바랍니다'라고 했다."

당시 이성량은 여진족과의 무역을 독점하면서 명나라 상인들로부터 거둔 풍부한 자금을 바탕으로 북경의 권문귀족과 결탁해 사실상 요동의 지배자로 군림하고 있었다. 이성량은 더 많은 이익을 얻기 위해 조선의 비옥한 토지와 인삼에 눈독을 들이고 있었다. 이 사실이 조선에 알려지자 조선 조정은 아연 위기감에 휩싸였으나 다행히 이성량의 계책은 받아들여지지 않았다.

서얼금고법과 서자들의 반발

광해군은 천신만고 끝에 보위에 올랐지만 즉위한 뒤에도 시종 안팎의 여러 도전으로 인해 커다란 곤경에 처해 있었다. 당시 여러 붕당 세력 중 유일하게 광해군을 지지한 세력은 정인홍을 주축으로 한 대북 세력이었다. 정인홍은 남명 조식의 수제자로 임진왜란 때 의병장으로 활약한 대쪽 같은 인물이었다. 당시 정인홍에 대한 광해군의 신임은 거의 절대적이었다.

이는 정인홍이 광해군 3년(1611)에 회재 이언적과 퇴계 이황의 문묘종사文廟從祀를 거부했을 때 성균관 유생들이 들고 일어나자 이들 유생들을 과감히 축출한 사실을 통해 쉽게 알 수 있다. 정인홍은 자신의 스승인 조식이 문묘종사 대상에서 제외되자 이언적과 이황도 문묘종사 대상에 포함시킬 수 없다는 입장을 밝혔다. 이에 성균관 유생들이 역대 성균관 유생의 방명록인 「청금록靑衿錄」에서 정인홍의 이름을 삭제하는 소동을 벌이며 크게 반발했다. 이때 광해군은 가차 없이 유생들을 모두 성균관에서 축출하는 초강수를 두었다. 광해군이 정인홍을 어느 정도 신임하는지를 짐작하게 해주는 대목이다. 그러나 이 조치로 인해 다른 붕당 세력 및 유생들은 광해군과 대북파를 한 묶음으로 분류해 배척하였다.

이러한 흐름을 더욱 악화시킨 것은 광해군 5년(1613) 4월에 일어난 '칠서七庶의 옥사 사건'이었다. 조령에서 은銀을 팔아 거만의 재산을 모은 동래 출신 상인을 살해하고 수백 냥의 은을 강탈한 사건이 발생했다. 상인의 하인이 끈질기게 추격한 끝에 강도들을 찾아내 관군에게 고발하자 관군이 출동해 강도들을 검거했다. 그런데 강도들은 놀랍게도 명문가의 서자들이었다. 이들 중에는 선조 때 영의정을 지낸 박순의 서자인 박응서도 있었다. 이들 서자 일곱 명은 서얼금고법庶孼禁錮法 때문에 벼슬길이 막히자 내심 불만을 품고 있던 중 서자 출신인 광해군이 왕위에 즉위하자 크게 기뻐하며 즉시 서얼금고법의 족쇄를 풀어줄 것을 청원했다. 그러나 거부당하자 이에 불만을 품고 자신들을 윤리가 필요 없는 무리라는 뜻에서 무륜당無倫黨이라 칭한 뒤 조령을 넘나들며 장사하는 상인들을 약탈하며 살아 왔던 것이다.

이 사건은 당시 재주 있는 서얼 출신들의 불만이 이미 극에 달했기 때문에 일어났으나 사안 자체만을 놓고 볼 때는 단순한 강도 사건에 지나지 않았다. 그러나 이 사건은 이내 엄청난 정치 사건으로 비화하였다. 이는 박응서의 고변 때문이었다. 『광해군일기』「5년 4월 25

일」조는 당시의 상황을 다음 같이 기록해 놓았다.

"사건이 발각되었을 때 박응서만 혼자 집에 있다가 체포되어 맨 먼저 자복했다. 형조로 이송한 뒤 처벌할 예정이었는데 박응서가 옥중에서 상소해 고하기를, '우리들은 천한 도적들이 아니다. 은화를 모아 무사들과 결탁한 다음 반역하려 했다'고 했다."

이를 계기로 엄청난 사건이 일어났다. 이들이 처음 갇혔을 때 사대부들 가운데에는 "이 사람들은 모두 명가의 자제들인 만큼 이런 일을 할 리가 없다"며 이들을 구해 주려는 자들이 많았다. 포도대장 한희길도 주저하며 결단을 내리지 못하고 있었다. 이를 두고 사관은 다음 같이 평해 놓았다.

"당시 이이첨이 이 얘기를 듣고 한희길을 불러 묻자 한희길이 이들의 범죄 사실을 진술한 바대로 모두 알려 주었다. 이이첨은 마침내 한희길 등과 의논한 뒤 몰래 사람을 들여보내 박응서를 유도했다. 박응서는 죽게 된 상황에서 살고 싶은 욕심에 이이첨의 사주를 받고 마침내 고변했던 것이다."

여러 정황에 비춰 볼 때 사관의 이런 분석이 타당할 것이다. 당시 박응서는 선조의 장인인 김제남과 몰래 통해 양식과 무기를 준비해 영창대군을 임금으로 받들려고 도모했다고 고변했다. 이를 조사한 정항이 이 사실을 보고하자 마침내 광해군이 몸소 중죄인을 심문했다. 그 자리에서 박응서가 "뇌물을 써서 선전관宣傳官이나 내금위內禁衛 등의 관직을 얻어 내응할 발판을 마련한 뒤 3백여 명의 무리를 이끌고 야음을 틈 타 대궐을 습격하려 하였습니다. 먼저 대전을 범하고 둘째로 동궁을 범한 다음 급히 국새를 가지고 대비전에 나아가 수렴청정을 하도록 청하는 한편, 성문을 굳게 닫고 백관을 모두 바꿔 치려 하였습니다. 이어 감사와 병사도 모두 갈아 치운 뒤 사신을 보내 중국 조정에 알리려고 했습니다. 이상이 예정된 계획이었는데 아직 대대적으로 모으지를 못했기 때문에 시일은 정하지 못했고 또 대비와 대군에게도 알리지 못했습니다"라고 무고하고 나섰다.

이에 박응서가 무고한 모든 인사들이 일제히 투옥되었다. 박응서는 이 고변으로 사면된 뒤 벼슬길에 올랐으나 인조반정 때 사형을 당했다. 대대적인 조사 결과 김제남이 영창대군의 사주를 들고 무당 집으로 가 영창대군이 과연 보위에 오를 운수인지 물어보았다는 사실이 밝혀지면서 김제남은 죽음을 피할 수 없었다. 김제남이 사사 당하자 영창대군 역시 빠져나갈 길이 없었다.

당시 광해군은 영창대군의 처벌만은 피하고자 했다. 이덕형 등이 나서 형제의 의리를 생각해서라도 목숨은 살려 두자고 청했으나 대북파가 거세게 반발했다. 결국 영창대군은 서인으로 강등되어 강화도에서 울타리에 둘러싸인 채 지내는 금고유배형을 받았다. 영창대군은 얼마 뒤 이이첨의 사주를 받은 강화부사 정항에 의해 방바닥을 뜨겁게 하는 방법으로 죽이는 이른바 증살蒸殺로 횡사하고 말았다.

인목대비에 대한 본격적인 탄압은 이보다 늦게 시작되었다. 광해군 10년(1618)에 들어와 인목대비의 거취를 둘러싸고 조신들 간에 논란이 일었다. 대북파는 거의 예외 없이 폐모廢母를 주장하고 나섰다. 역도의 딸이자 생모라는 게 그 이유였다. 그러나 소북 세력을 포함해 이원익과 정술 등 남인 세력과 이항복을 중심으로 한 서인 세력이 이에 강력히 반발했다.

폐모 문제는 대북파의 지지 기반을 결정적으로 약하게 만드는 계기로 작용했다. 정인홍의 제자인 정온은 사제 관계를 끊고 정인홍을 비난하는 상소를 올렸다. 이를 지지하는 세력이 하나의 당파를 형성해 중북中北이라고 했다. 정온은 이 상소로 제주도에 유배되었으나 인조반정 뒤 남인에 합류해 남인의 중심인물이 되었다.

이때 대북 세력은 인목대비를 아예 제거하고자 했으나 광해군은 인목대비를 서궁西宮에 유폐시키고 죽이는 것을 허락지 않았다. 이것이 이른바 '살제폐모'의 전말이다. 살제폐모는 기본적으로 대북파가 주도해서 일으킨 사건이다. 굳이 결과를 놓고 탓한다면 모르지만 광해군은 결코 이 사건에 개입하지 않았다. 이 사건은 기본적으로 붕당정치로 인한 군약신강 상황에서 생긴 당쟁의 부작용으로 보는 게 역사적 사실에 가깝다.

궁궐 건축 사업

그렇다면 민생을 황폐하게 만들어서 비난을 받은 대규모 궁궐 건축 사업은 어떻게 진행되었던 것일까? 이는 기본적으로 왕권강화 작업과 밀접한 관련이 있었다.

광해군은 궁궐 건축 사업에 병적으로 매달렸다. 광해군은 돈을 마련하기 위해 금이나 은을 받고 관작을 팔았고, 심지어 석물이나 목재까지 징발했다. 서북변방을 방어하기 위한 재정 지원이 시급하고, 궁궐 건축의 재원을 조달하기 위해 전국에 파견된 조도사調度使의 작폐가 극심하다는 지적이 빗발치는데도 궁궐 건축 사업을 무리하게 추진했다.

현존하는 조선의 궁궐은 거의 모두 광해군이 지은 것이라고 해도 과언이 아니다. 임진왜란으로 민생이 크게 황폐한 상황에서 병적일 정도로 궁궐 건축 사업을 벌인 것은 분명 어리석은 임금의 행보가 아닐 수 없다. 이것이 반정의 빌미가 된 것은 말할 것도 없다. 광해군의 궁궐 건축 사업은 그의 몰락을 알리는 전조였다.

조선 왕조는 개국 당시 궁궐 두 개를 지었다. 이는 만일의 사태에 대비하기 위한 것이었다. 제1 궁궐을 '법궁법宮' 내지 '정궁正宮', 제2 궁궐을 '이궁離宮'이라고 했다. 조선 초기의 법궁은 경복궁景福宮이고, 이궁은 창덕궁昌德宮이었다. 성종은 재위 기간 중 청상과부가 된 생모 인수대비를 포함해 세 명이나 되는 과부 대비들을 위해 창경궁昌慶宮을 지었다. 경복궁과 창경궁을 남향으로 지은 것과 달리 창덕궁을 동향으로 지은 것은 바로 이 때문이다. 이로써 조선의 왕궁은 모두 셋이 되었으나 임진왜란으로 궁궐이 모두 불타 버렸다. 광해군은 즉위하자마자 복원사업에 매달려 이내 창덕궁과 창경궁을 복원했다.

많은 사람들이 광해군이 경복궁을 복원 대상에서 제외한 것으로 알고 있으나 이는 잘못이다. 원래 경복궁 중건은 선조 이래 궁궐 복원의 최대 과제였으나 여력이 없어 전혀 손을 대지 못했다. 광해군은 좌우의 간언을 물리치고 복원 사업에 매달리면서 법궁인 경복궁만큼은 신중하기 위해 복원 사업을 뒤로 미뤄 놓았다. 『광해군일기』「8년 8월 14일」 조의 다음 기록이 그 증거이다.

"수선도감修繕都監에게 폐허로 변한 경복궁 뜰의 박석薄石을 창경궁의 문정전文政殿과 명정전明政殿의 복원에 사용하도록 해줄 것을 청하자 전교하기를, '윤허한다. 그러나 경복궁도 중건을 해야 하니 박석을 모두 가져다 쓰지는 말고 모자란 부분만 갖다 쓰도록 하라'고 했다."

만일 광해군이 폐위되지 않았다면 경복궁도 광해군의 재위 기간 중 복원되었을 것이다. 당시 광해군이 복원 사업의 일순위로 꼽은 것은 창덕궁이었다. 창덕궁 복원 사업은 사실 선조 때부터 시작되었다. 창덕궁은 선조 40년(1607)에 중건하기 시작해 광해군 5년(1613)에 공사가 마무리되었다. 인조반정 때 반정 세력이 불을 질러 대부분의 전각이 불탔으나 인조 25년(1647)에 복구되었다. 창덕궁은 1868년에 대원군이 경복궁을 중건할 때까지 약 250년 동안 경복궁을 대신한 법궁으로 사용되었다.

창경궁은 광해군 8년(1616)에 복원 사업이 마무리되었다. 광해군은 한때 단종과 연산군이 창덕궁에서 폐위된 사실이 마음에 걸려 창경궁에 거처할 생각을 하기도 했다. 창경궁은 이괄의 난 때 명정전을 제외한 대부분의 전각이 불타고 말았다. 인조 11년(1633)에 재건되었으나 명정전만큼은 광해군 때의 모습을 그대로 간직하고 있어 조선 왕궁 건물 중 가장 오래된 전각으로 남게 되었다. 창경궁을 법궁처럼 사용한 군주는 정조였다. 정조는 어머니 혜경궁 홍씨를 위해 전각을 짓고, 나중에는 아예 창경궁으로 거처를 옮겨 살다가 타계했다. 이는 부친 사도세자가 뒤주에 갇혀 죽음을 당한 곳이 창경궁이었던 사실과 무관하지 않았을 것이다.

광해군은 창덕궁과 창경궁의 복원을 마무리한 뒤 경복궁 복원에 나서지 않고 오히려 새로운 궁궐 건축을 시작했다. 이는 말할 것도 없이 신경희 사건의 여파 때문이었다. 당시 정원군이 살던 곳은 원래 이성계의 집이 있던 곳이다. 광해군은 재위 8년(1616)에 미신적인 풍수설에 미혹되어 종실의 집으로 사용해 오던 이곳에 별궁을 지었다. 영조 36년(1760)에 경희궁慶熙宮으로 개칭된 경덕궁은 광해군이 이곳을 법궁으로 사용한 것을 계기로 오랫동안 법궁 역할을 했다. 훗날 숙종과 경종도 이 궁에서 태어났고, 정조와 헌종, 철종이 모두 이곳에서 즉위한 사실이 이를 뒷받침한다.

경희궁은 일제 때 경성중학京城中學(서울고의 전신)의 부지가 되었다가 1980년대에 들어와 시민공원 계획이 추진되면서 일부나마 원래의 모습을 되찾았다. 광해군이 경덕궁과 함께 새로 건축한 인경궁仁慶宮은 현재의 사직단 뒤에 세워졌으나 인조반정과 이괄의 난으로 불타 버린 창덕궁과 창경궁을 재건할 때 헐어서 사용하는 바람에 지금은 흔적도 없이 사라졌다.

경운궁慶雲宮(지금의 덕수궁)도 사실 광해군이 건축한 것이나 다름없다. 원래 경운궁은 세조의 큰손자인 월산대군月山大君의 저택이었다. 임진왜란 때 의주로 피신했던 선조는 이듬해 10월에 환도한 뒤 거처할 만한 곳이 없어 이곳에 행궁을 정했다. 이후 이곳을 '정릉동행궁貞陵洞行宮'이라 불렀다. 선조는 1608년 2월에 타계할 때까지 줄곧 이곳에서 정무를 보았다.

행궁의 서청西廳에서 즉위식을 한 광해군은 즉위하자마자 행궁을 넓혀 지금의 정동 1번지 일대를 대부분 궁궐의 경내로 만들었다. 그리고 종묘를 중건한 뒤 창덕궁으로 옮기면서 이 행궁을 '경운궁'이라 이름 붙였다. 그러나 광해군은 창덕궁에 약 두 달 동안 머물다가 창덕궁이 흉궁凶宮이라는 얘기에 다시 경운궁으로 돌아왔다. 광해군은 재위 7년(1615) 4월에 다시 창덕궁으로 옮긴 뒤 재위 10년(1618)에 인목대비를 경운궁에 유폐하면서 '경운궁'의 명칭을 서궁西宮으로 개칭했다.

반정 직후 인조는 서궁으로 가 인목대비를 알현하고 즉조당卽祚堂에서 즉위식을 거행한 뒤 8일 후 인목대비와 더불어 창덕궁으로 옮겼다. 이후 경운궁은 약 270년 동안 별궁으로 남아 있다가 1896년에 고종이 '아관파천俄館播遷'을 행하면서 정궁의 역할을 했다. 1907년 순종이 즉위해 창덕궁으로 옮겨 가면서 고종이 이곳에 머물게 되자 고종의 장수를 비는 의미에서 궁 이름이 다시 덕수궁德壽宮으로 개칭되었다.

조선의 5대 궁궐 가운데 경복궁을 제외한 창덕궁과 창경궁, 경운궁, 경덕궁의 4대 궁궐과 지금은 사라진 인경궁을 포함해 모두 다섯 개 궁궐을 광해군이 중건하거나 새로 지었다. 임진왜란으로 황폐해진 상황에서 광해군이 얼마나 병적으로 궁궐 건축에 매달렸는지를 짐작하게 해 준다. 당시 광해군이 풍수설에 현혹되지 않고 경덕궁과 인경궁을 새로 짓는 노력을 경복궁 복원에 기울였다면 능양군(인조)과 그의 인척들이 반정에 적극 참여하는 일이 일어나지는 않았을지도 모를 일이다.

궁궐 건축은 비록 왕권 강화를 위한 것이었으나 임진왜란 이후의 황폐한 경제 사정을 외면하고 민생을 황폐하게 만들었다는 지적을 면하기 어렵다. 반정 세력의 비판은 나름대로 일리가 있었던 것이다.

여진족의 흥기

당시 대북파는 이런 와중에 정적들을 차례로 제거한 뒤 정권을 완전히 장악했으나 기반이 매우 취약할 수밖에 없었다. 대북파가 독주하자 여타 붕당 세력의 반감이 더욱 증폭되면서 반反대북 세력의 결집이 광범위하게 진행되었다. 대북 세력과 한 묶음으로 분류된 광해군의 기반이 취약해진 것은 말할 것도 없다. 광해군은 비록 즉위 전후 과정에서 대북파의 전폭적인 지원을 받았어도 곧 대북파와 일정한 거리를 두고 모든 신권 세력을 조정했어야 했는데 이를 실행하지 못했다.

물론 광해군이 뒤늦게 북방 문제를 놓고 이이첨과 첨예하게 대립한 것을 계기로 대북파와 거리를 두기 시작했지만 여타 붕당 세력의 반감을 되돌리기에는 이미 때가 늦은 상황이었다. 결국 평소 이이첨의 전횡에 불만을 품고 있던 광해군은 소북파와 서인을 등용해 이이첨을 견제하고자 했으나 오히려 무력을 기반으로 한 서인 세력을 키워주는 결과를 낳음으로써 끝내 대북파의 공멸을 초래하고 말았다.

그렇다면 광해군과 이이첨은 왜 사이가 벌어지게 된 것일까? 여기에 반정 세력이 광해군 폐위의 결정적인 요인으로 내세운 친금배명親金排明 사건의 진상이 숨겨져 있다. 원래 광해군은 즉위 이전부터 왕세자 책봉 문제로 자신을 곤경에 빠뜨린 명나라에 대해 좋은 감정을 갖고 있지 않았다. 명나라가 비록 임진왜란 때 조선을 도왔다고는 하나 이는 명나라의 울타리를 지키기 위해서였다. 따라서 광해군 10년(1618) 명나라가 어려울 때 도와준 은혜를 들먹이며 후금의 누르하치(奴兒哈赤)를 치기 위해 원군을 보내라고 요구했을 때 광해군이 부정적인 반응을 보인 것은 나름대로 이유가 있다고 보아야 한다. 그렇다면 명나라의 요구를 거절한 광해군의 이런 행보는 과연 국가 보위 차원에서 나온 것일까, 아니면 광해군 개인의 원한 차원에서 나온 것일까?

당시 만주에서는 누르하치가 이끄는 건주위建州衛 여진족이 세력을 나날이 확장하고 있었다. 건주여진은 명이 요동에 설치한 누르간도사(奴兒干都司)의 관할 아래 있었다. 여기에는 건주여진 이외에도 해서여진海西女眞과 야인여진野人女眞이 속해 있었다. 당초 누르하치 집단은 건주여진의 작은 부족에 불과했다. 누르하치는 15세기 초에 명나라에 의해 건주좌위建州左衛의 지도자로 임명된 멍게티무르(猛哥帖木兒)의 6대손으로 그의 선조들은 대대로 건주좌위의 요직을 맡았다.

누르하치 일가는 1583년에 이성량 휘하에 종군해 명나라에 저항하는 아타이(阿臺)를 치기 위해 원정한 적이 있었다. 이때 누르하치의 부친과 조부가 전투 도중 적군으로 오인 받아 명군에게 죽임을 당했다. 이성량은 누르하치를 위로하기 위해 곧 명나라와 독점으로 교역할 수 있는 칙서 30통을 주는 한편, 누르하치에게 명나라 장수의 직책을 받을 수 있도록 주선했다. 이는 누르하치가 성장하는 데 결정적인 배경이 되었다.

이후 누르하치는 빠르게 세력을 키우기 시작했다. 이들은 백두산 등지에서 나는 인삼과 담비의 털가죽 등을 전매해 막대한 이익을 거두었다. 누르하치는 이를 기반으로 주변 부족을 공략하기 시작했다. 왜란이 일어나 왜군이 함경도 일대를 점령하자 누르하치는 조선 조정에 국서를 보내 군대를 파견해 돕겠다는 제의를 하기도 했으나 당시 영의정 유성룡의 반대로 무산되었다.

누르하치의 세력이 날로 커지자 선조는 1595년에 남부주부南部主簿 신충일을 파견해 누르하치 진영을 살피게 했다. 신충일이 돌아와 남긴 보고서가 바로 『건주기정도기建州紀程圖記』이다. 이는 누르하치 세력에 관한 최초의 보고서에 해당한다.

누르하치는 정유재란이 일어난 이듬해에 다시 조선에 만 명의 병력을 보내 돕겠다고 제의했다. 이때 조선에 주둔해 있던 명나라 제독 형개邢玠는 이를 받아들이고자 했으나 조선의 반대로 참전하지 못했다.

누르하치 세력이 조선을 위협하기 시작한 것은 선조 40년(1607) 무렵부터였다. 누르하치는 자신의 동생 수르가치(徐爾哈赤)를 보내 함경도 국경 지대에 있는 해서여진의 홀온忽溫의 군사를 대파하고 동해로 연결되는 통로를 확보했다. 조선은 다음 목표가 조선이 아닌가 하는 의심을 할 수밖에 없었다. 광해군은 즉위하자마자 누르하치의 동태에 촉각을 곤두세우지 않으면 안 되었다. 이는 『광해군일기』「즉위년 8월 13일」 조에 실려 있는 해평부원군 윤근수의 차자箚子를 보면 쉽게 알 수 있다.

"이번에 외국과 교류하는 벼슬아치가 가지고 온 장계 가운데 '누르하치가 배를 건조해 우리나라를 도모하려 한다'는 말이 들어 있다고 합니다. 임진왜란 이래 우리나라 장수가 훈련되어 있지 않아서 적만 보면 그만 달아나기가 일쑤입니다. 오랑캐의 병사를 맞을 경우 양군이 교전도 하여 보기 전에 그 승패는 이미 결정 날 것입니다."

광해군이 임진왜란 때 병조판서를 지낸 서인의 거두 이항복을 마침내 서북면도체찰사西北面都體察使에 임명한 이유가 여기에 있다. 이를 계기로 서인에 속한 무인들이 서북변계의 무장으로 많이 발탁되었다. 이것이 훗날 인조반정의 불씨가 되었다.

당시 광해군이 여진족에 대해 구사한 정책은 중국이 전통적으로 사방의 이민족에게 구사한 '기미책羈縻策'이었다. 본래 '말의 굴레와 소의 고삐'에서 나온 기미책은 힘이 있을 때는 무력으로 제압하고, 힘이 약할 때는 상대방을 회유하는 식으로 적당한 관계를 유지하면서 상대방을 견제하는 강온양면책을 말한다. 광해군은 누르하치에 관한 보고가 올라올 때마다 그들을 후대해 후환이 없도록 할 것을 지시했다. 이로써 조선은 동아시아의 신흥 강대국으로 떠오른 후금 세력과 직접 충돌하는 것을 피할 수 있었다. 광해군의 책략이 빛을 발한 대목이 아닐 수 없다.

그러나 전혀 위기가 없었던 것은 아니다. 광해군 2년(1610)에 만주 일대에서는 "조선과 명이 합세해 후금을 공격하려 한다."는 풍문이 나돌았다. 누르하치의 경계의식이 커지자 비변사는 사자를 보내 근거 없는 소문이라고 해명했다. 누르하치는 이에 대한 보답으로 경성鏡城에 유배된 역관 문희현에게 자신의 속마음을 털어놓기도 했다. 『광해군일기』「10년 3월 5일」조에 이에 관한 기록이 나온다.

"문희현이 경성에 유배되었을 때 그가 여진어를 잘하자 병사兵使가 회령會寧에 통상하러 온 여진인을 만나게 했다. 얼마 뒤 누르하치가 문희현에게 글을 보내면서 '선생'이라고 칭했다. 이 글에서 누르하치는 명나라가 자신의 조부를 죽이고 대대로 못살게 굴어 왔다는 사실과 장차 군대를 일으켜 명나라에 보복하고자 하니 조선이 이를 불쌍히 여겨 주었으면 한다는 내용을 두루 말했다."

누르하치는 일개 역관에게 자신의 속마음을 그대로 털어놓으면서 국가 기밀에 해당하는 사실을 알려준 셈이다. 당시 누르하치가 조선에 대해 아주 우호적인 생각을 갖고 있었음을 짐작할 수 있다.

누르하치는 마침내 광해군 8년(1616)에 국호를 대금大金, 연호를 천명天命, 수도를 흥경興京으로 정한 뒤 명나라에 대한 복수전을 공식 표명했다. 누르하치는 '칠대한七大恨'을 기치로 내걸고 요동의 군사 요충지이자 교역 중심지인 푸순(撫順)을 공략했다. 푸순의 함락은 명나라에 엄청난 충격을 안겨 주었다. 명나라는 곧 대규모 토벌군 파견을 준비하면서 광해군에게 이이제이以夷制夷의 일환으로 조선이 후금의 배후를 치는 원병 파견을 요구했다.

파병과 보국안민

파병 문제를 놓고 조선 내부에서 광해군과 비변사 신료들이 첨예하게 대립했다. 광해군은 전란의 후유증에서 벗어나지 못한 점을 들어 이를 거부하고자 했으나 비변사는 어려울 때 도와준 은혜를 들먹이며 이를 받아들이고자 했다. 광해군이 여러 핑계를 대어 이를 회피하자 비변사 신료들이 정면으로 반발하고 나섰다. 여기에는 대북파의 거두이며 광해군의 총신인 대제학 겸 예조판서인 이이첨도 끼어 있었다. 『광해군일기』「10년 윤4월 24일」조에 "명나라는 부모의 나라로 우리가 어려울 때 은혜를 베풀었는데 지금 누르하치로부터 모욕을 받고 있습니다. 우리에게 원병을 요청한 마당에 어찌 달려가 돕지 않을 수 있겠습니까"라는 이이첨의 반박이 실려 있다.

당시 합천에 머물고 있던 영의정 정인홍도 체찰사를 국경에 보내 병사를 징발하되 조선의 황폐한 상황을 알리면 징발하는 숫자를 줄일 수 있을 것이라며 출병 원칙에 동조했다. 이는 광해군의 입장과 정면으로 배치되는 것이었다. 그러나 광해군은 곧 "황폐한 군사를 호랑이굴로 보내는 것이나 다름없다"고 일축한 뒤 속히 파병을 거절하는 내용을 완곡히 표현한 답신을 다시 보내도록 했다.

요동으로 파견 나온 경략經略 양호가 회자回咨의 내용을 문제 삼아 북경으로 가는 길을 막았다. 이를 계기로 비변사의 반발이 심해지자 광해군은 할 수 없이 징병은 하되 병력이 국경을 넘지 않고 끝까지 국내에 머물도록 하기 위해 외교적 노력을 기울였다. 그러나 이마저 양호의 저지로 무산되자 마침내 병력 파견을 결정했다. 광해군은 도원수 강홍립에게 가능하면 명나라 장수의 명을 그대로 따르지 말고 조선군 독자적으로 행동할 것을 지시했다. 이는 광해군이 재위 11년(1619) 2월에 강홍립이 조선 포수 5천 명을 만주로 들여보낸 것을 두고 그의 경솔함을 책망한 사실을 통해 확인할 수 있다.

"만일 숙달된 포수가 아주 적은 상황에서 4백 명을 차출했을 때 동쪽의 형세가 아주 위태롭게 될 것이라고 말했다면 경략이 곧 군사를 돌려보냈을 수도 있었을 것이다. 그런데 지금 털끝만큼도 곤란해 하는 기색도 없이 이를 흔쾌히 허락했으니 이는 경의 잘못이다."

그러나 조선 군사는 명나라 장수 유정 휘하에 배속되어 후금의 수도인 홍경을 향해 전진하던 중 이해 3월에 벌어진 심하深河전투에서 후금군의 습격을 받고 크게 지고 말았다. 강홍립은 곧 남은 병력을 이끌고 투항했다. 심하전투를 포함해 당시 명나라 군사가 후금 군사와 싸운 전투 전체를 보통 '사르후(薩爾滸)전투'라고 한다. 이 전투는 사실상 명·청 교체를 결정지은 전투라고 해도 과언이 아니다.

그간 학계에서는 심하전투와 관련해 논란이 계속되어 왔다. 광해군이 강홍립에게 밀지를 내려 항복을 미리 지시했는지 여부가 논란의 초점이었다. 지난 1930년대에 일본인 학자 다카와 코조(田川孝三)는 광해군이 주화론자主和論者인 강홍립을 도원수로 임명한 사실 등을 근거로 '밀지설密旨說'을 제기했다.

그러자 이나바 이와키치(稻葉岩吉)가 밀지설의 근거로 원용된 사료

대부분이 인조반정 이후에 나온 기록인 점을 지적하면서 후금에 억류되었다가 귀환한 이민환의 『책중일록柵中日錄』을 근거로 이를 반박하고 나섰다. 이민환은 당시 조선군의 항복은 결코 사전에 미리 계획된 것이 아니라 패전을 당한 부득이한 상황에서 이루어진 것이라며 '패항설敗降說'을 주장했다. 『광해군일기』의 기록은 여러 내용이 뒤섞여 있어 단정하기가 어렵지만, 당시의 상황을 기록한 『광해군일기』「11년 3월 12일」조 기록에 '패항설'을 뒷받침하는 평안감사의 보고 내용이 나온다.

"유격 교일기喬一琦가 군사들을 거느리고 선두에서 행군하던 중 갑자기 누르하치의 복병을 만나 대패하고 말았습니다. 이때 우리나라 좌영의 장수 김응하金應河가 재차 진격했다가 재차 후퇴하는 순간 갑자기 서북풍이 거세게 불어 닥쳐 먼지와 모래로 천지가 캄캄해졌고, 화약이 날아가고 불이 꺼져서 화포를 쓸 수 없었습니다. 그 틈을 타서 적이 철기로 짓밟아 대는 바람에 좌영의 군대가 결국 패해 거의 다 죽고 말았습니다."

'패항설'을 뒷받침하는 기록이다. 당시 명군의 참패는 개철총병開鐵摠兵 두송이 공을 탐내어 경솔하게 전진했기 때문이었다. 이 싸움에서 명군 휘하의 조선군은 병력의 8할 이상에 달하는 9천 명이 전사했다. 아무리 강홍립 휘하의 조선군이 애초부터 적극적인 전의를 보이지 않은 게 사실일지라도 '밀약설'로는 조선군의 참사를 설명할 길이 없다. 이는 『광해군일기』「11년 3월 2일」조에 실려 있는 강홍립의 보고서를 보면 더욱 확연히 알 수 있다.

"오랑캐가 화살을 빗발같이 쏘아댔으므로 싸우다가 후퇴하고 싸우다가는 후퇴하곤 하였습니다. 적은 퇴각해 깎아지른 듯한 벼랑에 숨어 있다가 나와서 쏘고 또다시 숨곤 하였는데 절벽이 깎아지른 듯해 발을 디딜 수 없어서 공격해 들어가기가 쉽지 않았으므로 나무에 의지한 채로 서로 대치하고 있었습니다. 화살과 조총을 어지럽게 마구 발사하는 가운데 죽은 자가 태반이었습니다."

조선군이 애초부터 후금군과 내통했다는 것은 있을 수 없는 일이었다. 심하전투 이후 명나라 조정이 조선군이 용감하게 싸운 것을 높이 평가한 것도 '패항설'을 뒷받침하고 있다. 조선군이 심하전투에서 패해 항복한 뒤 명의 반응은 크게 둘로 나뉘어 있었다. 일부에서는 조선이 명을 돕기 위해 파병했다가 수천 명의 장병이 전사했으니 조선을 위로해야 한다고 주장했고, 더 많은 사람들은 강홍립의 항복을 고의적인 것으로 의심했다.

이때 대신 서광계가 다시 한 번 조선에게 원병을 청해야 한다고 요구하고 나섰다. 서광계는 이해 6월에 상소를 올려 명나라가 이미 조선이 어려울 때 은혜를 베푼 만큼 다시 한 번 원병을 청해도 아무런 문제가 없다며 자신을 사신으로 파견해 줄 것을 청했다. 서광계는 조선은 의리를 아는 나라이니 설득할 수 있을 것이고, 만일 설득이 안 되면 조선을 감독하고 보호해야 한다는 이른바 '조선감호론朝鮮監護論'을 펼쳤다. 이는 조선이 후금의 위협에 굴복해 친교를 맺는 등 이미 후금의 수중에 들어갔다는 잘못된 정보를 기초로 한 것이었다.

원래 '감호'는 명이 직접 관리를 파견해 조선을 통치하는 것을 의미한다. 이미 왜란 당시 명나라 조정에서 조선에 대한 직접 통치를 하자는 주장이 나온 사실을 알고 있는 조선의 조정은 '조선감호론'이 제기됐다는 소식이 전해지자 아연 긴장했다. 광해군은 곧 서광계가 사실을 잘못 알고 있으니 급히 사신을 보내 이를 해명해야 한다고 주장했다. 그러나 신료들은 의심을 받을 만한 단서를 없애는 것이 먼저라고 지적하면서 먼저 후금과의 왕래를 끊고, 항복한 장수들의 가족도 처벌하고, 명이 요구한 파병에 순응하기 위해 국경에 군대를 보내야 한다고 주장했다. 이들 신료들은 '조선감호론'을 불러온 장본인으로 사실상 광해군을 지목하면서 후금과의 관계 단절을 촉구하고 나선 셈이다.

그러나 광해군이 계속 강경한 입장을 보이자 정작 다급해진 것은 명나라 쪽이었다. 상황이 점차 악화되자 명나라는 이번에는 군량과 무기를 모두 지원할 테니 조선은 다만 병력만 브내달라고 간청했다. 마침내 신종은 사자를 통해 심하전투에서 전사한 조선 장병들에게 은 3만 냥을 하사하면서 조선과 명이 앞뒤에서 적을 물리치는 형세를 이뤄 후금을 섬멸하자는 내용의 칙서를 보냈다.

그러나 이미 대세는 기울어져 있었다. 광해군 14년(1622)에 광녕廣寧마저 후금에게 넘어가자 조선과 명의 육상 통로가 완전히 차단되고 말았다. 명은 조선이 후금과 합세해 후방의 병참기지로 변할까 봐 크게 우려했다. 이제 원병을 요구하지는 못할지라도 최소한 조선이 후금 쪽으로 기우는 것을 막지 않으면 안 되는 절박한 처지가 되었다.

이를 계기로 광해군의 발언권이 커졌다. 광해군은 명의 의심을 풀어주기 위해 이정구를 변무사辨誣使로 파견하는 동시에 심하전투에서 분하게 사망한 선천부사 김응하를 현창하는 사업을 크게 벌였다. 이때 광해군은 명에게 오히려 조선의 안전을 위해 병력을 동원해 요충지를 지켜 달라고 청했다. 이는 명나라의 원병 요구를 미리 차단하기 위한 고도의 책략이었다.

이때 뜻밖에도 명나라 장수 모문룡毛文龍이 새로운 골칫거리로 등장했다. 모문룡이 의주 등을 오가며 후금군을 자극하자 마침내 광해군 13년(1621)년 12월에 후금군이 그를 치기 위해 압록강을 넘어왔다. 모문룡은 겨우 몸을 빼내 도망쳤지만 후금군이 이를 계기로 사상 최초로 압록강을 넘었다. 모문룡은 이후 평안도 일대를 왕래하며 요동에서 탈출해 조선으로 들어온 중국인들을 불러 모아 압록강변에서 후금군과 충돌하는 등 끊임없이 사단을 일으켰다. 광해군은 모문룡을 회유해 섬으로 들어가도록 만들었다. 모문룡이 마침내 철산 앞바다의 가도假島로 들어가 광해군은 큰 짐을 덜었다. 그러나 이후 모문룡은 인조반정 이후에도 큰 두통거리로 남아 호란胡亂을 촉발하는 요인이 되었다. 이상이 반정 세력이 내세운 '친금반명'의 전말이다.

당시 비록 조선이 심하전투에서 크게 패하기는 했지만 아침 해가 하늘로 떠오르는 듯한 기세로 도약하는 후금과 직접 충돌하는 것을 피할 수 있었던 것은 광해군의 탁월한 외교 덕분이다. 실록의 기록을 토대로 보면 나라를 보전하고 백성을 안녕케 하는 보국안민保國安民 차원에서 나온 것으로 풀이할 수 있다. 명에 대해서는 그들이 요구한 대로 원군을 파견하면서도 희생을 최소화해 어려울 때 도와준 은혜를 갚고, 후금에 대해서는 시종 '기미책'을 적용해 직접 충돌하는 것을 피한 게 그렇다. 미·중이 격돌하는 21세기의 G2 시대에 적극 활용할 만하다.

물론 광해군의 '기미책'이 성공할 수 있었던 데에는 당시 후금의 전략 의도가 많이 작용했다. 후금은 명의 요충지들을 공략하느라 여념이 없었던 까닭에 조선을 돌아볼 여유가 없었다. 나아가 후금의 입장에서 볼 때 명과의 전쟁으로 무역이 중단되고 연이은 승리로 영토가 빠르게 늘어난 상황에서 조선과 경제교역을 확대하는 것이 아주 절실한 과제이기도 했다. 농사일에 부리는 소를 비롯해 곡물과 소금, 면포 등 생필품이 절대 부족한 상황에서 이를 공급해 줄 수 있는 나라는 오직 조선밖에 없었다.

그러나 기본적으로 광해군의 탁월한 외교 책략이 없었다면 후금은 모든 병력을 조선으로 돌려 압록강을 넘었을 공산이 컸다. 당시 중원 공략을 꾀하고 있던 후금이 나중에 우환이 될 수 있는 조선을 먼저 평정하지 않은 채 중원 공략에 나설 리는 만무했다. 그런 의미에서 이나바 이와키치의 주장처럼 광해군은 천하의 주인이 뒤바뀌는 G2 시대의 난세에 탁월한 책략으로 나라를 보위하고 백성의 안녕을 지킨 셈이다. 그를 명군의 일원으로 꼽는 이유다.

2장 용군 庸君

조선조 사대부들에게 성군의 칭송을 받았지만 재평가가
필요한 조선시대 왕은 누구일까?

G2 시대에 요구되는
리더십을 분석한다

1

성종

사림 중용으로 붕당정치의 길을 열다

언론3사와 신권국가

성종은 세종, 정조와 더불어 명군으로 칭송받는 인물이다. 그는 재위 기간 중 『경국대전』을 편찬했으며 통치제도와 문물이 완비된 국가를 정비해 치세를 이뤄내 '성成'이란 묘호를 얻었다. 성종의 성세는 조부인 세조가 만들어놓은 탄탄한 왕권 위에서 이루어졌다.

성종은 왕권 강화를 위해 신권세력과 신경전을 벌이는 일에 힘을 낭비하지 않았다. 이는 신권세력과 줄다리기를 하는 데 쓰는 정력과 시간을 다른 곳에 투자할 수 있는 여력을 비축하기 위함이었다. 그는 결단해야 하는 현안이 아니면 신하들의 요구를 너그럽게 받아들이는 모습을 보여주었다. 신권세력으로부터 '성군'의 소리를 들을 수 있는 요건을 모두 갖춘 셈이다.

조선조는 세종 때 신권세력이 서서히 목소리를 내기 시작했다. 태종 때 형성된 공신집단을 견제하기 위해 집현전 출신 소장 신권세력을 육성한 결과였다. 『한비자』가 역설하는 제신술制臣術을 편 결과로 볼 수 있다. 실제로 이는 나름 큰 성과를 거두었다. 그러나 세조는 집현전 출신의 신권세력이 '단종 복위 사건'을 꾸민 사실이 드러나자 집현전을 가차 없이 철폐했다. 집현전을 계속 유지하면 신하들로부터 자신의 재위 기간은 물론, 후대에 이르기까지 왕위 계승의 정통성 문제가 끊임없이 제기될 것을 우려했기 때문으로 보인다.

그의 우려는 현실로 나타났다. 발단은 성종이 집권하면서 예문관의 일부 기능을 독립시켜 집현전의 후신이라고 할 수 있는 홍문관을 개설한 데서 시작됐다. 홍문관을 중심으로 떠오른 신권세력은 세종 때 등장한 신권세력과 달랐다. 대부분이 성리학으로 단단히 무장한 신진기예들로 든든한 지역 기반을 토대로 했다. 이들은 명분을 중시하는 고려 말의 충신 길재의 학통을 이어받은 영남 사림세력이 주축을 이뤘다. 지금껏 지방에서 영향력을 행사해 오던 사림세력이 중앙 정계에 진출한 것은 조선 개국 이래 처음이었다.

영남 사림을 대표하는 김종직 역시 부친이자 스승인 김숙자로부터 명분론을 중시하는 길재의 학통을 이어받았다. 그의 중앙 정계 진출은 앞으로 조선이 지금까지와는 전혀 다른 신권국가로 나아갈 것을 예고한 것이었다.

홍문관은 왕의 경연을 전담하기 위한 전문 연구기관의 역할을 위해 세워졌다. 성종이 홍문관을 설치해 신권세력을 적극적으로 양성한 것은 세조 때 형성된 훈구세력을 견제하기 위해서였다. 그러나 홍문관 출신 인사들이 대거 사헌부와 사간원의 관원으로 충원되면서 언론 3사가 재상권을 넘어 왕권마저 위협하는 부작용이 생겼다.

홍문관의 가세로 막강한 권력을 얻은 신권세력은 대부분이 영남 출신의 사림으로, 이들은 보이지 않는 곳에서 끈끈한 결속력을 다지고 있었다. 언론권을 장악한 신권세력이 점차 재상권을 장악한 훈구세력을 대신하면서 두 세력 간의 갈등 또한 점점 깊어졌다. 특히 명분을 중시하는 언론 3사의 관원들은 고위관직을 차지한 훈구세력을 처신술에 능한 비루한 인물로 여겼다. 언론 3사가 점차 신권의 중심기관으로 부상하면서 성종은 언론기관의 주장을 수용하라는 압력을 받았다. 어느새 언론 3사의 관원 모두가 성리학의 통치 이념을 앞장서서 실천하는 인물로 추앙되었기 때문이다.

이런 상황에서 언론 3사의 의견을 무시하는 것은 스스로를 사리에 어두운 임금이거나 폭군이라 인정하는 것과 같았다. 언론 3사의 출현은 권력의 중심이 왕권에서 신권으로 이동할 것을 예고한 엄청난 사건이었다.

언론 3사의 장악은 왕과 함께 통치 권력을 누리는 것과 같았다. 조선 중기 이후 사대부들이 사색당파로 나뉘어 치열하게 싸운 것도 언론 3사를 누가 장악하느냐 하는 문제와 직결됐다. 언론 3사의 관원들은 자신들의 색깔을 부각시키기 위해 모든 사안을 쟁점화하기 시작했다. 모든 것은 조선이 성리학이라는 강고한 통치이념을 채택한 결과였다.

『혼불』과 유자광

결국 성종은 홍문관을 신설해 언론 3사의 기능을 확대함으로써 후대 성리학자들로부터 명군이라는 칭송을 얻었다. 그러나 이는 어디까지나 성리학자들의 관점이었다. 따라서 지금 우리에겐 영남 사림세력의 칭송을 받은 김종직과 그의 정적이었던 유자광에 대한 재평가가 절실하다. 이것이 성종의 리더십에 대한 평가와 직결되기 때문이다. 그럼에도 현재 이들에 대한 평가는 일방적이다.

역사는 중종반정 이후 김종직을 절의를 숭상하는 충신으로, 유자광을 자신의 영화를 위해 배신과 모함을 일삼는 간신으로 간주했다. 이는 무오사화 때 부관참시를 당한 김종직이 조광조의 노력으로 관작이 회복되어 조선 성리학의 근본으로 추앙받은 데 반해, 유자광은 순종 원년에 이완용의 노력으로 관작이 회복된 사실과 연관해 그들을 평가했기 때문이다. 이완용의 등장은 유자광을 '간신'으로 각인시키는 결정적 역할을 했다.

그러나 최명희의 소설 『혼불』은 유자광을 새롭게 평가해 놓았다. 일본 강점기 한 양반가의 부침을 다룬 이 소설은 남원 일대에 전해져 내려오는 유자광에 관한 다음과 같은 전설을 담았다.

"자식을 낳으려면 유자광 같은 자식을 낳아야 한다!"

서자에서 종1품까지 올라간 유자광이 간신으로 몰린 것을 동정하는 여론을 담은 것이다. 그러나 유자광은 여전히 명예를 회복하지 못했다. 반면 이들과 대척했던 김종직은 지금까지 커다란 존경을 받고 있다.

김종직과 유자광의 악연은 세조 때로 거슬러 올라간다. 세조는 태종의 6조직계제를 부활시킨 데 이어 의정부와 6조를 모두 측근들로 채워 넣는 등 중앙집권체제를 강화함으로써 명실상부한 왕권국가를 완성했다. 모든 정무를 세조 자신이 직접 처리하기 위한 것이었다. 외교통인 신숙주가 예조판서를, 군사통인 한명회가 병조판서를, 재무통인 조석문이 호조판서가 되어 세조의 강력한 왕권 강화 작업을 뒷받침했다. 이들은 현직에서 물러났음에도 부원군 자격으로 조정의 정무에 참여했다. 승정원은 육조의 사무 외에 국가의 모든 중대 업무를 담당하면서 막강한 힘을 발휘했다.

왕권국가 체제의 정립은 국가비용의 대폭적인 삭감에서 시작했다. 종래에 휴직 또는 정직 관원에게도 나눠주던 과전을 현직 관원에게만 주는 직전제를 실시한 것이다. 지방에 대한 통제도 강화되었다. 세조 12년에는 도관찰출척사를 관찰사로, 병마절제사를 병마절도사로 명칭을 변경해 중앙의 문신을 파견했다. 지방에 대한 통제를 강화해 반란 가능성을 미리 방지하려는 뜻이었다. 그러나 곧바로 반발에 직면했다. 함길도 길주에서 '이시애의 난'이 일어난 것이다.

원나라 동지주추부사 올로티무르兀魯帖木兒의 손자인 이시애는 길주의 호족 출신이다. 그는 북방민 회유정책으로 1451년에 호군이 되고 나서 1458년에 회령부사가 되었다. 그러나 세조가 점차 북방민의 등용을 억제하고 중앙의 문관을 지방관에 임명하는 중앙집권체제를 강화하자 자신의 지위에 불안을 느꼈다. 당시 함길도는 지리적으로 여진족과 대치한 특수성 때문에 현지 출신 호족 중에서 지방관을 임명해 다스렸다. 그러나 세조가 즉위하면서 북도 출신의 수령을 경관으로 대체하고 호패법을 강화하여 지방민의 이주를 금해 북도인의 불만이 쌓였다.

이를 눈치 챈 이시애는 마침내 세조 13년(1467)에 모친상으로 고향에 머무르며 불만에 찬 호족을 선동하고 도민을 규합해 길주에 있던 함길도 절도사 강효문을 죽이고 반란을 일으켰다. 그는 역모자를 급히 처형했다고 허위보고 하고 나서 스스로 절도사를 자칭해 세력을 확보해 나갔다. 북도민의 환심을 산 그는 단천과 북청을 공략한 데 이어 조선조의 탄생 근거지로서 이른바 왕기王基로 불린 이성계의 고향인 함흥까지 점거했다.

이에 놀란 조정은 강순, 남이 등에게 3만 명의 관군을 이끌고 가 이시애를 제압하도록 했다. 두 차례 격전에서 대패한 반란군은 힘을 잃었다. 세조의 명령서를 통해 반란임을 알게 된 백성들마저 협력하지 않았고, 조정의 발표로 부하 장수들마저 동요했다. 결국 물러설 곳을 찾지 못한 이시애는 경성으로 퇴각하였다가 같은 해 8월에 체포되어 참형을 당했다.

세조는 이시애의 난을 무사히 평정하고 중앙집권체제를 더욱 강화해 나갔으나 오랫동안 보위에 있지 못했다. 그의 재위 기간은 13년으로 말년에는 여러 질병 때문에 직접 업무를 보지 못했다. 그는 죽기 몇 달 전에 원상제院相制를 만들어 자신이 죽은 뒤에도 왕권을 지키려 했다.

'원상제'는 세조가 지명한 신숙주, 한명회, 구치관 등 3명의 중신이 승정원에서 숙식하며 모든 국정을 상의해 서무를 처결하는 제도를 말한다. 이때 세자는 형식적인 결재만 했다. 엄격히 말하면 조정 대신들에 의한 '공동 섭정'이나 다름없었다. 어떤 면에서는 의정부서사제보다 더 막강한 권력이었다.

한명회의 퇴진

세조 재위 당시 장남 효경세자의 뒤를 이어 8세의 나이에 세자가 된 차남 해양대군은 10년 동안 세자로서 부왕을 곁에서 돕는 도중에 건강을 크게 해쳤다. 이로 인해 19세에 부왕의 뒤를 이어 보위에 올랐으나 국정을 제대로 살필 수 없었다. 따라서 세조비인 정희왕후의 수렴청정 하에 사실상 '3중신'이 실질적인 통치를 담당했다. 예종은 이들이 내린 결정을 형식적으로 결재했다. 예종은 14개월이라는 짧은 재위 기간 동안 『경국대전』을 완성하는 등 업적을 쌓았으나 결국 20세의 젊은 나이에 요절하고 말았다. 그에게는 제안대군과 인성대군이라는 두 명의 어린 왕자가 있었다.

'3중신'이 막강한 신권세력으로 존재하는 상황에서 예종이 어린 왕자를 남겨두고 요절한 것은 단종이 즉위할 당시의 위기상황과 같았다. 다만 세조비인 정희왕후가 수렴청정하며 모든 선택권을 쥔 것이 달랐다. 시어머니인 정희왕후의 눈에 든 것은 첫째 며느리인 의경세자의 미망인 한씨였다. 게다가 한명회의 강력한 천거가 있었다. 조선조 500년에 걸쳐 세종, 정조와 더불어 3대 명군 중 한 사람으로 손꼽힌 성종의 즉위는 장인인 한명회와 생모인 한씨의 합작품이었다.

잘산군 성종은 13세에 즉위했다. 그가 성인이 될 때까지 7년 동안 정희왕후가 수렴청정을 했다. 정희왕후가 한명회를 절대적으로 신임했던 까닭에, 실상은 한명회를 중심으로 한 3중신이 '공동 섭정'을 한 것과 같았다. 성인이 된 성종이 친정에서 나서면서 가장 먼저 원상제를 폐지한 것도 왕권을 복원하려는 뜻이었다.

이어 성종은 한명회 등의 공신세력을 견제하기 위해 집현전의 혁파로 인해 산림으로 들어간 사림을 불러들였다. 사림은 고려시대에는 벼슬을 하지 않은 선비들을 통칭했으나 당시에는 공신 및 왕의 친인척과 대비되는 재야 지식인의 개념으로 사용되었다. 사림세력의 대표주자는 김종직이었다.

성종 2년에 신숙주가 죽은 후 한명회의 위상은 하늘을 찌르고 있었다. 성종의 즉위 직후 병조판서에 제수된 한명회는 막강한 실세로 군림했다. 신진 사림세력은 이들 공신세력을 당해내지 못했다. 한명회의 위세에 눌린 사림세력과 성종이 그를 제대로 비판하지 못한 것은 물론이요, 모든 일에서 그의 눈치를 보기에 바빴다.

어느 날 20세가 된 성종은 친정에 나설 뜻을 품었다. 그러나 자신의 즉위에 결정적인 도움을 준 대왕대비인 정희왕후가 수렴청정을 하는 상황에서 자신이 먼저 이를 요청할 수는 없었다. 누군가가 그의 가려운 부분을 대신 긁어줘야만 했다. 이런 분위기를 감지한 정희왕후는 수렴청정 철수의 뜻을 밝혔다. 이때 한명회가 극구 만류하고 나섰다.

"지금 만약 주상에게 정사를 돌려주면 이는 국가와 신민을 저버리는 것입니다. 노산군이 나이가 어린데도 도와서 보호하는 사람이 없었던 까닭에 간신들이 반란을 꾀했습니다. 지금 중궁전이 정해지지 않았는데 주상에게 정사를 돌려주는 것은 옳지 못합니다."

'노산군'에 대한 사실은 일리가 있으나 성종의 중궁을 정하고 정사를 돌려주어야 한다는 주장은 근거가 없었다. 더구나 이는 신하로서 입에 올릴 말이 아니었다. 그럼에도 사림세력들은 입을 다물었다. 그의 위세가 두려웠던 것이다. 그런 상황에서 상소를 올려 그를 강력하게 비판한 사람이 있었다. 유자광이다. 성종실록에 그의 상소문이 실려 있다.

"한명회가 대왕대비를 위해 냉정한 말을 하고자 했다면 다른 말이 얼마든지 있는데도 굳이 이런 말을 한 까닭은 무엇입니까. 그의 주장대로라면 중궁이 정해지는 것을 기다린 연후에 이에 기대어 임금의 업무를 결단하라는 것입니까. 한당漢唐 이래 국구國舅가 되어 몸을 보전한 자가 열 사람 중 한두 명도 안 되는 것은 그들의 권세가 크게 성해 붙좇는 자들이 많았기 때문입니다. 한명회를 유사有司로 보내 그 죄를 드러내야 합니다."

유자광이 말한 한명회의 죄목은 크게 세 가지였다. 첫째 수렴청정은 부득이한 경우에 한한 임시방편일 뿐이다. 성종이 이미 성년이 된데다 학문이 고명하니 당연히 그의 권위를 돌려주어야 한다. 둘째 신민들이 이 말을 듣게 되면 성종이 능력이 없어 스스로 업무를 돌보지 못할 것으로 오해할 소지가 크다. 셋째 대간과 대신들은 내심 '한명회는 국구이고 총신이니 올바른 말을 했다가는 오히려 그에게 화를 당한다'라고 생각해 힘써 말하지 않거나 입을 다물고 있다. 이는 공의와 공법을 훼손하는 것이므로 이를 내버려두면 인심이 흔들리고, 인심이 흔들리면 조정이 흔들리고, 조정이 흔들리면 나라가 흔들리게 된다고 지적했다.

비록 한명회가 김종서처럼 '황표정사'로 왕권을 농락하며 반역을 꾀하지는 않을지라도 국구의 자리에서 막강한 위세를 떨치는 것은 위험한 일이었다. 대왕대비 일족인 파평 윤씨와 성종의 생모 소혜왕후 일족인 청주 한씨 등의 외척 세력이 요직에 대거 기용돼 신권세력이 자못 비대해진 상황이었다.

그런 의미에서 유자광의 상소는 성종의 의중을 정확히 대변했다.

유자광의 탄핵 상소로 곤경에 처한 것은 한명회뿐만이 아니었다. 오히려 탄핵을 본업으로 하는 대간들이 더욱 곤혹스러워했다. 이들은 이내 책임을 통감하고 사직을 청했으나 성종이 받아들이지 않자 유자광보다 더욱 격렬한 어조로 한명회를 탄핵하기 시작했다. 마침내 한명회가 사직 상소를 올렸다. 그의 사직은 공신세력의 시대가 끝나고 신진 사림세력의 시대가 도래한 것을 의미했다. 유자광은 성종이 일정부분 왕권을 확립해 직접 나라의 정사를 돌보는 데 결정적인 공을 세웠다.

성종은 내심 유자광이 자신의 친정을 위해 당대의 권신인 한명회를 공격하고 나선 것에 크게 감동했다. 새 내각에서 유자광은 정2품직인 오위도총부 도총관에 올랐다. 오위는 전국을 망라한 군사조직으로, 이를 관리하는 도총부에는 5명의 총관이 있었다. 당시로서는 서얼 출신인 유자광이 도총관에 임명된 것은 매우 파격적인 사건이었다. 대간들은 유자광에게 허를 찔린 망신을 보복이라도 하듯 그의 출신성분을 들먹이며 철회를 요구했으나 성종은 뜻을 굽히지 않았다. 성종은 누가 주군을 위해 온몸을 던져 충성할 인물인지 깨달은 것이다.

유자광과 김종직의 악연

유자광은 그의 조부 유두명이 태종 때 사헌부 집의를 지낸 명문 사대부 출신이다. 그의 아버지 유자환은 문과에 급제한 후 성종 때 사헌부 대사헌을 지낸 청렴한 인물이었다. 서자인 유자광은 건춘문(경복궁 동쪽문)을 지키는 갑사로 있었다. 당시 조선은 사대부에서 배다른 어머니의 여러 자식이 재산 분할을 놓고 다툼이 잦았던 탓에 서얼에 대한 차별을 강화했다. 따라서 그들에겐 과거 응시가 금지되었고 하급무관 자리를 얻는 게 고작이었다.

그러던 어느 날 갑사 유자광은 병마도총사인 이준을 좇아 이시애의 난 진압에 나섰으나 행군 열흘 만에 겨우 철원에 이르는 더딘 행군에 마음을 졸였다. 그는 곧 글을 올려 자신이 진압의 계책과 선봉에 설 뜻을 밝혔다. 세조실록에 실린 상소문을 통해 그가 손자병법을 비롯한 제자백가에 얼마나 해박했는지를 짐작할 수 있다. 상소문의 골자이다.

"장수들이 머문 채 진격하지 않으면서 말하기를, '여름이 되어 활이 풀어지고, 빗물에 막히고, 산천이 험해 경솔히 진격할 수 없다'라고만 하니 우리만 홀로 여름을 당하는 것입니까. 『손자병법』에서는 '용병은 신속함을 중요하게 여긴다'고 했습니다. 신은 비록 미천하나 이시애의 머리를 참하여 바칠 수 있기를 기원합니다."

세조가 그의 글을 보고 탄복했다. 이내 좌우에 명해 이를 큰소리로 읽게 하고는 다음과 같이 전했다.

"이 글은 내 뜻에 매우 들어맞으니 그는 실로 기특한 재목이다. 내가 장차 임용하여 그 옳은 것을 시행할 것이다."

이시애의 난이 평정된 뒤 세조는 유자광을 정5품인 병조정랑에 제수했다. 그의 무략과 기개를 높이 산 것이다. 그러나 서얼 출신의 일개 병사에게는 너무도 파격적인 승진이었다. 대간이 거듭 반대 상소를 올리자 세조가 크게 화를 냈다.

"옛 사람은 '어진 사람을 세우는 데 출신을 따지지 않는다'라고 했다. 사람을 얻는 것만을 중히 여길 뿐 어찌 귀천을 따지겠는가. 경들이 유자광같이 어질 수 있겠는가. 임금을 섬기되 너무 자주 간하면 욕이 되고, 친구와 사귀되 너무 자주 간하면 멀어지는 것이다. 혹시라도 다시 말하면 내가 반드시 벌을 내릴 것이다."

사태가 불리하게 돌아가는 것을 예감한 유자광이 노모의 간병을 핑계로 낙향했다. 세조는 그를 탁용하기 위해서는 과거시험을 치러야 한다고 판단했다. 온양으로 내려간 유자광에게 문과별시를 베풀고서 이에 응시할 것을 요구했다. 유자광은 세조의 배려로 마침내 온양문과별시에서 장원급제했다. 시험을 주재한 신숙주는 유자광의 논술이 문법에 맞지 않다는 이유를 들어 낙방시켰다. 그러나 이를 이상하게 생각한 세조가 그의 답안지를 가져다 본 뒤 장원급제시켰다. 문장의 형식보다 그 내용을 중시해야 한다는 세조의 논리에 신숙주도 더는 할 말이 없었다.

유자광은 이내 정5품 병조정랑에서 정3품 당상관인 병조참지에 임명되었다. 조정관원으로 근무하던 사람이 문과에 장원하면 품계를 뛰어넘어 당상관으로 임명되는 관례에 따른 것이었다. 그에게 은혜를 베푼 세조가 오랫동안 살아 있었다면 금세 정승의 자리에 올랐겠지만 세조는 너무 일찍 죽었다. 유자광은 또 다시 홀로 남았다.

이때 다시 한 번 공을 세울 기회가 찾아왔다. '남이 역모 사건'이 그것이다. 예종이 즉위한 뒤, 세조가 죽기 전 총애했던 남이를 병조판서로 발탁한 것에 신료들이 크게 반발했다. 이로 인해 남이는 겸사복장으로 좌천되었다.

울분을 삼키지 못하던 남이가 어느 날 유자광을 찾아와 "세조는 생전에 우리를 아들처럼 대우했다. 이제 간신이 난리를 피우면 우리는 개죽음을 당할 것이다. 이들은 정사를 독차지하며 재물을 탐하고 있다. 이런 무리는 죽이는 것이 옳다"라고 말했다.

유자광이 물었다.

"어찌하여 이런 말을 하는가."

남이는 구체적인 언급을 피한 채 이튿날 다시 유자광의 집을 찾았다. 그는 갑자기 하늘을 보고 "혜성이 아직 없어지지 않고 있다. 은하수 가운데 있는 광망光芒이 모두 희어서 쉽게 볼 수 없을 뿐이다"라고 말했다. 혜성은 한 달 전에 처음 나타났었다. 이에 유자광이 『통감강목』을 가져와 혜성을 언급한 대목을 살펴보았다. '광망이 희면 장군이 반역하고 두 해에 걸쳐 큰 병란이 있다'는 글을 찾아냈다. 남이가 탄식했다.

"이번 일 역시 반드시 그 징조를 보이는 것이다. 지금 주상이 선전관으로 하여금 벼슬을 청탁하는 자를 매우 엄하게 살피니 재상들이 반드시 싫어할 것이다. 수강궁은 거사할 수 없고 반드시 경복궁이라야 가능하다."

이를 들은 유자광이 물었다.

"이런 큰일을 어찌 우리끼리 할 수 있겠는가. 함께 모의한 사람이 있는가. 주상은 반드시 창덕궁에 오래 머물 것이다."

남이가 대답했다.

"내가 장차 경복궁으로 옮기게 할 것이다. 세조가 장정을 모두 뽑아다가 군사를 삼은 까닭에 백성들의 원망이 매우 크다. 이 기회를 잃을 수 없다. 나는 호걸이다. 이는 내가 홀로 너와 더불어 말한 것이니 네가 비록 고할지라도 내가 숨기면 네가 죽을 것이고, 내가 비록 고할지라도 네가 숨기면 내가 죽을 것이다."

유자광은 곧바로 입궐해 남이의 반역을 고발했다. 매우 놀란 예종이 남이를 붙잡아 올 것을 명했다. 관군이 몰려오는 것을 안 남이가 칼을 찬 채 활과 화살을 가지고 담을 넘어 도주하다가 붙잡혔다. 예종은 수강궁 후원에서 영의정과 신숙주, 한명회 등이 지켜보는 가운데 남이를 신문했다. 예종이 남이에게 물었다.

"어제와 오늘 네가 어떤 사람을 보았는가."

한동안 망연히 있던 남이가 입을 열었다.

"오늘 민서의 집에 갔다가 그가 별의 위치나 빛에 생긴 이상현상인 성변星變을 말하기에 신이 '성변이 있으면 근심할 일이 생긴다'고 말하고 술을 마시고 나왔습니다. 어제는 유자광의 집에 가서 이야기하던 중 『통감강목』을 가져다가 혜성이 나타난 한 구절만 보았을 뿐이고 달리 의논한 것은 없습니다."

민서는 남이와 가까이 지낸 인물이었다. 이때 예종이 유자광과 대질할 것을 명하자 남이가 머리로 땅을 치며 말했다.

"유자광이 본래 신에게 불평했기 때문에 신을 무고한 것입니다. 신은 평생 충성을 맹세하며 중원의 수복을 주장한 남송의 충신 악비岳飛를 숭상했는데 어찌 이런 일이 있겠습니까."

마침 민서가 명을 받고 달려와 예종의 물음에 대답했다.

"그가 말하기를, '성변이 이와 같으니 간신이 반드시 일어날 것이다. 내가 먼저 죽음으로써 그 죄를 받을까 염려스럽다'라고 했습니다. 신이 '간신이 누구인가'라고 하자 '상당군 한명회이다'라고 했습니다."

남이가 대답했다.

"한명회가 일찍이 신의 집에 이르러 효경세자의 아들인 잘산군을 세우는 일을 말하기에 신은 그가 난을 꾀하는 것을 알았습니다."

한명회가 자리를 피해 예종에게 말했다.

"신이 일찍이 그의 집에 가서 더불어 말하지 않았으니 청컨대 대질시켜 주십시오."

"이는 모두 남이가 꾸민 말이니 족히 대질할 것이 못 된다."

예종이 이어 경복궁을 운운한 뜻을 묻자 남이가 갑자기 시치미를 뗐다.

"소신이 어찌 주상을 경복궁으로 옮길 수 있겠습니까."

예종이 곤장을 치도록 명했으나 남이는 끝내 불복했다. 답답한 예종이 그의 노비를 소환해 일일이 신문하자 여종 막가가 대답했다.

"요사이 정승이라 일컫는 이가 왔습니다."

한명회가 물었다.

"지금 정승이 많은데 네가 본 사람이 누구인가."

"이름은 알지 못하고 검은 수염이 많은 사람입니다."

우의정을 지낸 강순을 지목한 것이었다. 이 사건은 강순은 물론 세조의 고모이자 남이의 모친인 정순공주조차 저자에서 수레로 사지를 찢어 죽임을 당하고 나서 죄인의 목을 베어 높은 곳에 걸어놓는 극형으로 이어진 명백한 역모 사건이었다. 또한 병약한 젊은 군왕이 즉위하는 과정에서 빚어진 신구 신권세력 간의 정면충돌이었다.

유자광은 이 사건을 계기로 한명회, 신숙주와 함께 익대공신 1등에 녹훈됨으로써 두각을 보였다. 그러나 한명회 등의 공신세력은 물론 사림세력 모두 그의 고속 승진을 달갑지 않게 여겼다. 얼마 후 예종마저 14개월의 짧은 임기를 뒤로하고 죽자 그는 또 다시 위기를 맞이했다. 그의 경호원 박성간이 성종 원년(1470)에 그의 실언을 꼬투리 삼아 그의 역모 행위를 고발했기 때문이다.

대간들은 여세를 몰아 유자광을 소인배로 몰아가는 공세에 박차를 가했다. 결국 그는 군자인 현석규를 무책임하게 비판한 죄를 뒤집어쓰고 유배에 처했다. 유자광을 눈엣가시처럼 생각한 대간들은 그를 완전히 제거할 생각으로 유배지에 있는 그를 역모의 주범으로 몰아갔으나 고변 내용에 의심을 품은 성종의 조치로 그의 결백이 증명됐다.

낙담한 유자광은 고향 근처로 유배지를 변경해 달라고 요청하는 상소를 올렸다. 노사신과 같은 대신들이 동조하고 나서자 성종은 이를 수용하면서 4개월 뒤에는 공신녹권을 돌려주도록 조치했다. 일종의 특은을 베푼 것이다. 그러나 더 이상의 은총은 없었다. 그는 이후 성종이 죽는 날까지 10여 년 동안 남원에서 노모를 모시며 지내야만 했다. 그는 연산군이 즉위하고서 다시 조정에 나올 수 있었다.

이후 그는 중정반정에 가담해 반정공신으로 녹훈했다. 당시 반정을 주도한 세력은 갑자사화에서 참화를 입은 훈구세력이었던 까닭에 사림세력은 이들에 대해 비판적이었다. 이들은 김종직과 대립했던 유자광이 반정공신 1등으로 녹훈되자 그를 성토하는 데 총력을 기울였다. 중종과 공신세력은 그를 비호했으나 곧 유자광에 대한 거센 비난에 무릎을 꿇고 말았다. 결국 유자광은 귀양에 처했고 5년 뒤 유배지에서 숨을 거두었다.

사림세력이 성종 때부터 유자광을 거칠게 공격한 것은 그들을 대표하는 김종직과의 악연 때문이었다. 일찍이 유자광은 함양군에 놀러 갔다가 시를 지은 뒤 이를 나무판에 새겨 벽에 걸어두도록 군수에게 부탁했다. 함양은 유자광의 처가가 있던 곳으로 장인은 고을의 향리였다. 이후 함양군수로 오게 된 김종직이 유자광의 거만함에 화를 내며 현판을 떼어 불태워버렸다. 이 소식을 들은 유자광은 내심 분개했으나 김종직이 성종의 총애를 입은 까닭에 오히려 이를 감추고 그와 교분을 맺었다고 한다.

실제로 두 사람은 여러 면에서 대립관계를 형성했다. 이념 면에서 김종직은 정통 성리학에 근거해 신권 우위의 왕도사상을 추구했다. 이에 반해 유자광은 정통 성리학보다는 사서와 제자백가서에 밝았다. 그가 시종 사림세력과 대립하며 왕권 우위의 패도覇道를 추구한 것도 이 때문이다. 현실 면에서도 김종직은 명분을 중시하는 영남 사림세력을 대표했다. 그의 부친이 선산에 은거한 길재의 수제자였던 사실과 무관할 수 없다. 이에 반해 유자광은 호남을 포함한 비영남 지역의 훈구세력을 대표했다. 유자광의 조부와 부친이 사헌부 집의와 경주부윤 등의 현직을 역임한 사실이 이를 뒷받침한다.

두 사람은 개인적으로도 극히 대조적이었다. 김종직은 당시의 기준에서 볼 때 정통 엘리트 관원 출신으로 명분론에 따라 매사를 엄격히 재단하며 반대파를 소인배로 몰아갔다. 김종직은 홍문관과 예문관의 대제학을 지내야만 비로서 가능한 최초의 문형文衡인 서거정에게 노골적인 반감을 드러내기도 했다.

한 번은 대궐에 건물을 세우고 백일장을 열었다. 성종이 김종직에게 심사위원장을 맡기고 나서 서거정에게도 글을 쓰게 했다. 김종직은 서거정의 글에 상중하 3등급 중 맨 끝자리 점수를 매기고 여타 대관의 글을 전부 낙제시켜 버렸다. 그럼에도 성종은 김종직의 손을 들어주었다. 김종직에게도 글을 한 수 짓게 한 뒤 그의 글을 칭송해 건물 안에 비치하라고 지시한 것이다. 장장 26년 동안 대제학의 자리에 있던 서거정에게 이보다 큰 치욕은 없었다. 서거정은 자리를 물러나면서 후임자를 천거할 때 김종직이 아닌 홍귀달을 선택함으로써 복수했다.

김종직은 매사에 거침이 없고 극단적인 행동으로 많은 적을 만들었다. 과도한 명분론과 의리론에 함몰된 결과였다. 그는 정인지와 신숙주 등 훈구대신의 천거로 조정에 발을 들여놓았음에도 그들에 대한 노골적인 반감을 드러냈다. 성종 앞에서 성삼문과 박팽년을 충신이라고 말할 정도였다.

이와 반대로 유자광은 비록 서얼 출신이나 어렸을 때부터 제자백가서를 두루 읽어 여러 가지의 책을 널리 많이 읽고 기억을 잘하는 박람강기博覽强記를 자랑했고 무관 출신인 부친을 닮아 기골이 장대하고 호방했다. 세조실록은 "유자광은 유규의 서자로 효용하고 민첩하여 말 타기와 활쏘기에 능했다. 문장을 잘 지었고 특히 서사에 밝았다. 일찍이 큰소리로 기개를 숭상하였다"라고 전한다. 김종직과 정반대되는 모습이 아닐 수 없다.

붕당의 맹아

원래 김종직은 토착 향리 출신이다. 그는 16세가 되는 세종 28년(1446)에 향시에 응시했다가 낙방하자 이내 형과 함께 절로 들어가 과거 공부에 매진했다. 얼마 후 진사시험에 합격한 그는 23세가 되는 단종 원년인 1453년에 성균관에 들어갔다. 부친상을 당해 고향으로 내려가 3년 상을 치른 그는 세조 5년에 마침내 식년문과에 급제했다. 이해 6월 승문원의 권지부정자로 있던 그는 세조가 글

잘 쓰는 선비 10명을 선발할 때 성균관 주부 이극균 등과 함께 선발되었다. 세조는 그의 학문을 높이 평가했다. 이후 그가 성균관 박사 등을 거치면서 세조의 명을 좇아 여러 글을 지은 사실이 이를 뒷받침한다.

그러나 그는 문신들에게 천문과 지리 등을 배우게 하려는 세조의 뜻을 거역하다가 노여움을 사 관직에서 쫓겨났다. 이는 연산군 때 빚어진 무오사화의 배경을 이해하는 데 매우 중요한 단서가 되는 사건이다. 실록은 다음과 같이 기록해 놓았다.

"사헌부 감찰 김종직이 아뢰기를, '지금 문신으로 천문, 지리, 음양, 율려律呂, 의약, 복서卜筮점, 시사詩詞의 7학을 나누어 닦게 하는데 시사는 본래 유학자의 일이지만 나머지 잡학이야 어찌 유학자들이 힘써 배울 학문이겠습니까'라고 했다. 왕이 말하기를, '천문에만 마음을 두어 뜻을 이루는 자가 드물기 때문에 너희로 하여금 이것을 배우게 한 것이다. 비록 비루한 일이라고는 하나 나 또한 일찍이 거칠게나마 이를 섭렵한 바 있다'라고 했다. 이어 이조에 전지하기를, '김종직은 경박한 사람이다. 해당 관사에 내려 그 정상을 국문하는 것이 옳으나 말한 자를 죄준다면 언로가 막힐 것이니 그를 파직시키도록 하라'고 했다."

명분론자인 김종직은 잡학을 배우도록 권한 세조의 처사를 못마땅하게 생각해 이에 정면으로 반박하고 나섰다가 파직됐다. 김종직과 세조의 불행한 인연은 여기서 시작했다. 세조가 오랫동안 재위했으면 유자광과 김종직이 대립할 일도 없었을 것이다. 그러나 성종의 즉위는 두 사람에게 정반대의 결과를 가져왔다.

성종은 예문관의 인원을 확대해 경연관을 겸하는 조처를 하면서 김종직을 예문관 수찬에 발탁했다. 성종의 배려로 다시 벼슬길에 접어든 그는 곧 부친 봉양을 이유로 사직을 원했다. 이에 성종은 그가 고향에 가까운 함양군수로 내려가도록 배려했다. 원칙에 따르면 고향이나 인근의 관장으로는 내려갈 수 없었다. 김종직에 대한 성종의 신임이 그만큼 높았음을 보여주는 일화다. 이내 성종은 그를 곁에 둘 생각에 승문원으로 발탁했다.

"김종직은 문학이 있고 고을을 잘 다스렸다. 그에게 종3품직 벼슬을 내려 승문원 참교 겸 지제교에 임명하라."

얼마 후 그가 다시 노모 봉양을 이유로 사직하려 하자 성종은 그가 선산부사로 내려갈 수 있도록 또 한 번 배려했다. 그는 함양과 선산 두 임지에서 근무하는 동안 『주자가례』에 따라 관혼상제를 시행하고 봄 가을로 고을의 유생이 모여 향약을 읽고 술을 마시며 잔치하던 일인 향음주례鄕飮酒禮 등을 실시해 성리학에 입각한 향촌질서 확립에 주력했다. 김굉필과 정여창, 김일손 등의 제자를 육성한 것도 이때의 일이다.

그는 제자들과 함께 유향소 복원 운동을 활발히 전개했다. 유향소는 후대의 서원과 마찬가지로 사대부들이 중심이 되어 각 고을 행정을 관리, 감독하는 일종의 민간 자치기구로 사림의 근거지에 해당했다. 보조기관에 불과하던 유향소가 성종 때 관아를 능가할 만큼 성장한 것은 사림의 발언권이 확대되었음을 뜻했다. 은퇴한 지방관이나 기개 있는 선비들을 유향소의 우두머리격인 감관으로 여긴 결과였다. 이들 대부분은 사림 출신이었다. 유향소의 복원은 중앙정계 장악을 위한 사림세력을 지속적으로 배출하기 위한 초석이었다.

그가 선산부사를 사직하고 모친의 3년 상을 마치자 성종은 곧 그를 불러들였다. 그는 홍문관, 도승지를 거쳐 이조참판 겸 동지경연사로 승진해 성종의 총애를 한몸에 받았다. 이후 김종직이 전라도 관찰사와 병조참판 등을 두루 역임하는 사이 그의 제자들이 벼슬길에 올라 세력을 형성했다. 이들은 의정부를 장악한 여러 훈구세력과 대립했다.

그는 성종 20년에 공조참판과 형조판서에 제수되었으나 얼마 안 가 중풍 증세를 보여 지중추부사로 자리를 옮겼다. 병세가 더욱 심화되자 고향인 밀양으로 돌아가 사직서를 올린 뒤 후학을 양성했다. 성종이 이를 허락하지 않는 와중에 지병이 악화해 성종 23년, 61세를 일기로 세상을 하직했다. 2년 뒤 성종도 38세의 나이로 숨을 거뒀다.

성리학에서 말하는 최상의 왕도를 펼치고자 했던 성종이 재위 기간 중 가장 총애했던 신하는 단연 김종직이다. 이는 성종이 '도학군주'가 되고자 한 사실과 밀접한 관련이 있다. 실제로 김종직 등의 문인들은 새로운 언론기관으로 등장한 홍문관을 비롯해 사헌부와 사간원인 언론 3사를 장악해 막강한 세력을 형성했다. 김종직과 그의 제자들이 왕통을 부인하며 왕권을 정면에서 위협한 데서 비롯된 '무오사화'를 두고 마치 연산군과 유자광을 폭군과 간신의 전형으로 몰아가는 것은 역사 왜곡이다. 조선조는 중기 이후 사림을 중심으로 한 신권세력이 왕권을 압도하는 붕당정치가 고착화되면서 패망의 길로 접어든 사실을 유념할 필요가 있다. 그 실마리가 바로 '무오사화'였다.

무오사화의 발단은 김일손이 사관으로 있으면서 김종직이 전에 지은 조의제문弔義帝文을 사기의 초고에 올린 것을 당상관 이극돈이 발견해 유자광에게 보여주면서 비롯됐다. '조의제문'은 항우에게 죽임을 당한 의제를 추모하는 글이나 그 내용을 자세히 들여다보면 의제를 단종, 항우를 세조에 비유해 세조의 왕통을 부인한 것이었다.

당시 이극돈은 '남이 역모 사건'을 고발한 전력을 가진 유자광이 이 사실을 알면 가만히 있지 않을 것이라 생각했다. 게다가 유자광의 김종직에 대한 개인적인 감정을 지적하기에 앞서, 신하가 항간에 나도는 터무니없는 얘기로 왕실의 정통성을 훼손하는 것은 국가의 기강을 흔드는 엄청난 사건이었다. 유자광은 이를 크게 문제 삼았고 세조의 왕통을 이어받은 연산군은 철저한 규명을 재촉했다. 신권세력의 발호를 더 이상 내버려둘 수 없다고 판단한 연산군은 김종직을 부관참시 할 것을 명령했다. 결국 김종직은 이미 죽었음에도 그의 무덤을 파고 관을 꺼내 목이 베인 채 거리에 내걸렸다.

조선의 역사가 왕권국가에서 신권국가로 넘어가는 근원은 성종의 총애를 받은 김종직의 등장이다. 그를 중심으로 한 영남 사림세력은 성종 때 집현전의 후신으로 설립된 홍문관을 비롯한 사간원과 사헌부를 장악해 언론권을 장악했다. 신권세력의 새로운 주역으로 부상한 언론권은 정승의 자격으로 승정원에서 숙식하며 서정을 결재하는 원상을 비롯한 의정부 대신들이 장악한 재상권과 대립하며 왕권을 보좌하는 구실을 했다. 이들은 성리학이 집대성되는 남송대의 사대부들과 마찬가지로 천하 통치의 실질적인 주역임을 자처했다.

실제로 이들은 비록 현실적 권력과 경륜에서는 훈구대신들을 상대하기 버거워했으나 이념과 이론 면에서는 상대적으로 우위에 서 있었다. 성리학을 유일한 통치이념으로 삼은 조선이 언론권을 장악한 사림세력에 의해 통치되는 것은 당연한 결과였다. 사림세력이 이론을 넘어 현실에서도 신권세력의 주역이 된 것은 퇴계 이황과 율곡 이이가 등장해 활약하는 명종과 선조 시대였다. 붕당의 출현이 바로 그 상징이다. 김종직이 중앙정계로 진출한 이래 거의 100여 년이 걸린 셈이다.

언론권을 장악한 신진 사림세력이 재상권의 주요 구성원인 훈구대신을 압도하고 명실상부한 신권세력의 주축이 되었다는 것은 왕권이 상대적으로 취약해졌음을 뜻했다. 무오사화는 성종 때 강화된 언론권이 왕권에 도전장을 던진 최초의 사례였으나, 재상권과 왕권을 동시에 적으로 돌린 까닭에 실패로 끝났다. 조선이 패망한 가장 큰 원인은 왕권국가에서 신권국가로 나아간 데 있다. 그 계기가 바로 사림세력의 효시인 김종직의 중앙정계 진출이다. 김종직의 출현이 바로 조선조 운명의 변곡점에 해당한다. 김종직을 총애하며 도학군주가 되고자 한 성종의 리더십을 높이 평가할 수 없는 이유다. 그는 용군에 지나지 않았다.

2

중종

대책도 없이 기회주의로 일관하다

연산군의 퇴위

명나라 때 조선조의 연산군과 유사한 인물이 있었다. 바로 정덕제正德帝 주후조朱厚照이다. '병정놀이'를 좋아한 그는 스스로 총독군무總督軍務, 위무대장군威武大將軍, 총병관태사總兵官太師, 진국공鎭國公을 칭하기도 했다. 정덕 13년(1518), 군사를 이끌고 멀리 출동한 그는 변경에서 새해 아침을 맞았다. 이를 두고 친정이 아니라 유흥을 위한 것이라는 설이 유력하다. 조정대신 강빈이 자신의 고향인 선부에 미인이 많다고 자랑하자 미인을 노략키 위해 이런 친정을 했다는 것이다. 일각에서 정덕제를 명나라 역대 황제 가운데 가장 방탕한 군주로 꼽는 이유다.

정덕 14년(1519) 초, 정덕제 주후조는 선부에서 서쪽으로 태원까지 갔다가 이듬해인 환궁했다. 천하순행에 맛을 들인 그는 북순北巡을 마치고 환궁하자마자 곧바로 남순南巡에 나설 뜻을 내비쳤다. 조정 대신들이 잇달아 상소해 만류했다. 정덕제는 만류하는 상소를 올린 107명의 관원을 오문午門 밖에 5일간 무릎을 꿇게 하는 등의 강압조치를 취했다. 그러나 남순의 명목이 없어 크게 고민했다.

이해 6월 공교롭게도 영왕寧王 주신호朱宸濠가 봉지인 지금의 강서성 남창南昌에서 반기를 들었다. 정덕제가 환호했다. 남순의 구실을 찾았다고 생각했기 때문이다. 그러나 영왕의 반란은 남공순무南贛巡撫 왕수인王守仁이 순식간에 평정하고 말았다. 왕수인은 주자학에 대칭되는 양명학陽明學을 창도한 인물이다. '양명'은 그의 아호다. 정덕제가 크게 실망한 것은 말할 것도 없다. 중국의 전 역사를 통틀어 반란이 평정된 것을 두고 낙담한 유일한 사례에 해당한다.

당시 정덕제는 영왕의 반란이 왕양명에 의해 이미 평정되었다는 첩보가 도착하자 남순의 기회를 잃을까 우려한 나머지 이를 비밀로 한 채 남순에 올랐다. 이해 11월 양주揚州에 이른 뒤 장강을 도강해 지금의 남경인 응천부應天府로 들어갔다. 이듬해인 정덕 15년(1520) 8월 정덕제는 남경을 출발해 1달 뒤 적수지積水池에 도착했다. 총신인 전녕 및 강빈 등과 어울려 놀던 중 배가 이내 뒤집히고 말았다. 정덕제는 곧바로 구조된 뒤 북경으로 귀경했으나 이것이 원인이 되어 이내 자리에 눕게 되었다. 이듬해인 정덕 16년(1521) 3월에 표방에서 숨을 거두었다. 당시 나이 32세였다.

정덕제의 기행은 유례가 없는 것이어서 보는 관점에 따라 평가가 크게 엇갈릴 수 있다. 그러나 무엇보다 그가 친히 군사를 이끌고 몽골군의 침입을 격퇴한 점 등을 평가할 필요가 있다. 그가 군사를 이끌고 친정에 나서 번왕의 모반을 평정한 것도 같은 맥락에서 이해할 수 있다. 그의 유조遺詔도 이를 뒷받침한다.

"앞에 행한 모든 일은 짐의 잘못에서 비롯된 것이다."

정덕제를 무턱대고 방탕한 군주로 매도할 수 없는 논거로 원용될 만한 언급이다. 그가 만일 통설과 같이 방탕한 군주로 일관했다면 이런 '유조'가 나오기가 어려웠다고 보아야 한다. 비판 일색으로 이뤄졌던 그에 대한 기존의 평가에 일정 부분 수정을 요하는 대목이다.

실제로 최근 일각에서는 정덕제의 방탕한 행보를 자유를 추구코자 한 밝은 성격의 표출로 해석하고 있다. 진제국 이래 중국의 역대 황제 가운데 자질이 뛰어났을 뿐 아니라 개성이 가장 뚜렷한 황제였다는 식의 평가가 그렇다. 이들은 정덕제가 변방을 지키는 부대를 불러들여 군사훈련을 실시한 점 등을 논거로 들고 있다. 이는 폭군으로 간주하는 기존의 해석을 완전히 뒤집는 것이다.

최근 필자를 비롯한 일부 학자들이 연산군에 대한 재평가를 시도한 것도 중국 학계에서 정덕제에 대한 재평가를 시도하고 있는 것과 맥을 같이 한다. 필자는 이미 지난 2003년 『연산군을 위한 변명』을 통해 연산군은 결코 황음무도한 미치광이 폭군도 아니었고, 중종반정은 기득권세력인 사대부 집권세력의 반역에 불과했다는 견해를 피력한 바 있다. 연산군을 폭군으로 매도하는데 결정적인 배경이 된 무오사화와 갑자사화의 근본 원인을 왕권에 대한 신권의 도전에서 찾은 결과다.

지난 2008년 초 재독 사학자 변원림은 필자의 이런 주장에 호응해 『연산군-그 허상과 실상』을 통해 학계의 안이한 사료 인용을 질타하면서 연산군을 당대의 성군으로 평가해야 한다고 주장한 바 있다. 필자의 주장보다 한 발 더 나아간 것이다. 사실 연산군은 재위 초기 성리학에 함몰된 신권세력의 군왕에 대한 능멸을 차단하며 힘없는 백성을 위해 애쓴 바 있다. 후기에 들어와 문득 폐위된 것은 신권세력의 기습적인 반격을 예상치 못한데 따른 것으로 보는 게 옳다. 연산군이 흥청興淸 등의 여악女樂을 설치하고 사냥터 확보를 위해 이른바 금표禁標를 설치한 것을 두고 필자는 왕권강화 행보로 파악했다. 이는 중국에서 정덕제가 설치한 '표방'을 두고 군왕의 친림한 가운데 사냥을 통한 군사훈련을 실시하는 강무講武로 보아야 한다는 주장과 맥을 같이 하는 것이다. 기왕의 성리학적 잣대에 의한 도식적인 평가와 대비된다.

당시 연산군을 폭군으로 몰아 보위에서 쫓아낸 세력은 반정反正을 기치로 내세웠으나 엄밀한 의미에서 볼 때 이들은 반역 행위를 저지른 자들이었다. 연산군이 통치를 잘못했다고 평가할 수는 있어도 그것을 이유로 반드시 폐위해야만 했던 것은 아니기 때문이다. 중종반정은 실제로 반정의 명분이 없었다는 점에서 적지 않은 문제가 있었다.

역사에 나타난 사례를 보면 폭군이 쫓겨날 때는 으레 폭군을 모신 대소 신료들 대부분이 간신으로 내몰려 죽임을 당하거나 배척을 당하게 마련이다. 그러나 중종반정 때에는 임사홍과 왕비 신씨의 오라비인 신수근 등을 빼놓고는 신료들 대부분이 반정 뒤에도 자리를 유지했다. 성리학의 관점에서 보더라도 폭군이 나오게 된 일차적인 책임은 군왕을 그릇된 길로 이끈 간신들이 지게 되어 있다. 중종반정이 폭군 연산군을 몰아내는 것을 명분으로 내세웠다면 당연히 연산군을 모셨던 대소 신료들에게 응분의 책임을 물어야만 했다. 그러나 중종반정에서는 오직 임사홍과 신수근 등만이 모든 책임을 뒤집어쓰고 척살되었을 뿐이다.

중종반정은 반정의 당사자 및 거사 방식 등에서도 문제가 있었다. 반정 자체가 소수의 음모 세력이 구체적으로 거사를 일으킬 명분도 없이 갑작스럽게 이루어졌다. 반정 세력은 사왕嗣王 문제와 관련해 아무런 복안도 세우지 않은 채 당일에야 비로소 대비와 진성대군에게 사실을 알리고 장차 진성대군이 보위에 오를 것임을 통보했다. 반정 세력은 대비와 진성대군이 거사에 관해 전혀 아는 것이 없는 상황에서 무턱대고 보위에 오를 것을 요구한 것이다.

또한 중종반정은 반정을 일으킨 당사자들이 연산군에게 큰 은총을 입은 인물들이었다는 점에서 본질적으로 반역의 성격을 강하게 띠고 있다. 중종반정의 핵심 인물은 박원종과 성희안, 유순정이다. 이들 모두 연산군에게 지극한 총애를 받은 자들이다. 이른바 '반정 3대장' 중 핵심에 해당하는 박원종은 연산군이 밤중에도 불러 사냥몰이의 감독을 맡기기도 할 정도로 총애한 인물이었다. 무신을 밤에 불러 짐승몰이의 대장을 맡기는 것은 보통 일이 아니다. 왕의 경호가 밤중의 사냥처럼 취약할 때가 없기 때문이다. 박원종을 극히 신임하지 않고는 상상할 수 없는 일이다.

이들은 자신들의 배은망덕한 행위에 대해 조금이라도 반성하는 모습을 보이기는커녕 후안무치한 모습만을 보였다. 당시 신진 사림 세력이 비록 반정 거사에는 직접 가담하지는 않았지만 자신들만이 반정 이후의 정국을 주도할 수 있는 정통 세력이라고 자부한 이유가 여기에 있다. 『중종실록』의 재위 5년(1510) 4월 17일 조의 다음 기록이 이를 뒷받침한다.

"박원종은 배우지 못해서 학술이 없고, 남을 헐뜯는 말을 잘 믿었다. 성질이 이기기를 좋아해 임금 앞에서도 사색에 나타나는 것을 면하지 못했다. 뇌물이 사방에서 모여들고 남에게 주는 것도 마땅함을 지나쳤다. 연산군이 쫓겨나자 궁중에서 나온 이름난 창기들을 많이 차지해 노비를 삼고 별실을 지어 살게 했으며, 거처와 음식이 분수에 넘쳐 지나치기가 한도가 없었다."

박원종이 죽은 지 2년 뒤에는 당시 영의정으로 있던 유순정도 병으로 죽었다. 사관은 그가 뇌물을 좋아하고 인색하기 그지없는 데다 만년에는 여색을 밝혀 보약을 먹다 죽었다고 신랄하게 비판해 놓았다. 유순정이 죽자 그의 뒤를 이어 영의정에 올랐던 성희안도 일곱 달 만에 죽고 말았다. 사관은 성희안에 대해서만큼은 박원종과 유순정만큼 혹평을 하지는 않았으나 그가 자잘한 친인척까지 모두 공신록에 올려놓아서 식자들이 대단하지 않게 여겼다는 사평을 달아 놓았다.

신권국가의 단초

사실 당시 반정공신들은 한낱 일신의 안녕과 부귀영화를 위해 시세를 틈타 자신들을 총애한 주군을 무참히 내친 소인배들에 지나지 않았다. 반정 세력은 자신들의 반역이 드러날 것이 두려워 중국에 새 왕의 고명을 청할 때에는 연산군이 중종에게 왕위를 스스로 양위한 것처럼 보고했다. 그러나 양위와 폐위는 하늘과 땅만큼 차이가 있는 것이다. 반정이 대의명분에 합당한 것이었다면 떳떳하게 폐위 사실을 밝혀야만 했다. 반정이 얼마나 명분 없이 일어난 것인지를 증명하는 대목이다.

중국에 고명을 청할 때 중종이 연산군의 선양으로 계위繼位했다고 보고했다면 최소한 연산군을 선왕으로 추봉追封하거나 만일 그것도 여의치 않다면 그의 제사만큼은 계속 잇게 하는 것이 도리였다. 그런데도 반정 세력은 연산군의 자식들을 귀양 보낸 지 겨우 열흘 만에 모두 사약을 내려 죽였다. 정통 성리학의 입장에서도 설령 폭군일지라도 그 자손만은 살려 두어 죽은 군왕의 제사만이라도 받들게 하는 것이 도리라고 가르치고 있었다. 정조 때의 실학자 이긍익은 『연려실기술』에서 연산군의 후사 문제를 거론한 중종 때의 참찬관 김정국 등을 높이 평가하면서 연산군의 제사가 끊긴 것을 아주 애석한 일로 평가해 놓았다. 이를 통해 중종반정은 이름만 반정일 뿐 사실은 반역에 가까운 것이었음을 쉽게 짐작할 수 있다.

연산군의 폐위는 신하들에게 언제라도 명분만 조작할 수 있다면 군왕조차 몰아낼 수 있다는 나쁜 선례를 남겼다. 중종반정 이후 겨우 1백 년 만에 또다시 인조반정이 일어난 것이 이를 뒷받침한다. 이는 조선 성리학의 극단적인 명분론이 초래한 부작용으로 볼 수 있다. 극단적인 명분론은 자칫 하극상을 정당화하는 이론 무기로 악용될 가능성이 컸다. 조선 성리학은 신하들로 하여금 반역을 반정으로 미화할 수 있다는 엉뚱한 자신감을 부추겼다는 점에서 문제가 있었다. 조선이 왕은 약하고 신하는 강한 '군약신강'의 신권국가가 된 배경이 바로 여기서 시작되었다.

중종의 치세는 신권 세력이 정국의 주도권을 장악해 조선조가 신권국가로 진행하는 단초를 연 경우에 해당한다. 이후 조선 말기까지 이러한 경향은 줄곧 유지되었다. 이러한 상황이 된 가장 큰 원인은 중종이 시종 우유부단한 모습으로 일관했기 때문이다. 물론 여기에는 중종이 반정 세력의 등에 업혀 갑자기 보위에 오른 까닭에 자신의 지지 세력을 전혀 확보하지 못한 점도 작용했지만 기본적으로 중종의 유약한 자질이 가장 크게 작용했다.

암군과 명군

현재 중종에 대한 평가는 조광조에 대한 평가와 대조된다. 조광조를 높이 평가하는 입장에서는 중종을 무능한 군주로 간주하는 경향이 강하다. 심지어 간교한 군주로까지 해석하고 있다. 이는 중종이 조광조를 그토록 신임하는 척하다가 갑자기 죽음으로 내몬 사실에 주목한 것이다. 그러나 조광조를 비판적으로 바라보는 입장에서는 중종을 보통 수준의 평범한 왕 정도로 평가한다. 중종은 현군은 아니었으나 그렇다고 결코 무능하거나 간교하다고까지 평가할 수는 없다는 것이다.

과연 어떤 견해가 옳은 것일까? 중종에 대한 평가는 그가 사림세력의 우두머리 격인 조광조를 끌어들여 공신세력을 제거한 뒤 다시 이들 사림세력을 제거하는 이른바 '기묘사화'에 대한 평가와 직결돼 있다. 중종은 왜 조광조를 끌어들인 뒤 재차 이들을 내몬 것일까? 단초는 '반정 3대장'을 비롯한 공신세력이 제공했다.

중종의 치세는 '반정 3대장'이 사망하는 시기를 전후로 해서 크게 두 시기로 구분할 수 있다. 중종은 치세 전기에는 반정 3대장을 위시한 공신 세력의 위세에 눌려 거의 목소리를 내지 못했다. 그러나 반정 3대장이 모두 죽은 다음인 재위 8년(1513) 이후에는 서서히 자신의 목소리를 내기 시작했다. 이때 재야 사림 세력의 전폭적인 지지를 받고 있는 조광조와 운명적으로 만났다. 두 사람의 만남은 이후 조선의 운명을 결정지었다고 점에서 그 의미가 자못 크다.

당초 연산군이 치세할 때 두 번의 사화가 일어났다. 바로 재위 4년(1498)의 무오사화와 재위 10년(1504)의 갑자사화가 그것이다. 두 사화 모두 그 본질은 왕권에 신권이 도전한 데에서 비롯되었다. 무오사화는 영남 사림의 우두머리인 김종직을 추종하는 김일손 등이 세조의 정통성을 인정하지 않으려고 한 것이 빌미가 되었다. 그 결과 피해자는 사림 세력에 한정되었다. 이에 반해 갑자사화는 훈구 세력이 연산군의 통치권에 도전하는 모습을 보인 데서 촉발된 까닭에 그 불똥이 무오사화에서 요행히 살아남은 사림 세력에게까지 튀었다. 피해의 규모와 정도가 무오사화보다 훨씬 크게 나타난 이유이다.

반정공신의 두 얼굴

원래 신하들에 의해 보위에 오를 경우 아무리 명군의 자질이 있을지라도 자신을 옹립한 신하들을 무시할 수는 없는 일이다. 대표적인 예로 한제국 초기의 한문제漢文帝을 들 수 있다. 한문제는 전한제국에서 최고의 성세를 이뤘다고 평가되는 '문경지치文景之治'를 연 인물이다. 『사기』「진승상세가」에 따르면 한문제는 즉위한 뒤 태위 주발이 직접 군사를 이끌고 가 여씨들을 주살한 까닭에 그의 공로가 가장 많다고 생각했다. 논공행상이 끝난 후 조회에서 물러나오는 주발의 모습이 매우 의기양양했다. 한문제도 그를 정중하게 예우해 늘 그가 물러날 때마다 친히 전송하곤 했다. 중랑中郎 원앙袁盎이 한문제에게 물었다.

"폐하는 승상 주발을 어떤 인물이라고 생각하십니까."

"사직지신社稷之臣이라고 생각하오."

원앙이 말했다.

"주발은 공신功臣일 뿐 사직지신은 아닙니다. 사직지신은 군주가 살아 있으면 그 군주와 함께 하고, 군주가 망하면 함께 망합니다. 여씨 일족이 발호할 때 그는 태위太尉로 병권을 장악하고 있으면서도 이를 바로잡지 못했습니다. 여태후가 붕어한 뒤 대신들이 서로 힘을 합쳐 여씨 일족을 칠 때 태위는 마침 병권을 잡고 있었기에 우연히 공을 거둔 것일 뿐입니다. 이른바 '공신'이라고 말할 수는 있으나 '사직지신'은 결코 아닙니다. 지금 승상이 군주에게 교만한 기색을 띠고 있는데 폐하는 오히려 겸양하니 신이 생각컨대 이는 군주와 신하 모두 예의를 잃은 것입니다. 결코 폐하가 취할 바가 아닙니다."

이후 조회에서 효문제가 더욱 위엄을 갖추자 우승상 주발이 효문제를 더욱 두려워했다. 한문제가 국가대사에 더욱 밝아지자 조회에서 우승상 주발에게 물었다.

"나라에서 1년 동안 처리하는 결옥決獄 옥사판결이 어느 정도나 되오."

"잘 모르겠습니다."

한문제가 다시 물었다.

"1년간의 전곡錢穀 재정 출입은 어찌 되오."

"잘 모르겠습니다."

주발은 땀으로 온 몸이 흥건해졌다. 이때 한문제가 좌승상인 진평에게 물었다. 진평이 대답했다.

"주관하는 관원이 있습니다."

"그게 누구를 말하는 것이오."

진평이 대답했다.

"폐하가 결옥을 묻고자 하면 사법당담 총책인 정위廷尉에게 묻고, 전곡을 묻고자 하면 재정담당 총책인 치속내사治粟內史에게 물으면 될 것입니다."

"각기 주관하는 일이 있다면 그대가 주관하는 일은 무엇이오."

진평이 대답했다.

"무릇 재상은 위로 천자를 보필하며 음양을 다스려 사시四時에 순응하고, 아래로 만물이 마땅함을 얻도록 육성해야 합니다. 또 밖으로 사이四夷와 제후들을 진무鎭撫하고, 안으로 백성이 가까이 귀부하고 경대부卿大夫가 각기 맡은 직무를 성실히 이행토록 만들어야 합니다."

한문제가 진평을 크게 칭송하자 우승상 주발은 크게 부끄러운 나머지 함께 물러나오다가 좌승상 진평을 나무랐다.

"그대는 어찌하여 평소 나에게 그런 대답을 가르쳐주지 않은 것이오."

진평이 웃으며 말했다.

"그대는 재상의 자리에 있으면서 그 임무도 몰랐다는 것이오. 만일 폐하가 장안에 있는 도적의 수를 물었으면 그대는 억지로 대답할 것이오."

이에 주발은 자신의 능력이 진평에게 크게 미치지 못한 것을 깨닫고 재상의 자리를 사퇴해 진평 홀로 승상의 자리에 남게 되었다. 중종반정을 일으킨 공신들 중에는 진퇴를 가릴 줄 아는 진평과 같은 인물이 없었다. '반정 3대장'의 우두머리 격인 박원종은 주발을 무색하게 만들 정도로 염치를 몰랐다. 명군으로 칭송을 받는 한문제조차 즉위 초기에 주발의 위세를 두려워한데서 알 수 있듯이 박원종이 편전에 들어설 때마다 중종이 벌떡 자리에서 일어난 것 자체를 크게 탓할 일은 아니다.

그러나 중종은 '반정 3대장'이 죽은 후에도 계속 유사한 모습을 보이는 등 시종 우유부단한 태도를 취했다는 점에서 적잖은 문제가 있었다. 최고통치권자인 군왕이 신권 세력의 눈치를 보며 보위를 이어가다가 틈을 보아 실추된 왕권을 되찾는 것은 불가능한 일이다. 실제로 중종은 군왕의 위엄을 되찾기 위한 노력을 몇 차례 시도했으나 오히려 역효과만을 보았다.

이는 기본적으로 즉위 초기의 불안정한 정국 상황과 무관하지 않았다. 중종은 재위 8년 동안 모두 다섯 차례나 모반 사건을 겪어야만 했다. 첫째가 중종 2년(1507) 윤정월에 일어난 김공저의 옥사이다. 이는 박원종이 연산군의 궁녀를 거느린 것 등에 불만을 품은 김공저가 정국공신들을 척살하려고 한 사건이다. 이들에 대한 척살은 곧 갓 보위에 오른 중종의 보위를 위태롭게 만들 뻔했다. 둘째는 같은 해 8월에 일어난 이과의 옥사이다. 이는 이과가 중종을 내쫓고 새 왕으로 견성군을 세우고자 한 사건이다. 중종은 이과와 사촌 간인 성희안 등이 사직하려고 하자 이를 만류하며 모든 것이 자신의 부덕에서 비롯된 것이라고 자책하는 모습을 보였다.

셋째는 이듬해인 중종 3년(1508) 11월에 일어난 신복의의 옥사이다. 이는 정국공신에 오르지 못한 것에 불만을 품은 신복의가 반정 3대장 등을 저주한 사건이다. 반정 3대장에 대한 불만 속에는 새 왕의 추대문제도 포함되어 있었다. 넷째는 중종 4년(1509) 10월에 일어난 모반사건이다. 종실의 서얼庶孼로 구성된 모반자들은 활을 잘 쏘는 무사들을 이끌고 입궐하는 정승들을 암살한 뒤 대궐로 진입해 중종을 폐위하고 완원군을 옹립하는 계책을 마련했다. 이들은 반정 때 세운 원종공신原從功臣의 공로를 빼앗긴 것에 분개한 나머지 이런 일을 꾸미다가 처형되었다.

그러나 가장 충격적인 것은 중종 8년(1513) 10월에 일어난 박영문과 신윤무의 옥사였다. 이 사건은 두 사람 모두 정국공신이었다는 점에서 커다란 충격을 안겨 주었다. 이들은 영산군을 새 왕으로 옹립하고 무인 출신인 홍경주를 영의정으로 삼은 뒤 신윤무가 좌의정, 박영문이 우의정을 맡아 정국을 장악한다는 구체적인 복안을 세웠다가 도중에 기밀이 누설되어 처형되었다.

이와 같이 중종 초기에 터져 나온 모반 사건은 모두 중종을 폐하고 새 왕을 옹립하는 내용을 골자로 하고 있었다. 그렇다면 왜 이런 사건이 잇달아 일어났을까? 그 이유로는 우선 반정 3대장을 위시한 반정 세력의 부도덕과 탐욕을 들 수 있다. 이들은 거사 직후 조정의 권력을 모두 장악한 뒤 정국공신과 원종공신의 명목으로 자신의 사람들을 모두 공신에 책봉했고, 자식과 친족들에게까지 각종 혜택을 베풀었다. 중종조차 자신이 대군으로 있을 때 가까이 지낸 이웃 사람을 원종공신 명단에 끼워 넣는 모습을 보였다. 왕과 신하 모두 연산군을 몰아낸 뒤 전리품을 서로 다투어 챙기는 한심한 모습을 보인 것이다. 당시 무려 116명이나 공신에 책봉되었다. 전례 없는 일이었다.

조광조와 반정공신

조선은 건국 초부터 이때에 이르기까지 여러 번 공신 책봉을 했다. 건국 직후의 개국공신을 비롯해 '제1차 왕자의 난' 이후의 정사공신定社功臣, 태종 즉위 후의 좌명공신佐命功臣, 계유정난 후의 정난공신靖難功臣, 세조 즉위 후의 좌익공신佐翊功臣, 이시애 난 후의 적개공신敵愾功臣, 남이 옥사 후의 익대공신翊戴功臣, 성종 즉위 후의 좌리공신佐理功臣, 중종 즉위 후의 정국공신靖國功臣 등이 그것이다. 그러나 가장 공이 큰 개국공신도 52명에 불과했고 이에 준하는 공을 세운 정난공신은 43명에 지나지 않았다. 가장 숫자가 많은 좌리공신도 75명을 넘지 않았다. 정국공신보다 더 공로가 큰 개국공신이나 정난공신보다 정국공신의 수가 월등히 많다는 것은 확실히 문제가 있었다.

이는 곧 반정의 목적이 사리를 도모하기 위한 것이라는 의심과 비판을 불러 일으켰다. 당시 소장 사림 세력들이 주축이 된 사헌부와 사간원 관원들은 한제국의 개창 당시에도 소하를 비롯해 겨우 31명만을 공신에 책봉한 예를 들면서 공신의 숫자를 크게 줄일 것을 강력 주장하고 나섰다. 반정공신들은 이런 비판에 아무 말도 하지 못했다. 이들은 조정의 요직을 다 차지하고 있었지만 새 정국을 이끌어 갈 권위를 상실하고 있었던 것이다.

대간들이 더욱 강경하게 나오자 시종 우유부단한 모습을 보이던 중종은 문득 이미 내렸던 관직을 거두어들인 사람들에게 다시 관직과 자품을 되돌려주자는 제안을 했다. 이는 공신 세력을 등에 업고 군왕의 권위를 세우고자 한 것이다. 그러나 이것은 중종의 실수였다. 대간이 전원 사퇴하겠다는 의사를 밝히자 중종은 은근히 공신들의 지원을 기대하며 대간 전원을 교체하는 초강수를 두고자 했다. 이때 돌연 대신들이 중종을 설득하고 나섰다. 졸지에 고립된 중종은 체면만 크게 깎인 채 자신의 주장을 철회하지 않을 수 없었다.

중종 초기에는 왕권도 미약했지만 도덕적인 문제를 안고 있던 재상권 역시 확고하지 않았다. 이런 상황에서 언론권의 근간인 대간이 그 영향력을 빠르게 확대해 나갔다. 그러나 이들이 왕이나 대신들의 권위를 대신할 수는 없었다. 왕과 대신, 대간 모두 통치 권력의 주도권을 장악하지 못하는 일종의 '삼각 대립 구도'가 연출된 것이다. 따라서 정국은 불안할 수밖에 없었다. 중종 초기에 터져 나온 잇따른 모반 사건은 바로 여기서 비롯되었다.

중종이 즉위한 뒤 8년의 세월이 흐르는 동안 형식상 조정의 실권은 반정공신들이 잡고 있었으나 사실 사림 세력들이 '과거사 청산'을 이유로 정국의 주도권을 장악해 나갔다. 도덕성을 앞세운 사림 세력의 공세에 반정공신들은 늘 방어하는 처지일 수밖에 없었다. 중종 또한 반정 세력의 등에 업혀 보위에 오른 까닭에 아무런 실권이 없었다. 그러나 사림 세력이 대간을 장악했더라도 통치 권력의 주체가 될 수는 없었다. 이로 인해 정국의 혼란은 날이 갈수록 심화되었다.

반정 3대장이 모두 세상을 떠나자 사림 세력은 마침내 언론권에 이어 재상권까지 장악해 자신들이 그리는 신권 우위의 국가를 건설하고자 했다. 이때 반정 3대장의 위세에 눌려 지내던 중종도 실추된 왕권을 만회하고자 했다. 중종은 재위 8년 4월에 이르러 다음과 같이 친정親政을 선언하고 나섰다.

"즉위한 후 해당 관청의 주의注擬에 낙점만 했을 뿐이다. 과인의 생각으로는 이조와 병조 등의 전조銓曹에서 궐원을 뽑아 보고하면 과인이 친히 인물을 택해 이름을 써서 제수하는 것이 옳으리라고 본다."

이는 당시 중종이 군왕의 고유 권한인 인사권조차 제대로 행사하지 못했음을 의미한다. 당시 반정 3대장의 죽음을 기점으로 사림 세력과 중종은 삼각 대립 구도의 틀을 깨고 자신들을 중심으로 한 새로운 통치 체제를 구축하고자 했다.

그러나 문제는 간단하지 않았다. 비록 반정 3대장이 죽었을지라도 공신 세력은 여전히 가장 막강한 세력으로 남아 있었다. 이들을 거세하기 위해서는 중종과 사림 세력이 힘을 합쳐야만 했다. 중종과 사림 세력의 대표 주자인 조광조가 손을 맞잡은 이유가 여기에 있다.

중종과 조광조의 갈등

적잖은 사람들이 중종과 조광조의 관계를 매우 가까운 것으로 이해하고 있으나 사실 두 사람의 관계는 일종의 전략적 제휴에 불과했다. 당시 중종은 재위 8년이 되도록 자신을 가까이에서 보좌할 측근을 한 사람도 만들지 못했다. 나아가 신권 세력 간의 갈등을 적극 활용해 왕권을 강화하는 지략도 없었다. 군주가 신하들에게 쫓겨난 전대미문의 혼란스런 정국에서 중종은 주도적으로 국정을 이끌고 나갈 만한 재목이 못 되었다.

조광조는 정도전과 마찬가지로 신권 우위의 재상국가를 가장 이상적인 것으로 생각했다. 그가 주로 홍문관에 재직하면서 경연을 통해 높은 도덕성을 바탕으로 공신 세력을 공격할 수 있었던 것은 중종이 전폭적인 신임을 보낸 데 따른 것이었다. 이로 인해 조광조의 영향력은 날로 커졌다. 고래로 신하의 권세가 막강해져 군주를 두렵게 만드는 이른바 '진주지위震主之威'의 위세를 떨치게 되면 극히 위험한 법이다. 조광조도 그 위험을 눈치 채고 여러 차례 사직하고자 했으나 조광조를 이용해 기대 이상의 성과를 거둔 중종이 이를 용납할 리 없었다.

중종과 조광조가 대립케 된 결정적인 사건은 소격서昭格署 폐지 사건이었다. 원래 고려조 때의 대청관大淸觀을 계승한 소격서는 도교의 일월성신을 나타내는 상청上淸과 태청太淸, 옥청玉淸 등을 위해 삼청동에 제단을 설치하고 질병이나 재변, 국가의 우환 등이 있을 때 제사를 지내는 관아였다. 그러나 엄밀한 의미의 관청이 아니었다. 경복궁 동쪽의 종로구 소격동에 위치한 소격서는 지난 2008년까지 기무사 터로 있다가 2013년 말 국립현대미술관 서울관으로 탈바꿈한 곳의 인근으로 추정되고 있다. 소격서 폐지 사건은 조광조를 비롯한 사림 세력의 몰락을 자초하는 계기가 되었다는 점에서 이른바 도학자들의 한계를 극명하게 드러낸 것이기도 했다.

당시 이 문제는 정국의 현안도 아니었다. 그러나 조광조는 문득 이 문제를 들고 나와 자신의 지원 세력인 중종의 체면을 여지없이 훼손하는 잘못을 하고 말았다. 이는 뒤이어 전개된 현량과賢良科 실시 및 정국공신들의 삭훈 문제와 밀접한 관련이 있었다.

본래 군왕의 자리는 설령 당사자가 아무리 사리에 어둡고 어리석은 임금일지라도 최고 수준의 정치적인 성격을 띠기 마련이다. 중종은 어질고 현명한 임금은 아니었으나 그렇다고 어리석은 임금도 아니었다. 중종은 비록 공신 세력에게 업혀 어느 날 갑자기 보위에 올랐으나 기회만 생기면 실추된 왕의 권위를 회복하고자 했다. 중종이 조광조를 핵심 요직에 전격 발탁해 전폭적인 지원을 아끼지 않은 것은 바로 이 때문이었다.

사실 중종이 조광조를 발탁한 것 자체가 정치적 결단이었다. 중종이 조광조를 발탁했을 때 정치적 이해관계를 계산하지 않았을 리 없다. 실제로 조광조를 앞세워 상당한 효과를 얻었다. 잠재적으로 왕권을 위협하는 반정 세력들은 정치적으로 크게 위축될 수밖에 없었다. 그러나 중종과 조광조는 기본적으로 서로 추구하는 길이 달랐다. 유사시 대립 관계로 갈라설 소지가 컸다. 그 계기가 바로 소격서 폐지 문제로 인해 일어난 것이다.

이 논쟁은 중종 13년(1518) 4월에 종묘대제의 제물로 쓸 소 한 마리가 막 종묘의 문턱을 넘는 순간 쓰러져 죽은 데서 비롯되었다. 중종은 이 보고를 듣고 크게 놀라 대신들에게 이 문제를 논의하게 했다. 이때 조광조가 이같이 건의했다.

"우리나라 제사 의식이 옛 제왕의 제도에 맞지 않는 것이 많습니다. 하늘에 있는 선왕의 영혼이 우리나라의 제례가 옛 제왕의 제도에 맞지 않음을 우려하는 뜻을 보이려는 것이라고 생각합니다."

이는 소격서 폐지를 염두에 둔 발언이었다. 그러자 좌의정 신용개 등은 선왕 때 만들어진 것을 함부로 폐할 수 없다며 반대하고 나섰다. 이 문제는 한동안 진전이 없었으나 종묘의 변고가 생긴 지 두 달

쯤 뒤 홍문관 응교 한충韓忠이 직산현의 길에서 알게 된 한 유생의 상소를 제출하면서 다시 불거지기 시작했다.

이해 8월에 홍문관 부제학으로 있던 조광조가 상소를 올려 이 문제를 심각하게 다시 논하면서 소격서 폐지 논쟁이 본격화되었다. 조광조는 이 문제를 유교 정치 이념을 막는 근본적인 문제로 해석함으로써 쟁점으로 만들었다. 중종은 이 문제를 왕실의 권위 문제로 해석했다. 중종은 대신들의 지원을 배경으로 전원 사직이라는 방안을 빼어 든 대간들의 위협에 정면으로 맞섰다. 조광조도 이 문제를 해결하지 않고는 이보다 더 중요한 일을 처리할 수 없다고 판단해 초강경수를 들고 나왔다. 그러자 모든 대간들이 과거 시행을 앞두고 사직서를 제출하고 출근을 거부하는 심각한 사태가 되었다. 중종 또한 이것을 왕권을 확고히 다지는 계기로 삼을 생각으로 전혀 뜻을 굽히지 않았다. 이때 조광조가 중종의 조치를 격렬하게 비판하는 상소를 올렸다.

"훌륭한 임금은 남의 말을 좋아하고, 어리석은 임금은 자기 의견을 행하기를 좋아합니다. 남의 말을 좋아하면 기세가 크게 일어나 잘 뻗어 나가고 자기 의견을 고집하면 반드시 멸망에 이르게 됩니다. 속히 자신을 책하고 뉘우치는 교서를 내려 여러 사람의 마음을 시원하게 하고 선비의 기개를 펴도록 해야 할 것입니다."

이때에 이르러 조광조는 과거 박원종 등이 중종을 위협한 것과 유사한 언사로 중종을 압박하고 나선 것이다. 결국 중종은 믿었던 대신들이 조광조의 편을 들면서 중재에 나서자 한 발 물러서고 말았다. 논쟁이 일어난 지 한 달여 만에 소격서 폐지가 사실상 확정됨으로써 중종의 권위만 형편없이 떨어지고 말았다. 당시 중종이 입은 심리적 타격은 아주 컸다. 이는 기묘사화로 조광조가 실각하자마자 곧바로 소격서를 부활하고자 한 사실을 통해 쉽게 알 수 있다. 중종은 결국 재위 17년(1522) 12월에 모친의 병환을 핑계로 소격서의 부활을 관철시켰다.

소격서 폐지 당시 조광조는 중종에게 군왕도 성리학의 가르침에 따라야 한다고 강조하면서 마치 아이 다루듯이 훈계조로 말했다. 소격서 문제를 두고 왕을 길들이려는 듯한 조광조의 태도는 권신의 방자한 모습과 하등 다를 것이 없었다. 기고만장해진 조광조는 여세를 몰아 대신들이 그토록 반대하는 과거제도를 고치고, 공신들의 공훈을 삭제하는 문제에 뛰어들었다. 이는 마치 부나방이 불 속으로 뛰어드는 형국이나 마찬가지였다.

개혁과 파격승진

당시 중종은 조광조의 등장에 커다란 기대를 걸었던 까닭에 소격서 논쟁 이후 자괴감에 빠질 수밖에 없었다. 늘 자신의 편이 없어 불안한 마음을 떨치지 못했던 중종은 믿었던 조광조마저 군왕을 억누르는 권신의 모습을 보이자 비상수단을 강구하기 시작했다. 이는 사림 세력의 일방적인 공격에 세력이 약해져 기회를 노리고 있던 공신 세력에게 절호의 기회를 제공했다.

당시 조광조는 일련의 논쟁에서 계속 승리를 거둠으로써 초고속 승진을 거듭하고 있었다. 소격서 폐지 논쟁이 일어난 해의 11월에 사헌부 대사헌에 임명되었다. 그는 벼슬에 나선 지 겨우 40개월도 못되어 대사헌에 제수된 것은 외람된 일이라며 극구 사양했으나 중종은 이를 허락하지 않았다. 소격서를 폐지할 때까지 조광조는 줄곧 홍문관직을 맡고 있었다. 조광조는 경연에서 발언할 때 항상 성리학의 이념을 강조하면서 현실 정치와 일정 부분 거리를 두었다. 그러나 대사헌에 오르자 상황이 갑작스럽게 변했다. 평소 조광조에게 기대했던 사람들은 그가 대사헌으로서 해야 할 새로운 임무수행에 적극 나서 줄 것을 기대했다. 대사헌 조광조는 홍문관직에 있을 때와 달리 직접 현실정치와 부딪혀야 했다. 그의 일거수일투족은 정치적인 의미를 띤 것으로 해석될 수밖에 없었다.

이때 조광조 일파가 과거제가 아닌 천거에 바탕을 둔 새로운 관리등용 방안인 현량과賢良科을 들고 나왔다. 현량과는 잘만 활용하면 과거제의 폐단을 보완할 수 있다는 점에서 그 자체로서는 하등 문제될 게 없었다. 그러나 문제는 과연 누구를 '현량'하다고 판단할 것인가 하는 점이었다. 조선조 통치체제의 근간을 이루고 있는 과거제를 근본적으로 개혁하려는 첫 번째이자 마지막 시도는 바로 이 문제를 해결치 못해 이내 좌절되고 말았다.

조광조 일파가 현량과의 실시를 강력히 주장하자 영의정 정광필을 비롯해 공신세력의 대표주자인 이조판서 남곤 등이 강력 반대하고 나섰다. 천거제의 가장 큰 문제는 천거하는 사람의 자질에 달려 있었다. 만일 천거하는 사람이 인재를 제대로 알아보지 못하거나 사심을 품고 불공평하게 천거할 경우 오히려 과거제만 못할 수 있었다. 중국이 수나라 이전까지 천거제를 실시해 오다가 수나라 이후부터 과거제를 채택해 유지해온 이유가 여기에 있다. 조광조 일파가 구상한 현량과는 하나의 이상에 불과했다. 조광조는 공신 세력들로부터 자신의 개인 인맥을 구축하기 위해 현량과 실시를 무리하게 서두르고 있다는 의심을 받았다.

이 일이 있은 지 얼마 안 된 중종 14년(1519) 초에 누군가 대궐 안으로 익명의 편지를 매단 화살을 잇달아 날려 보내는 사건이 일어났다. 이는 현량과 실시에 불만을 품은 사람들이 저지른 일로 생각되었다. 이해 3월 초에 반정에 참여해 정국공신이 된 강윤희가 같은 공신인 김우증이 모반을 꾀하고 있다고 고변했다. 그의 고변에 따르면 김우증은 장차 현량과 출신이 조정을 장악하게 되면 반드시 정국공신을 모두 없애려 들 것이라며 사전에 먼저 그들을 없애야 한다고 주장했다는 것이다. 이 사건은 조정에 큰 충격을 주기는 했으나 김우증을 멀리 귀양 보내면서 현량과 실시는 오히려 더 힘을 얻는 것처럼 보였다.

이해 4월에 처음으로 실시된 현량과에서 마침내 조광조를 추종하는 김식 등 28명이 최종 선발되었다. 현량과에 합격하는 인재의 평균 연령은 과거시험 합격자보다 10세가량 많은 30대 중반이었다. 이들 중 19명이 서울과 인근 지역의 문벌 출신이었다. 이는 현량과의 목적이 장기적인 안목에서 새로운 관료를 등용하려는 것이 아니라 당장 중요한 위치에 임명해 곧바로 써먹을 수 있는 인재를 등용하는 데 있음을 보여준 것이다. 당시 이들 합격자가 급제와 동시에 짧은 시간에 빠르게 승진을 거듭했다는 사실이 이를 뒷받침한다.

공신세력의 반격

당시 공신세력이 보기에 조광조는 자신의 세력이

약해지는 것을 막기 위해 편법을 동원한 속물에 지나지 않았다. 최소한 그렇게 몰아갈 명분이 충분히 생긴 셈이다. 공신 세력이 힘을 동원해 조광조 일파를 제거하려는 생각을 갖게 된 것이 이때였다. 게다가 공신 세력을 더욱 자극한 것은 조광조 일파가 현량과 실시 이후에 곧바로 추진한 삭훈 문제였다. 공신 세력들은 생사를 건 역전극을 꾸미지 않으면 안 되는 절박한 상황에 몰리고 만 것이다. 기묘사화는 바로 이런 배경에서 빚어진 것이다.

『중종실록』에 따르면 현량과가 실시된 이해 10월에 대사헌 조광조는 대사간 이경동과 함께 정국공신 중에 연산군 때의 총신들이 많으므로 이들을 용서할 수 없다고 전제하면서 정국공신의 전면적인 개정을 요구하고 나섰다. 중종이 이를 반대하자 승정원과 홍문관에서도 들고 일어나 개정을 요구하고 나섰다. 이내 주장이 받아들여지지 않자 대간들이 전원 사직하는 것으로 맞섰다. 마침내 중종은 늘 그래왔듯이 이해 11월 8일에 70여 명에 달하는 공신 전원을 개정할 수는 없으므로 물의가 있는 사람만 개정하자는 절충안을 제시하면서 개정을 반대한다는 뜻을 다시 분명히 밝혔다. 조광조를 중심으로 한 대간들은 정국공신들의 이름을 거론하면서 이 문제를 크게 확대시켜 나갔다. 중종이 반대를 하는데도 공신호를 삭제할 사람들의 이름이 구체적으로 거론되자 이제 사실상 결론에 이른 것처럼 보였다.

그러나 정국공신의 삭훈이 임박한 11월 15일 저녁에 갑자기 조광조를 비롯한 그의 추종자들이 일제히 검거되고 말았다. 이날 저녁 승정원에서 숙직을 하고 있던 승지 윤자임과 공서린 등 세 사람이 궁궐 안의 심상치 않은 기운을 깨달은 것은 자정이 다 될 무렵이었다. 이들이 급히 밖으로 나가 보니 굳게 닫혀 있어야 할 경복궁의 서문인

연추문이 활짝 열려 있고, 군졸들이 삼엄하게 지키고 있었다. 경복궁 중심인 근정전에는 푸른 제복을 입은 군졸들이 계단 아래 좌우로 정렬해 있었다. 경연청에는 안팎으로 모두 등불이 환하게 켜져 있었다. 합문閤門 안에는 병조판서 이장곤과 판중추부사 김전, 호조판서 고형산, 화천군 심정, 병조참지 성운 등이 앉아 있었다.

윤자임이 큰 목소리로 이곳에 온 이유를 묻자 이장곤 등은 대궐에서 표신標信으로 부른 까닭에 급히 달려왔다고 대답했다. 표신은 야간 통행이 금지된 시간에 궁중에 드나들 수 있는 허가증을 말한다. 대개 군사상의 급박한 일로 인해 왕이 조정대신을 부를 때 사용한다. 윤자임이 직접 중종에게 이를 확인하려고 하자 승전색承傳色이 저지한 뒤 성운에게 새 승지가 된 사실을 통보했다. 성운이 곧 투옥할 대상의 명단을 들고 나왔다. 그 명단에는 조광조를 비롯해 그날 숙직을 서던 윤자임 등이 포함되어 있었다. 이들은 모두 곧바로 의금부에 투옥되었다.

이날 저녁 의금부 당상관들이 소집되어 이 문제를 논의했다. 이 자리에서 병조참의 윤희인은 '붕당의 죄'를 물어 조광조 일파를 즉시 처형할 것을 주장했다. 날이 새자 영의정 정광필과 좌의정 안당 등이 조정에 나와, 조광조는 중종이 앞장서 적극 옹호하고 그의 말을 경청했으므로 붕당의 죄가 성립되지 않는다며 적극 옹호하고 나섰다. 중종은 크게 당황해 이내 조광조 일파의 검거는 자신의 뜻이 아니라 조정에서 청한 것을 승인한 것이라고 변명했다.

당시 중종은 정광필 등이 적법한 절차에 따라 붕당의 죄가 있는지 여부를 철저히 밝힐 것을 요구하자 크게 곤혹스러워했다. 논리가 궁해진 중종은 처벌 문제를 재고하겠다며 한 발 물러섰다. 마침 성균관 유생 150여 명이 궐문으로 난입해 합문 앞에서 통곡하며 조광조 처형 결정에 항의하자 중종은 곧 조광조 등 네 사람을 사형에 처하는 대신 먼 곳으로 유배 보내라는 명을 내렸다. 이에 조광조는 전라도 능성으로 유배되었다. 이때는 사건이 일어난 지 24시간이 지난 11월 16일 밤 자정이 넘어가고 있었다.

이를 계기로 조정에서는 이 사건의 적법성을 놓고 군신 사이에 심각한 논쟁이 벌어졌다. 이해 12월 14일에 생원 황이옥 등이 장문의 상소를 올려 조광조 일파에 대한 사형을 공개적으로 요구하고 나섰다. 이를 계기로 조광조를 죽여야 한다는 주장이 봇물처럼 터져 나왔다. 12월 16일에 드디어 조광조를 사사하고 현량과 급제자 발표를 취소한다는 전교가 내려졌다.

기묘사화 재평가

중종의 치세 때 빚어진 '기묘사화'는 그 규모나 내용 등이 갑자사화보다 훨씬 컸다. '반정 3대장'을 위시한 반정 공신 세력은 본래 연산군의 총신들이었다. 이들은 갑자사화로 화를 당하게 되자 연산군을 몰아낸 뒤 자신들의 반역행위를 『춘추공양전』의 고사를 동원해 '반정'으로 정당화했다. 무오사화의 피해자인 사림 세력들은 연산군이 폐위된 사실에 만족한 나머지 이들의 반정논리에 동조했다. 그러나 반정 당사자들의 거사를 마음으로 온전히 지지한 것은 아니었다. 이들이 볼 때 반정 당사자들도 연산군이 폐단이 많은 정치를 한 데 일정 부분 책임을 져야만 했다. 당사자들이 아무리 '반정'을 구실로 자신들의 반역을 미화해도 반역의 본질이 바뀌는 것은 아니었다.

더욱이 반정 직후 이른바 정국공신靖國功臣을 정하는 과정에서 이들이 보인 파렴치한 모습은 사림 세력의 눈살을 찌푸리게 만들었다. 당시 반정을 일으킨 자들은 자신과 가족들을 공신에 포함시키기 위해 수단과 방법을 가리지 않았다. 특히 박원종은 연산군의 궁녀들을 자신의 비첩으로 거느림으로써 반정의 의미를 무색하게 만들었다. 조광조를 비롯한 사림 세력들이 볼 때 이들은 한낱 소인배였다.

그러나 사실 이들보다 더 큰 문제는 중종에게 있었다. 중종은 반정 세력들이 왕후로 즉위한 중종의 부인 신씨를 사실상 내쫓는데도 아무 말도 못했다. 그는 반정 3대장을 위시한 공신 세력이 어느 날 갑자기 지지를 철회할 경우 즉시 보위에서 쫓겨날지도 모른다는 두려움에 휩싸여 있었다. 실제로 중종은 이런 두려움으로 인해 반정 3대장의 우두머리인 박원종이 입실할 때마다 자신도 모르게 벌떡 일어나곤 했다. 반정 3대장이 모두 죽은 뒤에도 이 습관은 없어지지 않았다.

기묘사화는 기본적으로 조광조를 이용해 공신세력을 제압하는 데 성공한 중종이 이내 다시 사림 세력에게 억압받는 처지가 되자 이에 대한 반작용으로 나타난 것으로 볼 수 있다. 성리학 이론에 충실했던 조광조는 비록 수신제가에는 뛰어난 인물이기는 했으나 군왕을 도와 왕권을 굳건히 보위해 줄 수 있는 인물은 아니었다. 그는 시종 비현실적인 '과거사 청산'으로 일관하면서 수신제가 이론으로 나라를 바로 세우고자 했다. 이는 성리학 자체가 맹자사상을 좇아 치세와 난세를 막론하고 치국평천하 차원보다는 수신제가 차원에서 통치

문제를 다룬 사실과 무관치 않았다.

그런 점에서 비록 공신세력의 힘을 빌린 것이기는 하나 기묘사화는 불가피한 측면이 있었다. 다만 중종은 주도적으로 정국을 이끌어 나갈 의지도 없었고 그럴 지략도 갖추지 못했다. 기묘사화를 계기로 오히려 사약을 받은 조광조 등을 순도자殉道者로 만드는 결과를 초래했다. 이것이 훗날 현실과 동떨어진 사변논쟁으로 치달은 당쟁의 빌미가 된 것은 말할 것도 없다.

기묘사화는 오월동주의 입장에 있던 두 사람이 공신세력의 제압이라는 공동 목적을 이룬 뒤 각자의 길로 나아가는 과정에서 빚어진 참사로 보는 게 타당하다. 중종과 조광조의 만남도 이런 맥락에서 분석할 필요가 있다. 객관적으로 볼 때 중종은 결코 어리석은 군주는 아니었다. 그러나 시세를 제대로 파악하지 못하고 시종 우유부단한 모습을 보임으로써 신권 세력에게 휘둘린 용군에 불과했다.

3

숙종

환국정치로 유혈당쟁을 격화시키다

환국정치의 내막

숙종의 통치는 흔히 환국정치換局政治라고 부른다. 이는 주요 현안이 나타날 때마다 집권 정당을 수시로 교체하면서 왕의 의견을 관철하는 통치 행태를 의미한다. 숙종은 재위 46년 동안 모두 네 차례에 걸쳐 환국을 단행했다. 환국을 단행할 때마다 유혈 숙청이 뒤따랐다. 이로 인해 각 붕당 세력은 환국 때마다 비록 정권을 잡기는 했으나 언제 유혈 숙청의 대상이 될지 몰라 전전긍긍해야만 했다. 남인은 이때 정치적으로 완전히 몰락해 두 번 다시 정국의 주도권을 잡지 못했다. 이들은 관계로 진출하는 길마저 거의 막혀 오직 학문에 종사할 수밖에 없었다. 이는 조선 말기까지 그대로 이어졌다. 영조와 정조 때 남인에서 수많은 실학자가 배출된 것도 결코 우연이 아니었다.

신권 세력 간의 갈등을 교묘히 이용해 강력한 왕권을 유지한 사례는 조선 5백년을 통틀어 숙종 때를 제외하고는 전무후무했다. 이는 기본적으로 성이 다르나 일가인 세력을 왕권의 우호 세력으로 끌어들임으로써 가능했다. 숙종은 집권 초기에 자신의 외가와 처가로 구성된 세력과 손을 잡고 성리학으로 무장한 막강한 신권 세력을 제압했다. 그 결과가 바로 '환국정치'로 나타난 것이다. 이는 각 붕당 세력이 권력을 장악하기 위해 수단과 방법을 가리지 않고 이전투구를 일삼은 사실과 무관하지 않았다. '환국정치'로 인한 유혈 사태는 어찌 보면 붕당 세력의 자업자득이었던 셈이다.

각 붕당 세력은 왜 이전투구를 일삼다가 이런 화를 자초한 것일까? 그 시작은 인조 때로 거슬러 올라간다. 당시 조선의 백성들은 인조가 삼전도에서 청 태종 앞에 무릎을 꿇고 치욕의 맹약을 맺자 분노에 치를 떨었다. 이로 인해 명나라가 임진왜란 때 베푼 은혜에 보답하고 삼전도의 치욕을 씻자고 하는 광범위한 여론이 형성되었다. 이는 곧 숭명배청崇明排清 의식으로 나타났다. 그러나 '숭명배청'은 현실을 무시한 명분론에 불과했다. 숙종의 '환국정치'는 바로 이러한 허울뿐인 명분론이 빚어낸 기형적인 통치 행태였다.

신가귀의 침

당초 효종이 재위할 당시 명나라의 잔당들은 강

남에서 최후의 저항을 하고 있었다. 조선의 군신은 전세가 역전되기를 고대하며 명나라의 잔당과 합세해 청의 배후를 치고자 하는 유혹에 쉽게 빠져들었다. 효종은 즉위 직후 북벌을 기치로 내걸었다. 효종은 곧 '숭명배청'의 진원으로 명망이 높은 호서 지역에서 유학에 정통하고 언행이 바른 사람을 대거 징병徵兵했다. 당시 호서 지역에는 김장생의 문인인 김집과 송시열, 송준길 등이 포진하고 있었다. 송시열은 일찍이 효종이 봉림대군으로 있던 시절 사부로 재직한 바 있었다. 호서의 유현들은 효종의 '북벌'에 찬동해 징병에 기꺼이 응했다.

당시 중앙 정계는 경화사족京華士族(한양과 근교에 거주하는 양반집단)으로 구성된 관료 지향적 성향이 강한 한당漢黨(한양지역 붕당)이 장악하고 있었다. 김육이 중심이 된 한당은 현실을 중시해 이들 호서의 산당山黨(산림 속에 묻혀 있는 선비의 붕당을 의미)을 대상으로 공허한 '숭명배청'의 문제점을 적극 지적하고 나섰다. 명분을 중시한 산당은 한당의 공격을 받고 이내 낙향하고 말았다. 그런데도 효종은 북벌 작업을 강력히 추진했다. 한당의 영수 김육이 막대한 재정 부담을 이유로 이를 강력히 반대했지만 효종의 결심을 꺾지는 못했다. 군비 확장과 진법 연구, 병기 개량, 산성 수축이 대대적으로 이루어졌다. 이 와중에 제주도에 표류한 네덜란드인 하멜 일행이 훈련도감에 배속되어 신식 총기를 제작하고, 각 가정마다 말을 기르고, 마을마다 장정들을 모아 활과 조총 사용법을 가르쳤다.

이때 효종은 러시아의 극동 진출에 큰 기대를 걸고 더욱 부지런히 북벌을 준비했다. 그러나 오히려 청의 요구로 재위 6년(1655)과 10년(1659)에 러시아 정벌을 위한 지원군을 보내지 않으면 안 되었다. 북벌 준비가 오히려 청나라를 도와준 꼴이 된 셈이다. 북벌에 회의적인 견해가 점차 확산되는 가운데 집권 세력인 한당은 효종이 북벌을 구실로 왕권을 강화하려는 것이 아닌지 크게 의심했다. 북벌의 열기가 식어 가자 효종은 송시열과 제휴를 통해 이를 다시 높이 끌어올리려고 했다. 당시 향리에서 정국의 추이를 관망하며 산당의 영수로 부상한 송시열은 효종 9년(1658) 김육의 사망을 계기로 다시 정치 일선에 복귀했다.

그러나 송시열의 북벌 구상은 효종과 근본적인 차이가 있었다. 효종은 무력을 통한 북벌을 주장했으나 송시열은 군주의 수신修身을 강조하며 군덕君德 함양을 주문했다. 이는 당시 신료들의 일반적인 입장이기도 했다. 효종 10년(1659) 3월 11일에 송시열의 요청에 따라 효종과 송시열의 독대가 이루어졌다. 당시의 상황을 전해 주는 유일한 자료인 『송자대전宋子大典』의 「악대설화幄對說話」에 따르면, 효종은 독대하는 자리에서 자신의 의지를 "저 오랑캐들은 이미 망할 형세에 있다. 10년을 기한으로 군사를 훈련시키고 군장비와 군량을 비축하는 한편, 백성을 일치단결시키고 군사 10만 명을 양성해 틈을 타 명과 내통해 기습하고자 한다"라고 천명했다.

효종은 처음이자 마지막인 이 독대에서 자신의 북벌 계획을 진지하게 토로했으나 청나라가 망할 형세에 있다는 그의 주장은 완전히 현실을 오판한 것이었다. 송시열은 이를 통찰하고 있었다. 시간이 필요하다는 게 송시열의 생각이었다. 송시열은 북벌을 위해서는 우선 국내 정비가 필요하고 이를 위해서는 임금의 덕을 함양해야 한다는 종래의 입장을 거듭 밝혔다. 두 사람은 이날 독대에서 북벌의 기본 이념만 일치할 뿐 전혀 다른 길을 가고 있다는 사실을 확인했다.

당시 명나라는 장강 남쪽에서 청나라에 저항하며 간신히 잔명을 잇고 있었다. 청군은 효종 원년(1650)에 남부의 계림桂林을 함락한 데 이어 효종 7년(1656)에는 주산舟山 열도를 점령해 명나라 잔존 세력을 운남雲南의 벽지로 몰아넣었다. 마침내 효종 10년(1659)에 청군이 운남으로 쇄도하자 명나라 부흥의 마지막 희망인 영명왕永明王이 비르마(미얀마)로 황급히 도주했다. 이로써 명나라 부흥운동은 사실상 끝난 것이나 다름없었다. 실제로 3년 뒤에 청에 투항한 명나라 장수 오삼계가 비르마까지 진격해 영명왕을 살해함으로써 명나라는 흔적도 없이 사라졌다.

영명왕이 비르마로 도망가던 해에 북벌의 불씨를 살리기 위해 안간힘을 쏟던 효종은 송시열과 독대를 가진 지 두 달 만에 급서하고 말았다. 효종의 급서는 많은 의혹을 낳았다. 원래 효종의 오른쪽 귀밑에 작은 종기가 있었다. 죽기 직전에 그 종기의 독이 얼굴에 번져 눈을 뜰 수조차 없었다. 어의 신가귀가 응급 처방으로 나쁜 피를 뽑아내기 위해 얼굴에 침을 놓았다. 그러나 효종은 엄청난 양의 피를 쏟고 유언 한마디 못한 채 급서하고 말았다. 3정승을 비롯해 송시열 등이 황급히 내전으로 들어갔을 때는 이미 효종이 급서한 뒤였다.

당시 신가귀는 신병 때문에 고향 음성에 가 있다가 급히 입궐해 다른 어의들이 반대했는데도 침을 놓을 것을 주장했다. 원래 군왕에게 침을 놓으려면 약방제조의 승인을 받아야 했다. 그러나 그 절차도 무시되었다. 효종의 급서는 신권 세력이 효종의 북벌 작업을 왕권 강화의 일환으로 의심한 나머지 이를 저지하기 위해 비상수단을 강구한 것이 아닌가 하는 의심을 살만했다. 그러나 효종이 급서한 책임을 물어 신가귀를 사형시킴으로써 효종의 사인은 영원한 추리로 남게 되었다.

예송 논쟁

송시열은 효종 사후 낙향한 뒤 현종이 잇달아 불렀으나 전혀 응하지 않은 채 고압적인 자세로 일관했다. 송시열은 현종을 두고 덕이 부족하고 자신에게 고분고분한 사람만 등용한다는 식의 비난을 서슴없이 했다. 이는 송시열의 문하가 사실상 조정의 공론을 좌우한 데서 비롯되었다. 청나라에 조선은 '군약신강'의 나라라는 말이 널리 유포된 것도 바로 이 때문이었다.

현종과 송시열은 상복을 입는 문제로 관계가 빠르게 악화되었다. 효종이 죽었을 때 인조의 계비인 자의대비慈懿大妃 조씨의 상복이 문제가 되었다. 인조는 소현세자와 효종의 생모인 인열왕후仁烈王后 한씨가 재위 14년(1635)에 사망하자 3년 뒤 14세의 어린 조씨와 재혼했다. 조대비는 효종보다 다섯 살이나 어렸다. 효종이 죽자 35세의 청상과부 조대비의 상복 문제를 놓고 서인과 남인 사이에 일대 논쟁이 벌어진 것이다. 이를 '기해예송己亥禮訟'이라고 한다.

본래 적장자가 죽었을 때 그 어미는 아들을 위해 당연히 3년복을 입어야 했다. 만일 효종이 인조의 왕통에 이어 적장자인 소현세자가 갖고 있던 적통까지 이어받은 것으로 인정되면 3년복이 타당하다. 그러나 적통을 이어받지 못한 차자의 자격으로 왕통을 이었다면 중자복衆子服인 1년복을 입는 게 타당하다는 견해가 성립할 수 있다. 송시열은 고지식하게도 『의례주소儀禮注疏』를 좇아 후자의 입장에 서 있었다.

당시 소현세자의 막내아들인 경안군慶安君이 살아 있었다. 효종이 왕통만 잇고 적통을 잇지 못했다고 간주할 경우 오히려 왕통까지 문제가 될 가능성이 컸다. 예조판서 윤강은 사안이 간단하지 않음을 알고 대신들의 자문을 구했다. 이때 세자가 영의정 정태화를 비롯해 송시열 등에게 문의해 볼 것을 주문했다. 정태화가 송시열과 의논하자 송시열은 『의례주소』에 나오는 '사종지설四種之說'을 좇아 1년복을 주장했다.

'사종지설'은 부모가 1년복을 입는 네 가지 경우를 말한다. 첫째, 적자가 병 때문에 보위를 계승하지 못한 경우, 둘째, 서손이 뒤를 이었을 경우, 셋째, 서자가 뒤를 이었을 경우, 넷째, 적손이 뒤를 이었을 경우다. 송시열은 조대비의 경우는 셋째 경우에 해당한다고 주장했다. 이는 소현세자를 정통의 적장자인데도 임금의 자리를 이어 받지 못한 '정이불체正而不體', 효종을 임금의 자리를 이어 받았지만 정통의 적장자가 아닌 '체이부정體而不正'으로 간주한 것이나 다름없었다. 정태화가 이 말을 듣고 "우암尤庵, 다시는 이런 말을 하지 마시오. 간사한 자들이 장차 이를 가지고 화를 만들고자 할 것이오"라며 얼굴빛이 하얗게 질렸다.

송시열도 곧 사태의 심각성을 깨닫고 정태화의 주장을 좇아 『의례주소』 대신 『경국대전』을 인용해 1년복으로 하자는 데 동의했다. 결국 조대비의 상복은 『경국대전』을 좇아 1년복으로 확정되었다.

그러나 1년 뒤인 소상小祥 직전에 남인의 이론가인 허목이 상소를 올려 3년복을 주장하고 나섰다. 허목의 상소가 올라오자 현종은 예조에 명해 조대비의 상복 문제를 다시 논의하게 했다. 이때 부호군 윤선도도 상소를 올려 효종의 정통성을 부인한 송시열을 인신공격하고 나섰다. 현종은 서인의 성화에 못 이겨 윤선도를 함경도 삼수로 유배 보냈으나 내심 그의 주장에 동조하고 있었다. 당시 예송 논쟁은 성균관과 지방 유생들에게도 확산되었다. 영남 유생 유세철 등 1,000여 명이 허목의 주장을 지지하는 상소를 올리자 홍득우 등 성균관 유생들이 기호 유생들과 합세해 유세철을 공격했다. 전국이 예송의 소용돌이에 휘말려 든 것이다. 결국 기해예송은 1년복을 주장한 서인의 승리로 끝났으나 이는 일시적인 승리에 지나지 않았다.

현종 15년(1674) 2월에 효종비 인선왕후仁宣王后 장씨가 죽자 조대비의 상복 문제가 다시 불거졌다. 인선왕후를 맏며느리로 보아 1년복으로 할 것인지, 아니면 맏아들이 아닌 아들의 아내로 보아 9개월의 대공복大功服으로 할 것인지 여부가 논란의 대상이었다. 이때 예조는 장자부의 1년복으로 정했다가 『경국대전』에 따라 다시 중자부의 대공복으로 바꿔 올렸다. 상복을 입은 지 5개월이 지나자 대구 유생 도신징이 상소를 올려 기해예송 당시에도 3년복을 입어야 하는 것은 물론 인선왕후를 위해서도 1년복을 입어야 한다고 주장했다. 이에 예송논쟁이 다시 불붙었다. 이를 통상 '갑인예송甲寅禮訟'이라고 한다.

'갑인예송'은 기본적으로 『경국대전』의 이상한 규정에서 비롯되었다. 『경국대전』은 아들이 죽었을 경우 어미는 큰아들과 나머지 아들의 구별 없이 1년복을 입도록 규정해 놓고도 유독 며느리상의 경우는 큰며느리는 1년복, 나머지 며느리는 대공복을 입도록 규정해 놓았다. 『경국대전』은 며느리상의 경우는 맏며느리와 맏며느리가 아닌 며느리인지 여부를 엄격히 가리도록 한 것이다. 이로써 기해예송 때 어물쩍 넘어간 효종의 적통 승계 여부가 전면에 떠올랐다.

도신징의 상소를 본 현종은 좌부승지 김석주에게 『의례』에 대한 정확한 해석을 외뢰했다. 김석주는 비록 외척이기는 했으나 송시열로부터 뛰어난 능력을 인정받고 있었다. 그는 현종비인 명성왕후明聖王后

의 부친인 김우명의 조카로 대동법大同法을 둘러싸고 송시열과 대립한 김육의 손자였다. 김석주는 송시열을 견제할 심산으로 "『의례주소』에 따르면 '둘째아들이 후사를 이으면 장자이다'라고 했습니다"라고 말해 남인이 손을 들어주었다.

현종은 곧 조대비의 복제를 1년복으로 바로잡고 서인의 대신을 내몰기 시작했다. 그러나 현종은 이 일이 있은 지 몇 달 뒤 갑자기 병이나 죽고 말았다. 결국 '갑인예송'의 마무리는 14세의 어린 세자 숙종에게로 넘어갔다. 원래 숙종은 현종과 달리 과단성이 있는 데다가 성정 또한 불과 같았다. 숙종은 세자 시절부터 송시열에게 적개심을 품고 있었다고 한다. 숙종이 태어났을 때 송시열이 효종의 상중에 잉태된 것을 꺼려 의도적으로 축하 행렬에서 빠지자 이를 괘씸하게 여긴 명성왕후가 훗날 아들 숙종에게 이를 말해 주었다고 한다.

이는 후대인이 만들어 낸 것으로 짐작되는 이야기이나 전혀 터무니없는 것은 아니었다. 숙종이 즉위하자마자 송시열의 문인인 대제학 이단하가 지은 현종의 행장行狀을 문제 삼고 나선 것이 그 증거이다. 당시 행장 중에 "복제를 바르게 정했다"는 글귀가 나오자 숙종은 송시열의 이름을 들어 그가 예를 잘못 이끌었음을 기록하라고 지시했다. 이단하가 할 수 없이 "송시열이 소인례所引禮(예를 이끎)했다"고 쓰자 숙종이 다시 지시했다.

"반드시 송시열이 예를 그르쳤다고 말해야 선왕이 처분한 뜻이 명백해질 것이오. '소인례'의 '소所'자를 '오誤'자로 고치시오."

이단하가 차마 스승이 "오인례誤引禮(예를 잘못 이끎)했다"고 기록할 수 없어 다른 사람에게 행장을 짓게 해줄 것을 간청했으나 숙종은 요지부동이었다. 이에 이단하는 '소'자를 '오'자로 기록한 뒤 곧 상소문을 올려 "엄한 분부에 핍박받아 글자를 고쳤다"고 변명했다. 이를 본 숙종이 대노했다.

"그대는 스승만 알고 군주는 모르는가?"

이단하가 파면되자 숙종의 뜻을 헤아린 남인들이 송시열을 제거하기 위해 거듭 상소를 올렸다. 현종의 장례가 끝나기가 무섭게 남인이 송시열과 서인 대신들을 맹렬히 공격하기 시작했다. 결국 송시열은 관직을 박탈당하고 쫓겨났다. 이를 '갑인환국甲寅換局'이라고 한다. 14세의 어린 숙종은 부왕의 장례를 치르는 도중에 부왕의 뜻을 이어받아 정권 교체를 단행하는 과단성을 보여주었다. 이는 조선 5백년을 통틀어 처음 있는 일로 향후 전개될 무수한 '환국' 사태의 전주곡에 해당했다. 이로써 인조반정 이후 40년 만에 정권이 서인에서 남인으로 넘어갔다.

군권과 신권의 충돌

송시열은 숙종 원년(1675) 정월에 다시 멀리 덕원德源으로 유배되었다. 그러나 남인은 숙적인 서인을 타도하자마자 허적과 권대운 등의 탁남濁南과 윤휴와 허목 등의 청남清南으로 갈려 서로 격렬히 다투기 시작했다. 청남의 허목과 윤휴는 정치 경륜은 없었으나 송시열도 감당하기 힘들 정도의 뛰어난 학문과 식견을 자랑하는 남인의 우상이었다. 허목과 윤휴는 왕의 명을 받고 입조했으나 척신인 김석주가 탁남을 배후 조종하고 있는 모습에 크게 실망했다.

원래 '갑인환국'은 척신 김석주의 은밀한 공작이 없었다면 불가능했다. 김석주는 생전에 늘 숙종의 등 뒤에 숨어 붕당 세력의 갈등을 이용해 왕권을 강화하는 방안을 모색했다. 숙종이 김석주를 한없이 신뢰한 것은 말할 것도 없다. '갑인환국'은 김석주가 송시열을 제거하기 위해 일시적으로 남인의 손을 들어준 것에 불과했다. 허적을 중심으로 한 탁남의 남인 정권이 김석주의 눈치를 볼 수밖에 없었던 것은 바로 이 때문이었다.

김석주와 숙종은 명분을 중시하는 청남보다 타협적인 탁남이 왕권 보호에 훨씬 유리하다는 사실을 잘 알고 있었다. 숙종이 탁남을 끼고 돌자 청남이 탁남을 극렬하게 비난하기 시작했다. 이에 남인 정권은 탁남과 청남이 서로 원수가 되어 비난하는 한심한 모습을 보였다. 『연려실기술』에 실린 "암까마귀와 수까마귀를 가리기 어렵고, 솥 밑과 가마 밑이 서로를 흉보는 것과 같다네"라는 노래는 당시의 이런 세태를 풍자한 것이다.

숙종 2년(1676) 4월에 종실인 영평정寧平正 이사李泗가 숙종을 만난 자리에서 허목과 윤휴를 송시열에 빗대어 당쟁을 일삼는 소인배로 비난하는 상소문을 낭독하는 일이 벌어졌다. 이 사실을 안 허목과 윤휴는 만류하는 유생들의 손을 뿌리치고 조정을 떠났다. 두 달 뒤 윤휴가 만언소萬言疏를 올려 허적 등의 탁남을 격렬히 비판했으나 아무 소용이 없었다.

당시 최고의 실세는 외척 세력인 김석주의 청풍 김씨였다. 김석주의 조부 김육은 효종 때 산당인 김집과 송시열 등을 몰아낸 바 있다. 김육의 아들 김우명이 현종의 장인이 되자 청풍 김씨는 당대 최고의 명문가로 떠올랐다. 숙종 역시 김우명의 조카 김석주를 총애했다. 10대의 어린 숙종은 김석주의 외척 세력만이 왕권을 지켜줄 수 있다고 보았다. 실제로 김석주는 죽는 순간까지 숙종의 신뢰를 저버리지 않았다. 이밖에도 숙종이 신뢰한 외척 세력으로는 광성부원군光城府院君 김만기의 광산 김씨 세력이 있었다. 김만기는 숙종의 첫째 부인인 인경왕후仁敬王后의 부친이었다.

갑인예송에서 김석주가 남인을 지지한 것은 온전히 송시열의 위세를 두려워했기 때문이지 결코 남인의 권력 독점을 용인한 것이 아니었다. 그러나 허적의 탁남은 청남과 결별한 뒤 이를 간과했다. 탁남의 방자한 소행은 숙종 6년(1680)년 3월 28일에 벌어진 '유악油幄 사건'에서 그 절정에 달했다. 당시 허적은 그의 조부 허잠許潛이 시호諡號(사후 공덕을 칭송하여 붙인 이름)를 받고 자신이 궤장几杖(임금이 나라에 공이 많은 70세 이상의 늙은 대신에게 하사하던 궤와 지팡이)을 받은 것을 축하하는 연시연延諡宴을 베풀었다.

당대의 실세 허적의 연시연은 말 그대로 인산인해를 이루었다. 그러나 당시 도성에는 허적의 서자 허견許堅이 김석주와 김만기를 독살하려 한다는 근거 없는 소문이 나돌았다. 허적이 두 사람을 초청하기 위해 허견을 다섯 번이나 보냈으나 김석주는 병을 핑계로 거절하면서 김만기에게 대신 참석하도록 권했다. 일부러 늦게 도착한 김만기는 자리에 앉자마자 배가 고프다는 핑계로 남의 잔을 빼앗아 마시면서 돌림잔이 오면 일부러 받지 않았다. 독살을 두려워한 것이다. 이때 마침 비가 내리자 숙종이 특별히 궐 안에서 쓰던 유악(帷幄 기름먹인 장막과 차일)을 찾아 허적에게 갖다 주라고 명했다. 그러나 이때는 이미 허적이 군왕의 허락도 없이 유악을 가져간 뒤였다. 이를 안 숙종이 "옛날 한명회도 감히 이런 짓은 하지 못했다"며 대노했다.

숙종은 곧 내관에게 명해 거지 차림으로 허적의 잔치를 정탐하게 했다. 남인들의 기고만장한 모습을 보고받은 숙종은 즉시 궐문을 닫지 말라고 명한 뒤 훈련대장 유혁현과 김만기에게 패초牌招를 보냈다. 이는 나라에 급한 일이 있을 때 총임寵任하는 신하에게 패를 보내 급히 찾는 것을 말한다. 허적이 김만기를 붙잡고 자초지종을 물었으나 김만기는 냉정하게 옷자락을 떨치고 일어났다. 이를 계기로 남인들이 대거 몰려나고 서인들이 다시 권력을 잡는 환국이 이루어졌다. 이를 '경신환국庚申換局'이라고 한다.

경신환국으로 유배 가 있던 김수항이 석방되어 다시 영의정에 제수되고, 정지화가 좌의정, 남구만이 도승지에 임명되는 등 서인들이 대거 요직을 차지했다. 이로써 숙종 초기에 정권을 잡았던 남인은 6년 만에 몰락하고 서인이 다시 집권했다.

경신환국은 겉으로는 '유악'으로 인한 돌발 사건처럼 보이나 사실은 숙종과 김석주의 치밀한 계산에 따른 것이었다. 당시 숙종은 방자한 행위를 일삼는 허적 일당을 제거하기 위해 적당한 구실을 찾고 있었다. '유악' 사건은 그 구실에 불과했다. 여기에는 김석주의 공작이 작용한 것으로 보는 것이 타당하다. 당시 항간에 허적이 김석주와 김만기를 독살하려고 한다는 소문이 나돈 것 자체가 상식에 맞지 않는다. 서인 정권 아래에서도 요직을 차지했던 허적은 자신의 배후 세력인 김석주와 김만기를 독살할 이유가 전혀 없었다. 공작에 능한 김석주가 사전에 수하들을 풀어 이런 소문을 퍼뜨렸을 공산이 크다. 김석주는 이미 남인에게 염증을 느끼고 있던 숙종의 심기를 헤아려 서인으로 환국하는 것을 구상했음에 틀림없다.

이는 김석주가 숙종을 보호한다는 명분 아래 남인과 친밀한 관계를 맺고 있는 종친 세력을 완전히 제거하고자 한 사실을 뒷받침한다.

경신환국이 단행된 지 7일째인 숙종 6년(1680) 4월 5일에 일어난 고변 사건이 그 증거이다. 김석주의 사주를 받은 정원로가 허적의 서자인 허견 등이 인조의 제3자인 인평대군麟坪大君의 둘째 아들 복선군福善君 이남을 왕으로 삼으려 한다고 고변했다.

"신의 집에서 복선군과 허견 등이 만난 자리에서 허견이 말하기를, '주상은 춘추가 젊은데도 자주 편찮고 세자 또한 없으니 불행한 일이 있으면 대감이 보위를 면하려 해도 될 수 없을 것입니다'라고 하자 복선군이 대답이 없었습니다."

실제로 허견은 언젠가 부친 허적이 좌의정 민희와 주고받는 말을 엿들은 적이 있었다. 허적이 숙종의 병약함을 걱정하는 말을 하자 민희가 복선군이 있음을 상기시켰다. 이 대화를 엿들은 허견은 은밀히 복선군과의 관계를 돈독히 하는 와중에 경솔하게도 왕위 문제를 발설했다. 이를 같이 상의한 적이 있었던 정원로가 김석주의 사주를 받고 고변한 것이다.

사건의 전모가 밝혀지자 복선군은 교수형에 처해지고, 허견 역시 능지처참을 당했다. 허적은 역모와 관련된 흔적은 없었으나 연좌율에 따라 내쫓긴 뒤 사사되었다. 남인의 비극은 여기서 그치지 않았다. 송시열의 숙적인 윤휴 역시 복선군 형제와 돈독하게 지낸 이유로 사사되었다. 허견의 옥사가 마무리되는 5월까지 종친 세력과 연결된 백여 명의 남인들이 갖가지 죄목으로 처벌되었다. 숙종은 이 고변 사건을 계기로 김만기와 김석주를 보사공신保社功臣 1등 공신에 봉했다. 척신 세력에게 날개를 달아주어 신권 세력을 제압하고자 하는 속셈을 노골적으로 드러낸 것이다.

분열된 정치

서인의 집권으로 숙종 7년(1681) 9월에 서인의 숙원 사업이었던 기호학파의 존경받는 스승인 이율곡과 성혼의 문묘종사文廟從祀가 성사되었다. 이는 인조반정 이후 4대 58년 만에 이루어진 것이다. 서인은 반정 직후 집권의 정당성을 학문적 정통성을 통해 확보할 생각으로 이들의 문묘종사를 강력히 추진했다. 그러나 번번이 이퇴계를 종사로 삼고 있는 남인의 극렬한 반대로 그 뜻을 이루지 못하다가 마침내 경신환국으로 다시 집권하게 되자 여세를 몰아 이율곡과 성혼의 문묘종사를 성사시킨 것이다.

경신환국 당시 훈련대장에 김만기, 병조판서 겸 어영대장에 김석주가 임명되었다. 얼마 뒤 군권을 장악하고 있던 김석주는 우의정 자리까지 올랐다. 원래 우의정은 군문의 대장직을 겸할 수 없는 자리이다. 그런데도 김석주는 군왕을 호위하는 어영대장까지 겸했다. 척신 세력이 이토록 강력한 힘을 갖게 된 것은 선조 때 붕당정치가 시작된 이래 처음 있는 일이었다. 이는 훗날 노론 세력의 척신이 왕권을 좌지우지하는 '세도정치勢道政治'의 기원이 되었다.

이들 말고 주목할 만한 척신이 또 한 사람 있었다. 김장생의 손자이자 김만기의 삼촌이 되는 김익훈이 바로 그 주인공이다. 김익훈은 김석주와 숙종의 적극적인 지지 아래 보사공신에 추가로 기록되었다. 숙종 초기는 군왕의 신임을 기반으로 한 척신들이 좌우하고 있었다고 해도 과언이 아니다.

척신들은 숙종 8년(1682) 10월에 일련의 허위 고변 사건을 통해 남인 세력을 완전히 소탕하고자 했다. 이 사건은 김석주의 간계로 벌어졌다. 당시 김석주는 경신환국으로 몰려난 남인들이 자신에게 보복할까 봐 크게 두려워했다. 이에 그는 위계僞計를 써서라도 남인을 완전히 제거하고자 했던 것이다.

당시 김석주의 눈에 띈 인물이 바로 김환이었다. 김환은 본래 서인으로 남인에 붙어 벼슬을 얻은 자였다. 『연려실기술』에 따르면, 김석주는 김환에게 자금을 건네주면서 "지금 남인 허새許璽와 허영許瑛의 집이 용산에 있으니 네가 그 이웃에 머물며 교제를 하되 서로 익숙하게 되면 역모의 기미를 포착하라"는 지령을 내렸다고 한다.

김환은 김석주의 사주에 따라 허새, 허영과 사귄 뒤 이들이 인평대군의 셋째 아들 복평군福平君을 왕으로 추대할 역모에 가담했다고 고변했다. 곧이어 김중하라는 자가 나타나 남인 세력이 김석주 등을 제거하려 한다고 고변했다. 얼마 뒤 다시 김환의 사주를 받은 전익대가 김환과 비슷한 내용으로 고변했다. 불과 7일 동안에 일어난 세 차례의 고변은 모두 남인을 일망타진하려는 음모로, 똑같은 사건을 각각 다른 사람이 고변한 것이다. 이를 '임술고변壬戌告變'이라고 한다.

그러나 국청鞫廳 과정에서 무고 사실이 선명히 드러나기 시작했다. 이에 남인은 물론 서인의 젊은 사류들 안에서도 척신들을 비난하는 여론이 들끓었다. 평소 김익훈은 군문의 은을 유용하고 세금을 착복해 선비들의 비난을 사고 있었다. 그러나 서인의 대신들로서는 남인 정권을 무너뜨리는 데 결정적인 공을 세운 김석주를 몰락시킬 수는 없었다. 숙종 역시 왕권의 강력한 지지기반인 김석주를 보호하지 않을 수 없었다.

숙종은 임술고변에 대한 여론이 가라앉지 않자 사림의 명망 높은 송시열과 박세채, 윤증을 끌어들여 이를 해소하고자 했다. 당시 송시열은 경신환국 뒤 영중추부사에 임명되어 잠시 관직에 있었으나 곧 병을 핑계로 벼슬을 사양하고 낙향한 뒤 숙종의 출사 요구를 물리치고 재야에 머물러 있었다. 김익훈의 처벌을 주장한 젊은 선비들은 원칙론자인 송시열에게 많은 기대를 품고 있었다. 송시열이 출사 요구를 받아들여 상경하는 길에 경기도 여주에 이르자 숙종이 승지 조지겸을 보내 맞이했다. 젊은 선비를 대표한 조지겸이 송시열에게 열변을 토했다.

"김익훈이 김환에게 돈을 주고 허새와 허영을 몰래 꾀어 역모로 죽게 만들었으니 그 자신이 반역하는 것보다 더 나쁩니다."

"그런 자는 죽여도 애석할 게 없다."

이 소식을 들은 젊은 선비들은 환호했다. 그러나 송시열은 서울에 도착해 김수항과 김만기의 설명을 듣고는 이내 태도를 바꿔 고변 사건에 대해서는 입을 다물었다. 그리고 엉뚱하게도 태조 이성계의 시호를 가상加上하는 문제 등을 들고 나왔다. 이는 말할 것도 없이 여론을 다른 곳으로 돌리기 위한 술책이었다. 송시열이 경연 자리에서 김익훈을 구하기 위해 우회적으로 진언을 했다. 『숙종실록』「9년 1월 19일」조에 그 내용이 실려 있다.

"이황의 문인이었던 조목趙穆은 이황이 죽은 뒤에 그의 자손 보기를 마치 동기와 같이 하였습니다. 신은 김장생에게서 수학했습니다. 근일에 김익훈이 죄를 얻을 것이 아주 중하나 신이 평소에 경계하지 못해서 그로 하여금 이 지경에 이르게 하였으니, 신은 실지로 조목의 죄인입니다."

숙종이 속으로 쾌재를 부르며 송시열을 위로했다. 송시열이 숙종의 속셈을 읽고 그가 바라던 대답을 해준 것이다. 이때 송시열은 한술 더 떠 김석주에 대해서도 "왕실을 반석에 올린 공이 있다"고 평했다. 송시열의 발언 내용이 알려지자 젊은 선비들은 경악했다. 이들의 불만은 곧 원망으로 이어져 김익훈과 김환의 처벌을 요구하는 목소리가 더욱 높아졌다. 당시 명분을 중시한 송시열은 비록 김익훈 가문과 누대에 걸친 인연이 있을지라도 사사로운 정에 얽매여 대의를 망각했다는 지적을 면키 어렵다.

그러나 박세채와 윤증은 송시열과 달리 젊은 선비들과 의견을 같이 했다. 윤증은 송시열보다 늦은 숙종 8년(1682) 말에 비로소 고향을 떠나 상경 길에 올랐다. 그러나 윤증은 과천에 도착한 뒤 더는 발걸음을 움직이지 않았다. 박세채가 꼬박 사흘 밤을 새우며 윤증을 설득하자 윤증이 입조의 명분으로 세 가지 조건을 제시했다.

첫째, 서인과 남인 사이의 원망이 극에 달해 생긴 독기를 풀 수 있는가? 둘째, 척신의 정치 개입을 막을 수 있는가? 셋째, 자기편은 등용하고 반대편은 배척하는 폐단을 시정할 수 있는가? 세 가지 조건 모두 송시열과 관련된 것이었다. 박세채가 난색을 보이자 세 사람이 동시에 입조하는 것은 무산되었다.

이를 계기로 서인 안에서 젊은 선비와 대신들 사이에 갈등이 불거지기 시작했다. 젊은 선비들은 김익훈과 김석주뿐만 아니라 한 걸음 더 나아가 송시열까지 비판했다. 위기에 몰린 김석주가 전면에 나서 젊은 선비들을 탄핵하기 시작했다. 이에 조지겸 등이 파직되고 고향에 내려간 박세채가 이들을 구원하는 상소를 올리자 김석주가 박세채까지 비난하고 나섰다. 바야흐로 서인 역시 남인의 뒤를 이어 송시열을 옹호하는 원로 세력과 박세채 및 윤증을 옹호하는 소장 세력으로 갈라지기 시작한 것이다.

당초 송시열과 윤증의 갈등은 연원이 깊었다. 윤증의 부친인 윤선거의 비문을 둘러싼 '회니시비懷尼是非'가 발단이었다. '회니시비'의 명칭은 당시 송시열이 회덕懷德에 살고 윤증이 니성尼城에 산 데서 나온 것이다. 시비의 발단은 병자호란 때로 거슬러 올라간다. 원래 윤선거는 성혼의 외손자였다. 윤선거의 중형인 윤문거와 송시열은 사돈 관계였다. 그래서 윤선거는 어릴 때부터 송시열을 비롯한 송준길과 유계, 권시 등 당대의 명사들과 동문수학하면서 폭넓게 교류했다.

그러던 중 병자호란이 일어나자 윤선거는 아내와 아들을 데리고 함께 강화도로 들어갔다. 그곳에서 윤선거는 권장순 및 김익겸과 함께 순절의 맹세를 했다. 화살 한 번 쏘지 못하고 강화성이 쉽게 무너지는 와중에 권장순과 김익겸은 물론 윤선거의 아내마저 절의를 지켜 자진했다. 이때 윤선거는 남한산성에 포위되어 있는 부친 윤황과 함께 죽을 생각으로 선복宣卜으로 이름을 고치고 노비로 변장한 뒤 강화도를 빠져나왔다. 그러나 윤선거는 결국 남한산성에 들어가지 못했다. 병자호란이 끝난 뒤 윤선거는 구차하게 살아남은 것이 늘 수치스러워 출사도 포기한 채 고향에 칩거하며 학문에만 몰두했다. 남인인 윤휴와 가까웠던 윤선거는 아들 윤증을 송시열에게 보내 학문을 닦도록 했다.

윤선거가 죽자 송시열과 윤휴가 동시에 애도의 뜻을 적은 글을 보내왔다. 송시열은 윤증이 윤휴의 애도 글을 물리치지 않은 것이 불쾌한 나머지 윤선거를 공공연히 비방했다. 이때 윤증은 부친의 묘갈명墓碣銘을 얻을 생각으로 박세채가 지은 행장과 자신이 만든 연보를 들고 스승인 송시열을 찾아갔다. 그러나 마음이 상한 송시열은 "박세채가 쓴 행장을 따라 쓸 뿐 새로이 짓지는 않는다"는 내용의 불성실한

비명을 지어 주었다. 윤증이 비문을 다시 지어 줄 것을 간청하는 편지를 여러 번 보냈으나 송시열은 그때마다 마지못해 고쳐 주기는 했으나 문자와 어구를 수정하는 정도에 그쳤다.

이때 송시열이 윤선거를 비난하자 윤증은 자신의 부친이 살아남게 된 것은 천명이라고 반박하며 스승과 대립하기 시작했다. 두 사람 사이가 완전히 적대 관계로 변한 것은 숙종 8년(1682)에 '신유의서辛酉擬書'의 내용이 밝혀지면서부터였다. 이것은 윤증이 송시열의 처신에 대해 비판조의 논설을 쓴 것이다. '신유의서'는 박세채의 사위이자 송시열의 손자인 송순석이 몰래 그것을 베껴서 송시열에게 보인 데서 처음으로 세상에 그 모습을 드러냈다. 이를 계기로 수년 동안 송시열과 윤증을 지지하는 사람들 사이에서 상대방을 비방하는 상소가 빗발쳤다.

장희빈의 죽음과 파장

'임술고변'과 '신유의서' 파문 이후로 더 이상 서인은 존재하지 않았다. 세간에서는 송시열 당을 '노론', 윤증의 당을 '소론'으로 불렀다. 이때 김석주가 죽고 훈척 세력이 급속히 위축되자 오히려 노론과 소론 간의 대립이 더욱 심화되었다. 이를 가장 불쾌하게 여긴 사람은 숙종이었다. 환국을 획책하고 있던 남인들이 이를 놓칠 리 없었다. 이들은 곧 희빈 장씨와 접촉하면서 노론과 소론을 한 번에 궤멸하기 위한 계책을 꾸미기 시작했다.

원래 중인 서녀庶女 출신인 희빈 장씨는 모친의 정부인 조사석과 동평군東平君 이항의 주선으로 나인이 되었다. 동평군은 인조의 제5자 숭선군崇善君의 장남으로 장씨 집안을 보살펴 준 인물이다. 당시 숙종은 나이가 30세에 가까웠으나 후사가 없었다. 첫째 부인 인경왕후는 왕자를 낳지 못하고 죽었다. 숙종은 계비로 서인 민유중의 딸을 인현왕후로 맞아들였다. 그러나 인현왕후도 5년이 넘도록 후사를 보지 못했다. 이때 장씨가 숙종의 시선을 끌기 시작했다. 이를 눈치 챈 대비 명성왕후는 장차 국가의 화를 불러일으킬 것으로 염려해 장씨를 궁중에서 내쫓았다.

그러나 명성왕후가 죽자 장씨는 다시 인현왕후의 주선으로 궁중에 들어와 숙종과 재회했다. 자식을 낳지 못하는 것을 죄스럽게 생각한 인현왕후가 장씨의 입궁을 적극 주선하고 나섰던 것이다. 장씨에 대한 숙종의 총애는 더욱 깊어졌다.

점차 숙종이 장씨를 지나치게 총애하는 것이 사람들의 입방아에 오르내렸다. 그러자 서인을 대표해 부교리 이징명이 "장씨는 역관 장현張炫의 친척입니다. 장현은 복선군 등에게 빌붙은 자로 귀양 가게 되었는데, 그의 근족을 가까이 두면 앞으로의 걱정은 이루 말할 수 없을 것입니다. 예로부터 국가의 화란이 여총女寵(후궁에 대한 총애)에서 나왔으니 속히 장녀張女를 내쫓아 맑고 밝은 정치를 이루기 바랍니다"라는 내용의 상소를 올렸다.

당시 서인들은 노론과 소론을 막론하고 경신환국 때 장현처럼 피해를 당한 남인들이 다시 등장해 당시의 가해자들에게 보복할 것을 크게 우려했다. 그러나 결과는 이징명의 파직으로 나타났다. 서인의 간쟁이 계속되자 숙종은 오히려 "너희들이 방자하기에 군약신강이라는 말이 떠돈다"고 꾸짖으면서 장씨를 내명부 종4품인 숙원에 봉했다. 곧이어 비판의 선봉에 선 박세채가 체직되고 그를 옹호하던 영의정 남구만 등이 위리안치圍籬安置(죄인이 귀양지에서 달아나지 못하도록 집 둘레에 가시로 울타리를 치고 그 안에 가두어 둠) 되었다. 이들을 구하려던 수많은 대신들이 파직된 것은 말할 것도 없다. 김석주를 통해 '환국정치'의 요체를 터득한 숙종은 이미 독자적인 환국 구상을 하고 있었다.

숙종 14년(1688) 10월에 숙종이 그토록 바라던 왕자 윤昀(경종)이 태어났다. 보위에 오른 지 15년 만에 본 첫 아들이었다. 마침 장씨의 친정어미가 딸의 산후조리를 위해 8인용 옥교屋轎를 타고 궁중에 들어오자 지평 이익수가 옥교를 불사르고 옥교를 매고 온 종을 잡아다가 치죄했다. 법제에 따르면 당상관의 처나 며느리가 아니면 옥교를 탈 수 없었다. 그러나 보고를 받은 숙종은 "해산할 때를 당해 들어와 보도록 허락한 것은 옛 규례規例이고, 교자轎子를 타는 것도 또 이미 행하던 전례가 있다"며 분노를 터뜨렸다.

옥교를 불사른 사헌부 금리禁吏와 조례皁隷가 국문을 당한 뒤 죽고 말았다. 숙종은 서인을 몰아내고 왕장 윤을 원자元子로 정해 나라의 근본을 튼튼하게 할 생각이었다. 숙종은 왕자 윤이 출생한 지 세 달도 안 돼 명호名號를 정했다. 조선 전체를 통틀어 생후 1년도 안 돼 명호를 정한 경우는 이때가 유일했다. 당시 명호를 정하면 후궁의 소생일지라도 원자가 되어 이후 정비가 왕자를 생산할지라도 후궁 소생의 원자가 세자로 책봉된다. 속으로 장씨의 소생을 후사로 낙점한 숙종은 급히 서둘렀다.

"나라의 근본을 정하지 못하면 민심이 매일 곳이 없다. 지금 새로 태어난 왕자의 명호를 정하려고 하니 만일 선뜻 결단하지 않고 관망하고자 하거나 감히 다른 의견을 제기하고자 하는 자가 있다면 벼슬을 내놓고 물러가도록 하라."

영의정 김수항이 중궁의 춘추가 지금 한창인 점 등을 들어 몇 년을 기다렸다가 의논하기를 건의했으나 숙종은 이를 일축했다. 원자의 정호를 종묘사직에 고하는 것으로 모든 일이 5일 만에 끝났다. 이때 송시열이 상소를 올려 명호를 정한 것은 너무 성급하다고 반박하고 나섰다. 대노한 숙종은 오히려 이를 환국의 결정적인 빌미를 삼았다. 『숙종실록』「15년 2월 기해」조는 숙종의 처분을 이같이 기록해놓았다.

"송시열은 산림의 영수로서 나라의 형세가 고단하고 약해 인심이 물결처럼 험난한 때에 감히 송나라 철종哲宗을 끌어들여 원자의 정호定號가 너무 이르다고 하였으니 이를 그대로 둘 수 없다. 마땅히 먼 곳으로 유배를 보내야 할 것이나 그래도 유학에 조예가 깊은 신하이니 삭탈관직하고 성문 밖으로 내치도록 하라!"

이를 계기로 거의 1년에 걸쳐 백여 명이 넘는 서인이 처벌되었다. 이들이 물러난 자리에 남인이 들어선 것은 말할 것도 없다. 이때 이율곡과 성혼의 문묘 출향이 단행되었다. 문묘 배향 7년 만의 일이었다. 이로써 서인의 존립 기반이 완전히 무너지고 말았다. 이를 '기사환국己巳換局'이라고 한다.

당시 숙종은 장차 원자의 앞날을 위해 서인을 철저히 제거하고자 했다. 이는 '기사환국'이 있은 지 네 달 만에 인현왕후 민씨가 폐출된 사실이 뒷받침한다. 죄목은 '투기죄'였다. 숙종은 잔인하게도 민씨의 생일인 4월 23일에 폐출을 명했다. 숙종은 신료들이 더 반대하지 못하도록 폐비 반대 상소를 올린 부응교 박태보 등을 국문 끝에 죽였다. 박태보는 윤선거의 외손자였다.

숙종은 곧이어 송시열을 제주도로 귀양 보내고 귀양지에서 벗어나지 못하게 집 밖에 가시 울타리를 치도록 명했다. 그러나 남인들은 송시열에 대한 이 같은 처분이 성에 차지 않았다. 대간과 삼사에서는 연일 계속해서 송시열을 극형에 처하라고 요청했다. 숙종은 기다렸다는 듯이 "송시열을 사사하되 도사都事가 약을 가지고 가다가 그를 만나는 즉시 사사하라"라고 명령했다.

이러한 조치는 산림의 영수에 대한 예가 아니었다. 결국 송시열은 제주도를 떠나 정읍에 이르러 사사되었다. 송시열은 사사 직전 애제자 권상하의 손을 잡고 명나라 신종과 의종을 제사 지내기 위한 만동묘萬東廟 건립을 신신당부했다. 송시열의 문인들이 모두 주자의 예를 좇아 백포건白布巾에 짚에 삼 껍질을 감은 둥근 테를 머리에 두르고 장례식에 참석했다. 장례식에 모인 사람은 1,000여 명에 달했다. 이로써 서인은 노론과 소론을 막론하고 깊이 몸을 숨길 수밖에 없었다.

취선당 저주 사건

기사환국이 일어난 지 5년 뒤인 숙종 20년(1694) 3월에 문득 노론 명문가의 자제들이 폐비 민씨의 복위를 도모한 혐의로 체포되는 사건이 일어났다. 김만기의 적장손 김춘택 등이 은밀히 자금을 모아 궁중의 환관과 궁녀들과 내통한 뒤 폐비 민씨의 복위를 꾀한 일이 일당이었던 함이완의 고발로 전모가 드러난 것이다.

당시 공작에 능한 김춘택은 환국을 도모하기 위해서는 민씨의 복위가 필요하다는 판단을 내리고 수단과 방법을 가리지 않았다. 김춘택은 심지어 민씨를 대신해 왕비가 된 장씨의 친오라비인 장희재의 처와 간통해 남인의 동정을 파악하는 방법을 동원하기도 했다.

영의정 권대운을 위시한 남인들은 때마침 잡은 기회에 서인을 모두 제거하려고 했다. 그러나 서인이 일망타진되기 바로 직전에 상황을 뒤집은 사건이 일어났다. 김춘택 사건이 일어난 지 6일 뒤에 서인 출신 김인이 "장희재가 최숙원崔淑媛의 인척인 김해성金海成에게 뇌물을 주어 최숙원의 숙모인 그의 장모로 하여금 최숙원의 생일날에 독이 든 음식을 가지고 입궐해 독살하려 했습니다. 음모에 가담한 자는 우의정 민암閔黯과 병조판서 목창명睦昌明 등입니다"라고 다시 고변을 하고 나섰다.

이는 서인들이 던진 마지막 승부수였다. 당시 숙종은 무수리 출신의 숙원 최씨를 총애하고 있었다. 최씨는 훗날 영조가 된 연잉군延礽君을 낳았다. 김인의 고변은 최씨의 임신을 계기로 숙종의 총애가 최씨에게 옮겨간 것을 이용해 상황을 단번에 반전시키려는 최후의 수단에서 나온 것이다.

당시 장씨는 성은을 입은 최씨가 혹여 자신의 전례를 좇아 중전의 자리를 차지하지나 않을까 노심초사한 나머지 최씨를 아주 혹독하게 다뤘다. 목숨을 부지하기 힘든 고초를 겪으면서 낙태할 위기까지 몰린 최씨는 장씨와 남인의 음모를 세세히 일러바쳤다. 숙종은 대노했다.

당시 서인을 필요 이상으로 제거한 장씨 및 남인에게 염증을 느끼고 있던 숙종은 내심 민비를 폐위한 일을 크게 후회하고 있었다. 이런 상황에서 김인의 독살 고변에 이어 최씨의 눈물 섞인 하소연이 있었던 것이다. 숙종의 결단은 전광석화처럼 빨랐다. 김인이 다시 고변을 한 바로 다음날인 4월 1일 밤 2시 무렵에 비망기를 내려 김춘택을 국문하고 있던 남인들을 모두 축출했다. 이를 계기로 서인들이 다시 5년 만에 권력을 되찾았다. 이를 '갑술환국甲戌換局'이라고 한다.

갑술환국으로 영의정에 남구만, 훈련대장에 신여철, 병조판서에 서문중 등 서인들이 대거 기용되었다. 송시열 역시 복관되고, 기사환국으로 위패가 땅에 묻혔던 이율곡과 성혼도 다시 문묘에 배향되었다. 모든 일이 숙종의 지휘 아래 일사천리로 진행되었다.

갑술환국 당시 남인들은 사실상 초토화되었다. 기사환국 때 처벌받은 서인들보다 훨씬 많은 남인이 죽거나 축출되었다. 이로써 영남의 동인 세력은 북인이 광해군 때 궤멸된 데 이어 갑술환국으로 남인마저 사실상 궤멸됨으로써 정파로서의 기능을 완전히 잃어버렸다.

그러나 정작 갑술환국의 가장 큰 피해자는 세자였다. 세자의 지위가 극도로 불안해지자 남구만과 윤지완 등 소론 세력들이 남인을 대신해 장희빈과 오라비 장희재 및 세자의 보호자를 자임하고 나섰다. 그래서 장희빈과 장희재는 노론의 무차별 공격을 받고도 간신히 목숨을 부지할 수 있었다. 당시 소론은 장씨와 손을 잡음으로써 사실상 최숙원을 지지하는 노론 세력과 한판 승부를 건 것이나 다름없었다.

이를 계기로 정국은 노론과 소론의 정면 대결 구도로 치달았다. 당시 숙종의 마음은 최씨에게 기울어 있었다. 이에 초조해진 장씨 일족은 노론 타도를 위한 음모를 꾸몄다. 숙종 22년(1696) 4월에 장희재의 부친 묘에서 흉물이 발견되었다. 나무인형에 세자의 생년 간지가 적혀 있고, 무덤에 나무칼이 꽂혀 있었다. 무덤 옆에는 노론인 병조판서 신여철의 집안 노비의 호패가 떨어져 있었다.

그러나 막상 국청을 열고 보니 석연찮은 부분이 많았다. 이를 신고한 장희재의 노비 업동을 문초한 결과 이내 전모가 드러났다. 이에 노한 숙종은 이후 장씨의 거처에 아예 발을 들여 놓지도 않았다. 희빈으로 강등된 장씨 역시 분한 마음에 숙종과 왕비 민씨에게 하는 후궁의 예를 한번도 하지 않았다.

어설픈 세자 저주 사건이 일어난 지 5년 뒤인 숙종 27년(1701) 8월에 왕비 민씨가 오랜 병고 끝에 세상을 떠났다. 그 다음날은 숙종의 생일이었다. 인현왕후는 1년 반 동안 원인 모를 병고에 시달리다 죽었는데, 이를 두고 말이 많았다. 당시 장씨는 창경궁 취선당就善堂 서쪽에 신당을 설치해 놓고 다시 중전이 되게 해달라고 날마다 빌었다. 장씨는 누가 물으면 세자의 건강을 기원한다는 식으로 말을 둘러댔다. 이 사실이 마침내 숙원 최씨의 고자질로 숙종의 귀에 들어갔다. 『숙종실록』「27년 9월 23일」조의 "최숙빈이 평소 인현왕비가 베푼 은혜를 추모해 통곡하는 마음을 이기지 못하고 임금에게 몰래 장씨가 무술로써 남을 저주한다고 고했다"라는 기록이 있다.

대노한 숙종이 모든 생일 축하 행사를 정지시킨 뒤 희빈 장씨의 품속까지 뒤져 민씨를 저주한 단서를 찾아내게 했다. 곧이어 숙종은 장희재의 처형과 장씨의 자진을 명하는 비망기를 내렸다. 한밤중에 비망기가 내려오자 소론 대신들이 대경실색해 장씨에게 은혜를 베풀 것을 간청했다. 낙향한 윤증까지 상소를 올려 장씨의 사사만이라도 막고자 했다. 그러나 이미 때가 늦었다. 숙종은 장씨를 사사한 뒤 남구만 등 소론 대신들을 대거 파직했다.

장씨의 자진으로 세자 보호 문제가 초미의 관심사로 떠오르자 세자를 탐탁하지 않게 여긴 노론과 세자 보호를 지상 과제로 삼은 소론 간의 싸움이 노골적으로 전개되었다. 숙종은 이를 최대한 활용해 당쟁을 부추기거나 또는 이를 조절하는 방식으로 약 15년가량 정국을 이끌었다. 당시 노론과 소론의 신료들은 숙종의 본심을 도무지 알 길이 없어 전전긍긍해야만 했다.

대리청정

숙종 42년(1716)에 들어와 송시열과 윤증을 지지하는 노론과 소론 간의 갈등이 절정으로 치닫자 숙종은 짐짓 소론의 손을 들어주어 노론 인사를 대거 몰아냈다. 그러나 숙종의 속셈은 딴 데 있었다. 숙종은 곧 '회니시비'의 빌미가 된 윤선거의 묘갈명과 '신유의서'를 갖고 오게 한 뒤 "신유의서에는 윤증이 송시열을 비난한 글이 많지만 묘갈명에는 송시열이 윤선거를 욕한 내용이 없다"는 판결을 내렸다.

이는 소론에 대한 지지를 완전히 철회한 것이나 다름없었다. 이를 흔히 '병신처분丙申處分'이라고 한다. 급작스런 병신처분으로 졸지에 소론이 대거 축출되고 노론이 다시 그 자리를 메웠다. 당시 숙종은 갑술환국 이후 20년 넘게 노론과 소론의 대립을 주시해 오다가 병신처분을 계기로 노론을 지지하는 입장을 분명히 하고 나선 것이다. 이는 무슨 까닭일까?

원래 갑술환국 당시만 해도 숙종은 세자 보호에 심혈을 기울였다.

그러나 희빈 장씨가 사사된 뒤 숙종은 세자를 점차 멀리하기 시작했다. 마침내 숙종은 세자가 조금이라도 뜻에 거스르는 모습을 보이면 "희빈의 소생이라 별 수 없구나"라는 식으로 꾸짖기까지 했다. 갑술환국이 일어나던 해에 숙빈 최씨가 연잉군을 낳았고, 5년 뒤에는 후궁 박씨가 연령군延齡君을 낳았다. 시간이 갈수록 숙종의 마음은 연잉군과 연령군에게 기울어졌다. 세자는 모든 일에 의욕을 잃고 늘 부왕의 눈치만 보았다. 그런 모습이 숙종은 더욱 못마땅했다.

당시 숙종은 세자 교체를 진지하게 생각했음에 틀림없다. 연잉군을 지지하는 노론의 손을 들어준 '병신처분'이 그 증거이다. 마침내 숙종은 재위 43년(1717) 7월에 노론의 거두인 좌의정 이이명에게 단독으로 입시할 것을 명했다. 동석을 요구한 승지 등이 한참 후에 들어갔을 때는 이미 이이명과의 독대가 끝난 뒤였다. 이날 두 사람 사이에 어떤 이야기가 오갔는지는 아무도 몰랐다. 이를 이른바 '정유독대丁酉獨對'라고 한다. 숙종은 이이명과 독대가 끝난 직후 노론 원로대신 일곱 명을 불러 모은 뒤 "지금 안질이 오래도록 심해 왼쪽 눈은 물체를 볼 수 없을 뿐만 아니라 오른쪽 눈도 장차 장님이 될 지경이다. 세자에게 청정하게 하는 일이 내 뜻이다. 조상을 부른 것은 이 때문이다"라고 천명했다.

이때 노론 신하들은 뜻밖에도 세자가 이미 성장했고 총명하므로 아무 염려가 없다며 정성껏 보좌할 것을 다짐하고 나섰다. 이는 군왕의 대리청정 언급이 나오면 으레 강력히 철회를 요구하는 관행과 동떨어진 모습이 아닐 수 없다. 왜 이런 일이 일어난 것일까?

소론은 혹여 세자에게 대리청정을 시킨 뒤 해를 끼치려는 것은 아닐까 의심했다. 당시 급보를 전해 받은 소론의 영수 영중추부사 윤지완은 병상에서 일어나 82세의 노구를 이끌고 입궐 채비를 서둘렀다. 윤지완은 가족과 작별한 뒤 관을 싣고 서울로 향했다. 그러나 숙종은 윤지완의 강력한 만류를 외면한 채 세자에게 대리청정을 명했다. '정유독대'를 한 지 한 달 뒤부터 세자의 대리청정이 시작되었다.

숙종이 볼 때 세자를 교체하기 위해서는 먼저 소론의 반대를 미리 제압해야만 했다. 그러기 위해서는 노론에게 정국의 주도권을 넘겨줄 필요가 있었다. 노론이 대리청정의 명을 순순히 받아들인 것은 바로 이 때문이었다. '정유독대'는 바로 이를 확인하는 자리였다. 세자의 대리청정은 세자 교체를 위한 덫이었던 셈이다.

그러나 실제로 대리청정을 맡은 세자는 별로 흠잡을 데가 없었다. 세자는 지나칠 정도로 신중했다. 세자가 '정유독대' 후 숙종이 죽을 때까지 3년 동안 무사히 대리청정을 하다가 숙종의 뒤를 이어 보위에 오를 수 있었던 것은 바로 이 때문이었다. 그가 바로 경종이다.

그러나 경종은 즉위한 뒤에도 끊임없이 노론의 눈치를 봐야만 했다. 소론의 조태구가 우의정에 임명되기는 했으나 큰 힘이 되지 못했다. 소론계 유생 조중우가 희빈 장씨의 추숭 문제를 거론했을 때에도 경종은 이를 지지할 수 없었다. 노론의 위세에 눌려 경종은 즉위 1년 만에 이복동생인 연잉군을 세제世弟로 삼은 뒤 대리청정을 위임했다가 재위 4년 만에 급서했다. 항간에는 독살설이 파다하게 떠돌았다.

숙종의 유산

이상에서 살펴본 바와 같이 김석주에게 공작 정

치를 터득한 숙종이 후기에 들어와 신권 세력 간의 갈등을 부추기면서 사후에 연잉군을 보위에 올려놓는 데까지 성공한 것은 '환국정치'의 극치가 아닐 수 없다. 본래 숙종의 '환국정치'는 기본적으로 '군약신강'의 틀이 고착된 상황에서 나름대로 왕권을 보호하기 위한 자위自衛의 성격이 짙었다. 숙종이 즉위할 당시 송시열을 중심으로 한 서인 세력은 군왕보다 막강한 위력을 발휘하고 있었다. 어린 나이에 보위에 오른 숙종이 김석주를 비롯한 척신 세력에 온전히 의지한 것은 이런 맥락에서 이해할 수 있다. 그러나 숙종이 성년이 된 이후에도 줄곧 '환국정치'를 구사한 것은 많은 문제가 있었다.

첫째, 당쟁을 유발해 왕권을 강화하고자 한 의도 자체가 불순하다는 지적을 면하기 어렵다. 비록 '군약신강'의 붕당정치 구도 아래에서 왕권을 유지하기 위해 불가피한 측면이 있었다는 점을 감안하더라도 신권 세력 간의 갈등을 조장해 수많은 신하들을 죽음으로 몰아간 것은 결코 정도가 아니다. 당대의 유신인 송시열과 윤휴, 윤증 모두 소모적인 '예송' 문제로 화를 자초한 측면이 있다. 하지만 엄밀히 따지면 숙종이 구사한 '환국정치'의 덫에 걸렸다고 할 수 있다. 이는 한비자韓非子가 난세의 통치 방략으로 제시한 '어신술御臣術'의 관점에서 보아도 하책에 속한다.

둘째, 처자식까지 왕권 보호의 도구로 이용했다는 비난을 면하기 어렵다. 사실 인현왕후와 장희빈 모두 숙종이 구사한 '환국정치'의 희생양이었다. 가장 비참한 인물은 경종이었다. 경종은 생모가 사사되는 와중에도 살아남아 가까스로 보위에 오르기는 했으나 끝내 음위陰痿와 노론의 위압으로 인해 독살설이 난무하는 가운데 횡사하고 말았다. 이 또한 숙종에게 책임을 묻지 않을 수 없다.

당시 숙종은 각 붕당이 내세운 '존주대의尊周大義'의 허울뿐인 명분론을 과감히 깨부수고 실사구시의 자세를 견지해 급변하는 대륙정세에 발맞춰 국력을 강화하는 쪽으로 나아갔어야 했다. 그런데도 숙종은 재위 46년 동안 시종 수단과 방법을 가리지 않고 신권 세력과의 권력투쟁에 몰두했다. 그 결과 '환국정치'는 오히려 부메랑이 되어 '군약신강'을 더욱 부채질하는 부작용을 낳고 말았다. 노론 세력에 의해 보위에 오른 영조가 끝내 자식까지 뒤주 속에 가둬 죽인 것이 그 증거이다. 부자지간에 빚어진 참사의 뿌리가 숙종의 환국정치에 있다. 숙종을 용군으로 분류하는 이유다.

4

영조

허울뿐인 탕평으로 붕당을 남겨두다

탕평의 허실

많은 사람들에게 영조는 조선의 역대 군왕 중 유일한 아들인 사도세자를 뒤주 속에 가둬 아사시킨 비정한 군왕으로 각인돼 있다. 영조는 왜 이토록 비정한 짓을 저지른 것일까? 이 또한 당쟁의 후과로 볼 수 있다. 영조 역시 선조와 마찬가지로 생모가 왕비가 아닌 후궁으로 두 번째 방계 출신에 해당한다. 경종의 경우는 생모인 장희빈이 재차 빈으로 강등돼 사약을 받기는 했으나 한때 왕비의 자리에 오른 적이 있었다. 이에 반해 영조의 생모는 역대 군왕의 생모 중 신분이 가장 비천한 무수리 출신으로 영조를 낳은 뒤 비로소 빈이 된 인물이다. 선조가 방계출신이라는 신분상의 하자를 보완키 위해 호학군주를 자처한 것처럼 영조 역시 호학군주의 모습을 보였다. 선조의 경우는 왕자로 있을 때 아직 붕당이 나타나지 않았던 까닭에 별다른 위기를 겪지 않았으나 영조의 경우는 당쟁이 극성한 때 왕자로 있었던 까닭에 수차례 죽음의 문턱을 넘나들어야만 했다.

당초 영조의 부왕인 숙종은 재위 46년 동안 시종 수단과 방법을 가리지 않고 신권 세력과의 권력투쟁에 몰두했다. 그 결과 집권당을 돌아가면서 세우는 환국정치는 일시 왕권을 강화하는 요인으로 작용키는 했으나 결과적으로 부메랑이 되어 '군약신강'을 더욱 부채질하는 부작용을 낳고 말았다. 노론 세력에 의해 보위에 오른 영조가 끝내 자식까지 뒤주 속에 가둬 죽인 배경이 여기에 있다. 영조 역시 부왕인 숙종이 환국정치의 와중에 부인인 장희빈을 폐출한 뒤 사약을 내린 것과 마찬가지로 자신의 내세운 이른바 '탕평정치'를 펴나가는 와중에 아들인 사도세자를 희생물로 삼았던 것이다.

원래 '탕평'이라는 말은 『서경』「홍범」편에서 따온 것이다. 「홍범」편에는 기자箕子가 주무왕에게 통치의 요체를 설명하면서 '무편무당無偏無黨, 왕도탕탕王道蕩蕩, 무당무편無黨無偏, 왕도평평王道平平'을 언급한 대목이 나온다. 치우치거나 편들지 않고 통치가 공평무사하다는 뜻이다. '탕평'은 바로 '탕탕평평'을 축약한 말이다.

공자는 '탕평'을 두고 『논어』「위정」편에서는 '주이불비周而不比'로 풀이했다. 두루 어울리되 무리를 짓지 않는다는 뜻이다. 「자로」편에서는 '화이부동和而不同'으로 해석했다. 조화를 이루되 편당을 짓지 않는다는 의미이다. 대략 같은 뜻이다. 공자 역시 파당의 이익에 침잠할 소지가 큰 붕당정치에 매우 비판적인 입장을 견지했던 셈이다. 영조가 '탕평'을 들고 나온 것도 유사한 취지에 입각해 있었다. 그의 재위기간은 붕당정치의 폐해가 극에 달한 때였다는 점에서 그의 '탕평' 주장은 시의적절한 것이었다. 이는 기본적으로 그가 붕당을 소인들의 집단으로 간주한 데서 나온 것이었다. 최초의 붕당인 동인과 서인이 출현하면서 모두 '군자당'을 자임했을 때 선조는 자신 또한 '진붕眞朋'에 가입하고 싶다는 뜻을 밝힌 것과 비교하면 커다란 차이가 있음을 알 수 있다.

'탕평론'은 이론적으로 '붕당론'과 대립되는 관점에서 나온 것이다. 붕당론을 최초로 체계화한 사람은 북송대의 구양수이다. 남송의 주희는 이를 더욱 발전시켜 군왕도 군자당에 가입해야 나라를 잘 다스릴 수 있다며 '인군위당론'를 전개했다. 그러나 당시에도 『주역』에 조예가 깊었던 소옹은 오히려 '탕평론'을 주장하고 나섰다. 소옹은 『황극경세서』에서 군주는 해와 달 같은 존재인 까닭에 무편무당을 법도로 삼아 천하의 인재를 두루 발탁해 통치해야 한다고 역설했다. 영조도 자신의 '탕평'을 유사한 뜻으로 풀이했다.

그러나 주희를 맹종한 조선의 사대부들은 영조의 탕평론을 있는 그대로 받아들이지 않았다. 이들은 오히려 영조가 평소 "탕평관蕩平冠을 쓰고, 탕평선蕩平扇을 부치고, 탕평채蕩平菜를 먹는다"는 식으로 그의 탕평론을 비웃었다. 이는 붕당정치의 폐해가 이미 골수에까지 깊이 스며들어 있었음을 반증하는 것이기도 하다.

영조의 '탕평론'이 사도세자의 죽음으로 연결된 배경을 알기 위해서는 우선 그가 어떤 과정을 통해 보위에 오르게 되었고, 이후 어떻게 당쟁의 와중에 왕권을 유지코자 했는지를 살펴볼 필요가 있다. 영조가 연잉군으로 있을 때 이복형인 장희빈 소생의 경종은 후사를 두지 못하고 있었다. 생모가 폐출되어 사약을 받는 등의 우여곡절을 지켜보면서 그는 성불구자가 되어 있었다.

이로 인해 비록 생모가 무수리 출신이기는 하나 숙종의 혈통을 이을 수 있는 왕자는 오직 영조밖에 없었다. 장희빈의 아들인 경종의 즉위에 결정적인 도움을 준 소론세력은 노론세력이 밀고 있는 영조가 보위에 오를 경우 적잖은 타격이 올 것을 우려해 종친 내에서 후사를 고르고자 했다. 경종비인 선의왕후 어씨는 종친 중 어린아이를 입양해 후사로 정할 생각을 하고 있었다. 실제로 궁중 일각에서는 소현세자의 후손으로 경종의 9촌 조카인 밀풍군 이탄의 아들 이관석을 입양하려는 움직임이 있었다. 노론이 영조의 왕세제王世弟 책봉을 서두른 것은 바로 이 때문이었다.

임인옥사 전말

당시 왕세제 책봉은 노론의 주도면밀한 계책 아래 하룻밤 사이에 성사되었다. 노론의 전격적인 행보에 경악한 소론은 즉각 반격에 나섰으나 오히려 수에 밀려 역공을 당하고 말았다. 사직司直 유봉휘가 노론 대신을 엄벌할 것을 상소했다가 유배당한 사실이 그 증거이다. 소론의 영수인 우의정 조태구도 유봉휘를 구하려다가 오히려 탄핵을 당해 집에서 근신해야만 했다. 당시 소론은 집권 세력이었는데도 수에서 열세를 면치 못하고 있었다. 노론은 여세를 몰아 왕세제 문제가 확정된 지 두 달 뒤인 경종 원년(1721) 10월에 다시 사헌부 집의執義 조성복의 상소를 계기로 왕세제의 대리청정을 강력히 추진하고 나섰다. 경종도 후사를 둘 수 없는 상황에서 다른 종친을 선택하는 것보다는 이복동생인 영조에게 대리청정을 시키는 것이 낫다는 생각을 하고 있었다. 『경종실록』의 다음 대목이 그 증거이다.

"내게 이상한 병이 있는데 회복될 기미가 보이지 않는다. 지금 세제는 젊고 아주 지혜롭고 총명하니 만일 그로 하여금 국사를 청정하게 하면 가히 의지할 수 있을 것이다. 대소 국사를 막론하고 모두 세제가 재단토록 하라."

이 소식을 들은 우의정 조태구는 즉시 과천에서 출발해 도성 문 밖에 와서 상소를 올렸다. 좌참찬 최석항도 눈물을 흘리며 대리청정의 뜻을 거두라고 온힘을 다해 말하고 나섰다. 세제인 연잉군도 다섯 번에 걸쳐 대리청정을 사양하는 상소를 올렸다. 조태구가 마침내 경종의 허락을 받아 입궐하자 이에 놀란 노론의 대신들도 잇달아 입궐했다. 조태구가 대리청정의 뜻을 거두기를 권하자 궁지에 몰린 노론 대신들도 말을 바꿔 이에 동조했다. 결국 겨우 10여 일 사이에 대리청정의 명이 여러 차례 번복되는 일이 벌어졌다.

이때 소론의 급진파인 김일경 등 7명이 함께 상소를 올려 대리청정을 제기한 조성복과 이를 뒷받침한 영의정 김창집, 좌의정 이건명, 영중추부사 이이명, 판중추부사 조태채 등 이른바 '노론 4대신'을 역모혐의로 엄단할 것을 주청했다. 경종에 대한 불경과 불충을 최대한 부각해 반전을 꾀한 것이다. 경종이 이를 받아들여 조성복과 노론 4대신을 포함해 50~60명의 노론을 처벌했다. 이를 통상 신축옥사辛丑獄事로 부르고 있으나 소론의 관점에서는 신축환국辛丑換局으로 부른다. 노론이 차지하고 있던 자리를 모두 소론으로 채웠다는 뜻이다. 조태구가 영의정, 최석항이 우의정, 김일경이 이조참판에 제수되는 등 소론이 조정의 요직을 모두 장악했다.

경종 2년(1722) 3월에 일어난 이른바 '목호룡 고변 사건'은 소론이 여세를 몰아 노론을 일망타진코자 한데서 비롯되었다. 목호룡은 원래 서얼 출신으로 풍수지리를 공부해 묘지나 집터의 길흉을 가리던 사람이었다. 이조참판 김일경의 사주를 받은 그는 묏자리를 구하는 일을 통해 사귀게 된 노론의 명문자제들로부터 지득한 여러 사실을 토대로 이들을 모반으로 몰아갔다. 그의 고변은 비록 부풀려지기는 했으나 전혀 터무니없는 것은 아니었다.

연루자들 모두 심한 고문을 받고 죽어 갔다. '노론 4대신'이 옥사한데 이어 170여 명에 달하는 노론 인사들이 가혹한 형벌을 받았다. 이를 임인옥사壬寅獄事라고 한다. 임인옥사는 숙종 때 노론이 정권을 잡은 이후 처음으로 당한 일대 참변이었다. 학계에서는 신축옥사와 임인옥사를 합쳐 통상 신임옥사辛壬獄事로 통칭한다.

경종독살설의 실체

당시 8개월 동안 계속된 옥사에서 왕세제인 연잉군의 이름이 수없이 거론되었다. 경종이 마음먹기에 따라서는 왕세제의 자리에서 내쫓기는 것은 물론 형장의 이슬로 사라질 수 있는 절체절명의 상황이었다. 영조가 자신의 양모인 숙종의 계비 인원왕후 김씨 앞에 나아가 눈물을 흘리며 자신의 연루혐의를 극구 부인했다. 왕세제의 자리까지 내놓겠다고 말하자 인원왕후가 적극 변호에 나섰다. 이에 영조는 간신히 위기를 면할 수 있었다. 조선조 5백년을 통틀어 역모혐의를 받은 왕자가 살아남아 보위에 오른 경우는 영조가 유일하다. 여기에는 경종의 적극적인 엄호가 크게 작용했다. 당시 경종은 청나라가 조서를 내려 이후에 후계자를 바꾸게 되면 미리 알리라고 했을 때도 이복동생인 영조를 두고 종실의 아이를 후계로 삼을 수 없다는 입장을 분명히 밝혔다. 비록 본의 아니게 당쟁에 휘말려 신임옥사를 만들어 내기는 했으나 그는 기본적으로 온후한 인물이었다.

당시 영조는 신중한 행보로 일관했다. 소론의 예봉을 피하기 위한 것이었다. 그 덕분에 그는 경종 4년(1724) 8월에 경종이 갑작스럽게 운명하자 곧바로 보위에 오를 수 있었다. 그러나 그의 즉위 또한 간단치 않았다. 이는 항간에 널리 유포된 이른바 '경종독살설'로 인한 것이었다. 경종은 죽기 직전 갑자기 병세가 심해져 밥을 제대로 먹지 못했다. 어의들이 백방으로 약재를 써 보았지만 소용이 없었다. 경종은 때로 가슴과 배가 조이듯이 아파 음식을 먹을 수가 없었다. 이때 어주御廚 즉 수라간에서 경종의 입맛을 돋우기 위해 수라상에 게장과 생감을 올렸다. 경종은 모처럼 게장으로 수라를 많이 먹었으나 다음날부터 복통과 설사에 시달리다가 의식을 잃었고 급기야 5일 만에 죽고 말았다. 전문가들은 대략 만성적인 신장 계통의 질환이 급격히 악화된 결과로 추정하고 있다.

당시의 여러 정황에 비춰 '경종독살설'은 영조가 즉위해서 노론이 다시 집권하자 이에 대한 불만이 유언비어 형태로 나타난 것으로 보인다. 그러나 당시 영조는 즉위 직후부터 오랫동안 이로 인해 곤욕을 치러야만 했다. 영조가 재위 31년(1755) 10월에 자신의 세제 책봉과 즉위 정당성을 천명한 『천의소감闡義昭鑑』의 저술을 맡은 여러 신하들에게 입시를 명한 뒤 유시를 내리는 형식으로 이를 간접 해명하고 나선 것이 그 증거이다. 『영조실록』에 따르면 영조는 당시 이같이 해명했다.

"그때 황형皇兄(죽은 형의 존칭)에게 게장을 진어한 당사자는 어주御廚였다. 황형의 예척禮陟 승하가 그 후 5일 만에 있자 '무식한 시인寺人 나인이 지나치게 진어했다'는 소문이 퍼졌다. 지금 분명히 말하지 않으면 이것이 어찌 사람의 자식된 도리이고 아우된 도리라고 할 수 있겠는가."

영조가 즉위하자 노론은 한껏 고무되었다. 이들은 가장 먼저 영조의 세제 책봉과 대리청정을 주청하다가 목숨을 잃은 노론 4대신의 원한을 풀어 주고자 했다. 그러나 영조는 3정승을 모두 이광좌와 유봉휘, 조태억 등 소론으로 임명한 뒤 4대신 문제에 대해서는 일절 거론하지 않았다. 노론 입장에서 볼 때 참으로 배은망덕한 모습이 아닐 수 없었다.

그러나 여기에는 영조 나름대로 복잡한 셈법이 있었다. 우선 그는 막강한 노론을 제압하기 위해서는 소론을 지렛대로 사용할 필요가 있다고 생각했다. 또한 항간에 나도는 경종 독살설을 막기 위해서라도 경종의 급서로 동요하는 소론을 안심시킬 필요가 있었다. 나아가 그는 자신이 노론의 등에 업혀 보위에 올랐다는 얘기가 나도는 것을 원치 않았다. 3정승을 소론 일색으로 구성한 것은 한시적인 조치였다. 영조의 초기 행보를 보면 이미 어렸을 때 부왕인 숙종의 '환국정치'를 보면서 왕권 강화의 묘한 이치를 체득했다고 해석할 수밖에 없다. '탕평'의 논리는 바로 이런 상황에서 나온 것이다.

영조는 자신의 뜻을 소신껏 펴기 위해서는 명분을 쌓을 시간이 필요하다는 사실을 충분히 알고 있었다. 차분히 문제를 풀어 가는 접근 방법을 선택한 것이다. 즉위 직후 영조는 먼저 신임옥사로 유배된 전 판서 민진원을 석방했다. 이에 고무된 노론은 신임옥사의 재판을 다시 할 것을 요청했다. 노론은 때마침 찾아온 기회에 조태구와 유봉휘가 김일경과 같은 편이라고 지목해 소론을 일망타진하고자 했다.

당시 영조는 노론의 공세가 거세지자 신임옥사의 장본인인 김일경과 목호룡을 처단하는 조치를 내렸다. 이어 재위 원년(1725) 정월에 소론을 공격하는 승지 윤봉조의 상소가 올라오자 이를 빌미로 정국 개편을 단행했다. 조원명을 비롯한 소론 중진들이 대거 물러나고, 노론의 영수 민진원과 정호, 이관명 등이 입각했다. 이어 영조는 자신의 세제 책봉과 대리청정을 주청하다 목숨을 잃은 노론 4대신을 구제하기 위한 방안으로 신임옥사를 거짓으로 죄를 꾸민 것으로 규정하고 노론 4대신을 신원하는 조치를 단행했다. 이를 을사처분乙巳處分이라고 한다.

이인좌의 난과 남인의 몰락

을사처분 당시 영조는 탕평을 내세워 더 이상의 조치를 하지 않았다. 이는 을사처분에 따른 소론의 반발을 무마하려는 속셈이었다. 그러자 노론은 얼음과 숯은 한 그릇에 담을 수 없다는 '빙탄불상용氷炭不相容'의 논리를 내세워 노론과 소론 중 하나를 택하라며 영조를 압박했다. 이들은 소론을 일망타진하기 위해 역적을 토벌해야 한다는 토역론討逆論 주장을 펼쳤다. 노론의 거센 압력에 밀린 영조는 유봉휘를 유배 보내고, 이광좌와 조태억의 관직을 삭탈하는 조치로 사태를 무마하려고 했다.

이때 영조는 신하들 앞에서 오열하며 탕평을 내세워 붕당을 깨트릴 것을 호소했으나 노론은 미동도 하지 않았다. 강경파인 노론 준론峻論의 영수인 민진원이 소론을 단죄할 것을 요구하자 영조는 민진원을 좌의정에서 해임한 뒤 온건파인 노론 완론緩論의 영수 홍치중을 발탁했다. 홍치중은 소론과도 가까워 영조의 탕평에 맞는 인물이었다. 실제로 홍치중은 정치력을 발휘해 노론 준론의 단죄 요구를 적절히 무마하면서 소론계의 등용을 청하는 등 탕평의 본래 취지인 '노소병용老少竝用'을 구현하는 데 모든 힘을 쏟았다.

영조가 홍치중을 총애하면서 그가 주문하는 것을 모두 들어주자 노론 준론이 다급해졌다. 노론 준론은 노소병용 기조가 정착되면 소론을 제거할 기회가 멀어질 것을 우려했다. 이들은 기회가 있을 때 어떤 일이 있어도 신임옥사를 뒤집어 정계를 개편함으로써 장기 집권의 기반을 다지고자 했다. 마침내 영의정 정호가 홍치중을 겨냥해 "눈치나 살피면서 이록利祿을 탐내는 구차한 무리"로 매도하고 병조좌랑 김조택이 우의정 조도빈을 공격하고 나서자 홍치중과 조도빈이 물러났다. 그러자 영조는 노론 대신들을 문책하면서 정호를 영의정에서 해임한 뒤 홍치중을 좌의정에 다시 기용했다. 영조가 발벗고 나서서 노론 완론을 지원했지만 노론 완론은 이미 준론의 위세에 눌려 의욕을 잃어버린 뒤였다.

영조 3년(1727) 4월에 소론인 유봉휘가 귀양지에서 사망하자 노론 준론이 유봉휘의 재산을 몰수하고 가족을 처벌할 것과 김일경 일파를 엄중하게 처단할 것을 강력하게 요구하고 나섰다. 정국이 다시 혼란에 빠지자 영조는 타개책으로 소론을 중심으로 한 대대적인 개편을 단행했다. 이에 유봉휘와 조태구, 최석항의 관작을 회복해 주고, 유배된 소론 인사 60명을 석방했다. 이를 정미환국丁未換局이라고 한다. 이는 을사처분을 뒤엎는 것이었다. 이로써 노론 4대신은 졸지에 다시 4충四忠이 아닌 4역四逆이 되었고, 임인옥사는 역적의 죄를 엄하게 물은 것으로 규정되었다.

영조는 자신의 즉위에 결정적인 공헌을 한 노론 세력과 한동안 타협하는 자세를 취하다가 이내 그들의 요구가 도를 넘어서자 정미환국을 단행한 것이다. 노론에 대한 영조의 실망과 염증이 바로 정미환국으로 드러난 셈이다. 영조의 입장에서 볼 때 탕평의 가장 큰 걸림돌은 노론 세력이었다. 영조는 막강한 세력을 과시하고 있는 노론을 제압하지 않으면 왕권을 유지하기 어렵다고 판단했다. 영조에게 탕평은 노론을 제압하기 위한 명분일 뿐만 아니라 왕권을 강화하는 유일한 방안이기도 했다.

당시 권력 다툼에서 밀려난 남인들의 반감은 일촉즉발의 위기 상황으로 치닫고 있었다. 이들의 불만은 영조 4년(1728) 3월의 '이인좌의 난'으로 나타났다. 이 반란 사건은 영조와 노론에 대한 남인들의 반감이 어느 정도였는지를 짐작할 수 있는 큰 사건이다. 을사처분으로 신임옥사가 거짓으로 죄를 물어 다스린 것으로 판명되자 일부 과격파 소론과 남인이 크게 흥분했다. 이들은 폭력을 동원해서라도 영조를 제거하고 노론 정권을 타도한 뒤 소론과 남인의 연합 정권을 구성하고자 했다.

이들이 반란을 꾀한 것은 기본적으로 영조가 정상적이지 않은 방법으로 즉위했기 때문이었다. 숙종이 장희빈 소생인 경종을 버리려고 할 때 노론은 공개적으로 영조를 지지하고 나섰다. 신하가 군주를 선택하는 이른바 택군擇君 현상이 벌어진 것이다. 명분을 중시하는 성리학의 나라에서는 있을 수 없는 일이 일어난 것이다. 바로 영조는 노론이 '택군'을 해서 보위에 오른 것이다. 이런 이유로 반란 세력은 애초부터 영조를 합법적인 군왕으로 인정하지 않았다. 반란 세력은 항간에 떠도는 경종 독살설을 최대한 활용해 영조는 숙종의 아들이 아니고 경종을 몰래 시해했다는 유언비어를 만들어 민심을 선동했다. 정통성이 없는 군주를 몰아내어 경종의 원수를 갚는다는 논리에 민심이 크게 동요했다. 호서와 호남, 영남 등 삼남 지역은 말할 것도 없고 경기도와 평안도에 이르기까지 전국 규모의 반란 조직이 결성되었다.

원래 이인좌는 갑술환국 당시 감사를 지낸 이운징의 손자였다. 이인좌의 조모는 숙종 연간에 남인 정권을 이끈 영의정 권대운의 딸이었다. 이인좌 자신은 남인의 대표적 이론가인 윤휴의 손자사위이기도 했다. 명실상부한 남인 명가의 자제인 이인좌는 거사를 이루기 위해 즐기던 술을 8년 동안 끊는 단호함을 보였다. 이인좌를 비롯한 반란의 주동자들은 지방 군인과 향반鄕班을 비롯해 중인층과 노비에 이르기까지 아주 다양한 계층을 포섭했다. 이들이 개별 접촉을 해서 포섭한 인물 중에는 평안감사인 이사성과 포도대장 남태징 등도 들어 있었다.

그러나 반란 세력은 영조 3년에 일어난 정미환국으로 인해 잠시 주춤할 수밖에 없었다. 정미환국은 반란의 명분을 크게 퇴색시켰다. 그러나 이인좌는 사태를 관망하며 신중히 대처하자는 중론을 거스르고 마침내 거사를 일으키고 말았다. 이인좌는 영조 4년(1728) 3월 15일에 충청병사 이봉상을 살해한 뒤 청주성을 점령했다. 이인좌는 독살된 경종의 원수를 갚고 소현세자의 증손인 밀풍군 이탄을 새로운 왕으로 추대한다는 내용을 담은 격문을 사방에 뢰우며 동참을 호소했다. 청주성을 점거한 반군은 군중軍中에 경종의 위패를 모셔 놓고 여러 곳에서 모여든 가담자를 반군에 편제하면서 영남과 호남 지역 반군의 합류를 재촉했다.

며칠 만에 거창과 합천을 손쉽게 점령한 영남 반군의 병력은 무려 7만 명에 달했다. 이들은 이인좌의 반군과 합세하기 위해 북진을 서둘렀다. 그러나 호남 지역에서는 거병이 쉽지 않았다. 반군의 북상 소식을 들은 조정은 도성 수비를 강화하면서 김일경과 목호룡의 식솔을 체포한 뒤 소론계의 오명항을 총사령관으로 하는 토벌군을 편성했다. 토벌군은 북진을 서두른 이인좌의 반군과 안성 인근에서 만났다. 이때 오명항은 첩자를 통해 반군의 진격로를 미리 파악한 뒤 신속히 병력을 이동시켜 반군을 대파했다. 이인좌는 패잔병을 이끌고 죽산으로 향했으나 이내 패해 서울로 압송되었다. 영남의 반군도 곧 토벌되어 정희량 등 주모자 21명이 모두 처형되었다.

탕평파와 쌍거호대

당시 영조는 이인좌의 난을 계기로 한 가지 사실을 분명히 깨달았다. 왕권을 강화하기 위해서는 결코 한 당파만을 완전히 신임해서는 안 된다는 게 그것이다. 영조가 노론의 '토역론'을 받아들이지 않은 이유가 바로 여기에 있었다.

당시 영조는 자신의 '탕평' 주장에 적극 동조한 소론계의 조문명과 송인명, 박사수 등을 주목했다. 이들을 이른바 '탕평파蕩平派'라고 한다. 탕평파는 영조의 두터운 신임을 바탕으로 일약 정국의 주도 세력으로 부상했다. 김흥경과 김재로 등 노론의 대신들이 집단 사직으로 이에 반발했으나 영조는 크게 개의치 않았다. 탕평파가 노론의 온건 세력을 대표하는 좌의정 홍치중에게 정국을 안정시킬 방안을 자문하자 홍치중은 '분등설分等說'을 제시했다.

'분등설'은 신축옥사와 임인옥사를 별개로 다루는 방안이었다. 신축옥사로 인해 4역으로 몰린 노론 4대신을 다시 4충으로 만들어 노론 대신들을 달래고, 임인옥사에 연루된 이이명의 아들과 김창집의 손자는 순리를 거역한 자손이라는 논리로 소론의 반발을 누르는 절충안이었다. 일종의 '반충반역半忠半逆'의 논리인 셈이다. 분등설을 따를 경우, 노론 4대신 중 이건명과 조태채의 신원만 가능하고, 자손이 임인옥사에 연루된 이이명과 김창집의 신원은 불가능하게 된다.

탕평파가 영조 5년(1729) 5월에 분등설을 내세워 노론 대신의 의향을 타진하자 노론 대신들은 이를 단호히 거부하며 이 방안을 제시한 홍치중을 비난했다. 그러나 영조는 이에 아랑곳하지 않고 영의정 이광좌 이하 탕평파의 중진들을 소집해 이를 확정했다. 이를 이른바 '기유처분己酉處分'이라고 한다. 기유처분은 영조가 노론에게 자신의 치세는 결코 노론 정권의 시작이 아니라는 사실을 분명히 각인한 것이나 다름없었다.

그러나 기유처분 역시 을사처분과 마찬가지로 '충역시비'의 근원을 없애지 못한 미봉책에 불과했다. 기유처분으로 명분을 얻은 소론 정권이 언제까지 유지될지는 아무도 장담할 수 없었다. 기유처분 이후 영조는 소론 위주의 정국을 유지하면서 노론과 소론 양측을 동시에 기용해 견제케 하는 이른바 쌍거호대雙擧互對의 인사 방식으로 노소병용을 관철하고자 했다. 영의정이 노론이면 좌의정은 소론, 이조판서가 소론이면 참판참의는 노론 이런 식으로 기용하는 방안을 말한다.

기유처분은 영조 8년(1732)에 홍치중과 조문명이 사망한 것을 계기로 노론이 김창집과 이이명을 신원할 것을 강력히 요구하면서 난관에 봉착했다. 기유처분의 폐기는 소론 탕평파의 몰락을 의미했다. 영조의 입장에서 볼 때 탕평을 내세운 왕권이 '충역시비'를 내세운 노론의 신권세력에게 제압당하는 것을 뜻하는 것이기도 했다. 영조가 한밤중에 왕명을 내린다는 뜻의 이른바 '반야하교半夜下敎' 등을 통해 노론의 요구를 일축하고 소론 탕평파의 생명을 연장시킨 이유가 여기에 있다. 그러나 이 또한 임시 처방에 지나지 않았다.

영조의 입장에서 볼 때 보위에 오를 때 노론 세력에게 큰 도움을 받았기 때문에 막강한 세력을 과시하고 있는 노론 세력의 요구를 언제까지나 무시할 수도 없었다. 그렇다고 노론의 세력에 굴복해 이미 내린 기유처분을 무효로 할 경우 이는 노론의 등에 업혀 보위에 올랐다는 사실을 인정하는 셈이 된다. 임금의 위엄이 땅에 떨어질 게 빤했다. 영조가 기유처분에서 구차한 '반충반역'의 논리로 노론 4대신 중 두 사람의 신원만 허용하는 처분을 내린 것은 바로 이 때문이었다. 명분 면에서 볼 때 노론의 정치 참여 거부는 나름대로 일리가 있었다. 이런 상황에서 영조가 내세운 탕평의 취지 또한 크게 빛이 바랠 수밖에 없었다.

군신간의 힘겨루기

영조 14년(1738)에 들어와 노론의 태도 변화로 정국에 변화의 조짐이 나타나기 시작했다. '충역시비'에 대한 분명한 판결을 주장하며 소론과의 공존을 거부하던 노론 준론의 영수 유척기가 입조한 게 그 증거이다. 이를 계기로 노론 세력이 빠르게 성장하자 영조는 이를 배경으로 삼아 종전과 달리 충역시비 논쟁에 적극 개입하기 시작했다. 영조는 이해 12월에 문득 임인옥사를 확대한 서덕수를 전격 신원하라고 지시했다. 이 같은 조치는 당시 왕세제로 있던 영조가 이 사건에 개입했다는 설을 반박하기 위해서 나온 것으로 새로운 세력의 등장을 예고한 것이나 다름없었다.

당시의 상황에 비춰 볼 때 임인옥사를 역에서 충으로 뒤집어 김창집과 이이명을 신원하기 위해서는 임인옥사를 물고 늘어지는 소론 계열의 탕평파는 거북한 존재가 될 수밖에 없었다. 영조 15년(1739) 9월에 이조판서 조현명과 우의정 송인명 등의 탕평파를 영조의 생모인 숙빈 최씨에 대한 불경을 범했다는 이유로 현직에서 내몬 것은 바로 이런 속셈에서다. 이에 고무된 노론이 김창집과 이이명의 신원을 주청하자 영조는 이듬해인 재위 16년(1740) 정월에 마침내 김창집과 이이명의 신원을 하명했다.

이때 노론 준론이 자신들의 신원에만 급급한 나머지 영조의 독살설 연루 혐의에 대해서는 한마디도 꺼내지 않자 심기가 아주 불편해진 영조는 노론 준론을 한꺼번에 퇴각시키고 소론의 조현명과 송인명을 다시 기용했다. 이는 소론의 입을 통해 자신의 무혐의를 공인받고 싶다는 속셈을 드러낸 것이다. 조현명과 송인명은 영조의 속셈을 읽고 곧바로 노론 준론을 대표하는 김재로와 더불어 막후 접촉을 벌이며 절충안을 마련했다. 마침내 이해 6월에 양측이 타협을 보자 영조는 이를 받아들여 임인옥사가 억울한 사건인 이른바 무옥誣獄임을 천명하면서 화를 입은 자들의 신원을 하교했다. 이를 경신처분庚申處分이라고 한다. 이는 기유처분의 폐기와 소론 탕평파의 몰락을 의미했다.

영조는 을사처분에서 노론의 명분론을 지지했다가 정미환국으로 이를 번복하고, 다시 기유처분에서 절충안을 택했다가 경신처분을 통해 이를 무효화하는 등 냉온탕을 오간 셈이다. 당시 노론은 경신처분에도 불구하고 임인옥사를 완전히 뒤집지 못한 점이 불만이었다. 소론 역시 혹여 임인옥사가 뒤집힐까 좌불안석이었다. 임인옥사가 번복될 경우 소론은 출사할 명분조차 찾을 수 없게 된다.

영조 17년(1741) 9월에 형조참판 오광운이 임인옥안壬寅獄案을 모두 불살라 세상의 모든 의혹을 한꺼번에 해소하는 대훈大訓의 반포를 건의하고 나섰다. '대훈'은 군주의 백성에 대한 훈시를 말한다. 영조가 크게 기뻐하며 이를 재상회의에 회부했다. 임인옥사의 당사자인 조현명이 피해를 입은 자들에 대한 전면적인 신원을 건의하자 영조는 이를 받아들여 대훈을 선포했다. 이를 신유대훈辛酉大訓이라고 한다.

신유대훈으로 노론과 소론 사이에 전개되었던 충역시비는 다음과 같이 결론이 났다. 첫째, 신축옥사의 배경이 된 왕세제 대리청정 문제는 대비와 경종의 하교를 따른 것이었다. 둘째, 임인옥사는 무옥이므로 심문 판결 조서인 국안鞫案은 모두 불태우고 피해를 입은 자는 모두 신원한다. 셋째, 다만 임인옥사에 연루된 이이명의 조카 이희지의 경우는 반역혐의가 명백히 드러난 만큼 별안別案으로 남겨 둔다.

이로써 무려 17년 동안 경종 독살설을 비롯해 목호룡 고변 사건에 연루되었다는 혐의로 숱한 고통을 겪어야만 했던 영조는 모든 혐의에서 벗어났다. 영조의 탕평에 동조하며 모든 것을 바친 소론계 탕평파의 역할이 끝난 셈이다. 신유대훈을 계기로 정국의 주도 세력이 소론계 탕평에서 노론계 탕평으로 바뀐 이유가 바로 여기에 있다. 영조는 심리적 압박에서 벗어나자 곧 '탕평'을 기치로 내걸고 일련의 왕권 강화 조치를 취하기 시작했다.

당시 붕당정치의 근간이 된 서원은 조선 전역에 걸쳐 모두 7백여 개에 달했다. 퇴계와 율곡을 비롯해 송시열 등은 수십 개의 서원에 모셔져 있었다. 영조는 숙종 40년에서 당시까지 사사로이 건립된 모든 서원을 없앨 것을 강력히 지시했다. 주희를 모신 사우祠宇은 물론 퇴계와 율곡을 비롯한 서인계 서원도 예외가 될 수 없었다. 이에 170개에 달하는 서원과 사우가 사라졌다.

탕평을 위한 영조의 결단은 여기에 그치지 않았다. 영조는 몇 달 뒤 당쟁의 빌미로 작용한 이조와 병조의 전랑銓郎 정3품 통정대부 이하의 관리 천거 담당관의 권한을 대폭 축소했다. 이로써 2백 년 가까이 내려온 붕당정치의 골간이 무너졌다. 붕당정치의 붕괴는 곧 왕권의 강화로 이어질 수밖에 없다. 영조가 내세운 탕평의 요체가 바로 여기에 있었다.

그러나 이 와중에 권력에서 밀려난 소론계의 불만은 나날이 커져갔다. 영조 31년(1755) 정월에 나주로 유배 가 있던 소론계의 전 지평 윤지가 반란을 부추기는 벽서사건을 일으켰다가 발각되는 바람에 연루자들이 대거 사형에 처해졌다. 4색 붕당 중 광해군 때 북인이 몰락하고, 숙종 때의 남인이 퇴각하고, 이때 마침내 소론마저 붕괴함으로써 중앙정계에는 오직 노론 세력만이 남게 되었다.

사도세자의 횡사

당시 노론의 독패獨覇 시대가 열리자 노론 안에서 곧바로 정국의 주도권을 장악하기 위해 분열이 일어났다. 노론은 크게 영조와 인척 관계를 맺고 있는 민진원과 신만, 홍봉한 등의 '척신계戚臣系'와 이들의 집권을 반대하는 '비척신계'로 나뉘었다. 척신계의 핵심 인물은 사도세자의 장인인 홍봉한이었다. 영조가 재위 35년(1759)에 유생 김한구의 딸을 정순왕후로 맞이한 것을 계기로 또 하나의 척신계가 등장했다. 이는 정성왕후 서씨가 자식을 두지 못한 채 사망한데 따른 것이었다. 당시 김한구는 졸지에 임금의 장인이 된 것을 계기로 힘을 쓰고자 했으나 홍봉한에 눌려 별다른 힘을 쓰지 못했다. 당시 영조의 나이는 66세, 새 왕비는 16세였다.

이 와중에 김상로를 중심으로 한 비척신계는 홍봉한 세력을 견제하기 위해서 온갖 비행으로 세인들의 지탄 대상이 된 사도세자를 거론하고 나섰다. 홍봉한은 모든 수단을 동원해 이를 막고자 했다. 이에 조정은 홍봉한의 행태를 비난하는 이른바 공홍파攻洪派과 이를 비호하는 부홍파扶洪派로 나뉘게 되었다. 김한구가 공홍파에 가담하면서 척신계도 공홍파와 부홍파로 분열되었다. 이후 이들은 사도세자가 사망하는 것을 계기로 그의 죽음을 동정하는 시파時派과 이를 당연시하는 벽파僻派로 재편되었다.

당시 영조는 왜 사도세자를 뒤주 안에 가둬 아사시키는 비정한 모습을 보인 것일까? 당시 영조는 계비인 정순왕후 김씨에게서는 후사를 얻지 못했으나 이미 정빈靖嬪 이씨와 영빈暎嬪 이씨 사이에서는 각각 효장세자孝章世子와 사도세자思悼世子를 두고 있었다. 효장세자가 영조 4년(1728)에 이미 10세의 나이로 요절한 까닭에 영조 11년(1735)에 태어난 사도세자는 태어난 지 두 해 만에 세자로 책봉되었다.

사도세자는 조급하고 민첩한 성격의 영조와 달리 말수도 적고 행동도 느렸다. 영조가 이런 사도제사를 못마땅하게 여기자 사도세자는 부왕을 늘 두려워했다. 영조의 질책이 심할수록 사도세자는 일탈된 행동을 하며 더욱 거칠게 반발했다. 사도세자는 주색에 빠져 짐승은 물론 무고한 사람을 죽이는 행동을 서슴지 않았다. 당시 세자의 비행은 도성 안의 큰 화제였다. 오직 영조만 이 사실을 모르고 있었다.

세자의 비행이 극에 달하자 조정의 중론은 세자를 비난하는 쪽으로 굳어졌다. 영조 38년(1762) 5월에 시정의 건달 나경언이 사도세자와 관련된 고변서를 형조에 제출했다. 형조에서 고심하다 좌의정 홍봉한에게 이를 알리자 홍봉한은 곧바로 영조에게 알리도록 조치했다. 이는 홍봉한이 이미 세자를 포기하는 대신 훗날 정조가 된 세손을 보호하는 쪽으로 방향을 바꿨음을 의미한다. 영조가 직접 신문에 나서자 나경언은 옷 속에서 한 통의 글을 꺼내 바쳤다. 이 글에는 세자가 시전 상인에게 유홍비를 빌린 사실 등 십여 조목에 걸쳐 세자의 비행이 자세히 기록되어 있었다. 사도세자의 비행은 결코 용납할 수 없는 것이었다. 당시 세자를 사칭해 백주에 부녀자를 강간하는 자들이 날뛴 사실이 이를 뒷받침한다. 영조는 곧 대신들의 청에 따라 나경언을 참형에 처하고 세자의 비행에 가담한 자들을 모두 잡아들이도록 하면서 사도세자에게도 자결을 명령했다. 『영조실록』의 해당 기록이다.

"주상이 칼을 뽑아 들고 연이어 차마 들을 수 없는 전교를 내려 동궁의 자결을 재촉하자 동궁의 여러 신하들이 말렸다. 주상이 세자를 폐해 서인으로 삼는다는 명을 내렸다. 세자가 울며 개과천선을 다짐했으나 전교는 더욱 엄해지고 영빈暎嬪이 고한 바를 대략 진술했다. 영빈은 세자의 생모로 주상에게 밀고한 자이다."

이 기록을 통해 당시 사도세자의 생모인 영빈조차 세자를 이미 포기했음을 알 수 있다. 영조는 세자가 옷소매를 찢어 목을 묶는 시늉만 하자 이내 세자를 뒤주 속에 가두고 뚜껑을 닫은 뒤 자물쇠를 채웠다. 영조는 그것도 모자라 널빤지를 가져와 곳을 박고 동아줄로 뒤주를 묶어 버렸다. 사도세자는 뒤주 속에 갇힌 지 8일 만에 굶어 죽었다. 이를 통상 '임오화변壬午禍變'이라고 한다.

탕평의 한계

임오화변의 배경과 관련해 수많은 이야기가 전해지고 있으나 당시의 상황을 가장 소상히 전하고 있는 것은 혜경궁 홍씨가 쓴 『한중록』이다. 『한중록』은 모두 4편으로 되어 있다. 제1편은 홍씨가 회갑을 맞은 정조 18년(1794)에 쓰인 것이다. 그러나 홍씨는 여기서 사도세자의 비극을 두고 차마 말하지 못하겠다며 의식적으로 피하고 있다. 나머지 3편은 순조에게 보일 목적으로 친정의 억울한 죄명을 자세히 파헤친 일종의 해명서이다. 이 중 가장 중요한 것은 제

4편이다.

이에 따르면 동궁의 나인들과 사도세자의 생모인 영빈과의 불화로 영조의 발길이 동궁에서 멀어지는 와중에 총애하던 화평옹주가 죽게 되자 비탄에 젖은 영조는 사도세자에게 더욱 무관심해졌다. 사도세자 역시 공부를 게을리하며 무예놀이만을 즐겼다. 영조가 사도세자에게 대리청정을 명했으나 성격차로 인하여 둘 사이는 점점 더 멀어졌다. 이후 강박증에 걸린 사도세자는 살인을 저지르는 등 비행을 저지르다가 마침내 부왕의 노여움을 사 뒤주 속에서 아사한 것으로 되어 있다.

홍씨는 이 책에서 영조의 처분을 부득이한 일로 간주하면서 뒤주의 착상은 영조 자신이 한 것이지 자신의 친정아비인 홍봉한의 머리에서 나온 것이 아니라고 극구 변명하고 있다. 이는 말할 것도 없이 임오화변 이후 시파가 홍봉한을 두고 뒤주의 착상을 제공한 원흉으로 공격하며 홍봉한의 배후설을 반박키 위한 것이다. 학계에서는 이에 주목해 당쟁을 임오화변의 가장 큰 배후요인으로 꼽고 있다.

당쟁이 중요한 배경으로 작용한 것은 확실하나 이것만으로는 뒤주 속의 아사라는 전대미문의 사건을 명쾌히 해석키가 쉽지 않다. 영조의 특이한 행보에 주목할 필요가 있다. 영조는 조선조 역대 군왕 중 몇 손가락 안에 꼽히는 호학好學 군주이다. 그의 치세 때 이른바 '실학시대'가 열린 것이 그 증거이다. 그러나 그는 평생 자신의 출생에 대한 열등감을 안고 살았다. 문벌을 중시하는 당시 상황에서 생모가 무수리 출신이라는 신분적 하자는 군왕의 권위에 적잖은 상처를 줄 수밖에 없었다. 게다가 그는 보위에 오르는 과정에서 죽음의 문턱을 수없이 드나들어야만 했다. 보위에 오를 즈음에는 이복형인 경종을 살해했다는 혐의까지 뒤집어쓰게 되었다. 영조에게 애증후박愛憎厚薄의 양상이 극단적으로 나타난 것도 이와 무관치 않을 것이다.

사도세자의 죽음은 영조와 비슷한 시기에 재위했던 강희제의 황태자 윤잉이 일탈행위를 일삼다가 폐위된 것과 사뭇 닮아 있다. 윤잉 역시 사도세자와 마찬가지로 어렸을 때 매우 총명했다. 그러나 그는 자신의 학식과 재능에 지나친 자만심을 품었다. 강희제가 재위 26년(1687)부터는 더 이상 태자에게 엄격한 요구를 하지 않게 되자 문득 윤잉은 이전과 전혀 다른 생활을 찾기 시작하면서 성격과 취미가 바뀌기 시작했다. 사서는 구체적으로 어떻게 변했는지에 관해 아무 기록도 남기지 않았다. 그러나 그가 이후 공부보다 음락淫樂을 즐겼다는 것만은 확실하다. 강희제가 재위 48년(1709)의 상유에서 그를 질책한 내용이 이를 뒷받침한다.

"지금 윤잉을 보니 조상들의 덕을 본받지도 못하고, 짐의 말을 따르지도 않고, 오직 마음 내키는 대로 사람들을 괴롭히고, 음란한 행동을 하고 있다. 차마 입에 담기도 어려울 정도이다. 짐은 20년이나 참아왔다."

강희제가 '20년이나 참아왔다'고 말한 대목을 근거로 추정하면 강희 28년(1689)을 전후로 윤잉의 성격 및 행보에 문득 커다란 변화가 생겼음을 대략 짐작할 수 있다. 실제로 윤잉은 낮에 깊은 잠에 빠져 있다가 밤이 되면 갑자기 활기를 되찾는 모습을 보였다. 어떤 때는 일어섰다가 앉았다가 하면서 이상한 말과 행동을 했다. 날이 흐리고 천둥벼락이 치면 안절부절했다. 게다가 그는 온갖 사람을 불러들여 강희제의 안전까지 위협했다. 사람을 보내 강희제의 거처를 염탐하는가 하면 일거수일투족까지 감시코자 했다. 강희제를 좇아 순행에 나섰을 때 야밤에 몰래 부황의 막사로 다가가 안을 훔쳐보는 짓을 저지르기도 했다. 이를 더 이상 참을 수 없게 된 강희제는 마침내 재위 47년(1708) 가을에 왕공대신을 불러놓고 이같이 통탄했다.

"짐이 잘 다스려놓은 천하를 결코 이놈에게 넘길 수 없다."

그는 곧 조서를 내려 태자를 폐위시켰다. 윤잉의 폐위 이유는 '불효불의不孝不義'와 포학하고 사납고 방종하다는 뜻의 '포학도음暴虐慆淫'이었다. 사도세자의 경우도 유사한 이유로 폐위된 뒤 뒤주 속에 갇혀 죽고 말았다. 영조는 왜 사도세자를 폐위하는 차원에 그치지 않고 굳이 뒤주 속에 가두어 죽이는 극단적인 방법을 택한 것일까? 여기에는 애증이 선명히 드러나는 그의 심리적 특이양상 이외에도 다른 요인이 작용했을 공산이 크다.

원래 사도세자의 죽음은 나경언의 고변에서 비롯된 것이다. 실록에 따르면 나경언의 고변 내용은 모두 10여 가지로 되어 있다. 그러나 그의 비행에 관한 것들만 기록되어 있을 뿐 여타의 내용은 생략돼 있다. 사소한 내용인 까닭에 제외했다면 이해할 수 있으나 뒤주에 가두어 아사시킨 사건에서 고변의 내용을 모두 기록치 않은 것은 매우 이례적인 일이다.

일각에서 사도세자의 평안도 여행을 문제 삼고 있는 것은 나름대로 일리가 있다. 사도세자는 뒤주에 갇히기 한 해 전인 영조 37년(1761) 봄에 석 달 가량 평안도를 여행한 바 있다. 당시 평안도에는 조선의 변방을 지키는 정예군이 주둔하고 있었다. 세금으로 거둬들이는 곡식을 중앙정부로 수송하지 않고 현지에서 사용했다. 대리청정 중인 사도세자가 부왕의 질책을 무릅쓰고 평안도를 석 달이나 여행한 것은 아무래도 이상하다. 이를 두고 방탕한 행보를 일삼던 사도세자의 광질狂疾로 해석하는 것은 납득키가 어렵다.

당시 사도세자와 영조의 갈등은 돌이킬 수 없을 만큼 악화일로에 있었다. 대리청정은 영조의 기대에 부응하지 못해서 영조의 불만을 사고 있었다. 게다가 소론계 사부로부터 훈육을 받은 사도세자는 영조의 집권을 가능케 한 노론의 임인옥사에 대해서도 부정적인 입장을 취하고 있었다. 영조 31년(1755)의 나주 벽서사건으로 궤멸된 소론 세력이 사도세자의 계위를 앞당기기 위해 모종의 조치를 은밀히 전개했을 가능성도 배제할 수 없다. 이를 뒷받침하는 정황이 없지 않다. 『영조실록』의 다음 기록이 그 증거이다.

"나경언의 고변 이후 임금이 세자를 폐하기로 결심하였으나 차마 말을 꺼내지 못했다. 이때 갑자기 유언비어가 안에서부터 일어나자 임금이 크게 놀랐다."

영조가 사도세자에게 자진을 명하기 전에 취한 조치도 이를 뒷받침한다. 당시 영조는 사도세자가 오자 갑자기 손뼉을 치면서 이같이 하교했다.

"정성왕후貞聖王后가 나에게 이르기를, '변란이 순식간에 달려 있다'고 하였다."

정성왕후는 사망한 왕비 서씨를 말한다. 그러고는 좌우에 명하여 전문殿門을 4, 5겹으로 굳게 막도록 했다. 영조가 '변란'을 언급한 것은 나경언의 고변 속에 이와 관련한 내용이 담겨 있었을 가능성을 시사한다. 영조는 이것도 미흡해 이내 궁문을 막고 각角을 불어 군사를 모은 뒤 사람의 출입을 엄금했다. 이런 조치는 만일의 사태를 대비키 위한 것으로 볼 수 있다. 이런 추론이 맞는다면 사도세자는 부왕을 몰아내기 위해 모종의 모반을 시도하다가 들통나 잔혹한 죽임을 당했을 공산이 크다. 영조는 사도세자가 죽자 이내 사도思悼라는 시호를 내린 뒤 장례식 날에는 직접 묘에 나가 곡을 한 것도 '변란'을 저지한데 따른 안도감에서 나온 것으로 읽을 수 있다.

이를 통해 사도세자의 죽음에 당쟁의 복선이 깔려 있었음을 알 수 있다. 이후 사도세자의 죽음을 계기로 당쟁은 공홍파와 부홍파의 대립이라는 양자 대결구도로 전개되었다. 사도세자가 죽은 지 10년째 되던 해인 영조 47년(1771) 초에 홍봉한이 왕손들과 깊은 유대 관계를 맺고 있는 사실이 밝혀지자 영조는 홍봉한을 삭탈관직한 뒤 유배를 보냈다가 이내 세자빈 홍씨를 위한다는 구실로 방면했다. 그러나 이후 양파의 대립이 격화되면서 당쟁의 기본 축이 사도세자의 죽음을 당연하게 여기는 벽파와 이를 동정하는 시파로 재편되었다. 주도권은 홍봉한의 동생인 홍인한이 이끄는 벽파가 장악했다. 이 와중에 영조는 재위 52년(1776) 3월에 세손인 정조를 당부하고 83세의 나이로 사망하고 말았다.

영조가 시행한 '탕평'의 기본 취지는 소옹이 '황도론'에서 언급했듯이 무편무당하게 천하의 인재를 널리 구해 최상의 통치를 이루는 데 있다. 이는 현대 정치에서 최고통치권자인 대통령이 당적을 갖지 않은 채 오직 국가의 이익과 국민의 행복을 유일한 통치 이념으로 삼아 당을 초월해 국정을 운영하는 것에 비유할 수 있다. 정조가 선왕인 영조의 '완론탕평'을 반성한다는 차원에서 '준론탕평峻論蕩平'을 취한 것 역시 방법론적으로 잘못된 것임은 말할 것도 없다. 천하의 인재를 널리 구하는데 실패한 결과다.

크게 보아 영조의 치세는 시종 탕평으로 일관했다고 해도 과언이 아니다. 당시 조선조 왕권은 선조 이후 사림 세력이 '붕당론'을 근거로 각기 붕당을 이루어 치열한 이론 투쟁을 벌이는 와중에 추락을 거듭하고 있었다. 이런 와중에 영조는 신유대훈을 반포해 숙종 때부터 시작된 유혈환국에 종지부를 찍었다. 4색 당쟁의 유혈전은 이로써 사실상 마무리 되었다. 영조는 '탕평'을 기치로 내걸고 상황에 따라 환국과 처분을 적절히 구사하는 임기응변으로 신권 세력을 제압하고 왕권을 회복하는 데 나름대로 일정한 성공을 거둔 셈이다. 이는 조선 통치의 기본틀인 군약신강을 바로잡는 결정적인 계기가 되었다.

그러나 영조는 척신계 인사를 대거 발탁해 순조 이후에 나타나는 세도정치의 빌미를 제공했다. 외척 세력이 마음대로 해서 생긴 폐해는 비록 이전투구의 양상을 보이기는 했으나 이론 투쟁의 성격을 띤 붕당 간 당쟁의 폐해보다 더 클 수밖에 없다. 세도정치가 등장한 책임을 전부 영조에게 덮어씌울 수 있는 것은 아니다. 그러나 영조는 척족 세력이 함부로 날뛰는 결정적인 실마리를 제공했다는 점에서 책임을 면할 길이 없다. 영조의 '탕평'이 결코 높은 평가를 받을 수 없는 이유가 여기에 있다.

영조의 탕평 논리에 공감한 세력은 노론 완론과 소론 세력이었다. 원래 완론 세력은 기본적으로 왕실 및 외척과 연합한 노론 세력이었다. 이들은 일종의 '탕평당'을 만드는 한편 왕실과의 통혼을 통해 새로운 외척으로 성장했다. 영조의 탕평은 완벽한 탕평이 아니라 외척과 연결된 '완론탕평緩論蕩平'의 한계를 지니고 있었다는 점에서 적잖은 문제가 있었다. 영조를 용군으로 분류하는 이유다.

5

정조

쓸데없이 신하들과 지혜를 다투다

호학군주

조선의 역대 군왕 중 호학好學하며 태평세를 이끈 군왕을 고르라면 크게 세 사람을 꼽을 수 있다. 세종과 성종, 정조가 그들이다. 이들의 호학에는 약간 차이가 있다. 세종은 집현전集賢殿을 설치해 유가의 왕도 이념을 실현키 위해 노력했으나 정작 당사자는 불교를 좋아했을 뿐만 아니라 제자백가에 두루 통박했다. 그가 가장 좋아한 책은 경서가 아닌 사서였다. 특히 『자치통감』을 너무 좋아한 나머지 주석서까지 펴내기도 했다.

성종은 집현전을 흉내낸 홍문관弘文館을 개설하는 등 세종의 치세를 재현키 위해 나름대로 노력했으나 일정한 한계가 있었다. 여기에는 생모인 인수대비의 간섭과 홍문관을 통해 중앙정계에 진출한 영남 사림세력의 견제가 크게 작용했다. 그가 사서를 중시한 세종과 달리 경서에 치중한 것도 이와 무관치 않을 것이다.

정조는 어렸을 때 생부가 뒤주 속에 비참한 죽음을 맞이하는 것을 목도한 까닭에 신권세력을 견제키 위해 영조의 탕평책을 계속 이어나갔다. 그가 찾아낸 비책은 당시 신권세력 내에서 권력투쟁의 일환으로 전개되고 있는 각종 학술논쟁에 직접 뛰어들어 이를 평정하는 방식이었다. 그가 왕실도서관인 규장각奎章閣을 설치해 신진엘리트 관원을 자신의 친위세력으로 삼은 것은 바로 이 때문이었다. 그는 경서와 사서를 막론하고 모든 분야에 걸쳐 최고의 인문학적 소양을 자랑했으나 이게 오히려 걸림돌로 작용했다. 그가 젊은 나이에 급서한 뒤 남인세력의 본거지인 영남 일대에 독살설이 만연한 이유이다.

정조의 치세는 몇 가지 측면에서 그 이전 시기와 뚜렷한 차이를 보이고 있다. 우선 경제에서 상품의 유통이 활발해져 상업이 크게 발전한 점을 들 수 있다. 영조와 정조가 전례 없이 자주 행차한 것은 바로 이 때문이었다. 정조는 경강상인京江商人을 포함해 사영장인私營匠人과 여러 민간업자들과 만나는 데 비중을 두면서 도성 밖으로 자주 행차했다. 정조는 사도세자의 묘를 화성으로 이장한 뒤 한강을 건너는 횟수가 잦아지자 주교사舟橋司를 신설해 경강상인들의 큰 배를 모두 등록시키고 이들에게 세곡 운송권의 일부를 나눠 주었다. 정조의 능행은 재위 24년간 무려 68회에 이른다. 여기에 도성 내 행차를 합치면 총 110회에 달한다. 재위 3년부터 행차를 시작한 점을 감안하면 한 해에 평균 5회 꼴로 바깥 행차에 나선 셈이다.

정조 때 평민이 임금에게 글을 올리는 제도가 관행으로 굳어졌다.

도성 안에서는 공식적인 접수처가 세 곳 있었다. 어가가 창덕궁 돈화문을 나와 지금의 종로인 운종가雲從街와 마주치는 지점인 파자교把子橋 앞, 여기서 서편으로 경복궁 또는 경희궁을 향해 올라가다가 탑골 부근에 있는 철물교鐵物橋 앞, 다시 같은 방향으로 계속 가서 육조거리와 마주치는 지점인 혜정교惠政橋 앞 등이다. 당시 정조의 바깥 행차는 장관이었다. 각 지방에서 글을 올리기 위해 서울로 온 인파를 포함해 관광에 나선 인파는 수만을 헤아렸다. 도성과 경기도 일대는 상공업의 발달로 사회 변동이 급격하게 일어나 국왕이 직접 나서서 갈등과 분쟁을 해결하지 않으면 안 되는 상황이 벌어지고 있었다. 백성들은 이런 역할을 해주는 정조의 행차에 환호를 보냈다.

정조는 세종과 더불어 온갖 사물에 정통한 사람을 뜻하는 박물군자博物君子의 학덕을 겸비한 데다 치세 기간 중 많은 업적을 남겼다. 『홍재전서』라는 184권 100책의 방대한 문집을 펴냈다. 조선 역대 임금 중 이처럼 방대한 문집을 펴낸 군왕으로는 그가 유일했다.

정조는 재위기간 중 학문으로 군신들을 제압한 뒤 마침내 천지만물을 포용하고 주재할 수 있다는 취지를 드러내기 위해 자신의 호를 '홍재'에서 '만천명월주인옹萬川明月主人翁'으로 바꿔 사용했다. 여기의 '만천'은 모든 백성을 상징하고, '명월'은 만천을 비추는 지극한 존재로 곧 정조 자신을 상징했다. 송대에 성리학이 성립한 이래 동양 삼국의 역대 임금 중 군주의 신분으로 '만천명월주인옹'과 같이 호방한 호를 사용한 사람은 오직 정조밖에 없다.

정조가 재위 22년(1798)에 도학의 적통을 이어받았다는 취지에서 이른바 '군주도통론君主道統論'을 주장하고 나선 것도 이런 맥락에서 이해할 수 있다. 실제로 그는 조선성리학의 요체인 의리론義理論의 시조인 길재를 절의보다 도학의 관점에서 재조명할 것을 지시하면서 자신의 학문적 수준을 과시했다. 이에 성공한 그는 마침내 군신들로부터 공자 이래의 문물을 뜻하는 사문斯文의 지도자, 세상을 밝게 다스리는 세도世道의 주재자, 성리학이 역설하는 의리義理의 주인'이라는 등의 칭송을 받게 되었다.

이에 만족한 정조는 이내 '군주도통론'을 왕권강화의 상징으로 삼고자 했다. 그러나 이는 그의 착각이었다. '군주도통론'은 어디까지나 학문적 결실에 불과한 것으로 현실정치와는 동떨어진 것이었다. 군왕이 통치에 임하는데 필요한 리더십과 신하가 행하는 리더십은 다른 것이다. 군도의 요체는 신민臣民을 다스리기 위한 지인知人에 있고, 신도의 요체는 사물의 요체를 꿰는 지사知事에 있다. 성리학의 적통을 다투는 쟁지爭知는 '지인'이 아닌 '지사'의 일종으로 신도의 길에 불과할 뿐이다. 군왕은 어디까지나 천하의 인재를 얻기에 힘쓰는 쟁인爭人에 뜻을 두어야지 '쟁지'에 뜻을 두게 되면 신하들과 다투게 된다. 실제로 그는 '군주도통론'으로 인해 신권세력의 반발을 자초하는 결과를 낳았다. 그가 재위 24년(1800)에 문득 '독살설'의 의문 속에 급서한 배경이 바로 여기에 있다.

잇단 피살 위협

원래 조선 성리학은 중국 성리학과 달리 의리와 명분을 극도로 중시했다. 특히 선조 때 사림 세력이 신권의 유일한 대표자로 등장해 사실상의 통치 권력을 장악한 이래 조선은 내내 신권이 왕권을 압도하는 군약신강의 나라로 존재했다. 서인 계통의 노론이 집권한 당시에는 조선 성리학의 도통이 이율곡과 김장생, 김집, 송시열로 이어져 내려왔다고 보는 게 통론이었다. 이를 두고 종전까지 그 누구도 다른 의견을 제시하지 않았다. 그러나 정조가 스스로 공자가 다듬은 예악의 정통을 강조하면서 군주야말로 도통의 적자임을 선포하고 나선 것이다. 이런 상황에서 정조는 왜 뜬금없이 '군주도통론'을 주장하고 나선 것일까? 이를 정확히 이해해야만 정조 치세의 특징을 한 눈에 파악할 수 있다.

정조의 치세는 여러 면에서 이전 시기와 차이가 있다. 우선 당시 통치 권력을 장악한 신권 세력이 주도하는 붕당정치의 기본틀이 무너져 내린 점을 들 수 있다. 이는 영조가 탕평을 내세워 노론과 소론을 두 축으로 한 당시의 붕당정치 구도를 제압하고 왕권을 강화한 데 따른 것이다. 원래 영조도 이복형인 경종을 지지하는 소론 세력의 견제 속에서 어렵사리 보위에 오른 까닭에 어렸을 때부터 학문에 몰두하는 모습을 보였다. 학문을 좋아하는 영조의 자세는 즉위한 이후에도 그대로 유지되었다. 영조가 재위 52년 동안 경연을 무려 3,500여 차례나 실시한 사실이 이를 뒷받침한다.

정조 역시 생부인 사도세자의 죽음을 당연시하며 끊임없이 자신에게 적대감을 드러낸 노론 벽파 세력의 견제를 피하기 위해 세손 시절부터 두문불출하며 학문에 몰두하는 모습을 보였다. 그러나 정조는 영조와 달리 즉위한 이후 재위 25년 동안 겨우 한두 차례만 경연을 실시했을 뿐이다. 이는 경연을 사실상 폐강한 것이나 다름없었다. 원래 성리학은 경연을 제왕학을 연마하는 필수 과정으로 간주했다. 신권 세력의 입장에서 볼 때 이는 왕권을 견제하기 위한 유력한 수단이기도 했다. 붕당정치가 등장한 이래 조선의 사대부들이 경연을 극도로 중시한 것도 바로 이 때문이었다. 경연을 거의 폐지하다시피 한 정조가 신권세력들로부터 역사상 최고로 학문을 좋아하는 군주로 평가받은 것은 그가 얼마나 학문적 조예가 깊었는지를 반증하는 것이다.

정조가 즉위할 당시 영조의 비호 아래 빠르게 성장한 외척 세력은 권력의 핵심을 장악하고 있었다. 대표적인 외척 세력으로 정조의 모계인 풍산 홍씨의 홍봉한 가문과 영조의 계비인 정순왕후의 친정인 경주 김씨의 김구주 가문을 들 수 있다. 두 가문은 학문과 지역 특성에 따라 흔히 북당과 남당으로 불렸다. 당초 정조는 사도세자 사후 세손이 되어 사도세자에 앞서 요절한 효장세자의 후사가 되었다. 영조가 재위 말기에 그에게 대리청정을 명할 당시 외가인 풍산 홍씨는 우호적인 입장에서 이를 적극 주선했다. 그러나 정조는 장차 이들과 손을 잡으면 향후 정국 운영 구상에 걸림돌이 될 것으로 보고 이를 거부했다. 이는 사도세자의 죽음에 외가인 풍산 홍씨 가문이 깊이 개입된 사실과 무관하지 않았다.

이를 계기로 정조의 외종조부인 홍인한이 적대적인 입장으로 돌변했다. 홍인환은 영조가 죽기 넉 달 전인 영조 51년(1775) 11월에 이른바 '삼불필지설三不必知說'을 내세워 세손의 대리청정을 노골적으로 반대하고 나섰다. 세손은 당파와 국사, 조정 내 인사에 대해 반드시 알아야 할 필요가 없다는 취지에서 나온 것이었다. 영조는 이를 받아들이지 않았다. 영조가 정조에게 대리청정을 명한 지 석 달 만에 83세의 나이로 세상을 떠나자 세손인 정조는 24세의 나이로 보위에 올랐다.

정조는 부친인 사도세자가 당쟁의 희생물이 되었다는 사실을 한

번도 잊은 적이 없었다. 그는 보위에 오르기 전에 나름대로 복안을 갖고 있었다. 영조가 죽은 지 불과 5일 만에 빈전殯殿 문밖에서 대신들을 소견할 때 밝힌 다음과 같은 윤음綸音이 그 증거이다.

"아, 과인은 사도세자의 아들이다. 선대왕께서 종통宗統의 중요함을 위하여 나에게 효장세자를 이어받도록 명하셨다. 예는 엄히 갖추지 않을 수 없으나 인정 또한 펴지 않을 수 없다. 그러나 이를 빙자하여 추숭追崇하자는 의논을 하면 선대왕의 유명遺命이 있으니 마땅히 형률로써 논죄할 것이다." "윤음"은 군주가 신민에게 내리는 말을 뜻한다.

여기서 주목할 대목은 '인정 또한 펴지 않을 수 없다'는 대목과 '추숭하자는 의논을 하면 형률로 논죄할 것이다'라는 대목이다. 이 두 대목은 내용상 완전히 배치되고 있다. 양부인 효장세자를 추숭하는 것은 종통의 예법에 비춰 마땅한 일이다. 그렇다면 생부인 사도세자를 추숭하는 것은 예법 상 어떻게 되는 것일까? 일찍이 성종은 보위에 오르기 전에 숙부인 예종의 후사로 들어가 보위를 이으면서 생부인 의경세자懿敬世子를 덕종德宗으로 추존한 바 있다. 원론적으로 정조의 경우는 생부와 양부 모두 보위에 오르지 못한 까닭에 두 사람을 모두 추존할 수 있다. 문제는 영조가 죽기 전에 이런 점을 우려해 유명으로 사도세자의 추숭을 금하도록 유명을 내린 점이다.

일찍이 성종도 후사인 연산군이 생모인 폐비 윤씨를 추숭할 것을 우려해 죽기 전에 추숭을 금하는 유명을 내린 바 있다. 그러나 연산군은 이를 무시하고 갑자사화 직후 신권세력을 제압한 뒤 폐비 윤씨를 '제헌왕후'로 추숭했다가 중종반정 이후 취소된 바 있다. 즉위식을 올리기 직전에 '사도세자의 아들이다'라고 공언하고 나선 정조가 여기서 한 발 더 나아가 사도세자에 대한 추숭을 미리 엄금하고 나선 것은 즉위식도 올리기 전에 이로 인한 시비를 미리 차단키 위한 심모원려의 소산으로 볼 수 있다. 이로 인해 그의 양부인 효장세자는 진종眞宗으로 추존되었으나 생부인 사도세자는 단지 제사의 격식을 격상시키는 수준에 그치고 말았다.

벽파와 시파

당시 정조가 즉위 직후 처음으로 내린 윤음의 첫 마디에 '과인은 사도세자의 아들이다'라고 공언하고 나선 기세에 비춰볼 때 그가 실질적으로 취한 조치는 용두사미에 가깝다. 이는 당시 영조의 조치를 지지하는 노론의 세력이 완강하게 버티고 있었음을 반증하는 것이다. 당시 조정의 여론은 사도세자의 죽음과 관련한 이른바 '임오화변' 내지 '임오의리'에 관해 크게 둘로 나뉘어 있었다. 영조의 조치를 당연한 것으로 여기는 벽파辟派의 견해와 사도세자의 죽음에 동정을 표하는 시파時派의 견해가 그것이다.

이들 시파와 벽파는 본래의 당색을 초월해 결집된 독자적인 당파는 아니었다. 이들은 기본적으로 정조의 정국운영에 대해 입장 차이에서 비롯된 것이었다. 여기에는 학풍의 차이도 적잖이 작용했다. 시파는 기호 지역의 노론 내에서 인성人性과 물성物性의 같고 다름을 놓고 전개된 이른바 '호락논쟁湖洛論爭'에서 인성과 물성이 같다고 주장한 낙론洛論이 주류를 이루고 있었다. '낙론'은 서울 지역의 노론을 가리킨다. 이에 반해 벽파는 인성과 물성이 다르다고 주장한 호론湖論이 주류를 형성했다. '호론'은 충청 지역의 노론을 가리킨다. 이런 의미에서 시파와 벽파는 이전과는 다른 새로운 차원의 당파로 분류할 수 있다.

원래 '벽파'는 이전의 원칙을 고집스럽게 유지한다는 취지에서 붙여진 것이고, '시파' 역시 시류에 아부한다는 폄하의 취지를 담고 있다. 사도세자의 아들인 정조의 즉위를 계기로 조만간 불게 될 정계의 변화흐름을 예민하게 반영한 명칭이 아닐 수 없다. 정조는 이들의 속마음을 충분히 읽고 있었다. 그가 향후 사도세자의 추숭을 언급하는 자는 가차없이 형률로 다스리겠다고 으름장을 놓은 이유가 여기에 있다. 그는 신권세력을 완전히 제압할 때까지 충분한 시간을 벌고자 한 것이다.

그러나 그는 불행하게도 보위에 25년 동안 앉아 있었는데도 생부를 왕으로 추존하는 일은 결국 관철시키지 못했다. 이는 신권세력을 제압하는데 실패했음을 뜻하는 것이다. 그는 생전에 단지 부친의 묘호를 묘보다 한 단계 높은 원園으로 승격시키고 장헌莊獻이라는 존호를 올리는데 그쳤다. 사도세자는 고종 때에 이르러 비로소 장조莊祖로 추존될 수 있었다. 이는 정조가 모든 것을 스스로 해결해야 안심하는 소심한 완벽주의자의 모습을 보인 사실과 무관치 않다. 어린 시절부터 생명의 위협을 느끼며 성장한 사실이 적잖은 영향을 미쳤을 것으로 짐작된다.

왕통과 의리

원래 조선조는 방계 출신인 선조가 처음으로 보

위에 오른 이후 적잖은 인물이 선왕의 후사로 들어와 보위를 이었다. 선조는 종통인 명종의 후사로 들어오지 못한 까닭에 생부인 덕흥부원군을 왕으로 추존치 못하고 '대원군'으로 추존하는데 그쳤다. 그러나 백부인 광해군을 내쫓고 보위에 오른 인조는 종통을 잇지 못했음에도 생부를 원종元宗으로 추존했다. 이는 선왕인 광해군이 폐위됨에 따라 종통이 광해군에서 인조 쪽으로 옮겨왔다고 평가한 결과였다. 헌종이 보위에 오른 뒤 생부인 효명세자를 익종翼宗으로 추존한 것은 종통을 이은 것인 만큼 하등 문제 될 것이 없었다. 순조의 후사로 들어가 보위에 오른 철종 역시 생부인 전계대원군을 왕으로 추존하지 못했다. 이는 세도정치의 주역인 안동 김씨가 이를 허용치 않은 결과로 볼 수 있다. 철종의 후사로 들어간 고종의 경우는 생부가 생존해 있었던 까닭에 왕으로 추존하지 못하고 '홍선대원군'으로 추존하는데 그쳤다. 만일 조선조가 계속 이어져 순종의 후사가 보위에 올랐다면 홍선대원군 또한 사후에 왕으로 추존되었을 공산이 컸다.

실제로 유사한 일이 명제국 때 빚어진 바 있다. 명제국의 가정제는 즉위 초 생부를 추존하는 문제로 인해 신하들과 커다란 갈등을 빚었다. 이를 통상 '대례지의大禮之議'라고 한다. 당초 선황인 정덕제가 후사 없이 세상을 떠나자 정덕제의 종제從弟인 가정제가 숙부인 홍치제의 양자로 들어가 보위를 이었다. 예법 상 가정제는 종묘에 고할 때 양부가 된 홍치제를 작고한 부황이라는 뜻의 황고皇考, 양부의 실자實子인 정덕제를 황형皇兄, 생부인 홍헌왕을 황숙고皇叔考로 칭하는 것이 옳았다.

그러나 가정제는 오히려 생부인 홍헌왕을 '황고', 양부인 홍치제를 '황백고皇伯考'로 칭하는 것이 도리에 맞는다고 고집했다. 성리학의 정통론 관점에서 볼 때 이는 황통을 멋대로 옮기는 것이나 다름 없었다. 당시의 예법 상 방계가 황통을 있게 될 경우 군이 생부를 '황고'로 칭하지 않을지라도 얼마든지 자신의 생부를 추존할 수 있었다. 조선조의 성종이 숙부인 예종의 후사로 들어가 보위를 이으면서 양부가 된 예종을 '황고', 작고한 생부 의경세자를 '황백고'로 칭한 뒤 생부를 덕종으로 추존한 것이 그 실례이다.

당시 정통론의 관점에 서 있던 대신들은 가정제의 주장을 일종의 '황통찬탈皇統簒奪'로 간주해 가정제를 추종하는 자들을 소인배로 비난했다. 그러나 제국의 통치차원에서 보면 제국의 안녕과 번영을 이룰 수만 있다면 황실 차원의 종가출신이든 방계출신이든 별반 의미가 없는 것이다. 실제로 명의 황통 역시 적장자 계통으로만 이어진 것도 아니었다. 가정제의 입장을 지지했다는 사유만으로 소인배로 치부하는 것은 성리학의 정통론에 지나치게 기울어졌다는 지적을 면키 어렵다.

결국 '대례지의'는 3년여를 끌어오다가 가정 3년(1524)에 가정제가 결단하여 반대하는 대신들을 총사직시키고 생부인 홍헌왕을 '황고'로 확정해 예종睿宗으로 추존함으로써 마무리 되었다. '황통찬탈'이 자연스럽게 성사된 셈이다. 당시 대소 신료들이 궐문 앞으로 몰려들어 엎드려 통곡하며 간하는 이른바 '복궐곡쟁伏闕哭爭'을 행하자 대노한 가정제는 이에 참여한 190명의 관원을 전원 옥에 가두고 주모자를 변경의 군영으로 유배 보냈다. 이 과정에서 모두 16명이 목숨을 잃었다.

방계출신인 가정제는 대신들의 반대를 무릅쓰고 '황통찬탈'을 감행한데 반해 조선조의 정조는 생부를 왕으로 추존하는 일조차 성사시키지 못한 것이다. 응당 해야 할 일조차 방치한 셈이다. 우유부단한 자세가 문제였다. 이를 두고 신권세력의 발호에서 그 원인을 찾는 것은 잘못이다. 오히려 정조가 자신의 인사대권과 군사대권을 제대로 행사치 못한데서 찾는 게 타당하다.

준론탕평

정조는 재위기간 중 '탕평'을 구현키 위한 구체적인 방안으로 이열치열以熱治熱의 방식을 채택했다. 이는 한 당파에서 역도가 출현하면 그를 다른 당파의 역도와 대비시켜 치죄하고, 충신이 나오면 다른 당파의 충신과 대비시켜 표창하는 방법을 말한다. '이열치열'의 방식은 적잖은 성과를 거두었다. 한 당이 집권했을 때 반대당을 모두 숙청하는 식의 환국정치를 지양하고 붕당 간의 공존을 꾀할 수 있게 된 것이 그 증거이다. 이는 당쟁이나 역모혐의에 연루되어 초야에 묻히게 된 인재들을 과감히 발탁하는 논거로 활용되었다. 정권에서 밀려난 남인의 영수 채제공을 재상으로 발탁한 것이 그 실례이다. 정조의 노림수가 궁극적으로 왕권강화에 있었음은 말할 것도 없다.

영조 때는 노론 및 소론 중에서 온건한 인물들이 일종의 '탕평당'을 만들어 정국을 주도했다. 노론과 소론이 공존한 이유이다. 그러나 이후 소론 강경파가 개입한 '이인좌의 난' 등으로 인해 소론이 밀려나면서 척신과 연결된 노론이 독패獨覇하는 양상이 나타났다. 이들은 이름만 '탕평당'일 뿐 자신들의 권력유지에 급급해하며 탕평과는 거리가 먼 모습을 보였다. 이들을 비판하는 목소리가 높아지면서 탕평정국에 참여한 정파 내에서 이들을 견제키 위한 3개의 정파가 자연스럽게 형성되었다. 남인의 청론淸論과 소론의 준론峻論, 노론의 청명당淸名黨이 그것이다. 이들이 내세운 '의리탕평'은 의리와 명절名節을 내세운 까닭에 흔히 '준론탕평峻論蕩平'으로 불린다.

정조가 내세운 '의리탕평'은 바로 '준론탕평'에 입각한 것으로 사도세자의 죽음과 관련한 임오의리와 관련해 국본國本인 세자를 죽음으로 내몬 신하들의 불의를 규탄하는 의미를 내포하고 있는 것이었다. 이후 '완론탕평'이 영조의 사도세자에 대한 처분을 지지하는 벽파로 진행하고, 정조의 '준론탕평'이 이와 반대되는 시파로 진행케 된 배경이 여기에 있다.

정조는 즉위할 당시 그 지위가 매우 불안했다. 이는 자신의 즉위에 부정적인 반응을 보이고 있는 척신 세력을 중심으로 한 '완론탕평'이 정국의 주도권을 장악하고 있었던데 따른 것이었다. 정조는 부친인 사도세자가 외가인 풍양 홍씨의 척족세력을 중심으로 한 '완론탕평'에 의해 비참한 최후를 맞은 것을 잊지 않고 있었다. 그는 이들 권신들을 제거하는 데에도 '이열치열'의 방법을 동원했다. 그는 세자 시절의 스승이자 참모인 또 다른 풍양 홍씨인 홍국영 등의 도움을 얻어 자신의 종조부인 홍인한 일파를 제거하는데 성공했다. 정조는 여세를 몰아 또 다른 외척세력인 경주 김씨의 김구주 일파까지 제거했다.

그러나 정조가 외척 세력을 완벽하게 제거한 것은 아니었다. 외조부인 홍봉한은 아무런 처벌도 받지 않았을 뿐만 아니라 김구주도 유배 이상의 처벌을 받지 않았다. 즉위 초에 이른바 '3대 역모사건'이 일어난 것도 이와 무관하지 않다. 이는 홍인한과 함께 노론 벽파를 이끌던 홍계희 집안이 주도한 사건이었다. 홍계희는 나경언을 사주해 사도세자를 죽음에 이르게 한 핵심 인물로 정조가 즉위하기 전에 죽었다. 정조의 보복을 두려워한 홍계희의 아들 홍지해는 무력을 동원해 정조를 암살하고자 한 것이다.

당시 정조는 친히 중죄인을 심문하기 위한 임시관아를 열고 관련자들을 모두 사형에 처하는 강경책을 폈다. 정조가 숙위소를 설치한 뒤 홍국영을 숙위대장으로 삼아 자신의 신변을 보호하도록 조치한 것은 바로 이 때문이었다. 그러나 정조는 재위 3년(1779) 3월에 문득 자신의 유일한 은신처이자 보호막으로 작용한 홍국영을 쫓아냈다. 이는 도승지와 훈련대장, 금위대장, 숙위대장을 겸임하면서 인사권은 물론 군권까지 장악한 그가 무소불위의 권력을 행사하며 왕권을 위협한데 따른 것이었다.

규장각과 노론의 독주

정조는 홍국영을 퇴진시킨 뒤 '의리탕평'을 기치로 내걸고 여러 세력을 조합해 왕권을 강화하고자 했다. 기존의 체제로는 신권이 왕권을 압도하는 기형적인 정치 구조를 고칠 수 없다는 게 그의 확고한 생각이었다. 왕실도서관인 규장각奎章閣의 신설은 이런 구상을 구현키 위한 방안으로 나온 것이다.

당시 규장각에는 제학提學인 종1–정2품 2명, 직제학直提學인 종2품–정3품 당상관 2명, 직각直閣인 정3–종6품 1명, 대교待敎인 정7–9품 1

명 외에 검서관檢書官 4명 등의 관원이 있었다. 서적의 교정과 서사書寫를 담당한 검서관에는 주로 서얼庶孼이 등용되어 5품에 해당하는 군직軍職이 주어졌다. 이 밖에도 정서正書 등 서리 70여 명이 있어 총 105명에 달했다. 이는 당시 최고의 권위를 지닌 홍문관의 84명보다 훨씬 많은 인원이었다.

당시 각신은 많은 특권을 누렸다. 왕을 아침저녁으로 면대할 수 있고, 소대召對와 야대夜對는 물론 경연에도 참여할 수 있었다. 특히 규장각의 직각直閣을 거치면 왕명 없이도 곧바로 전랑에 천거될 수 있었다. 사헌부에서 왕의 허락 없이 각신의 죄를 청할 수도 없고, 형사상 특혜로 인해 공무 중에는 이들을 체포하거나 구금할 수도 없었다. 각신에 대한 이런 특혜는 당시의 관료사회에 하나의 충격이었다.

정조 연간에 각신에 임명된 사람은 모두 38명으로 남인의 채제공과 소론의 이복원 및 서명응 등을 제외하면 모두 노론계였다. 이를 시파와 벽파로 구분하면 시파의 비중이 압도적으로 많았다. 그럼에도 당시 각신들에게는 당색을 초월한 공통점이 있었다. 당론을 고수하면서도 탕평에 반대하지 않는 깨끗한 인재들이었다는 게 이들의 특징이었다. 정조는 규장각을 통해 척신을 타도하고 탕평에 입각한 왕권 강화를 위한 친위 세력을 확보하고자 했다. 이는 실제로 정조의 왕권강화로 이어졌다.

규장각의 각신은 과거시험의 시험관을 담당하고, 원자의 강학을 주관하고, 관료들의 재교육도 담당함으로써 통치 이념과 국가 정책을 비롯해 모든 정치 현안을 다루는 정치의 산실이 되었다. 당시 규장각은 고유 업무 말고도 이른바 초계문신抄啓文臣의 기능을 담당했다. 이는 37세 미만의 문과 급제자를 대상으로 실시된 문신의 재교육에 주안점을 둔 제도로 규장각과 마찬가지로 친위 세력을 양성하고자 하는 목적에서 만들진 것이다. 이들 초계문신에게도 각신과 마찬가지로 각종 혜택을 주었다. 정조 연간에 초계문신에 선발된 사람은 모두 138명이다. 이들 가운데 절반 이상이 요직에 올랐고, 각신에 임명된 사람도 18명이나 되었다. 정조 치세의 후반기에 이르러서는 공경대부의 대부분이 초계문신 출신이라고 해도 과언이 아니었다. 대표적인 실학자인 정약용과 서유구도 초계문신 출신이었다.

이 제도는 정조와 초계문신 간의 관계를 군신 관계를 넘어 사제 관계로 발전하게 만들었다. 이는 정조와 초계문신 사이의 정치적 결속을 강화하는 계기로 작용했다. 정조가 '군주도통론'을 주장하게 된 배경이 바로 여기에 있다. 그러나 정조는 비록 이처럼 친위 세력을 많이 육성했지만 여전히 노론의 시파와 벽파의 대립 구도 속에서 정국을 운영할 수밖에 없었다. 당시 시파는 정조가 취한 일련의 조치에 매우 호의적인 반응을 보인데 반해 벽파는 극히 소극적인 모습을 보였다. 그러나 시파와 벽파 모두 기본적으로 노론세력이었다. 이는 그의 치세 역시 선왕인 영조 때와 마찬가지로 노론의 독주가 지속되고 있었음을 방증한다.

화성과 신해통공

정조는 재위 12년(1788)에 들어와 시파와 벽파의 대립이 격화하자 노론의 김치인과 소론의 이성원, 남인의 채제공을 삼정승에 임명하는 탕평인사를 단행했다. 이들 모두 '준론탕평'인 것은 말할 것도 없다. 정조가 남인의 영수인 채제공을 우의정으로 발탁한 것은 정국 주도권에 대한 자신감의 표현이었다. 당시 영남의 남인들은 채제공이 우의정에 발탁에 고무돼 반년 뒤에 상소문과 「무신창의록」을 들고 상경했다. 「무신창의록」은 영조 때 일어난 '이인좌의 난' 당시 반란군과 맞서 싸우다가 순사한 영남 유림의 행적을 기록한 책이다. 정조는 곧 채제공에게 「무신창의록」에 수록된 인사들에 대한 포상과 함께 이 책의 간행을 명했다.

이는 조정에 커다란 파문을 일으켰다. 정조가 책자 간행을 강행하자 승지와 사관들까지 정조의 명령을 따르지 않으려는 태도를 보였다. 정조가 비록 채제공을 비롯한 일부 남인을 등용하기는 했으나 조정은 여전히 노론 벽파의 손안에 있었다. 그러나 정조의 입장이 확고했던 만큼 이후의 정국은 채제공을 중심으로 한 시파가 재상직을 독점하면서 주도권을 장악했다.

정조는 재위 13년(1789) 7월에 그간 미뤄 놓았던 사도세자 묘의 이장移葬을 공식 선포했다. 정조가 이장을 선포한 속셈은 지금의 경기도 수원인 화성華城의 경영에 있었다. 그는 보위를 세자에게 물려주어 자연스럽게 사도세자를 왕으로 추존케 하면서 강력한 무력과 경제력을 바탕으로 한 '상왕정치'를 펼치고자 한 것이다. 그는 재위 18년(1794) 벽두에 '화성축조'를 공식 선언했다. 이해는 사도세자와 혜경궁 홍씨 모두 환갑이 되는 해였다.

정조의 화성축조 계획은 나름대로 치밀한 복안 아래 이루어진 것이다. 그는 미리 두 가지 조치를 취했다. 하나는 경제개혁 조치인 신해통공辛亥通功 조치이고, 다른 하나는 무력기관인 장용외영壯勇外營의 설치이다. 당시 삼정승 중 좌의정 채제공만이 재상의 자리에 남아 삼정승의 일을 도맡아 처리하고 있었다. 채제공은 정조 15년(1791) 6월에 육의전六矣廛을 제외한 모든 시전市廛의 금난전권禁亂廛權을 없애고 개인 상인의 자유로운 상행위를 보장했다. 이것이 바로 '신해통공'이다. '통공'은 일종의 품앗이를 뜻하는 말로, 육의전과 시전 상인에게 준 전매 특권을 모든 상인에게 나눠주는 것을 의미했다. 신해통공은 화성의 경제력을 강화키 위한 사전 조치였다.

당시 금난전권을 보유한 일부 특권 상인은 노론의 권문세가와 깊이 연결되어 이들의 정치자금을 대고 있었다. 금난전권은 서울의 경계를 넘어 인근 시장까지 적용되고 있었다. 화성도 예외일 수 없었다. 금난전권이 존재하는 한 화성의 상권은 위축될 수밖에 없었다. 신해통공은 겉으로는 소상인 보호와 물가 안정을 내세웠으나 사실은 노론을 견제하고 화성을 육성하기 위한 사전조치로 나온 것이었다.

화성을 명실상부한 왕도王都로 경영하기 위해서는 경제조치만으로 부족했다. 무력이 필요했다. 신해통공 조치가 이뤄진 지 2년 뒤인 재위 17년(1793)에 마침내 친위군단이 한성의 장용내영壯勇內營과 화성의 장용외영壯勇外營 체제로 정비되었다. 당초 정조는 숙위대장 홍국영이 발호하자 이내 그를 내쫓고 숙위소를 없앤 뒤 그 대안으로 장용위壯勇衛를 신설한 바 있다. 이후 장용위는 장용청, 장용영으로 확대되다가 마침내 이때에 이르러 내영과 외영의 2원 체제로 정비된 것이다.

외영의 설치는 세자에게 보위를 넘긴 이후에도 일정 수준의 친위군단을 보존키 위한 조치였다. 외영이 내영을 월등히 능가하는 3,000여 명의 상비군과 비상시에 동원되는 수성군으로 구성되고, 외영의 기병을 '친군위親軍衛'로 부른 것이 이를 뒷받침한다.

군사론君師論의 허실

당시 정국은 이른바 '영남만인소사건'을 계기로 시파와 벽파가 극렬하게 대립하는 국면으로 진행되고 있었다. 정조 17년(1793) 5월에 채제공이 "사도세자를 신원해야만 왕권을 밝게 펼 수 있다"는 내용의 상소를 올리면서 파란이 일었다. 벽파의 반발이 의외로 거세지자 정조가 중재에 나서 국면을 가까스로 수습했다. 그러나 이 와중에 정조의 위신이 크게 실추되었다.

정조는 실추된 권위를 만회할 생각으로 채제공을 수원유수水原留守로 파견했다. 채제공이 화성축성 방안을 본격적으로 건의하자 이듬해인 정조 18년(1794) 초에 10년 계획 하에 화성축조가 시작되었다. 10년을 예정한 것은 그 사이에 왕권강화의 기틀을 완전히 다진 뒤 상왕으로 물러나겠다는 복안에서 나온 것이었다. 영조의 유명을 저버릴 수가 없는 그는 세자에게 보위를 넘겨 사도세자를 왕으로 추존함으로써 임오의리와 관련한 문제를 일거에 해결하고자 한 것이다.

그러나 이 또한 구차한 방안이 아닐 수 없다. 일국의 군왕으로서 정조의 우유부단한 면모가 여실히 드러나는 대목이다. 정조 19년(1795)에 들어와 시파와 벽파의 대립이 새로운 양상을 띠기 시작했다. 김종수 대신 심환지가 벽파의 영수로 활동하기 시작하면서 노론의 중도파가 벽파에 합류했다. 정조에게 크게 불리한 상황이 나타난 것이다. 이후 세를 키운 벽파는 정조와 정면으로 대립했다.

정조는 이듬해인 재위 20년(1796)에 화성 축조가 마무리되자 이해 10월 16일에 성대한 낙성연을 베풀어 왕권강화의 전기로 활용하고자 했다. 당시 정조가 이를 이론적으로 뒷받침하기 내세운 것이 바로 '군사론君師論'이다. 말할 것도 없이 학문적 권위로 신권세력을 제압코자 한 속셈에서 나온 것이다. '군사론'은 인조반정 이래 당연시된 '산림도통론山林道統論'을 뒤엎는 것으로 왕권강화에 전혀 도움이 안 되는 것은 아니었다. 그러나 왕권강화는 결코 군왕이 도학의 적통으로 승인받았다고 이뤄지는 것이 아니라는 점에 볼 때 방법론적으로 매우 졸렬한 것이었다.

실제로 '군사론'은 오히려 정조의 고압적인 태도로 인해 노론 벽파의 반발을 더욱 크게 불러일으키는 요인으로 작용했다. 이는 정조가 예상하지 못한 일이었다. 정조가 재위 18년(1794) 말에 벽파의 영수 김종수를 강제로 물러나게 하자 항간에는 정조가 마침내 사도세자를 모해한 벽파세력을 제거하려 한다는 '친위혁명설'과 도성을 화성으로 옮기려 한다는 '천도설'이 나돌았다. 이것 또한 정조에게 불리하게 작용했다.

위기감을 느낀 노론 벽파는 정조의 측근이자 남인의 영수인 채제공에게 공격의 초점을 맞췄다. 벽파의 맹공을 견디지 못한 채제공이 정조 22년(1798) 6월에 물러나고 이해 8월에 심환지 등을 중심으로 하는 벽파 정권이 수립되자 정조의 왕권강화 행보에 중대한 차질이 생겼다. 정조가 비상수단으로 이듬해인 재위 23년(1799) 3월에 사도세자의 사당인 경모궁을 참배하는 와중에 전교의 형식으로 임오의리를 재차 천명하면서 이를 받아들이지 않을 경우 환궁하지 않겠다고 선언했다.

결국 심환지가 이를 받아들여 정조의 의지가 일단 관철되기는 했으나 이 일을 계기로 노론 벽파는 정조에게 완전히 등을 돌리고 말았다. 얼마 후 심환지가 화성축조를 정면으로 문제 삼으면서 임오의리와 대비되는 신임의리의 강화를 요구하고 나섰다. 이때 정조가 그토록 심혈을 기울여 육성한 초계문신 중 일부가 이에 동조해 정조의 친시親試를 거부하는 사태가 빚어졌다. 군도가 아닌 신도에 불과한 '군사론'을 왕권강화의 수단으로 삼은 후과가 아닐 수 없다. 집요한 공격을 퍼부어 채제공을 낙마시킨 바 있는 노론 벽파가 차세대 재상으로 지목된 남인의 영수 이가환을 천주교신자로 몰아 강공을 펴고 나서자 정조의 입지는 더욱 좁아졌다.

당시 정국이 급속히 얼어붙자 초계문신 출신인 우의정 이시수가 정조를 적극 뒷받침하고 나섰다. 그러나 대세를 돌리기에는 여러모로 한계가 있었다. 정조는 마침내 특단의 조치를 강구하고 나섰다. 그것이 바로 정조 24년(1800) 5월 그믐날의 경연에서 나온 '오회연교五晦筵敎'이다. '오회연교'는 말 그대로 5월 그믐날 경연에서 나온 하교를 뜻한다.

정조는 오회연교에서 임오의리에 대한 지지를 공개적으로 천명하는 한편 '의리탕평'의 원칙을 거듭 역설하고 나섰다. 임오의리에 대한 공개적인 지지 표명은 비록 관련자에 대한 처벌 배제를 전제로 내세우기는 했으나 사도세자를 모해한 자들의 공개 사과를 의미했다. '의리탕평'의 원칙을 강조한 것은 영조 때 나온 일련의 조치를 토대로 한 한 노론의 집권을 이론적으로 부정하는 것이나 다름없었다.

벽파의 입장에서 볼 때 오회연교를 받아들이는 것은 곧 이가환을 중심으로 한 남인정권의 수립을 의미했다. 임오의리를 수용하면 그간의 잘못을 용서해 줄 수 있다는 회유 역시 사도세자에게 반역을 범한 전죄를 시인하라고 강요하는 것이나 다름없었다. 정조의 고압적인 태도에 노론 벽파는 경악했다. 이들은 거세게 반발했다.

마침내 시파에서 벽파로 전향한 이조참판 이서구가 임오의리와 신임의리를 구분하겠다는 것은 교묘한 말장난에 지나지 않는다며 정조의 제의를 정면으로 거부하고 나섰다. 정조는 우유부단하게도 더 큰 반발을 우려한 나머지 이서구를 처벌하지 못했다. 이때 수찬 김이재마저 오회연교에 동조하는 우의정 이시수를 비난하고 나서자 정조의 분노가 폭발했다. 『정조실록』은 정조의 진노를 다음과 같이 기록해 놓았다.

"조정이 한 시대의 이목을 새롭게 하려고 하는 이때 그 누가 중신의 상소문 구절을 흠잡아 횡설수설한단 말인가. 밖으로 드러난 자부터 중벌로 다스린 뒤에야 진정으로 습속을 바로잡는 길이 될 것이다. 수찬 김이재를 귀양 보내도록 하라."

정조는 김이재의 배후에 반드시 조종한 자가 있을 것으로 판단하고 사흘 안에 자수할 것을 명했다. 그러나 6월 3일이 지나도 자수하는 자가 나타나지 않았다. 얼마 뒤 정조는 벽파의 영수인 심환지를 소환해 최후통첩을 내린 뒤 다시 나흘 뒤 심환지를 불러 마지막으로 경고했다. 그러나 정조는 이로부터 12일 뒤인 이해 6월 28일에 49세의 나이로 급서하고 말았다. 이로써 군신 간의 정면대결 양상으로 치닫던 오회연교는 흐지부지되고 말았다.

정조의 갑작스런 죽음은 많은 의혹을 남겼다. 남인들 사이에서는 정조 독살설이 파다하게 퍼졌다. 정약용도 이 사건을 언급하면서 독살설을 강하게 암시한 바 있다. 그러나 실록의 기록을 토대로 볼 때 그는 노심초사한 끝에 신병으로 죽은 것이 거의 확실하다. 당시 정조의 갑작스런 죽음을 두고 영남 남인들뿐만 아니라 수많은 백성들이 애통해 했다. 사관도 정조의 죽음을 두고 "상이 창경궁 영춘헌迎春軒

에서 승하하자 햇빛이 어른거리고 삼각산이 울었다"라며 애도의 뜻을 나타냈으나 이미 끝난 일이었다.

얼마 후 어린 세자가 순조로 즉위하자 벽파의 후원자인 정순왕후가 수렴청정에 나서게 되었다. 정권을 잡은 노론 벽파는 정조 지지 세력을 대대적으로 숙청하기 시작했다. 이가환과 정약용이 유배를 갔고, 정조의 무력 기반이었던 장용영도 이내 해산되었다. 이후 6년 만에 벽파 정권도 무너지고 마침내 안동 김씨를 중심으로 세도정치가 시작되었다. 붕당정치가 만들어 낸 최악의 정치 형태인 외척세력의 세도정치가 이로부터 60년 동안 이어졌다. 조선의 패망은 바로 이 때부터 본격화했다고 해도 과언이 아니다.

객관적으로 볼 때 정조는 생전에 부친인 사도세자의 죽음과 관련된 임오의리에 지나치게 얽매여 많은 시간을 허비했다. 장용영의 친위군을 비롯해 규장각과 초계문신제를 통해 배출된 친위 문관들을 세력으로 조직화하지 못한 것도 이와 무관치 않을 것이다. 그는 비록 학문으로 '군사론'을 내세워 노론 벽파를 비롯한 조정 관원들을 제압해 왕위를 드높이는 성과를 올렸지만 이를 왕권 강화로 연결하지 못했다.

당시의 상황에서 정조에게 가장 필요한 것은 노론 벽파를 포함한 모든 정파의 신하들을 일거에 제압할 수 있는 강력한 결단력이었다. 그러나 정조에게는 불행하게도 이런 결단력이 부족했다. 정조가 비록 당대 및 후대에 명군의 소리를 들었지만 통치의 실효를 거두지 못한 것은 바로 이 때문이었다. 순조 때 대리청정을 한 효명세자와 서원철폐 등을 단행한 대원군, 광무개혁光武改革을 추진한 고종이 모두 정조의 통치를 본받고자 했다. 그러나 끝내 기대한 성과를 거두지 못한 것도 이와 무관하지 않을 것이다.

현재 학계에서는 정조의 호학군주로서의 면모에 주목해 그의 통치리더십까지 높이 평가하는 견해가 주류를 이루고 있다. 그러나 정조는 사도세자의 추존에 실패한데서 알 수 있듯이 재위기간 중 내내 왕권강화를 위한 행보를 계속했음에도 불구하고 신권세력을 제압하는데 실패했을 뿐만 아니라 세도정치의 단초를 제공했다는 점에서 적잖은 문제가 있다.

나아가 영조와 더불어 '실학시대'를 연 호학군주로서의 면모를 유감없이 보여주었음에도 불구하고 '군사론'과 같은 소모적인 '쟁지爭知'에 목을 매는 바람에 정작 중요한 '쟁인爭人'에는 실패했다. 노론세력의 공세에 밀려 곁에 두고 핵심막료로 활용해야 할 이가환 및 정약용 등과 같은 인물들을 유배에 처한 것이 그 실례이다.

물론 그는 홍국영의 제거 과정에서 보여주었듯이 신권세력을 제압키 위해 치밀하면서도 정교한 통치술을 구사했다. 그러나 결정적인 순간에 결단하지 못하고 우유부단한 모습을 보이는 치명적인 약점을 안고 있었다. 그가 급서하기 직전에 내린 이른바 '오회연교五晦筵教'가 그 실례이다. 이는 임오의리에 대한 자신의 입장을 최초로 공식화한 것이다.

그는 오회연교를 통해 즉위 직전에 '나는 사도세자의 아들이다'라고 공언한 이후 무려 25년 만에 자신의 부친이 신하들의 당쟁으로 인해 억울하게 죽었다는 사실을 공식 선언한 셈이다. 그럼에도 그는 부친을 왕으로 추존하는데 실패했다. '독살설'이 난무하는 와중에 급서한 것도 그의 이런 우유부단한 면모와 무관치 않을 것이다. 정조의 통치리더십을 결코 높이 평가할 수 없는 이유가 여기에 있다.

원래 강력한 왕권의 구축은 군왕이 쥐고 있는 인사권과 병권 등의 권한을 배경으로 신권세력을 제압해야만 비로소 가능할 수 있다. 그럼에도 정조는 신도에 불과한 '쟁지'의 방법으로 군왕의 권위를 강화코자 하는 우를 범했다. 정조가 이런 잘못된 방법을 선택한 데에는 산림의 위세가 급속히 약화되고, 규장각을 통해 배출한 당대 최고의 문신을 친위 세력으로 거느린 자만심이 크게 작용했다. 현실정치와 동떨어진 도학에 대한 자신감이 이런 잘못된 노선을 선택케 만들었다고 보아도 크게 틀리지 않을 것이다. 신하들과 지혜를 다툰 정조를 결코 높이 평가할 수 없는 이유다. 그는 숙종이나 영조만도 못한 일개 용군에 지나지 않았다.

3장 암군
暗君

나라를 위기와 혼란에 빠트린 조선시대 최악의 왕은 누구일까?

G2 시대에 요구되는
리더십을 분석한다

1

선조

붕당정치에 앞장서며 외침을 부르다

성리학과 이기론

성리학의 '이기론理氣論'은 천리天理를 좇는 것을 '선', 인욕人欲을 좇는 것을 '악'으로 간주한다. 종교의 선악관을 방불하는 극단적인 이분법이 아닐 수 없다. 현실적인 '인욕'에 토대한 정치의 세계가 이상적인 '천리'를 앞세운 도덕윤리의 잣대에 의해 평가받는 것은 곧 도그마가 통용되는 종교세계로의 함몰을 의미한다. 그럼에도 조선조는 수백 년 동안 이런 덫에 걸려 있었던 것이다.

인종과 명종 때 활약한 조선조 최고의 성리학자 퇴계는 주희와 달리 '이理'가 '기氣'처럼 움직이며 모든 것을 주도한다는 독창적인 이기호발설理氣互發說을 주장해 성리학 이론을 사실상 완성시켰다. 이는 주희의 이기이원론理氣二元論에서 한 발 더 나아간 것으로 도덕철학의 궁극을 찾아냈다고 할만 했다. 도덕철학의 관점에서 보면 사실 칸트의 이성비판도 그의 '이기호발설'의 아류에 불과했다. 21세기인 현재까지 세계의 모든 도덕철학자와 윤리학자들이 그의 학설을 깊이 탐구하고 있는 것도 이와 무관치 않을 것이다.

동양은 근 천년 단위로 맹자와 주희, 퇴계가 차례로 등장해 치국평천하로 상징되는 위정자의 정치윤리 및 수신제가로 상징되는 개인윤리를 사실상 완성한 것이나 다름없었다. 만일 국가대사를 당리당략의 입장에서 파악하는 붕당정치가 나타나지만 않았다면 퇴계와 율곡의 '이기론'은 나름대로 위정자의 높은 실천윤리를 담보하는 긍정적인 면으로 작동할 여지가 있었다. 그러나 불행하게도 조선에서는 선조 때 처음으로 등장한 붕당정치가 오히려 정쟁의 도구로 활용됨으로써 국가패망을 앞당기는 정반대의 결과를 가져왔다.

퇴계가 정립한 '이기호발설'의 가장 큰 특징은 '기'로 상징되는 현실정치는 '이'로 상징되는 도덕철학의 전면적인 통제를 받아야 한다고 주장한데 있다. 이는 현실에 뿌리를 두고 있는 정치의 세계를 인정치 않는 것이나 다름없었다. 그로 인한 폐해는 '소학동자小學童子'로 일관했던 김굉필 및 조광조 등이 끼친 해악과는 차원이 달랐다. 실제로 조선조의 사대부들은 일제에 의해 패망하는 그 순간까지 이기론을 둘러싼 온갖 종류의 소모적인 논쟁을 전개하며 권력투쟁을 전개했다. 천하를 호령케 된 만주족을 인간이 아닌 금수禽獸로 간주하고, 조선을 명나라의 뒤를 이은 중화中華의 새 중심지로 간주해 죽은 명나라 황제의 연호를 수백 년 동안 사용하는 전대미문의 일이 벌어진 것은 이 때문이었다.

칸트의 이성비판은 순수학술 차원에 머물러 오히려 과학발전에 도움을 주었으나 성리학을 유일한 통치이념으로 채택한 조선에서는 도그마로 굳어져 조선의 자폐 현상을 가속화하는 요인으로 작용했다. 주희를 뛰어넘는 '조선의 주희'가 출현한 것으로 간주한 사림세력의 입장에서 볼 때 그의 이론에 반한 모든 이론은 공자의 학문과 문예를 어지럽게 하는 도적인 이른바 '사문난적斯文亂賊'에 불과했다. 통치사상의 경색화로 인한 국가의 쇠망은 불문가지였다.

퇴계는 생전에 스스로 남송 때 집대성된 '이기론'과 관련해 맹자의 원래 사상에 가깝게 해석했다고 자부했다. 정치세계의 독자성을 어느 정도 인정해야 한다는 기대승과 무려 8년간에 걸친 논쟁을 전개한 배경이다. 이것이 이른바 '사단칠정논쟁四端七情論爭'이다. 맹자가 처음으로 제기했던 이 논쟁은 전국시대 당시에 이미 공허한 사변론으로 판명이 나 사실상 폐기된 것이나 다름없었다. 그러던 것이 남송대에 들어와 문득 주희가 전래의 도가사상 및 외래의 불가사상을 끌어들여 이를 새롭게 해석한 이기론을 제창함으로써 혁명적인 변화가 일어났다.

이는 그의 이기론을 통해 그간 통합적인 해석이 불가능했던 것으로 치부된 치국평천하의 원리와 우주만물의 이치를 하나로 묶어 해석하는 일을 가능케 한데 있었다. 현대물리학에서 미완의 숙제로 삼고 있는 '통합장이론'을 찾아낸 것에 비유할 만한 사건이었다. 동양에서 20세기 초까지 근 천년 동안 그의 이기론이 사상계를 풍미한 데서 알 수 있듯이 그 충격은 막대했다.

'천리'의 외투를 쓴 이기론은 '과학'으로 포장된 마르크시즘 못지않게 극히 위험한 사상이다. 극히 사변적인 논리 위에 서 있던 까닭에 정작 중요한 현실 차원의 치국평천하 논리가 축소 내지 상실될 수밖에 없다. 공자가 생전에 괴력난신怪力亂神에 대한 언급을 극도로 꺼린 것은 바로 이 때문이었다. 현실에 뿌리를 둔 정치의 세계를 무리하게 형이상의 도덕철학 내지 선악의 종교세계와 무리하게 결합시킨 후과가 아닐 수 없었다. 니덤이 『중국의 과학과 문명』에서 지적했듯이 서양에 비해 늘 앞서 있던 동양의 과학이 성리학의 등장 이후 이내 뒤지게 된 것도 결코 이와 무관할 수 없다.

목릉지치의 허구

학계의 선조에 대한 평가는 극단적으로 엇갈리고 있다. 붕당정치의 빌미를 제공해 마침내 왜란까지 자초했다는 혹독한 비판이 있는가 하면 여론정치의 물꼬를 터 이른바 목릉지치穆陵之治를 열었다는 극찬이 그것이다. '목릉'은 선조의 능호陵號이다. 그의 재위 때 왜군의 침입으로 나라가 초토화되는 지경을 맞이했음에도 그의 치세를 '목릉지치'로 평가하는 것은 분명 지나친 감이 있다.

그러나 당시의 사람들 중에는 이런 견해에 동조하는 사람이 적지 않았다. 그의 묘호가 우여곡절 끝에 '선종宣宗'에서 '선조宣祖'로 격상된 이유가 여기에 있다. 그의 치세에 관한 기록이 『선조실록』과 『선조수정실록』이라는 두 개의 실록으로 남게 된 것도 이런 맥락에서 이해할 수 있다. 동일한 사안을 두고 전혀 다른 평가가 병존했던 당시의 상황을 웅변하는 대목이다. 붕당정치가 불러온 폐해가 아닐 수 없다.

원래 '조祖'는 창업주에 버금하는 대공을 세운 군왕에게만 부여하는 것이 원칙이다. 조선조의 역대 군왕이 이뤄놓은 업적을 살펴보면 조선조 5백년을 통틀어 '조'의 묘호를 받을 만한 인물은 그리 많지 않았다. 창업주인 태조 이성계는 응당 '조'의 묘호를 받아야 하겠지만 강력한 왕권을 토대로 국세를 떨친 세조世祖를 제외하고는 선조宣祖와 인조仁祖, 영조英祖, 정조正祖, 순조純祖 모두 '조'보다는 '종'의 묘호가 적합했다. 영조와 정조는 나름대로 볼만한 업적도 있는 만큼 그런대로 넘어갈 수 있다.

그러나 선조와 인조의 경우는 묘호의 일반적인 관행과는 완전히 동떨어진 것이다. 두 사람은 왜란과 호란을 초래허 나라를 패망 위기로 몰아간 장본인에 해당한다. 물론 영조의 경우도 '영종'에서 승격된 것이기는 하나 그의 치세는 나름대로 볼 만한 점이 있었다. 4색 당파가 그의 치세 때 붕괴했다. 그러나 선조의 경우는 정반대로 4색 당파가 형성되는 빌미를 제공했다. 그의 묘호가 '선종'에서 '선조'로 승격된 것은 명분주의에 함몰된 조선조의 사대부들이 만들어낸 역사왜곡이 아닐 수 없다.

선조의 치세는 한마디로 '붕당정치'로 요약할 수 있다. 그의 치세에 들어와 사림세력들이 거대한 붕당을 형성해 왕권을 위협하는 막강한 신권세력으로 부상했다. 이는 기본적으로 모든 신권세력이 너나 할 것 없이 사림을 자처한 결과이기도 했다. 이전의 훈신勳臣과 척신戚臣조차 사림을 자처하는 상황에서 한 사람의 고독한 군왕이 사림으로 통일된 거대한 신권세력을 상대하는 것은 버거운 일이었다. 조선이 중국의 명청조와 달리 후기에 들어와 '군약신강'의 신권국가로 치달은 이유가 여기에 있다. 선조 때부터 시작된 붕당정치가 그 배경이 된 것은 말할 것도 없다.

조선조는 선조 때 붕당정치가 등장한 이후 시간이 지나면서 왕비 간택과 왕세자 책봉 문제는 말할 것도 없고 후사 문제조차 이들 사림세력에 의해 좌지우지되는 신권국가로 변질되기 시작했다. 이는 사림세력으로 통일된 조선의 신권세력이 얼마나 막강했는지를 반증하는 것이기도 하다. 사림세력은 『예기』「예운」편에 나오는 이른바 '천하위공天下爲公'을 명분으로 내세워 군주 또한 사대부의 일원에 불과한 것으로 간주했다. 조선의 사대부들은 남송대의 사대부들과 같이 천하를 실제로 통치하는 자는 군왕이 아니라 바로 자신들이라고 자부한 것이다.

이는 기본적으로 조선이 신권 우위를 기초로 한 성리학의 왕도를 유일한 통치 이념으로 삼은 데 따른 것이다. 그런 면에서 조선은 개국 초부터 사림세력의 결집을 제어하기 위한 정교한 제도를 마련해 놓아야만 했다. 개국 초기에 태종이 정도전을 제거하면서 신권 우위를 보장한 의정부를 무력화하고, 세조가 사림세력의 집합소인 집현전을 혁파하면서 태종 때의 '육조직계제'를 부활한 것도 이런 맥락에서 이해할 수 있다. 모두 신권세력의 발호를 미리 차단하고자 하는 생각에서 나온 것이다.

그러나 사림은 오뚝이처럼 끈질긴 생명력을 갖고 있었다. 사림세력은 연산군 이후 명종 대에 이르기까지 수차례의 사화로 된 서리를 맞았다. 그러나 어느 틈에 전열을 재정비한 뒤 선조 대에 들어와서는 유일한 신권세력으로 떠올랐다. 이는 기본적으로 성리학 이론을 정교하고 치밀하게 다듬어 낸 퇴계와 율곡이 있었기에 가능했다. 퇴계와 율곡이 출현한 이후 조선의 모든 신권세력은 앞다투어 사림을 자처하며 두 사람의 문하에 모여들었다.

이런 상황에서 퇴계와 율곡의 문인임을 자처한 사림세력들이 장차 왕권을 위협하는 막강한 신권을 형성해 붕당을 기초로 치열한 각축전을 벌일 것은 불 보듯 뻔했다. 조선의 사림이 비록 학맥에 따라 붕당을 결성한 뒤 치열한 권력투쟁을 했지만 신권 우위의 원칙에 대해서만큼은 완전히 일치하고 있었던 것이 그 증거이다.

선조 때 등장한 동인과 서인은 시간이 갈수록 남인과 북인, 소북과 대북 등으로 세포분열을 거듭해 나갔다. 이 과정에서 국리國利보다 당리黨利을 앞세우는 붕당의 망국적인 행태가 드러났다. 전대미문의 국난인 왜란은 바로 이런 배경에서 촉발된 것이었다. 당시 선조가 강력한 왕권을 바탕으로 신권세력을 제압한 가운데 위엄을 보였어도 임진왜란 같은 참사는 일어나지 않았을 것이다.

명종 때까지만 해도 사림은 그다지 주목받을 만한 대상이 아니었다. 세력 또한 지리멸렬했다. 을사사화 당시만 해도 사림세력은 대윤大尹과 소윤小尹의 외척 간 권력투쟁의 하수인 역할을 하는데 그쳤다. 이는 사상 최초의 사림 간 대립으로 이전에는 전혀 볼 수 없는 새로운 양상이었다. 을사사화는 외견상 대윤에 가담한 사림세력의 몰락으로 종결되는 듯했으나 결과적으로 사림을 폭넓게 지지하는 분위기를 조성하는 계기로 작용했다. 이로 인해 마침내 사림이 집단으로 정계에 진출하는 것이 대세가 되었다. 을사사화로 물러났던 퇴계가 이내 중앙 정계로 재차 진출한 것이 그 실례이다.

선조는 바로 이런 대세 속에서 즉위했다. 그가 즉위 직후 훈척세력을 몰아낸 뒤 퇴계와 율곡을 받들며 사림의 명사를 대거 등용한 것도 따지고 보면 이러한 대세에 적극 편승한 것이라고 볼 수 있다. 당시 선조는 대세에 편승해 나름대로 결단하여 사림의 시대를 열었다는 자부심을 갖고 있었다. 이것이 훗날 그의 묘호를 '선종'에서 '선조'로 격상시키는 배경이 되기는 했으나 그 사이 나라는 결딴나고 말았다. 붕당정치가 횡행하는 한 나라는 편할 길이 없게 된다. 태평한 시절에는 그런대로 통용될 수 있으나 외침과 내란 등 어지러운 난세에는 붕당정치만큼 위험한 것도 없다. 선조 때 붕당정치가 본격화한 이후 조선조가 이내 쇠망의 내리막길을 걷게 된 것도 결코 우연이 아니었다.

진붕과 위붕

청대의 강희제는 붕당의 조짐이 약간이라도 보일 경우 가차 없이 뿌리 채 드러내는 결단을 내린 바 있다. 그가 가장 총애하는 황태자를 두 차례에 걸쳐 폐위한 것은 바로 이 때문이었다. 그는 소인배들이 황태자 주변에 몰려들어 붕당을 구성하는 것을 국가 패망의 조짐으로 읽었던 것이다. 실제로 역대 왕조의 법률은 붕당의 형성을 모반죄에 버금하는 중죄로 다스렸다. 그럼에도 왜 조선조에 들어와 붕당이 출현해 끝내 나라를 패망케 하는 빌미로 작용케 된 것일까? 바로 성리학으로 인한 것이었다.

중국의 경우 송대 이전까지만 하더라도 붕당을 사갈시蛇蝎視했다. 북송대 말기에 들어와 사림세력의 정치 참여가 확대되면서 붕당관이 점차 바뀌기 시작했다. 여기에는 구양수歐陽修가 결정적인 공헌을 했다. 그는 공도公道의 실현을 추구하는 자들의 붕당을 '군자당', 개인 이익을 꾀하는 자들의 붕당을 '소인당'으로 규정하면서 전자만이 '진붕眞朋'이고, 후자는 사이비 붕당인 이른바 '위붕僞朋'에 불과하다고 주장했다. 군주가 '진붕'의 손을 들어 주면 정치는 저절로 바르게 된다는 것이 구양수 붕당론의 요지였다.

그러나 그의 붕당론이 안고 있는 치명적인 약점은 '군자당'과 '소인당'을 구분하는 객관적인 잣대가 없다는 데 있다. 성리학의 집대성자인 주희는 여기서 한 걸음 더 나아가 붕당의 존재를 염려할 것이 아니라 군주를 아예 '군자당'에 끌어들여 나라를 다스려야 한다는 이른바 '인군위당론引君爲黨論'을 전개했다. 그러나 이는 당파를 초월해 천하통치에 임해야 하는 군주까지 붕당정치에 끌어들이는 무책임한 주장이 아닐 수 없었다. 주자학을 숭상한 명제국이 동림당東林黨과 엄당閹黨의 대립으로 인해 끝내 패망에 이르게 된 것도 이와 무관할 수 없다. 붕당정치는 이상주의자인 주희의 '인군위당론'을 무비판적으로 수용한 결과였다.

조선조도 을사사화 이후 명제국과 유사한 길을 걷게 되었다. 사림세력이 중앙 정계를 석권한 것을 계기로 각기 학맥을 좇아 붕당을 만드는 일이 당연시되었다. 이들은 상대 당을 '소인당'으로 몰아가면서 권력투쟁을 전개했다. 이로 인해 율곡을 추종하는 자들은 퇴계를 폄하하고, 퇴계를 추종하는 자들은 율곡을 폄하하는 한심한 상황이 나타나기 시작했다. 이런 대립양상은 영남과 기호지역을 중심으로 한 학맥의 지역적 분포와 맞물려 나라를 패망의 위기로 몰아갔다. 이런 양상은 조선조 말기까지 그대로 이어졌다.

그런 점에서 선조 8년(1575)에 조선 최초로 출현한 동서 붕당은 '인군위당론'을 무비판적으로 받아들인 선조의 안이한 붕당관이 빚어낸 것으로 볼 수 있다. 당시 선조는 신권세력 간의 갈등을 이용해 왕권을 보호한다는 안이한 발상으로 왕도정치를 내세우며 구양수와 주희의 붕당론을 받아들여 붕당정치의 악폐를 자초했다고 볼 수 있다.

조선 후기의 당쟁은 겉으로는 성리학 이론의 해석을 둘러싼 이론투쟁을 내세웠으나 내막은 수단과 방법을 가리지 않은 권력투쟁에 지나지 않았다. 이 과정에서 조선의 군왕은 철저히 배제될 수밖에 없었다. 신권 우위의 성리학 이론 해석을 둘러싼 당쟁이 격화되면 될수록 왕권은 더욱 쇠잔하고 미약해질 수밖에 없다. 왕권의 약화는 필연적으로 국세의 황폐를 초래하기 마련이다. 훗날 이익은 『곽우록』의 「논붕당論朋黨」에서 붕당의 폐해를 이같이 갈파한 바 있다.

"붕당은 싸움에서 생기고, 싸움은 이해관계에서 생긴다. 이해가 절실할수록 당파는 심해지고, 이해가 오래될수록 당파는 굳어진다. 이에 자손 대대로 전해 원수가 되고 죽이기도 한다. 조정에서 함께 벼슬하고 같은 마을에 살아도 늙어 죽도록 서로 왕래도 하지 않고, 길흉사에 서로 가면 수군수군 헐뜯고, 통혼이라도 하면 무리지어 공격한다."

선조 이후 조선 후기의 군왕이 시간이 갈수록 사림세력에게 더욱 강도 높게 제압을 당하게 된 배경이 여기에 있다. 남인의 지지를 받은 경종景宗의 독살설과 노론에 적대적인 정조正祖의 독살설이 마치 사실인 양 영남 일대에 널리 유포되고, 강화도의 초부樵夫로 있던 철종哲宗이 갑자기 보위에 오른 것도 이런 맥락에서 나온 것이었다.

원래 조선조는 명종 시대까지만 해도 『대명률』「간당조奸黨條」가 엄격히 적용된 까닭에 붕당 행위는 역모에 버금하는 죄로 간주되었다. 성종 연간에 들어와 주희의 '인군위당론'을 신봉하는 사림세력이 중앙 정계로 진출한 것을 계기로 붕당을 긍정적으로 바라보는 견해가 서서히 퍼지기 시작했다. 다만 중종 대에 이르러 조광조를 비롯한 신진 사류가 대거 「간당조」의 죄목에 걸려 처형됨으로써 붕당을 긍정적으로 보는 견해는 곧바로 잠복할 수밖에 없었다.

그러던 것이 명종 즉위 초에 외척 간의 갈등으로 일어난 을사사화를 끝으로 사림세력을 억압할 명분이 없어진 틈을 타 재야에 숨어 있던 사림들이 중앙 정계를 점거하면서 붕당론이 공론화되기 시작했다. 이는 기본적으로 학문을 좋아한 명종 및 선조가 잇달아 등장해 조선 최고의 명유名儒로 일컬어지는 퇴계와 율곡을 중용한 사실과 무관치 않았다.

원래 선조도 선왕들 못지않게 왕권의 보호에 세심한 주의를 기울였다. 그러나 방법에 문제가 있었다. 선조는 사림세력 간의 갈등을 부추겨 이를 활용하는 방안을 선택했다. 이는 아주 위험한 방안이었다. 『한비자』의 관점에 설 경우 모든 신권세력은 왕권에 대한 잠재적인 위협세력이나 다름없었다. 강력한 왕권이 뒷받침되지 못할 경우 특히 명분을 중시하는 성리학의 세계에서 군왕은 이내 신하들에게 휘둘릴 소지가 컸다. 조선조와 같이 모든 신권세력이 사림을 자처하는 것은 극히 두렵고 놀랄 만한 일이었다. 그런데도 선조는 대세에 편승해 붕당의 형성을 부추기면서 이들 붕당 간의 갈등을 이용해 왕권을 유지하고자 했다.

나라가 극히 평화로울 경우는 신하들이 역모를 꾀할 명분이 없는 만큼 그런대로 붕당을 허용할 수 있다. 그러나 내우외환의 난세에는 치명적으로 작용할 수밖에 없다. 선조는 불행하게도 이웃한 일본이 막강한 무력을 배경으로 호시탐탐하는 시기에 붕당을 전면적으로 허용하는 우를 범하고만 것이다. 아무리 좋은 의도에서 나온 것일지라도 주변정세에 눈을 감은 채 현실과 동떨어진 방식으로 나라를 통치하다가 패망의 위기를 자초한 군왕은 결코 좋은 평가를 받을 수 없다. 선조의 치세를 '목릉지치'로 평가하는 견해를 수용할 수 없는 이유가 여기에 있다.

동서분당의 시작

선조 초기에 이루어진 동인과 서인의 분당은 기본적으로 당시 사대부들 안에서 붕당에 대한 긍정론이 대세를 이룬 사실과 밀접한 관련이 있다. 율곡은 동인과 서인을 하나의 사림으로 결속할 생각으로 두 세력 간의 화해를 촉구하고, 자신의 독특한 붕당론이라고 할 수 있는 이른바 '조제론調劑論'을 전개했다. 이는 여러 당색의 당인黨人을 두루 섞어 기용하는 것을 뜻한다. 당시 율곡도 '인군위당론'을 신봉한 까닭에 붕당 자체를 반드시 죄악시할 필요는 없다고 보았다. 다만 그는 인재의 등용은 국가의 앞날과 직결되어 있는 만큼 당 차원이 아닌 개개인에 대한 평가 차원에서 접근할 것을 주문했다. 이것이 바로 '조제론'이 나오게 된 배경이다. 일종의 절충론에 해당한다.

그러나 '조제론'의 가장 큰 문제는 과연 누가 '조제'할 수 있는가 하는 것에 대한 해답을 제시하지 못한데 있다. 실제로 율곡 사후 각 붕당이 '군자당'을 자처하며 상대 당을 '소인당'으로 몰아가는 등 서로 극렬히 대립하게 되면서 '조제론'은 설 자리를 잃고 말았다. 선조 8년(1575)에 동인과 서인이 등장하게 된 배경이 여기에 있다.

동서고금을 막론하고 모든 사상은 역사적 현실과 불가분의 관계를 맺기 마련이다. 퇴계와 율곡이 활약한 시기는 조선 5백 년의 역사를 양분하는 분기점에 해당한다. 두 사람의 위상은 조선 4백 년 내내 거의 절대적이었다. 조선 전기만 하더라도 권근과 김종직, 조광조를 비롯한 많은 성리학자들이 출현했으나 이론 면에서는 결코 퇴계와 율곡만큼 높은 경지에 오르지 못했다. 남송대의 주희가 집대성한 성리학은 조선조의 퇴계와 율곡에 의해 이론적으로 완성되었다고 해도 과언이 아니다.

퇴계와 율곡은 성리학의 핵심 이론인 이기론의 완성자인 동시에 조선 성리학의 시조에 해당한다. 퇴계와 율곡 사상의 가장 큰 특징은 고금의 모든 통치사상을 이기론에 융해시킨 데 있다. 조선 후기의 당쟁이 사실상 권력투쟁의 일환으로 전개된 것임에도 불구하고 최소한 그 명분만큼은 이기론 해석을 둘러싼 학술논쟁의 성격을 띠게 된 배경이 여기에 있다. 중국도 북송대와 남송대, 명대에 걸쳐 성리학에 대한 의견 차이 등으로 인해 여러 붕당이 출현하기는 했으나 조선처럼 강고한 성리학 이념의 토대 위에 성립한 붕당이 출현한 적은 없었다. 나아가 중국에서는 비록 과거시험에서 성리학 이론을 위주로 한 답안을 중시했으나, 양명학을 위시한 여타 이론에 입각한 답안일지라도 논리의 일관성 등이 인정되면 합격 처리했다.

이에 반해 조선은 퇴계와 율곡의 학문을 기초로 한 답안이 아닐 경우에는 불합격 처리하는 것은 물론 그 내용에 따라서 이른바 사상을 어지럽히는 사람으로 몰아 당사자와 그 일족까지 불온분자로 처벌하기도 했다. 이론 투쟁을 내세운 붕당 간의 권력투쟁이 격화된 데 따른 악폐가 아닐 수 없다.

동서고금을 막론하고 경전 해석에 대한 견해 차이는 이념 갈등을 일으킬 수밖에 없고, 이념 갈등은 파당의 분열을 부추기고, 급기야는 이론 투쟁에서 승리한 파당의 이념만이 통용되는 이른바 '사상의 화석화化石化'의 길로 나아가기 마련이다. 국가 단위에서 일어나는 '사상의 화석화'는 곧 국가의 패망을 의미한다.

조선조의 패망은 기본적으로 요동치는 주변국의 변동 상황에 눈을 감은 채 퇴계와 율곡을 전면에 내세우고 권력투쟁을 일삼은 후기 유학자들의 책임이다. 그러나 퇴계와 율곡 역시 '인군위당론'을 지지하며 지나친 명분론에 치우친 당시의 학풍이 이내 커다란 당쟁의 폐해를 불러올 것이라는 점을 제대로 간파치 못한 점에서 책임을 면키 어렵다.

당쟁과 왜란

왜란은 선조 때 만연한 붕당의 폐해가 어떤 결과를 불러올 것인지를 보여준 대표적인 사례에 해당한다. 당시의 기준에서 볼 때 왜란은 국제전의 성격을 띠고 있었다. 당쟁으로 피폐해진 중원의 명제국은 왜란 참전의 후유증이 겹친 가운데 만주족의 집요한 공세를 받고 이내 무너지고 말았다. 일본 역시 왜란의 장본인인 도요토미 히데요시豊信秀吉의 죽음을 계기로 도쿠가와 이에야스德川家康를 중심으로 한 에도막부가 새로 등장했다. 조선도 비록 가까스로 국망의 위기를 벗어나기는 했으나 왜란을 전후로 나라의 기본 골격이 완전히 뒤바뀌는 사태를 맞이했다.

그럼에도 당시의 군신들은 7년간에 걸친 전역戰役으로 나라가 초토화가 되었는데도 이를 빛나는 승리로 왜곡하면서 전혀 반성할 줄 몰랐다. 선조의 묘호가 '선종'에서 '선조'로 격상된 것은 왜란을 승리로 이끌어 조선의 중흥조가 되었다는 취지에서 나온 것이다. 물론 이순신이 눈부시게 활약한 해전에서는 원균이 참패한 '칠천량漆川梁 해전'을 빼고는 모두 승리했다. 해전의 승리는 수륙水陸 병진으로 조선을 단숨에 삼키려고 한 왜군의 기본 계책을 무산시킨 점에서 높이 평가할 만하다. 그러나 해전의 승리가 일패도지一敗塗地로 점철된 육전陸戰의 참패를 만회할 수 있는 것은 아니었다. 왜란은 객관적으로 볼 때 조선의 참패였다.

가장 큰 문제는 왜란을 결코 패배로 보지 않은 조선이 전혀 반성할 필요를 느끼지 않은데 있었다. 물론 왜란 당시 영의정을 지낸 동인의 유성룡은 스스로 반성하고 다음 세대를 경계한다는 취지에서 『징비록』을 쓰기는 했다. 그러나 이 또한 철저한 반성이라고 보기 어렵다. 그는 이 책에서 일본을 방문했다가 돌아온 뒤 왜란은 결코 일어나지 않을 것이라고 장담한 김성일金誠一을 구구히 변호하고 있다. 그가 김성일과 같은 붕당에 속했기 때문이라고 해석할 수밖에 없다.

조선이 왜란을 계기로 신권국가로 변질된 배경이 여기에 있다. 당시 선조는 조선이 신권국가로 변화하는 데 결정적인 공헌을 했다. 그는 선왕들과 달리 거대한 단일 세력으로 성장한 사림세력을 제어하기보다는 오히려 스스로 사림의 일원이 되고자 했다. 이는 명청대의 황제들과 정반대되는 모습이었다. 중국의 황제들은 심복들로 구성된 동창東廠과 군기처軍機處 등을 활용해 모든 신권세력을 강력히 제압했다. 동시에 사림세력의 전유물인 도찰원都察院 등의 언론권을 극소화했다. 이것으로도 부족해 자신들의 손발 역할을 하는 태감太監을 각지에 파견하고 이른바 '주접제奏摺制'를 활용해 지방관들이 황제에게 곧바로 보고할 수 있는 길을 열어놓음으로써 신권세력의 발호 가능성을 미연에 방지했다.

조선은 중국과 달리 환관이 정치에 개입한 전례가 없었다. 그렇다면 선조는 최소한 왕권에 잠재적 우호세력인 훈척세력을 적당한 수준으로 그대로 두어 사림세력에 대한 견제세력으로 활용할 필요가 있었다. 이마저 내키지 않았다면 사림세력의 결집과 독점적인 권력 장악을 방지하기 위한 다양한 제도적 장치를 마련해야만 했다. 그런데도 선조는 사림세력과 한통속이 되어 자신의 우익이 될 수 있는 훈척세력을 제거하는 데 앞장섰고, 이어 사림세력의 독점적인 권력 장악을 보장하는 것도 모자라 이를 통제할 수 있는 아무런 조치도 취하지 않았다.

그 결과 조선의 사대부들은 왜란을 자초한 잘못을 반성키는커녕 헛된 '의리론'을 내세우며 새로운 중원의 주인인 만주족의 청나라를 의도적으로 무시하는 반동적인 모습을 보였다. 이들은 완전히 현실에 눈을 감은 것이다. 왜란 이후 유성룡의 『징비록』 등을 정밀히 검토하며 향후 조선 침략에서 두 번 다시 실수하지 않겠다고 다짐한 일본의 사무라이들과 대조되는 모습이 아닐 수 없다. 이런 차이가 바로 3백 년 뒤 조선이 일제의 식민지로 전락하는 참사로 이어졌다고 해도 과언이 아니다.

선조의 치세에서 가장 큰 문제는 기본적으로 선조가 붕당의 폐해를 너무 가볍게 생각한 데 있었다. 선조는 직접 정치를 하게 되자마자 가장 먼저 과거제를 개편해 중종 때 폐지된 현량과를 부활시켰다.

사림이 중앙 정계에 진출할 수 있는 문호를 활짝 열어 준 것이다. 이어 기묘사화 때 화를 입은 사림들을 신원伸寃하는 한편 사화를 주도한 훈구세력에게 삭훈削勳의 철퇴를 가했다. 사림세력이 아무런 견제세력도 존재하지 않는 상황에서 중앙 정계를 독점으로 장악한 것은 바로 이 때문이었다.

선조가 붕당 간의 갈등을 적극 활용해 사림세력을 충분히 제압할 수 있다고 판단했는지는 몰라도 이는 중대한 실수였다. 사림세력은 아무리 많은 붕당을 만들어 당쟁을 벌일지라도 신권 우위를 신봉한 점에서는 결국 한통속이었다. 이를 간과한 선조는 붕당정치를 방조했다는 책임을 면할 길이 없다.

왕통과 붕당

당초 선조가 붕당정치의 허용이라는 파격적인 조치를 취한 데에는 조선조 최초로 방계 출신으로 보위를 이은 사실과 무관치 않았다. 당시 방계의 왕위 계승은 작은 문제가 아니었다. 방계 출신인 선조는 명분이 극히 취약한 상황에서 출발했던 것이다. 선조는 이를 보완하기 위해 스스로 '호학군주'임을 자처했다. 선조가 사림의 영수인 퇴계와 율곡을 국사國師로 대우하고, 즉위 초부터 왕도를 내세우며 사림에 아주 우호적인 모습을 보인 것도 이런 맥락에서 이해할 수 있다. 이산해가 쓴 묘지문은 선조가 얼마나 극단적인 '호학군주'의 모습을 보였는지를 잘 보여주고 있다.

"대왕은 즉위한 초기부터 학문에 전념해 날마다 강연講筵에 나아가

경전과 사서를 토론하고 밤이 늦도록 잠을 자지 않았다. 논하는 바가 선유先儒의 주석보다 훌륭하니 신하들이 감히 한마디도 더하지 못했다. 방을 깨끗이 소제한 뒤 좌우에 책을 놓아두고 단정히 앉아 손에서 책을 놓지 않았다. 이단을 배척해 과거 시험장에서 노장老莊과 불가佛家의 말을 사용하는 것을 금했다."

성리학에서 말하는 바람직한 사대부의 전형적인 모습이 아닐 수 없다. 그가 군주의 신분이 아니었으면 퇴계와 율곡에 버금하는 당대의 명유로 명성을 떨쳤을 것이다. 그러나 이는 군주의 리더십이 아닌 신하의 리더십이다. 군왕이 배워야 하는 제왕학은 신하들이 배우는 학문과 달라야만 한다. 제왕학의 요체는 지인知人에 있다. 천하의 인재를 널리 구해 적재적소에 배치함으로써 치평治平을 도모하는 것이 그가 해야 할 일이다. 매일 경연에 나아가 신하들과 함께 경전 및 사서를 토론하는 것도 나쁠 것은 없지만 그보다 더 중요한 군왕의 본업에 열성을 기울여야만 했다.

그러기 위해서는 주변국의 정세에 비상한 관심을 기울이면서 백성들이 어떤 상황에 처해 있는지 등을 면밀히 검토하면서 하나의 사림세력으로 규합된 신권세력을 적절히 통제할 수 있는 다양한 방안을 강구해야만 했다. 그러나 그는 정반대로 '인군위당설'에 동조하며 자신 또한 '군자당'에 가담하고 싶다는 식의 발언이나 하는 한가한 모습을 보였다. 그는 보위에 오르자마자 스스로 최고의 사림이 되기 위해 내관의 수를 크게 줄이는 등 근검절약하는 모습을 보이면서 늘 문을 닫은 채 책을 읽었다. 선조가 사림의 일원임을 자처하며 정계에서 훈척세력을 모두 밀어내고 사림의 명사들을 대거 등용한 것도 같은 맥락에서 이해할 수 있다. 사림세력이 선조의 행보에 극찬을 아끼지 않은 이유가 여기에 있다.

치세에는 군왕이 이런 모습을 보일지라도 크게 탓할 것이 없다. 그러나 아무리 태평시절이라 할지라도 무비武備을 소홀히 하면서 본업인 제왕학 연마를 팽개친 채 신도의 길로 나아가는 것은 결코 바람직하지 않다. 난세로 접어드는 길목에 이런 모습을 보이는 것은 패망을 자초하는 것이나 다름없다. 실제로 선조의 치세는 그런 사태를 맞고 말았다. 선조와 유사한 사례로 청대 말기의 도광제道光帝를 들 수 있다. 그의 치세는 서양의 열강이 중국을 침탈의 대상으로 삼아 접근하는 이른바 서세동점西勢東漸의 상황이었다. 그의 치세 때 제1차 아편전쟁이 일어난 데에는 그가 도학자를 자처하며 세계 대세를 무시한 채 비상사태를 만연히 대처한 사실과 무관치 않았다.

도학군주와 난세

일명 '도학'으로 불리는 성리학의 가장 큰 문제는 난세를 제대로 대처할 수 없는 데 있다. 대표적인 인물이 바로 도광제이다. 그가 재위할 당시 영국의 동인도회사를 주축으로 한 아편의 밀수입은 도를 넘고 있었다. 아편전쟁 직전인 도광 18년(1838)에는 근 2백만 톤에 달했다. 비상한 조치가 필요한 시점이었다. 그러나 도광제를 비롯한 청조의 군신 모두 이를 전래의 조공무역 차원에서 해결코자 했다. '해지지 않는 제국'을 자처하고 있는 영국이 이에 응할 리 만무했다. 아편전쟁은 바로 이런 상황에서 터져 나온 것이었다.

제1차 아편전쟁의 패배로 청국은 유아독존의 '천조天朝'에서 힘이 지배하는 국제무대의 냉혹한 현장에 강제로 끌려 나오게 되었다. 청조는 '천조'이고 그 밖의 나라는 외번外藩 내지 조공국으로 낮춰보던 신념체계가 일거에 무너진 것은 큰 충격이었다. 얼마 후 미국 및 프랑스 등과도 차례로 불평등조약을 체결해 '치외법권治外法權'까지 인정케 되자 '천조'는 커녕 망국을 우려하는 상황에까지 이르게 되었다. 실제로 얼마 후 '태평천국의 난'이 일어나면서 그런 일이 빚어지고 말았다. 반란군이 장강 이남을 차지하는 상황에서 제2의 아편전쟁까지 일어나자 청조는 이내 서구 열강의 반식민지로 전락하고 말았다. 도광제는 청조가 반식민지로 전락하는 단초를 열었다는 비난을 면키 어렵다.

원래 도광제는 중국의 전 역사를 통틀어 가장 근검한 생활을 한 황제로 손꼽히는 인물이다. 그는 어려서부터 남달리 의지력이 강해 자신을 엄격히 절제했다. 늘 소박한 옷만 입었고, 먹는 것도 아주 검소했다. 그러나 그는 지나치게 절제한 나머지 장작과 쌀, 기름, 소금과 같이 사소한 지출조차 세밀히 따지는 모습을 보였다. 궐내 비용이 매년 20만 은자를 초과하지 못하도록 하자 후궁들 역시 1년 내내 헌 옷을 입어야만 했다.

대신들도 황제를 본받아 낡은 관복을 입고 조회에 나왔다. 조회할 때의 모습이 마치 거지들이 줄지어 서 있는 듯했다. 이에 도성 안의 헌옷을 파는 가게의 물건이 일순 동이 나자 헌옷이 새 옷보다 더 비싼 가격에 팔리는 웃지 못할 일이 빚어졌다. 일부 관원은 헌옷을 구하지 못해 이내 새 옷에 구멍을 내 기운 뒤 기름이나 진흙을 묻혀 감쪽같이 헌옷을 만들어 입기도 했다. 음식에 관한 절제의 수위도 이와 유사했다.

도광제가 뛰어난 근검 행보에도 불구하고 소소한 말단을 지나치게 좇다가 정작 중요한 근본을 쫓아내는 이른바 '사본축말捨本逐末'의 우를 범했다는 지적을 받는 이유가 여기에 있다. 의복을 아끼고 음식을 줄이는 행위는 가정을 다스리는 일에 속한다. 이런 자세가 국정에 전혀 쓸모 없는 것은 아니나 국정에는 이외에 더 큰 차원의 거시적인 접근이 필요하다. 강희제 등이 자신에게는 엄격하면서도 신민臣民에게는 관대한 이른바 '엄기관인嚴己寬人'의 자세를 취한 이유가 여기에 있다.

그럼에도 도광제는 자신에게 엄격하게 대하는 것이 지나친 나머지 주변의 대신들은 물론 일반 백성에게까지 근검을 강요하는 '엄기엄인嚴己嚴人'의 입장을 취하는 잘못을 범했다고 볼 수밖에 없다. 그는 근검절약하는 도학 즉 성리학에 이치에 밝았는지는 몰라도 제왕학의 요체가 무엇인지를 제대로 헤아리지 못했다는 지적을 면키 어렵다.

춘추전국시대 말기 순자가 제왕의 근검절약을 숭상한 묵자를 질타한 이유가 여기에 있다. 묵자의 접근은 생산과 소비의 원활한 순환을 억제해 결국 나라를 피폐케 만들 수밖에 없다. 실제로 도광제의 근검 행보는 부국강병을 이루기는커녕 아부를 일삼으며 사리를 취하는 자들만 양산한데 이어 아편전쟁의 패배와 같은 너우외환을 자초했을 뿐이다.

그는 황자시절부터 보위에 오르기까지 무려 30년 동안 황자들의 공부방인 상서방尙書房에서 열심히 공부하며 '근검' 등의 미덕을 터득했다. 그러나 개인 차원의 덕목을 국가통치에까지 적용하는 바람에 오히려 역효과를 빚은 셈이다. 강희제와 옹정제, 건륭제 등이 하나같이 지켜 온 '근검'이라는 미덕이 도광제 때에 이르러 지나친 형식주의로 치우치면서 결국 아편전쟁의 패배라는 끔찍한 결과를 빚어냈다고 볼 수 있다. 영국군이 광주에 대한 총공격을 결행할 당시 참찬대신 양방楊芳이 평소 믿고 따르는 점쟁이의 말을 듣고 이런 명을 내린 게 그 증거이다.

"서양 오랑캐의 요술妖術이 금기로 여기는 것은 여자의 오줌이다. 여자의 변기인 요강의 뚜껑을 벗기고, 그 입구를 적에게 돌리면 요술은 순식간에 사라질 것이다."

가정家政과 국정國政은 엄연히 다른 것이다. 도광제는 가정에는 밝았는지 모르나 국정은 물론 국제교역과 같은 거시적 차원의 통치에 어두웠다. 그의 치세 때 아편의 밀수입 등으로 인한 무역역조로 은이 대거 누출돼 청제국의 곳간이 비어가고 백성들이 유민流民으로 전락했다. 그는 기본적으로 서세동점의 세기사적 위기과정에서 서구열강이 중국의 문호를 강제로 열 경우 어떤 결과를 나을 것인지에 대한 기본 인식이 없었다.

물론 아편전쟁은 영국이 도발한 것인 만큼 그로 인해 폐해를 모두 도광제에게만 전가해서는 안 된다. 그럼에도 그는 수억 명에 달하는 백성의 안녕을 책임진 황제로서 직무태만의 책임을 면할 수 없다. 그는 의당 세계정세의 흐름에 비상한 관심을 기울여야만 했다. 만일 그가 이런 주의를 약간만 기울였다면 서구열강이 산업혁명 이후 폭발적으로 늘어나는 상품생산을 소진키 위해 전 세계를 대상으로 극심한 식민지쟁탈전을 전개하고 있다는 사실을 쉽게 알 수 있었을 것이다. 상대방의 의도를 읽을 수 있으면 주어진 상황에서 나름대로 최선의 방안을 강구할 수 있게 된다. 그가 이처럼 대응했으면 청조의 운명도 전혀 다른 방향으로 전개되었을 공산이 컸다.

그러나 그는 소소한 '가정'에 지나치게 신경을 쓴 데다 터무니없는 '천조' 의식에 안주해 세계정세의 흐름에 눈을 감은 나머지 끝내 대세를 그르치고 만 셈이다. 그의 치세 때 연호가 '도학이 빛을 내다'의 뜻을 지닌 도광道光인 것은 그가 얼마나 군도가 아닌 신도에 매몰돼 나라를 패망의 위기로 몰아넣었는지를 역설적으로 보여주고 있다.

난세의 왕도와 패도

선조의 치세도 도광제와 유사한 맥락에서 이해할 수 있다. 그가 조금이라도 주변의 정세에 눈을 돌렸다면 왜란을 미연에 방지하거나 최소한 그로 인한 폐해를 극소화할 수 있었다. 그럼에도 그는 근검과 호학의 행보에 자족하며 성리학에 함몰된 사림세력의 칭송에 우쭐한 나머지 주변정세가 급변하고 있는데도 불구하고 이를 만연히 대처하다가 나라를 초토화시키는 우를 범한 것이다. 왜란 역시 아편전쟁과 마찬가지로 일본이 도발한 것인 만큼 모든 죄를 선조에게 뒤집어씌울 수는 없다. 그러나 사태를 악화시켜 도요토미로 하여금 조선침략을 감행토록 방조한 책임을 면할 수는 없다. 일본 측의 책임을 묻기 전에 당시 조선의 군신이 현실과 동떨어진 명분주의에 빠져 있던 점을 지적할 필요가 있다. 본래 무비武備는 유사시를 대비해 늘 견실히 해두는 것이 원칙이다. 오히려 겉으로 보기에 태평세일수록 더욱 그렇다.

성리학의 가장 큰 통폐는 치세와 난세를 불문하고 오직 왕도만을 추구한 데 있다. 맹자의 왕도사상은 '치국평천하'보다 개인의 덕성 함양을 뜻하는 '수신제가'에 무게를 두고 있다. 성리학은 맹자의 왕도에서 한 걸음 더 나아가 아주 사변적인 도덕 철학으로 나아간 까닭에 '치평'과 동떨어져 있었다.

당시 선조의 호학은 왕도와 패도를 겸용하는 '군도'로 나아가지 못하고 왕도 일변도의 '신도'로 나아갔다. 당대의 명유인 율곡조차 왕도를 맹종한 점에 비춰 선조만을 탓할 일도 아니다. 그러나 1백 년 동안 내부에서 치열한 각축전을 벌이고 있는 일본을 옆에 두고 이런 한가한 생각을 한 것은 있을 수 없는 일이다. 더구나 일본의 선린우의를 기대했다면 이는 망상이 아닐 수 없다. 예나 지금이나 이웃 나라의 선의를 전제하고 외교를 하는 것처럼 어리석은 일은 없다.

왜란은 불행하게도 이런 일이 연쇄적으로 겹쳐 일어난 후과였다. 그 단초는 현실과 동떨어진 주희의 '인군위당설'을 타당한 것으로 받아들인 데서 비롯되었다. 나라의 안위를 책임진 군왕이 외침을 자초한 것은 어떤 이유로도 용서받을 수 있는 일이 아니다. 더구나 21세기인 현재까지도 선조의 치세를 '목릉지치' 운운하며 사림의 시대를 연 명군으로 평가하는 것은 본말이 뒤집힌 것이다. 자신이 범한 과거의 역사에 대한 반성을 결여한 민족이 제대로 된 미래를 설계하는 것은 불가능한 일이다. 외침을 자초한 군주를 높이 평가하는 '목릉지치' 운운은 역사적 사실을 호도하는 것에 지나지 않는다. 선조는 천하의 주인이 뒤바뀌는 G2 시대의 난세에 전혀 어울리지 않는 암군의 전형에 해당한다.

2

인조

줏대 없는 명분론으로 화를 자초하다

거듭된 반정

조선조 5백년을 통틀어 신하들이 군주를 몰아내는 일이 2번 일어났다. 중종반정과 인조반정이 그것이다. 이들 반정 모두 겉으로 '반정'을 내세우기는 했으나 사실상 '반역'에 불과한 것임은 말할 것도 없다. 인조반정은 크게 2가지 면에서 중종반정과 차이가 있다. 첫째 인조는 문득 반정세력에 업혀 보위에 오른 중종과 달리 초기부터 '반정'에 깊숙이 개입해 이를 주도했다. 둘째 중종반정은 연산군을 단순히 폭군으로 몰아간 것에 그쳤으나 인조반정은 이 차원을 넘어 광해군을 친명사대親明事大의 건국이념을 어긴 반국가사범으로 몰아갔다. 이는 당시 중원의 주인공이 고체되는 혼란스런 상황에서 실리 대신 명분을 선택했음을 뜻한다.

국가통치에서 명분과 실리는 어떤 의미를 지니고 있고 그 비중은 어떻게 판단할 수 있는 것일까? 왕조가 교체될 때마다 반복되는 질문이 아닐 수 없다. 조선조 개창 때 두문동에 들어간 고려의 유신들은 실리보다 명분을 취한 것으로 볼 수 있다. 이에 반해 도중에 변신을 한 권근과 하륜 등은 명분보다 실리를 택한 경우로 해석할 수 있다. 어느 경우든 나름대로의 논리와 지행志行이 뒷받침될 경우 특별히 어느 것이 낫다고 말하기가 쉽지 않다.

대표적인 예로 춘추전국시대의 관중管仲과 소홀召忽의 경우를 들 수 있다. 기원전 7세기 중엽 동쪽의 강국 제나라의 희공은 공자 규糾를 좋아해 관중과 소홀을 공자 규의 스승을 삼고, 포숙아鮑叔牙는 공자 소백小白의 스승으로 삼았다. 포숙아는 공자 소백의 스승이 되는 것을 탐탁지 않게 생각해 칭병하며 나가지 않으려고 했다. 그러자 관중이 포숙아를 설득했다.

"비록 군주가 공자 규를 더 중시하고 있으나 정치상황은 늘 변할 수 있는 것이오. 공자 규와 소백 중 누가 후계자가 될 지 알 수 없소. 우리 두 사람이 각각 두 공자를 나눠 보좌하게 되면 앞으로 둘 중 누가 후계자가 되어도 그에 관계없이 우리들의 큰 뜻을 펼칠 수 있을 것이오."

제희공의 뒤를 이어 제양공이 즉위하자 관중과 포숙아는 학정을 피해 각기 공자 규와 소백을 모시고 국외로 도피했다. 얼마 후 제양공이 실정을 거듭하다가 피살되자 관중과 포숙아 모두 자신들이 보좌하는 공자를 보위에 앉히기 위해 경쟁적으로 환국을 서둘렀다. 결국 포숙아가 모시고 있던 공자 소백이 먼저 제나라 도성에 입성해 군주의 자리에 올랐다. 그가 바로 춘추시대 최초의 패업을 이룬 제환공이다.

당시 관중은 제나라로 돌아오던 중 공자 소백을 죽이기 위해 활을 쐈다. 그러나 소백은 운 좋게도 혁대에 화살이 맞아 죽지 않았고 싸움은 제환공의 승리로 끝났다. 결국 공자 규는 죽임을 당했고, 그를 모시던 소홀도 따라 죽었다. 이때 관중도 자신이 모시던 공자 규를 따라 죽는 것이 마땅했으나 관중은 그리 하지 않았다. 그 결과 관중은 포숙아의 천거를 받아 마침내 제나라로 돌아와 재상의 자리에 오르게 되었다. 이를 두고 많은 논쟁이 있었다. 관중 사후 백년 뒤에 태어난 공자 때도 어김없이 이 문제가 거론되었다. 『논어』「헌문」편에 이들이 나눈 대화가 나온다.

자로가 공자에게 물었다.

"제환공이 공자 규를 죽이자 소홀은 그를 위하 죽었고, 관중은 죽지 않았습니다. 그러니 관중은 어질지 않다고 할 것입니다."

그러자 공자가 이같이 대답했다.

"제환공이 제후들을 규합하여 병거兵車(전쟁을 의미)를 동원치 않은 것은 모두 관중의 공이다. 그 누가 그처럼 어질 스 있겠는가."

자로는 관중이 소홀과 같이 함께 죽지 않은 것을 두고 어질지 못하다고 비난했으나 공자는 관중의 패업을 예로 들어 오히려 그를 어질다고 반박하고 나선 것이다. 『관자』에 따르면 관중은 자신이 소홀과 함께 죽지 않은 것은 소의小義와 소절小節에 얽매이지 않고 나라를 위해 공업을 세우고자 하는 대의大義와 대절大節에 뜻을 두었기 때문이라고 술회한 바 있다. 공자는 바로 관중의 이런 취지를 그대로 받아들였던 것이다.

이는 개인 차원의 의리와 국가 차원의 의리가 다르다는 것을 뜻한다. 동일한 사안도 어느 관점에서 바라보느냐에 따라 전혀 다른 평가가 나올 수 있는 것이다. 소홀처럼 주군을 좇아 죽는 것도 높이 평가할 수 있으나 관중처럼 대의를 위해 살아남아 조국인 제나라를 부강하게 만드는 길을 택할 수도 있는 것이다. 공자는 후자의 입장을 취해 오히려 그를 어질다고 평가한 셈이다.

인조반정의 허구

인조가 반정을 일으킬 당시 내세운 '친명사대'의 논리 역시 관중과 소홀의 사례에 대입시켜 평가할 수 있다. 반정이 일어나기 직전 광해군은 명청 사이에서 줄타기 외교를 시도했다. 명 제국의 강압에 의해 부득불 청나라 토벌을 위한 군사를 파견키는 했으나 도원수 강홍립에게 상황에 따른 적절한 조치를 주문한 것이 그 증거이다. 당시 명나라 조정에서도 조선군이 투항한 것을 두고 논란이 있었으나 결론은 조선군이 나름대로 열심히 싸우다가 부득이해서 투항한 것으로 결론이 났다. 실제로 조선군의 절반 이상이 청의 8기병에게 죽임을 당했다. 광해군이 계속 집권했으면 불필요한 호란을 두 차례에 걸쳐 자초하는 일도 없었을 뿐 아니라 명으로부터도 조선이 나름대로 큰 도움을 주었다는 칭송을 들었을 공산이 컸다.

국가이익이라는 대의의 차원에서 볼 때 광해군의 이런 자세가 타당한 것이었음을 말할 것도 없다. 그런 점에서 인조반정 세력이 광해군을 두고 배은망덕하게 명을 배신하고 오랑캐와 통하는 이른바 '배명통호背明通胡'의 노선을 취함으로써 대의를 저버리고 오랑캐에 동조했다고 비난한 것은 본말이 전도된 것이다. 반정세력이 내세운 '배명통호'는 크게 3가지 점에서 커다란 문제점을 안고 있었다.

첫째, 광해군의 대외 정책은 결코 '배명통호'가 아니었다. 광해군은 명나라도 의심하지 않을 정도의 뛰어난 외교 수완으로 조선의 이익을 지키기 위한 실리 외교를 전개했을 뿐이다. 이는 반정 직후 명나라 대신 팽곤화彭鯤化가 올린 상소문을 통해 쉽게 알 수 있다.

"조선의 국왕은 십여 년 동안 충순한 신하였습니다. 큰 실수를 저질렀다는 얘기를 전혀 듣지 못했는데 하루아침에 조카에 의해 폐위되었다고 하니 반란을 일으킨 자들이 어찌 의를 알아 우리를 돕겠습니까."

실제로 반정 당시 명나라 조정 신료들은 반정을 '찬탈'로 인식했다. 광해군의 실리 외교가 얼마나 주효했는지를 증명하는 대목이 아닐 수 없다. 실제로 명나라의 『희종실록』을 비롯한 사서는 인조반정을 '찬탈'로 기록한 대목만큼은 삭제하지 않았다. 조선 현종 때 이 사실을 알고 청나라를 상대로 이 기록을 바꾸기 위해 사리를 따져서 억울함을 밝히느라 진땀을 흘려야만 했다. 이는 영조 때에 가서야 겨우 일부분이 해결되었다.

당시 광해군이 취한 대외 정책은 명나라의 무리한 군사 지원 요구를 절묘하게 피하면서 왕권을 튼튼히 하고 황폐해진 나라의 형편을 개선하려는 취지에서 나온 것이었다. 그럼에도 반정 당사자들은 광해군의 실리 외교를 일언지하에 명분과 의리를 저버린 행위로 규정한 것이다. 이는 말할 것도 없이 반정의 명분을 얻기 위한 모함에 지나지 않았다. 반정세력이 광해군의 업적을 전면 부인하는 데 혈안이 되었던 이유가 여기에 있다.

둘째, '배명통호'는 중원의 주인은 어떤 일이 있어도 한족만이 가능하다는 황당한 논리 위에 서 있다. 만주족은 오랑캐에 불과한 까닭에 중원의 주인이 될 수도 없고 되어서도 안 된다는 논리나 다름없다. 이것이 일고의 가치도 없는 주장인 것은 말할 것도 없다. 원래 공자가 말하는 화이론華夷論은 종족적인 개념이 아니라 문화적인 개념 위에 서 있다. 덕을 잃어 천명이 다할 경우 덕을 쌓은 자가 중원의 주인이 되는 것은 당연지사이다. 실제로 중국의 역사는 절반 이상이 한족에 의해 오랑캐로 치부된 북방민족의 역사로 꾸며져 있다. 반정세력은 덕을 쌓아 중원을 점령할 생각은 하지 못한 채 만주족이 중원의 주인공이 되는 것은 인정할 수 없다는 해괴한 논리를 편 셈이다.

셋째, 설령 한족의 명을 문명국, 만주족의 청을 야만국으로 간주할지라도 당시의 상황에서 '친명배청親明排淸'을 기치로 내건 것은 조선의 국가이익에 반하는 것이었다. 당시 조선은 왜란의 후유증으로 인해 크게 피폐해 있는데다가 막강한 무력을 보유한 청의 8기군을 당할 수 있는 아무런 무비도 갖추지 못한 상태였다. 명청이 치열한 접전을 벌이고 있는 상황에서 '친명배청'을 기치로 내걸 경우 청의 침공을 초래하게 된다. 청의 침공이 빤히 예상되는데도 반정세력은 아무 대비도 없이 기껏 강화도와 남한산성으로 피신해 저항하면서 명군이 달려와 도와줄 것을 기대하는 한심한 모습을 보였다. 만용과 무지의 극치가 아닐 수 없다.

반정세력이 자신들의 당리를 위해 '친명배청'을 기치로 내걸고 멀쩡한 주군을 내몬 반역집단에 불과하다는 혹평을 받는 이유가 여기에 있다. 이후 조선이 급변하는 국제정세에 눈을 감은 채 쇠락한 것도 두 차례의 호란 이후 극단적인 명분론을 내세운 서인 세력이 폐쇄적으로 권력을 독점한 사실과 무관치 않았다. 이들 서인세력은 자신들의 반정을 합리화하기 위해 중원의 주인이 이미 바뀌었음에도 불구하고 패망한 명의 연호를 계속 사용하는 등의 기이한 모습을 보였다.

큰 틀에서 보면 인조반정은 기본적으로 대북 세력의 전횡에 불만을 품은 붕당 세력이 하나로 결집한 데서 비롯된 쿠데타에 지나지 않는다. 주목할 점은 반정을 주도한 무신 세력이 바로 인조의 인척이었다는 사실이다. 평산 신씨와 능성 구씨가 바로 그들이다. 이들 두 가문은 선조와 인빈 김씨 사이에서 태어난 신성군과 정원군을 각각 사위로 맞이함으로써 선조의 외척이 되었다. 두 가문은 인조반정 이후 조선 말기까지 훈련대장을 비롯해 조선의 각종 고위 무관직을 거의 독점하다시피 했다.

인조반정은 박원종만이 순수한 무신 출신이었던 중종반정과 달리 핵심 역할을 한 신경진과 구굉 등을 비롯해 대다수의 인물이 모두 무신이었다는 특징이 있다. 이들은 무신 출신만으로는 대사를 이루기 어렵다고 판단해 무관직 경력이 풍부한 문신을 포섭하기 시작했다. 첫 포섭 대상은 김류였다. 신경진은 부친 신립이 김류의 부친 김여물과 임진왜란 때 함께 전사한 까닭에 평소 교분이 있었다. 조상의 공덕으로 관직에 진출한 김류는 병법에 조예가 깊어 문신이면서도 무신을 우선하는 관직을 두루 역임했다. 이들이 두 번째 포섭 대상으로 삼은 문신은 이귀였다. 이귀 역시 문신 출신이었으나 무관직 경력이 풍부했다. 이귀의 합류로 이내 최명길 형제와 김자점 부자, 심기원 형제 등의 문신이 가담했다.

이들은 문신과 무신을 가릴 것 없이 대부분 율곡과 성혼, 이항복, 김장생 등으로 연결되는 서인의 문인이었다. 이들 서인들을 많이 발탁한 장본인은 이항복이었다. 임진왜란 때 다섯 번에 걸쳐 병조판서를 역임한 이항복은 북변의 상황이 심각해짐에 따라 '서북면도체찰사'에 임명된 것을 계기로 서인 출신을 대거 서북변계의 무장으로 발탁했다. 이들이 바로 인조반정의 주역이 된 것이다. 이들 서인들은 거사를 성사시키기 위해 이원익과 정경세 등 남인 세력을 끌어들여 세력을 확장했다.

반정 당시 서인들은 요직을 모두 독차지했다. 김류가 병조판서, 이귀가 이조참판, 이서가 호조판서를 장악했다. 서인은 일부 한직을 남인에게 배분했으나 자신들이 정국을 주도하겠다는 의지를 분명히 했다. 김류가 "이조참판 이하는 쓸 수 있지만 이조판서 이상과 의정부에는 남인을 쓰지 못한다"라고 언급한 대목이 그 증거이다.

이때 서인은 이른바 '무실국혼無失國婚'과 '숭용산림崇用山林'을 기본원칙으로 삼았다. '무실국혼'은 향후 왕비는 모두 서인의 집안에서만 내겠다는 취지에서 나온 것이었다. 소현세자의 가례 때 남인인 윤의립의 딸을 간택했다가 책봉 직전에 파혼한 것은 바로 이 때문이었다. '숭용산림'은 재야의 서인 인사를 높이 등용한다는 원칙을 말한다. 이는 송시열을 염두에 둔 것이었다.

당시 송시열은 인조 재위 기간 동안 끊임없이 출사를 종용받았으나 그때마다 사직서를 올려 재야의 신망을 한 몸에 받고 있었다. 그는 현종 때 비로소 출사해 서인에서 갈려 나온 노론을 이끌었다. 노론 세력이 이후 조선말까지 수백 년 동안 조선을 장악하게 된 계기는 바로 서인의 '숭용산림'에 있다고 해도 과언이 아니다.

서인이 만든 '무실국혼'과 '숭용산림' 원칙은 이후 서인들로 하여금 국가의 이익보다 당의 이익을 앞세우도록 만들었다는 점에서 커다란 문제가 있었다. 호란 이후 서인들이 현실을 무시하고 헛된 명분에 사로잡혀, 조선을 패망한 명나라의 뒤를 이은 이른바 '소중화小中華'로 규정하면서 반대파를 무자비하게 살육한 것도 바로 이 때문이라고 할 수 있다. 붕당정치가 초래한 후과가 아닐 수 없다.

인조의 치세가 시종 망국적인 모습을 보인 이유가 여기에 있다. 전 세계의 역사를 통틀어 동족도 아닌 이민족의 패망한 나라를 수백 년 동안 추모하며 그 패망을 못내 아쉬워한 나라는 조선조밖에 없었다. 대원군 하야 후 민씨 척족 세력이 망국적인 세도정치를 부활시켜 모든 개화노력을 무산시켜 마침내 조선조의 패망을 재촉한 것도 실리를 무시한 채 명분주의에 함몰된 서인의 이런 행보에서 비롯되었다고 할 수 있다. 인조 때 빚어진 두 차례의 호란 역시 '무실국혼' 및 '숭용산림' 등과 마찬가지로 국가이익에 반하는 공허한 명분론인 '친명사대' 원칙에서 비롯된 것이었다.

친명사대와 정묘호란

당초 정묘호란은 인조 2년(1624)에 이르러 논공행상에 불만을 품은 이괄이 난을 일으킨 데서 불씨가 만들어졌다. 주도권 다툼에서 밀린 이괄은 반정세력이 자신을 역모로 몰아가려고 하자 인조가 즉위한 지 열 달 만에 반란을 일으켜 서울로 진군했다. 당시 인조반정은 백성들에게 지지를 얻지 못하고 있었다. 인조 정권은 최대의 위기를 맞이한 것이나 다름없었다. 이괄의 군사가 임진강 나루터에서 관군을 대파하고 파죽지세로 서울로 향하자 인조와 서인 정권은 황망히 공주로 피난 갔다. 이때 서인들은 피난을 떠나기 직전에 수감되어 있던 전 영의정 기자헌을 포함한 정치범 49명을 밤사이에 몰살했다.

이괄은 반란을 일으킨 지 19일 만에 서울을 점령하고, 선조의 아들 흥안군을 새 왕으로 옹립했다. 이때 광해군의 몰락 이후 숨을 죽이고 있던 북인의 잔여 세력이 다시 발호할 조짐을 보였다. 그러나 전열을 정비한 관군이 서울로 진격해 오자 반군이 크게 패해 이천으로 도주하면서 사실상 상황이 끝나고 말았다. 이때 일부가 후금으로 도망가 인조가 '친명사대'를 강력히 추진하고 있다고 주장하면서 인조 즉위의 부당성을 호소했다. 이것이 바로 정묘호란의 한 원인이 되었다.

현재 학계에서는 정묘호란이 일어난 원인에 대해 크게 내부 요인과 외부 요인에 무게를 두는 견해가 대립하고 있다. 내부 요인에 무게를 두는 견해는 이괄의 난에서 직접적인 원인을 찾고 있으나 외부 요인에 무게를 두는 견해는 후금 내부에서 그 원인을 찾고 있다. 당시 후금은 명과의 전쟁으로 무역이 중단되어 생필품 조달에 커다란 어려움을 겪고 있었다. 게다가 만주 지역을 강타한 기근으로 인해 식량 부족이 심각했다. 후금은 조선으로부터의 원조를 받아 식량 문제를 해결하고자 했다. 내부 요인보다 외부 요인이 보다 크게 작용했다고 보는 게 옳다.

여기에는 당시 인조정권이 조선의 가도에 머물고 있는 명나라 장수 모문룡에게 막대한 양의 식량을 지원한 것이 가장 큰 원인으로 작용했다. 모문룡에게 보내는 양곡의 양은 1년 치 재정의 3분의 1에 달하는 막대한 양이었다. 모문룡은 가끔 병력을 육지로 보내 후금을 친다고 허세를 부리면서 이를 구실로 조선에 막대한 군량을 요구했다. 가도의 식량이 부족하면 모문룡의 군졸들은 육지로 몰려와 약탈을 자행했다. 청천강 이북 지역은 걸식하는 난민들이 민간에 난입해 식량과 가축을 약탈하는 것은 물론, 조선인을 마구 살해하는 무법천지로 변해 가고 있었다.

이는 후금의 신경을 극도로 자극했다. 그런데도 인조와 공신세력은 자신들의 잘못이 어디에 있는지를 제대로 헤아리지 못했다. 이들은 후금을 직접적으로 자극할 만한 정책을 편 적이 없는 까닭에 후금이 조선을 침공할 이유가 없다는 황당한 자기합리화에 빠져 있었다. 인조 5년(1627) 후금의 3만 병력이 순식간에 의주를 점령하고 파죽지세로 남하하자 인조는 황급히 강화도로 피난을 갔다. 이괄의 난 때 서울을 버리고 공주로 피난한 지 3년 만에 또다시 몽진을 가게 된 것이다. 얼마 뒤 후금의 사자가 강화도로 찾아와 조선이 명과의 관계를 끊고 후금과 형제 관계를 맺어야 한다는 내용의 국서를 내놓고 협상에 들어갔다. 이내 명의 연호를 사용하지 않고 해마다 목면 1만 5천 필을 바치는 선에서 강화가 타결되었다.

당시 조선이 그토록 믿었던 모문룡은 정묘호란 당시 기만적인 행보로 일관했다. 그는 명나라 조정에 자신의 군사가 후금군을 물리쳐 조선의 수도를 보전하고 후금군을 회군하게 만들었다는 거짓 보고서를 제출했다. 그러나 사실 그의 병사들은 후금군과 싸우기는커녕 조선 선박을 습격해 장정과 노약자들을 죽이고 여자와 화물만 실어 가는 해적질을 일삼았을 뿐이다. 그럼에도 그는 허위보고로 더 많은 군량을 얻어내는 데 성공했다. 그는 조선정부에 대해 청천강 이북 지역은 자신에게 빌려 주면 좋겠다는 뜻을 전하기도 했다. 인조정권은 모문룡의 사기 행각을 뒤늦게 눈치 채고 곧 명나라 조정에 주문사奏聞使를 보내 실상을 보고하려 했으나 모문룡의 저지로 좌절되었다.

명조정이 모문룡을 제대로 통제하지 못한 것은 그가 명의 실권자인 환관 위충현과 연결되어 있었기 때문이었다. 그러나 정묘호란 직후부터 모문룡이 군량만 축낼 뿐 요동 땅을 한 치도 되찾지 못하고 있다는 상소가 거듭되자 마침내 인조 7년(1629) 6월에 영원순무 원숭환이 기습적인 방법으로 그의 목을 베었다.

당시 인조와 서인 세력은 정묘조약으로 인해 조정과 민간의 사대부들로부터 극심한 비판을 받아야만 했다. 인조는 후금이 먼저 강화를 제의한 점을 내세웠으나 사실 구차한 변명에 지나지 않았다. 당시 후금과 형제 관계를 맺으면서 전화戰禍를 피해 간 것은 나름대로 평가할 만하다. 후금에 보내는 공물이 적은 부담은 아니었으나 평소 명나라 태감들의 요구한 천문학적인 비용에 비하면 결코 대단한 것도 아니었다. 당시 후금이 조선에 가장 간절히 바란 것은 식량 교역이었다. 그러나 양국 간의 교역은 후금의 당초 기대에 크게 부족했다. 이로 인해 인조 9년(1631)에는 공물의 액수 문제가 쟁점이 되어 양국 간에 긴장이 조성되기도 했다.

자초한 병자호란

인조 11년(1633)에 들어와 후금이 전쟁에 쓸 배를 제공하든가 공물의 양을 늘리든가 둘 중 하나를 선택하라는 내용의 국서를 보냈다. 최명길 등은 이를 받아들일 것을 주장했다. 그러나 대다수의 관원들이 주전론主戰論을 펼쳤다. 이때 명나라 장수 공유덕과 경중명이 반란을 일으켜 전함을 이끌고 후금으로 망명하던 중 조선의 장자도獐子島에 정박하는 일이 벌어졌다. 비변사에서 이들을 섬멸할 계책을 올렸으나 이미 이들이 후금으로 귀순한 뒤였다. 이들의 귀순으로 후금군은 그토록 바라던 함선과 수군을 한꺼번에 거느리게 된 것은 물론이고 공포의 대상이었던 포르투갈의 홍이포紅夷砲까지 보유하게 되었다.

이때 후금은 공유덕 등의 함선이 정박했던 곳이 조선에서 가깝다는 이유로 조선에 귀순자들에 대한 군량 공급을 요청했다. 조선은 공유덕 토벌에 나선 명나라 장수를 접대하는 와중에 후금의 군량 지원 요청을 받자 진퇴양난에 빠졌다. 인조는 후금이 다시 침략할 경우 강화도로 피신할 생각이었으나 후금이 수군을 확보함으로써 이마저 여의치 않게 되었다. 마침 청태종이 후금과의 무역에 소극적인 모습을 보이는 조선이 계속 가도와 접촉하는 모습을 보이자 이내 인조를 질책하는 국서를 보냈다.

"왕은 여력이 없어 보내는 물품이 약소하다고 말했으나 철산鐵山의 명나라 사람을 잡아서 물어 보니 대답하기를, '가도에 주둔하는 병사들에게 왕이 배 50척을 주고, 해마다 봄과 가을 두 차례에 걸쳐 쌀 2만 6천 석을 보조하고 있다'고 했소. 왕의 말이 마음과 다르고 마음이 행동과 달라서 내가 이런 말을 하게 된 것이오. 왕은 명나라의 국운이 쇠퇴하지 않고 길이 바뀌지 않으리라고 생각하고 있는 것이오."

통렬한 지적이 아닐 수 없다. 그러나 인조는 이를 무시했다. 그는 재위 14년(1636) 3월에 8도에 교서를 내려 명나라를 위한 대의를 지키기 위해 후금과 절교하겠다고 선언했다. 이해 4월에 후금이 국호를 '후금'에서 '청'으로 고친 뒤 황제라고 칭하면서 조선에 신하의 예를 요구하자 조선의 조정이 격분했다. 대책을 둘러싸고 조정의 의견이 양분되었다. 하나는 외교 교섭을 통해 문제를 해결하자는 주화론으로, 반정을 주도한 이귀와 최명길 등이 이를 지지했다. 그러나 김상헌과 정온을 비롯한 소장파 관인들은 정도를 가야 한다는 명분 아래 주전론을 전개했다.

결국 주전론으로 기울자 인조는 전쟁을 선포하는 교서를 내렸다. 이 소식을 들은 청 태종은 마침내 이해 12월에 만주족으로 구성된 8기군 7만과 몽골군 3만 등 총 12만 명의 군사를 이끌고 압록강을 건넜다. 청군은 임경업이 지키고 있는 의주의 백마산성을 피해 거침없이 남하해 보름이 채 안 되어 개성을 점령했다. 인조는 황급히 세자와 원손을 강화도로 피신시켰다. 이때 인조 자신도 강화도로 피신해 장기전을 펼칠 생각이었으나 청군이 이미 강화도로 가는 길을 끊어놓은 까닭에 백관들과 함께 남한산성으로 들어가 농성할 수밖에 없었다.

당시 청태종은 조선의 상황을 소상히 파악하고 있었다. 그가 판단할 때 정묘호란 때 약속한 '형제지맹'을 어기며 계속 '숭명배청'의 행보를 보이고 있는 조선을 더 이상 방치했다가는 중원 점령이 어려울 수밖에 없었다. 실제로 병자호란이 일어나기 1달 전에 윤집은 이런 내용의 상소를 올린 바 있다.

"명은 우리나라에게 곧 부모이고, 오랑캐는 우리에게 곧 부모의 원수입니다. 신하된 자로서 부모의 원수와 형제가 되어 부모를 저버릴 수 있는 것입니까. 차라리 나라가 없어질지언정 부모자식 간의 의리는 저버릴 수 없는 것입니다."

윤집이 왜란 당시 명이 도와준 것에 감읍해 '재조지은再造之恩'을 운위한 것은 지나친 면이 있으나 의리를 갚고자 하는 취지만큼은 이해할 수 있다. 그러나 바야흐로 종묘사직이 무너지고 백성이 어육이 될 수도 있는 위급한 상황에서 '나라가 없어질지언정 부모의 나라인 명에 대한 충성을 저버릴 수 없다'는 식의 논리를 전개하는 것은 있을 수 없는 일이었다. 군주는 물론 나라와 백성조차 안중에도 없었다고 볼 수밖에 없다. 성리학에 함몰된 조선조 사대부들의 정신상태가 어느 정도였는지를 짐작케 해주는 대목이 아닐 수 없다.

사실 인조정권이 정묘호란 당시에 맺었던 '형제지맹'의 약속을 어느 정도 이행키만 했어도 병자호란은 능히 막을 수 있었다. 그러나 윤집 등의 척화파들은 '형제지맹'의 파기를 요구하면서 부모의 나라인 명을 대신해 청과 결전을 치를 것을 주장하고 나선 것이다. 큰 틀에서 볼 때 병자호란 역시 정묘호란과 마찬가지로 명과의 교역이 차단된 상황에서 이를 타개하기 위한 대안의 성격이 컸다. 청의 요청을 거부하며 명의 군사에게 식량지원을 한 것은 전쟁을 자청한 것이나 다름없었다.

그럼에도 병자호란 때 역시 정묘호란 때와 마찬가지로 청의 침공이 빤히 예상되는 상황에서 이에 대한 뾰족한 대비책을 마련해 놓은 것도 아니었다. 오직 압록강 일대를 지키고 있는 임경업에게 모든 것을 맡겨 놓았을 뿐이다. 청군은 이내 임경업이 지키고 있는 의주의 백마산성을 우회해 파죽지세로 남하했다. 보름이 채 안 되어 개성을 점령했다. 급보를 접한 인조는 황급히 세자와 원손을 강화도로 피신시켰다. 이때 인조 자신도 강화도로 피신해 장기전을 펼칠 생각이었으나 청군이 이미 강화도로 가는 길을 끊어 놓은 까닭에 백관들과 함께 남한산성으로 들어갔다. 당시 산성 안에는 병력 1만 3천 명과 양곡 1만 4천 석이 있었다. 40일 정도면 식량이 바닥날 수밖에 없었다.

독 안의 쥐의 허장성세

당시 남한산성에 들어간 조선의 대신들은 주전파와 주화파로 갈려 쓸데없는 논쟁으로 시간을 허비하고 있었다. 청군은 산성을 포위한 채 각 도에서 올라온 근왕군勤王軍을 모두 격퇴하며 성 안의 물자가 떨어지기만을 기다렸다. 마침내 궁지에 몰린 인조가 항복을 협상키 위해 홍서봉洪瑞鳳 등을 이듬해인 숭덕 2년(1637) 1월 2일에 청군의 진영으로 보냈다. 청태종이 인조에게 조서를 내렸다. 그가 보낸 조서는 천하를 가슴에 품은 청태종 홍타이지皇太極와 우물 안의 개구리처럼 허황된 소중화의 미몽에 사로잡혀 있던 조선의 군왕 이종의 그릇이 얼마나 큰 차이가 있는지를 극명하게 보여주고 있다. 그 골자는 다음과 같다.

"우리나라 군사가 지난해에 동쪽 우량하이를 칠 때 너희가 군사를 일으켜 요격을 한 뒤에 또 명나라와 협조하여 우리를 해쳤다. 우리가 요동을 얻게 되자 너희는 다시 우리 백성을 불러다가 명나라에 바쳤다. 이에 정묘년에 군사를 일으켜 너희를 친 것이다. 이후 너희는 어찌하여 우리의 변경을 소란하게 하고, 산삼을 캐는 자와 사냥을 하는 자를 잡아다가 명나라에 바치고, 짐의 군사가 귀순하는 명나라 장수를 응접하려 할 때 대포를 쏘아 방해한 것인가. 전단의 실마리를 또다시 너희가 연 것이다. 짐이 이미 너희 나라를 아우로 대접했는데 너는 더욱 더 배역背逆하여 스스로 원수를 만들어 백성을 도탄에 빠트리고 있다. 겨우 한 몸이 산성으로 달아나 비록 천년을 산들 무슨 이익이 있겠는가. 정묘년의 치욕을 씻으려 생각했다면 어찌하여 목을 움츠려 나오지 않고 여인의 처소에 들어앉아 있는 것을 달게 여기는 것인가. 짐이 칭제稱帝했다는 말을 듣고 네가 말하기를, '이런 말을 조선의 군신이 어찌 차마 들을 수 있느냐' 고 한 것은 무엇 때문인가. 황제를 일컫는 것이 옳고 그름은 너에게 달려 있는 것이 아니다. 하늘이 도우면 필부라도 천자가 될 수 있고, 하늘이 화를 내리면 천자라도 외로운 필부가 되는 것이다. 네가 그런 말을 한 것 또한 매우 망령된 소리이다. 이제 짐이 대군을 이끌고 와 너희 8도를 소탕할 것이다. 너희가 어버이로 섬기는 명나라가 장차 어떻게 너희를 구원하는지 두고 볼 것이다. 자식에게 위험이 절박했는데 어찌 구원해 주지 않는 어버이가 있겠느냐. 그렇지 않으면 이는 스스로 백성을 물불 속에 빠트리는 짓이니 억조億兆 중생이 어찌 너에게 원한을 품지 않겠는가. 네가 할 말이 있거든 분명히 고하라. 결코 막지 않을 것이다."

당시 인조를 비롯한 조선의 군신은 만주족이 중원의 주인이 되는 것은 하늘이 무너져도 인정할 수 없다는 희귀한 생각을 갖고 있었다. 청태종은 이런 생각을 갖고 있는 조선의 군신을 싸잡아 질타한 것이다. 사실 조선의 군신은 청태종이 갈파한 바대로 '하늘이 도우면 필부라도 천자가 될 수 있고, 하늘이 화를 내리면 천자라도 외로운 필부가 될 수 있다'라는 유가사상의 기본 이치조차 모르고 있었다.

『서경』과 『역경』 등 유가경전이 하나같이 강조하는 것은 이른바 '천도무친天道無親'과 '천명무상天命無常'이다. 하늘은 특별히 누구를 돕거나 해치는 바가 없다. 오직 스스로 노력하여 덕을 쌓는 자에게 천명이 돌아갈 뿐이다. 누구라도 성인을 모범으로 삼아 덕을 열심히 쌓으면 능히 제왕이 될 수 있는 법이다. 중원의 주인이 반드시 한족이어야 한다는 원칙이 존재할 리 없다. 훗날 옹정제는 『대의각미록』에서 중화와 오랑캐는 상대적인 개념일 뿐이고, 만주족도 덕을 쌓으면 얼마든지 중원의 황제가 될 수 있다는 사실을 많은 고전을 인용해 논리적으로 증명한 바 있다. 황제가 되는 것은 종족 내지 민족 단위의 혈연에 토대한 것이 아니라 어디까지나 적덕積德의 유무에 달려 있다는 게 골자이다.

그럼에도 인조반정의 당사자들은 명의 천명만이 영원히 계속될 것으로 본 것이다. 조선을 피폐케 만든 배경이 바로 여기에 있다. 당시 명도 조선 측으로부터 급보를 받았다. 그러나 풍랑 등을 이유로 끝내 구원에 나서지 않았다. 그럼에도 인조를 비롯한 조선의 군신은 명나라 원군이 조만간 달려와 포위를 풀어주거나, 최소한 청의 배후를 찔러 포위가 저절로 풀어질 것으로 기대했다. 연목구어緣木求魚의 헛된 희망이 아닐 수 없다. 싸움은 이미 끝난 것이나 다름없었다.

시간이 지나면서 주화파의 목소리가 높아지나 이제는 청태종에게 목숨을 구걸하는 상황이 되고 말았다. 얼마 후 강화도가 함락되어 세자와 빈궁이 홍타이지의 군문으로 이송되었다는 비보가 들려왔다. 홍타이지는 명과 단교하고 청을 군주의 나라로 섬길 것과 세자와 대신을 인질로 보내고 해마다 공물을 보낼 것 등을 항복 조건으로 내걸었다. 인조가 마침내 이듬해인 재위 15년(1637) 정월 30일에 소현세자와 함께 신하로 예속됨을 뜻하는 쪽빛의 군복인 남융복藍戎服을 입고 한강 동남쪽 삼전도에서 굴욕적인 성하지맹城下之盟을 맺었다. 『인조실록』은 당시의 상황을 다음과 같이 묘사해 놓았다.

"상이 해질 무렵에 비로소 도성으로 돌아가게 되었다. 상이 배를 타고 건널 때 각 진영에 속한 병졸이 거의 모두 죽고 빈 배 두 척만이 있었다. 백관들이 다투어 건너려고 어의御衣을 잡아당기기까지 하면서 배에 올랐다. 청군에 사로잡힌 자녀들이 이를 바라보고 울부짖기를, '우리 임금이시여, 우리를 버리고 가십니까'라고 했다."

『인조실록』은 당시의 상황을 자세히 기록해 놓지 않았다. 조선의 군신은 화를 자초해 놓고도 반성을 하기는커녕 이를 치욕의 역사로 간주해 사실을 은폐하는 쪽으로 나아간 것이다. 당시의 상황을 제대로 알기 위해서는 『산성일기』와 『병자일기』 등의 자료를 살펴볼 필요가 있다. 『산성일기』에 따르면 항복의식을 거행할 당시 홍타이지가 단위의 의자에 앉자 인조가 휘장 안으로 걸어 들어가 삼공육경과 함께 뜰 안의 진흙 위에서 절을 하려고 했다. 신하들이 민망한 나머지 돗자리를 깔기를 청하자 인조가 이같이 말했다.

"감히 황제 앞에서 어찌 스스로를 높일 수 있겠는가!"

척화파의 거두인 김상헌에 동조하며 청태종을 오랑캐로 업신여기던 모습은 찾을 길이 없고 굴신인욕屈身忍辱을 감수해서라도 목숨을 부지코자 하는 비굴한 모습이 약여하게 드러나고 있다. 인조는 항복하기 전에 수시로 사람을 보내 혹여 항복할 경우 목숨을 잃는 것이나 아닌지 크게 두려워한 모습을 보였다. 이해 1월 27일에 청군 진영에 전달된 국서에 나오는 인조의 애끓는 호소가 증거이다.

"신이 빨리 스스로 나아가 용안을 우러러보지 않았다가는 신의 조그만 정성을 펼 길이 없을 것이니 나중에 그리워한들 어찌 미치겠습니까. 엎드려 바라건대 신의 혈성血誠을 굽어 살펴 신이 안심하고 명에 따를 길을 열어 주십시오."

당시 명이 내부 단속에 성공했으면 청이 장성 이남을 넘보기가 어려웠다. 그 경우 중원과 만주, 조선 사이에 원명교체기 때와 유사한 3국 정립鼎立의 상황이 빚어져 조선 내에 새 왕조가 등장할 공산이 컸다. 원명교체기 때에는 북원北元이 멀리 몽골초원에 있었던 까닭에 중원과 요동의 회랑으로 연결된 조선 내에서 친원파보다는 친명파가 상대적으로 유리한 상황에 있었다. 그러나 청이 등장했을 때는 상황이 바뀌었다. 3국 정립의 상황이 보다 오래 지속되었을 경우 조선 내에도 친청파 무장 세력이 등장해 새 왕조를 개창할 가능성이 높았다. 실제로 청태종이 대군을 이끌고 조선으로 남하한 병자호란은 내용상 이런 성격을 띠고 있었다.

당시 청태종은 삼전도에서 인조의 칭신稱臣을 확약 받은 후 같은 해 2월 8일에 소현세자와 봉림대군 등 왕자들과 척화론의 주모자인 오달제와 윤집 등을 볼모로 데리고 심양으로 돌아갔다. 소현세자의 북행길에는 대소 신료를 포함해 3백 명의 수행원이 뒤따랐다. 이들이 심양의 숙소에 거주하자 이곳을 '심양관'으로 부르게 되었다. 당시 청은 심양관을 통해 조선 문제를 처리했다. 인조 또한 모든 문제를 소현세자에게 미뤘다.

인조 18년(1640) 청이 명나라 정벌에 사용할 목적으로 조정군助征軍을 파견할 것을 요청하자 인조는 어쩔 수 없이 임경업이 이끄는 수군 6천 명을 파견했다. 그러나 조선군이 명군을 향해 발포도 하지 않고 일부 군사가 계획적으로 투항하는 등 제 역할을 하지 못하자 청태종이 대노했다. 이에 휘하 장수를 보내 이를 질책하고 반청론자인 김상헌 등을 불러 그 내막을 심문하게 했다.

이때 소현세자는 이를 막기 위해 청의 고관들을 상대로 노력했다. 그러나 그의 이런 처신은 오히려 인조와 서인 세력의 불만을 사게 되었다. 이들은 소현세자가 변한 것으로 오해했다. 소현세자가 훗날 귀국한 뒤 의문의 죽음을 당하게 된 빌미가 여기서 만들어지기 시작했다. 소현세자가 심양에 머물 당시 명나라는 패망의 조짐이 뚜렷했다. 이자성이 이끄는 반란군이 인조 22년(1644) 3월에 북경을 점령하자 명의 마지막 황제인 숭정제는 목을 매 자살하고 말았다. 이로써 조선의 사대부들이 그토록 받들어 모신 명제국은 청나라가 침공하기도 전에 스스로 붕괴하고 말았다.

인조반정의 업보

당시 북경 입성 과정에 참여한 소현세자는 식량난 때문에 20여 일 만에 심양으로 되돌아 왔다가 이해 9월에 순치제順治帝을 따라 다시 북경에 들어가 약 70일 동안 머물렀다. 그는 이 과정에서 청제국과 가깝게 지내는 것만이 조선의 살 길이라는 사실을 절감했다. 그는 북경에 머물 당시 선교사 아담 샬과 만나 세계사의 흐름에 대한 안목을 크게 넓힐 수 있었다. 아담 샬은 명제국 때 역서와 대포를 제작하는 일을 맡다가 청제국이 들어선 뒤에는 지금의 기상청에 해당하는 흠천감欽天監의 책임자가 되어 태양력 원리를 차용한 음력인 이른바 시헌력時憲曆을 만들고 있었다. 그는 북경 남문 안에 있는 남천주당南天主堂에 자주 머물렀다. 소현세자는 남천주당을 찾아가 그와 많은 얘기를 나누면서 서양의 과학문명에 눈을 떴다.

그러나 소현세자의 이런 행보는 인조와 서인세력을 크게 자극했다. 인조는 몽골 치하의 고려 때처럼 소현세자가 청나라의 힘을 빌려 자신을 폐하고 즉위하지 않을까 크게 의심했다. 얼마 후 청이 소현세자의 귀국을 허락하자 소현세자는 아담 샬이 지은 천문과 산학算學 등에 관한 서적과 지구의 따위를 갖고 귀국했다. 9년 만에 귀국한 소현세자에 대한 인조의 반응은 놀라울 만큼 싸늘했다.

인조는 소현세자에 대한 신하들의 환국 하례를 막는 등 적대감을 드러냈다. 인조와 서인은 소현세자가 명나라를 버리고 청에 붙었기 때문에 인질에서 풀려난 것으로 보았다. 소현세자가 조정 신료들에게 변화한 세상을 보여주기 위해 가지고 온 많은 물품은 의혹의 대상이 되었다. 소현세자는 귀국한 지 두 달 만에 병석에 누웠다가 사흘 만에 창경궁 환경당에서 급서하고 말았다. 그는 독살되었다. 『인조실록』의 다음 기록이 그 증거이다.

"소현세자는 본국에 돌아온 지 얼마 안 되어 병을 얻었고 병이 난 지 수일 만에 죽었는데 온몸이 전부 검은 빛이었고 이목구비의 일곱 구멍에서 선혈이 흘러나왔다. 검은 천으로 그 얼굴 반쪽만 덮어 놓았으나 곁에 있는 사람도 그 얼굴빛을 분별할 수 없어서 마치 약물에 중독되어 죽은 사람과 같았다."

이는 당시 항간에 나돌던 '독살설'을 수록한 것이다. 실제로 소현세자의 치료를 맡았던 의관 이형익은 겨우 3개월 전에 의관에 특채된 인물로 원래 인조의 후궁 조소용의 사가를 출입하던 의원이었다. 인조는 관례를 어기고 이형익을 처벌하라는 신하들의 주청을 물리친 뒤 사흘 만에 입관을 단행했다. 상복을 입는 기간도 적장자에 대한 3년상 대신 1년의 단상短喪으로 치렀다.

사관은 "상도 알지 못했다."고 기록해 놓았으나 인조가 독살을 묵인했거나 방조했을 가능성이 크다. 정황에 비추어 인조가 고의로 죽이고자 한 의도가 조소용의 손을 통해 실현되었다고 보는 게 타당할 것이다. 이는 인조가 세손 대신 봉림대군을 후계자로 선택한 사실에서 선명하게 드러난다. 성리학의 정통설에 따르면, 소현세자가 보위에 오르기 전에 죽을 경우 세손이 후계자로 선출되는 게 관례이다. 그러나 인조는 후사 문제로 중신회의가 열렸을 때 신하들의 의견을 무시하고 봉림대군을 후사로 세울 것을 주장해 이를 관철시켰다.

당시 인조는 소현세자가 죽자 광적으로 세자빈인 강빈을 제거하는 일에 매달렸다. 궁중 안에서 의문의 저주 사건이 잇달아 터지자 소현세자의 맏아들인 석철의 보모를 비롯한 궁녀들이 연루되어 옥사했다. 이듬해인 인조 24년(1646) 정월에는 임금에게 올리는 음식에 독을 넣은 사건이 터졌다. 이로 인해 강빈의 궁녀들이 모진 고문을 받고 죽었고, 강빈 또한 유폐되었다가 두 달 뒤 사가로 쫓겨나 그곳에서 사사되었다.

인조는 이듬해에 다시 소현세자의 세 아들인 석철과 석린, 석견을 제주도로 유배 보냈다. 당시 석철은 12세, 석린은 8세, 석견은 4세였다. 석철과 석린은 의혹 속에 죽었고 막내아들만 살아남아 목숨을 부지했다. 강빈은 죽은 지 80여 년의 세월이 흐른 뒤 숙종 44년(1718)에 비로소 복위되었다.

당시 만일 인조가 대국적인 안목에서 자신의 어리석은 행동을 뉘우치고 소현세자에게 보위를 잇게 했다면 조선의 역사는 완전히 달라졌을 것이다. 오랑캐인 만주족의 청제국이 중원을 차지하는 상황을 지켜본 소현세자가 보위에 올랐다면 군신 모두 공허한 명분론에 휩싸여 국가의 쇠망을 자초하는 길로 나아가지는 않았을 것이다. 그러나 인조와 서인 세력은 오랑캐에서 중원의 주인공이 된 청제국의 전례를 본받을 생각을 하기는커녕 시종 그들을 무시하며 헛된 명분론에 휩싸여 국력을 소진하는 길로 나아갔다.

숙부인 군주를 내쫓고 아들과 며느리, 손자를 잇달아 죽인 비정한 군주의 시호가 '인조'인 것은 그와 함께 반정을 도모한 서인들이 권력을 함부로 사용했다는 것을 증명하고 있다. 시호법에 따라 객관적으로 평가할 경우 인조는 어리석고 잔학한 군주라는 취지의 '유幽'와 '여厲'가 타당했다. 인조의 '친명사대'는 이후 조선의 군신으로 하여금 '소중화'를 내걸고 자폐自閉의 길로 나아가도록 만들었다는 점에서 조선조 최악의 사건으로 꼽을 만하다. 인조를 조선조 역대 군왕 가운데 최악의 군주로 꼽는 이유다.

3

고종

민비와 영합해 세도정치를 부활시키다

개화논쟁

고종의 재위할 당시 조선은 오랫동안 중화질서 속에 안주해 있다가 문득 약육강식의 만국공법질서 속에 떼밀려 나온 형국이었다. 아무런 준비가 되어 있지 않았던 탓이다. 이때 비록 늦기는 했으나 강력한 군권君權 하에 일사불란한 부국강병책을 구사할 필요가 있었다. 그러나 조선은 이를 태만히 하는 바람에 결국 일제의 식민지가 되고 말았다.

당시 일본은 정반대로 나아갔다. 일본이 식민지로 전락할 위기에서 벗어나 일약 동아시아의 패자로 부상한 것도 이토 히로부미 등의 사무라이들이 양이론攘夷論에서 존황론尊皇論으로 변신한데 따른 것이었다. 중국의 양계초가 구미를 순방한 후 보황론保皇論으로 돌변한 것도 중국의 역사문화 배경이 서양과 다르다는 사실을 통찰한 결과였다.

물론 조선에도 격동하는 세계사의 흐름에 적극 편승코자 하는 사람들이 전혀 없었던 것은 아니다. 김홍집과 김윤식, 김옥균 등의 개화파 인물이 그들이다. 이들 중 김홍집과 김윤식 등의 온건 개화파는 '자주'는 견지하되 '독립'은 유보하는 입장을 취했다. 이는 이토 및 양계초와 같은 입장에서 나온 것이었다. 실제로 이들은 청국을 지렛대로 삼아 일제의 침략을 막고자 했다. 여기에는 프랑스의 사주를 받고 '자주독립국'을 선언한 베트남이 청불전쟁 이후 이내 식민지로 전락한 전례가 감계鑑戒로 작용했다.

그럼에도 김옥균 등의 급진 개화파는 박규수 문하에서 함께 개화사상을 흡입한 김윤식 등의 온건 개화파마저 '수구사대당'으로 몰아붙이는 조급증을 보였다. 이들이 주도한 유혈정변은 개화세력이 하나로 뭉쳐 자주적인 개화의 길로 들어설 수 있는 가능성을 봉쇄하는 결과를 낳았다. 특히 일본군의 지원 하에 성립한 이들의 '3일 천하'는 유림을 비롯한 일반 백성들에게 개화에 대한 부정적 인식을 확산시키는 결정적인 배경으로 작용했다.

당시 급진 개화파가 금과옥조로 생각한 후쿠자와 유기치의 '문명개화론'은 일본 내 우파세력이 주장한 이른바 '조선개조론'과 맥을 같이 하는 것이었다. 스스로 문명개화를 이룰 능력이 부족한 조선을 대신해 일본이 강제수단을 동원해서라도 도와줘야 한다는 '조선개조론'이 합방 및 식민통치의 이론적 도구로 쓰인 것은 말할 것도 없다. 공교롭게도 이는 '식민지근대화론'의 논지와 맥을 같이 하고 있다.

최근 비약적인 경제발전으로 자신감을 되찾은 중국에서는 실패한 개화운동으로 치부하던 양무운동의 주역인 증국번과 이홍장을 집중 재조명하고 있다. 이는 21세기 동북아시대를 '신중화 질서'로 만들고자 하는 속셈에서 나온 것이다. 1세기 반 가까이 동아시아의 패자로 군림하고 있는 일본의 경우는 아직까지도 일본만이 서양과 유사한 역사발전과정을 겪어 근대화에 성공했다는 식의 주장을 펼치고 있다. 이에 반해 우리나라는 아직까지도 '식민지근대화론'과 같이 반역사적인 이론이 횡행하고 있다. 고종의 치세 때 전개된 개화논쟁을 정밀하게 탐색해야 이유가 여기에 있다.

어린 왕의 즉위

고종의 치세는 실질적인 통치 권력의 주체를 기준으로 삼을 경우 크게 세 시기로 나눌 수 있다. 제1기는 생부인 홍선대원군이 섭정을 한 첫 10년간의 기간이다. 제2기는 고종이 비록 친정에 나서기는 했으나 민비가 일본의 낭인들에게 척살을 당하기 전까지 민비를 비롯한 여흥 민씨 척족세력들이 세도정치를 행한 22년간의 기간이다. 제3기는 고종이 아관파천을 결행한 이후 일제와 치열한 신경전을 펼치며 광무개혁을 시행했다가 일제의 강압으로 퇴위하기까지의 마지막 12년간의 기간이다. 고종은 각 시기마다 독특한 행보를 보여주었다.

제1기에는 생부인 대원군이 섭정에 나선 까닭에 고종은 사실상 명목상의 군주에 불과했다. 다만 성년에 달하는 후반기에 이르러 민비의 사주를 받고 본격적인 친정親政에 나서는 모습을 보이기는 했으나 구체적으로 그가 눈에 띌 만한 어떤 통치행위를 행한 적은 없다. 그렇다고 제1기의 기간이 결코 중요치 않은 것은 아니다. 오히려 매우 볼만한 개혁이 제1기에 이뤄졌다. 물론 이는 대원군의 공으로 돌려야 하나 명목상이나마 군주의 자리에 있던 고종의 역할도 나름대로 평가받을 필요가 있다.

제1기에 나타나는 대원군과 고종의 관계는 청조의 순치제와 섭정왕 도르곤의 경우를 연상시킨다. 당시 순치제는 어린 나이에 즉위한 까닭에 섭정왕인 도르곤이 사망할 때까지 7년 동안 명목상의 황제로 지냈다. 순치제의 친정은 15세가 되는 재위 8년 때부터 시작되었다. 순치제는 도르곤 치하에서 숨을 죽이고 있던 사람들이 문득 도르곤을 탄핵하고 나서자 이를 빌미로 도르곤의 흔적을 지워나가기 시작했다. 이는 황권을 강화키 위한 조치였다. 이에 도르곤은 죽은 지 2달도 채 되기 전에 사당이 철거되고, 가산이 몰수되는 등의 수난을 당했다.

대원군도 섭정으로 있는 동안 비변사를 철폐하고 당쟁의 진원지가 된 수많은 서원을 일거에 철폐하는 등 강압적인 조치를 취한 바 있다. 결국 그는 고종 10년(1673)에 최익현을 비롯한 유생들의 강력한 반발에 밀려 하야를 선언해야만 했다. 그러나 당시 대원군이 취한 일련의 개혁조치는 매우 볼만한 것이었다. 비변사가 사라지면서 삼군부가 부활하고, 의정부가 명실상부한 국정의 최고 결정기관이 되었다. 당파를 초월해 인재를 두루 기용하고, 서민 중에도 유능한 자는 과감히 기용하고, 줄곧 천대를 받아 온 서북인에게도 벼슬길을 열어 주었다. 이때를 전후로 과거시험에 서북인이 많이 합격했다. 이는 조선

5백년 역사에서 처음 있는 일이었다. 이는 왕권 중심의 통치체제가 부활했음을 의미했다.

대원군이 취한 조치 중 가장 주목할 것은 유림에 대한 통제와 재정 확보를 겨냥한 서원 철폐였다. 당시 서원은 안동 김씨의 세도정치 아래에서 지방 수령과 토호가 백성을 무자비하게 착취하는 도적의 소굴로 변해 있었다. 대원군은 거의 7백 개에 달하는 서원들 중 47개만 남기고 나머지를 한꺼번에 없애자 각지의 유생들이 격렬한 반대운동을 전개했다. '유통儒通'이라는 격문을 돌린 데 이어 유생 대표가 창덕궁의 돈화문 앞에서 대규모 시위를 벌였다. 그러나 대원군의 입장은 단호했다.

"백성들에게 해가 되는 일이라면 설령 공자가 다시 살아날지라도 결코 용서할 수 없다."

그는 병사들에게 명해 유생들을 해산시키고 한강 건너로 축출하였다. 조선조의 역대 군왕 중 그 누구도 하지 못한 일을 그는 일거에 해치운 것이다. 이는 중앙 정부의 권위와 통제력을 회복해 지방수령의 착취를 줄이고 국고 수입을 늘리는 일석이조의 효과를 얻었다. 일련의 개혁으로 백성들의 부담이 크게 줄어들자 민심도 안정되었다. 경향 각지의 창고에 면포와 돈 꾸러미가 넘쳐난 것은 전적으로 대원군의 공이었다.

당시 대원군은 자신의 정국 주도권을 강화하기 위해 위정척사衛正斥邪 구호를 정치적으로 활용했다. '위정척사'는 성리학을 위시한 동양의 문물을 정론, 서양의 문물을 사악한 이론으로 간주하는 자폐적인 주장이었다. 당시 '위정척사' 가 구국의 논리로 전개되고 있는 대세를 거스르면서 대원군이 개국을 시도할 가능성은 매우 희박했다. 금석학의 권위자로 조선조 고증학을 집대성한 김정희는 국제정세에 관해 조선에서 가장 정통한 인물이었다.

정약용에게서 실학사상을 배운 김정희는 1850년대에 조선인 최초로 『해국도지』를 접한 인물이기도 하다. 그는 『해국도지』의 「주해」편을 읽고 아편전쟁 같은 참화를 막기 위해 다양한 개혁방안을 제시한 위원魏源의 해방海防 사상에 동감을 표시하며 조선인들이 이를 제대로 알지 못한다고 한탄한 바 있다. 그는 제주도 유배지에서 자신의 친구이자 후원자였던 영의정 권돈인에게 이런 내용의 서신을 보낸 바 있다.

"서양배가 바다 건너 쳐들어올 경우를 대비해야 하오. 비록 그 배의 구조를 다 알 수는 없다 할지라도 돛 다루는 기술은 충분히 본떠서 시행할 만하오. 여기에 마음을 두는 사람이 하나도 없단 말이오."

이는 그가 제주도 근해에서 수심을 측량하던 영국선박이 남겨 놓고 간 해도를 보고 충격을 받은데 따른 것이었다. 당시 영국의 해도에는 바다의 깊이를 정밀하게 표시해 놓은 주근깨 같은 숫자가 빼곡했다. 「주해」편의 요지는 바다로 쳐들어오는 서양세력을 막기 위해서는 전함 등 서양의 최신식 무기를 과감히 채용해야 한다는 것이다. '해방'을 강조한 것은 여타 개화 사상가들보다 20년이나 앞선 것이었다. 대원군에게 묵란과 서예를 가르친 바 있는 그는 이를 토대로 보다 현명한 양이攘夷의 방안을 가르칠 수도 있었으나 그는 그런 역할을 하지 못했다. 대원군이 권력을 잡았을 때는 그가 이미 세상을 떠난 지 9년 뒤였다.

대원군과 박규수

김정희는 생전에 청나라가 서구 열강에 의해 적잖은 곤욕을 치르고 있다는 사실을 잘 알고 있었다. 그러나 서양세력이 장차 조선까지 침공할 것이라는 점까지는 생각지 못했다. 서세동점西勢東漸의 제국주의 열강의 속성과 전략을 제대로 꿰지 못했던 셈이다. 그의 서양에 대한 인식이 청과 일본 학자의 수준에 미치지 못한 것은 안타까운 일이다. 그는 서양군함의 공격보다는 오히려 천주교를 더 두려워했다. 대원군이 병인양요 때 프랑스 군함의 한강 진입을 막기 위해 선단을 만들어 한강 하구에 포진시키거나 천주교를 박해한 것도 이와 무관치 않다고 보아야 한다.

김정희와 비슷한 시기의 최한기도 『해국도지』를 읽은 선각자였다. 그러나 대원군과는 연결이 없었다. 김정희에 이어 대원군에게 영향을 준 사람은 중국어 역관 오경석이다. 그는 김정희에게 금석학을 배운 제자로 박규수 및 유대치와 더불어 조선 최초의 개화 사상가에 해당한다. 오경석이 사절단의 통역으로 청에 가서 수집한 프랑스 함대에 관한 정보와 청나라 전문가들의 조언은 조선이 병인양요를 치르는데 결정적인 도움이 되었다. 당시 오경석은 대원군에게 재정이 부족한 프랑스 함대는 필시 단기전을 서두를 것이라고 진단하면서 지구전으로 나아갈 것을 주장했다.

오경석은 5년 뒤의 신미양요 때는 대원군에 미국과의 통상을 과감히 주장했다. 그러나 역관이라는 신분상의 한계는 뛰어넘기가 쉽지 않았다. 그의 노력만으로는 대원군의 생각을 바꾸기에 한계가 있었다. 대원군 설득에 실패한 오경석은 중인 출신 의원인 유대치와 함께 서둘러 젊은 개화세력을 양성코자 했다. 여기에 박지원의 손자인 박규수가 가세했다.

당시 박규수는 명문가 출신으로 신정왕후와 대원군의 신임을 받고 있었다. 그는 조선의 실학사상을 개화사상으로 연결시키는데 결정적인 공헌을 한 인물이다. 김옥균을 비롯한 북촌 양반 자제 출신 개화사상가들이 모두 그의 문하에 있었다. 그는 1850년대 후반에 이미 『해국도지』와 유사한 해방론을 펼치는 등 선구적인 모습을 보인 바 있다. 이는 그가 병인양요 발발 2달 전에 평안도 관찰사로 있으면서 미국의 상선 제너럴셔먼호를 격침시킨 사실과 무관치 않았다. 그는 1860년대 중반까지만 해도 해방론의 관점에서 벗어나지 않았다.

그는 고종 6년(1869)에 평안감사를 마치고 한성판윤이 된 후 오경석 및 유대치와 상의해 자신의 북촌 재동의 사랑방을 젊은 개화 사상가를 가르치는 장소로 제공했다. 김옥균과 박영효 등을 직접 가르치기도 했다. 그는 고종 10년(1873)에 대원군이 실각하고 고종이 친정에 나서면서 우의정에 제수되자 오랫동안 현안이 되어 온 일본과의 수교문제를 타결지을 것을 주장했다. 신헌에게 실무를 맡길 것을 주청한 이유다. 대원군보다 10세 위인 신헌은 김정희 문하생으로 문무겸전의 무장이었다. 그러나 그 역시 스승과 마찬가지로 『해국도지』 수준을 넘지 못했다.

당시 대원군이 개화에 깊은 관심을 가졌을지라도 정책 추진이 현실적으로 가능할 수 있을지 의문이 드는 대목이다. 대원군이 집권 후 쇄국의 길을 택한 데에는 나름대로 이유가 있었다. 당시 대원군에게 가장 큰 영향을 미친 사람은 호조판서 김세균이었다. 그는 병자호란 때 강화도성을 청군이 점령하기 직전 폭약을 터뜨려 자폭한 김상용의 후손으로 대원군의 금고 역할을 했다. 대원군으로서도 '위정척사'의 강고한 정치구호를 내건 노론의 눈치를 보지 않을 수 없었다.

그가 삼군부를 설치해 무인을 양성함으로써 자신의 권력기반으로 삼는데 그친 이유가 여기에 있다. 당시 안동 김씨를 대표한 김병학은 대원군에게 합조를 하기는 했으나 해야 할 말을 하는 독자노선을 걸었다. 소론과 남인, 북인은 소수파여서 큰 힘이 되지 못했다. 오랫동안 '숭문천무崇文賤武'의 문관우위 체제에서 살아온 무인들은 독자적인 정치세력을 형성할 정도의 힘이 없었다. 대원군을 비롯해 조선의 사대부들 역시 '존왕양이' 사상에 벗어나지 못했다. 고종의 재위 초기에 빚어진 쇄국의 책임을 모두 대원군에게 덮어씌우는 것은 타당치 않다.

민씨 척족의 등장

대원군이 집정기간 동안 시종일관 견지한 일련의 개혁행보에 비춰볼 때 집권의 시기가 연장되었을 경우 그는 사림세력의 '위정척사' 요구를 물리치고 국가 백년대계 차원에서 개국을 결단했을 공산이 컸다. 대원군보다 훨씬 강고했던 청국의 서태후가 광서제 말기에 이르러 이른바 무술변법戊戌變法을 시도한 강유위보다 훨씬 강도 높은 '신정新政'을 추진한 게 그 증거이다. 실제로 대원군은 청국의 이홍장과 마찬가지로 무비증강을 통한 자강을 추구하면서 시종 이이제이以夷制夷의 방략을 구사했다. 단순한 쇄국과는 거리가 먼 조치였다.

대원군이 하야한 이후 20여년 가까이 진행된 고종의 제2기는 비록 고종이 친정에 나서기는 했으나 민씨 척족의 발호로 인해 오히려 제1기보다 더욱 퇴행적인 모습을 보인 시기에 해당한다. 이는 문득 보위에 올라 부친의 섭정기간 동안 세자와 다름없는 교육을 받아야 했던 고종이 친정에 나선 이후 스승들이 주입한 성리학의 이상세계를 실현코자 한 사실과 무관치 않았다.

현실과 동떨어진 그의 이런 행보는 이내 명민한 민비의 정치자문에 의해 국정이 요리되는 결과를 낳았다. 민씨 척족이 발호한 것은 말할 것도 없다. 이 시기에 초점을 맞출 경우 고종은 부인 민씨에게 휘둘린 암군이라는 지적을 면키 어렵다. 당시 민씨 척족의 발호는 일련의 개혁을 시도해야 할 중차대한 시기에 세도정치를 부활시켜 나라를 패망의 위기로 빠뜨렸다는 점에서 안동 김씨의 세도정치보다 더 큰 문제를 안고 있었다.

당초 순조를 비롯해 헌종과 철종 모두 겉으로는 영조와 정조의 '탕평'을 본받고자 했다. 이는 이들의 잦은 능행陵幸에 잘 나타나 있다. 그러나 그 성격은 크게 변질되어 이전과 같이 백성들이 억울함을 호소하는 상언上言은 전혀 이루어지지 않았다. 세도정치로 인해 군왕이 백성들과 만나는 기회가 원천적으로 차단된 것이다.

원래 이웃 중국에는 황제의 위세를 빙자한 척벌정치와 환관정치는 존재했지만 세도정치가 존재한 적이 없었다. 이는 기본적으로 중국의 황권이 조선의 왕권과는 비교할 수 없을 정도로 막강한데 따른 것이었다. 실제로 명청대에는 그 누구도 황권의 권위에 감히 도전하지 못했다. 일찍이 사마천은 통치 권력의 왜곡 현상을 이른바 '입사권立私權'으로 정의한 바 있다. 통치권력의 사유화를 뜻한다. 흔히 '제왕권의 사권화私權化'로 번역한다.

조선조의 왕권은 중종반정 이후 사림 세력이 주도한 붕당정치가 고착화하면서 3백 년 가까이 황폐를 면하지 못했다. 그 부작용으로 나타난 현상이 바로 '군약신강' 현상이었다. 영조와 정조의 탕평 정책이 왕권과 왕위를 강화하는 데 어느 정도 성과를 거둔 것은 사실이나 일정한 한계가 있었다. 그만큼 신권세력이 강고했던 것이다. 이는 신권 우위의 성리학을 유일한 통치이념으로 받아들인 흐과로 볼 수 있다.

중국에서 나타난 '황권의 사권화' 현상은 아무리 척신 및 환관이 막강한 권력을 휘두를지라도 황제가 척신 및 환관을 멀리하는 순간 물거품처럼 사라졌다. 이는 척신 및 환관의 전횡이 막강한 황권의 권세를 빌려 위세를 부린 것에 지나지 않기 때문에 당연한 결과라고 할 수 있다. 그러나 세도정치는 애초부터 '군약신강'을 기초로 출발한 까닭에 굳이 취약한 왕권을 전면에 내세울 필요가 없었다.

나아가 세도가들은 비록 척신이기는 했으나 기본적으로 여타 사대부와 하등 다름없는 도학자들이었다. 실제로 이들은 조선 후기를 뜨겁게 달군 모든 학술논쟁에서 나름대로 확고한 이론을 가지고 있었다. 이들 중에는 당대 최고의 이론으로 무장한 인물도 있었다. 세도정치가 세대를 이어가며 통치 권력을 장악하게 된 이유가 여기에 있다.

많은 사람들이 이런 차이를 간과한 채 세도정치를 단순히 척신 세력이 통치 권력을 장악해 파행적으로 운용한 정도로 파악하는 것은 잘못이다. 조선조 말기에 나타난 세도정치는 '황권의 사권화'와 비교할 수 없을 정도로 망국적이었다. 이는 말할 것도 없이 붕당정치로 인한 '군약신강' 현상에서 비롯된 것이다. 성리학 이념을 화석화한 조선의 붕당정치가 만들어 낸 가장 나쁜 결과가 바로 세도정치였다고 해도 과언이 아니다.

특히 민씨 척족의 발호는 대원군이 뿌리를 뽑아낸 세도정치를 부활시켰다는 점에서 커다란 문제가 있었다. 이것이 조선 패망의 근본 원인이 된 것은 말할 것도 없다. 당시 고종의 친정을 계기로 세력을 잡은 민비의 일족 중 중앙과 지방의 요직을 차지한 자는 무려 1천 명을 넘어섰다. 민씨 척족은 양두구육羊頭狗肉 격으로 개화를 매관매직의 도구로 활용한 까닭에 백성들에게 개화에 대한 왜곡된 이미지를 심어주는데 결정적인 역할을 했다. 영남 및 충청 지역에서 유림을 중심으로 한 존왕양이尊王攘夷의 위정척사 운동이 극성을 부리게 된 배경이 여기에 있다. 진보를 가장한 반동이 더 큰 반동을 불러온 셈이다.

이는 이웃 일본이 메이지유신 당시 천황을 위시해 일반 서민에 이르기까지 하나가 되어 개화에 열을 올린 것과 극명하게 대비되고 있다. 메이지유신을 전후로 서구 열강의 제국주의 대열에 합류한 일제가 조선을 능히 식민지로 삼을 수 있다는 확신을 갖게 된 것도 이와 무관치 않았다. 당시 일제는 민씨 척족과 마찬가지로 '개화'를 기치로 내걸고 마치 조선에 개화의 세례를 베푸는 양 조선병탄을 위한 일련의 조치를 순차적으로 강압했다. 조선의 문호를 강제로 열어 제켜 불평등조약을 맺은 것을 시작으로 갑신정변을 배후에서 지원하고, 청일전쟁의 구실을 찾기 위해 첩자를 파견해 동학민변을 부추긴 것 등이 그 증거이다.

고종 19년(1882)에 일어난 임오군변은 민씨 척족이 내세운 '양두구육' 격의 개화를 가장한 가렴주구 행위에 대한 반작용이었다. 고종 21년(1884) 말에 김옥균 등이 시도한 갑신정변이 이내 실패케 된 것도 일제가 내세운 '양두구육' 격의 개화를 가장한 조선침탈 행위에 대한 반감이 폭발한 결과였다. 갑신정변 당시 수많은 백성이 창덕궁 주변에 몰려들어 청군 및 조선군과 함께 일본군을 공격한 사실이 이를 뒷받침한다. 총 22년간에 달하는 제2기는 청일전쟁 이후 '삼국간섭'으로 일제가 위축된 모습을 보이자 러시아를 끌어들여 일제를 견제코자 한 민비가 일본의 낭인들에게 척살당하면서 끝이 났다. 이 기간 중 고종은 민씨 척족의 세도정치를 묵인 내지 방조한 혐의를 벗기 힘들다. 황현이 쓴 『매천야록』의 다음 구절이 그 증거이다.

"감사와 유수 등에서부터 일반 수령에 이르기까지 모든 관직이 매매되었다. 그중 돈을 많이 들여 놓은 자는 실직實職을 받았다. 어떤 사람은 자리 하나에 수만 냥을 주고 해당 관직에 제수되었다."

이는 개화를 기치로 내걸고 매관매직을 일삼은 민씨 척족의 세도정치 행각을 고발한 것이다. 고래로 관직을 사고파는 것은 곧 힘없는 백성들에 대한 가렴주구로 나타나기 마련이다. 백성들의 신음은 곧 조선의 패망이 눈앞에 닥쳤음을 알리는 신호이기도 했다. 그러나 민씨 척족은 일족의 부귀영화에 함몰돼 이를 외면했다. 민씨 척족에 기대어 친정을 한 고종 역시 일정 부분 그 책임을 떠안지 않을 수 없다. 이 시기에 초점을 맞출 경우 고종은 암군의 행보를 보였다는 지적을 면키 어렵다.

광무개혁의 전개

고종의 치세 중 제3기는 민비가 척살 당한 뒤 일

제의 강요에 의해 상왕으로 물러날 때까지 12년간에 걸친 기간으로 고종이 명실상부한 친정을 행한 기간에 해당한다. 고종의 통치 리더십에 대한 평가는 이 시기에 초점을 맞출 필요가 있다. 이 시기에 그는 조선의 자주독립을 겨냥한 일련의 개혁정책을 의욕적으로 추진했다. 그것이 '광무개혁'이다. 이는 대한제국을 선포한 고종 36년(1899)부터 러일전쟁이 끝나는 고종 42년(1905)까지 총 6년간에 걸쳐 진행되었다.

당시 그는 과거 김홍집과 김윤식 등으로 대표된 이른바 '동도서기東道西器'의 개화노선에 공명하는 김병시와 정범조 등 온건개화파를 중용해 자주적인 개화작업을 강력히 추진했다. 이를 이론적으로 뒷받침하기 위해 고종이 제시한 구호가 바로 '구본신참舊本新參'이었다. '동도서기'와 취지를 같이 하는 '구본신참'은 조선 전래의 전통 위에 서양의 과학기술 문명을 받아들여 자주독립을 이룬다는 취지에서 나온 것이었다.

당초 고종은 러시아공사관으로 파천播遷(군왕의 피난) 했다가 덕수궁으로 환궁한 지 반 년째가 되는 고종 34년(1897) 8월에 연호를 '광무'로 고쳐 부국강병의 의지를 천명했다. 두 달 뒤 다시 문무백관을 이끌고 환구단으로 나아가 황제 즉위식을 거행했다. 이때 국호가 '조선'에서 '대한제국'으로 바뀌었다. 대한제국의 선포는 자주독립을 위한 일사불란한 부국강병책이 절실히 요구되는 당시의 상황에 비춰 볼 때 시의적절한 방략이기도 했다.

고종은 독립협회 문제를 매듭지은 뒤 대한제국의 정치제제를 입법화하는 작업을 서둘렀다. 이에 대한 구체적인 성과가 광무 3년(1899) 8월에 반포된 '대한국국제'이다. 최초의 헌법에 해당하는 '대한국국제'는 '구본신참'을 기초로 한 고종의 통치이념을 구체화한 것으로 모두 9개조로 이루어져 있었다.

대한국국제의 가장 큰 특징은 황제에게 군사통수권과 입법권, 행정권, 고관임면권 등 모든 대권을 집중시킨데 있다. 대한국국제 반포 이후 대한제국은 의정부를 정책 결정 기구, 궁내부를 집행부로 하는 양부 체제를 갖추었다. 이후 궁내부는 날로 확대되어 광무 6년(1902)까지 모두 26개의 원院·국局·사司를 거느린 거대 관부로 발전했다. 이는 일련의 근대화작업을 효과적으로 추진키 위한 것이었다. 고종은 개혁과 관련한 새로운 기구를 모두 궁내부에 배속시킨 뒤 이를 직접 통제했다.

사실 이는 일본의 통치제도를 본받은 것이기도 했다. 당시 일본 역시 이토 히로부미가 내각 총리대신 겸 궁내대신이 된 것을 계기로 천황의 의향을 내각에 전하는 방식으로 천황과 내각의 일체화를 추구하고 있었다. 이는 독립협회 등이 근대적 정치체제의 확립을 구실로 궁중宮中과 부중府中을 엄격히 분리하면서 왕권의 약화를 꾀한 것과 대조되는 것이었다. 그럼에도 당시 일제는 조선의 지식인들을 사주하며 궁중과 부중의 분리가 개화의 상징인 양 선전했다. 조선을 병탄키 위한 간교한 책략이 아닐 수 없다.

그러나 고종이 추진한 일련의 광무개혁은 광무 8년(1904) 2월에 일어난 러일전쟁으로 일본의 침략이 노골화하면서 사실상 중단되고 말았다. 그럼에도 6년 동안 진행된 광무개혁은 그 기간이 극히 짧았는데도 불구하고 주체적인 근대화의 가능성을 보여주었다는 점에서 커다란 의미를 지니고 있다.

원래 광무개혁은 일제의 강압 하에 진행된 갑오개혁이 외국제도의 모방에 그쳤다는 반성에서 비롯되었다. 왕권강화와 통치권의 집중에 목적을 두고 군제에 대한 전면적인 개편을 단행한 게 그 증거이다. 당시 광무개혁은 정치와 외교, 군사, 경제, 사회 등 전 부면에 걸친 일대 개혁으로 나타났다. 우선 정치외교적인 면으로 대한국국제가 반포된 것을 계기로 훈장제도가 창설되고, 국가 및 각종 기 등이 제정 발표되었다. 각국과 맺은 통상조약으로 대한제국의 국제적 지위가 향상되고, 북간도에 관원을 파견해 조선인 이주민을 보호하고 도문강 이남 지역을 조선의 영토로 편입시킨 것도 주목할 만한 것이다.

경제면으로도 괄목할 만한 개혁이 이뤄졌다. '식산흥업殖產興業'을 기치로 광무 원년(1897)에 대조선저마제사회사大朝鮮苧麻製絲會社가 설립된 것을 계기로 광무 4년(1900)에 '종로직조사', 광무 5년(1901)에 '한성제지회사' 등의 민간산업회사가 설립되었다.

철도부문에서도 자주적인 철도부설운동이 일어나서 광무 4년경에 '사립철도학교'가 설립되어 철도기술자를 양성하기 시작했다. 이후 '대한철도회사'와 '부산철도회사' 등의 철도회사가 차례로 설립되어 경의선과 경원선, 호남선 등의 공사를 계획하거나 착공했다. 해운분야에서도 증기선을 구입하여 운송업을 시작했다. 인한수선합자회사仁漢輪船合資會社와 종선회사從船會社 등은 조선 최초의 해운회사에 해당한다. 이밖에도 유학생을 파견해 근대산업기술을 습득시킨 결과 직조권업장織造勸業場과 한성제직회사漢城製織會社 등 많은 근대적 회사들이 설립되었다.

당시 대한제국은 정부에서 직접 공장을 설치키도 하고, 주요 회사에 투자를 하거나 보조금을 지급하는 등 다양한 방식을 동원했다. 일련의 산업 활동이 활발히 전개되면서 이를 뒷받침하기 위한 금융기관도 차례로 설립되었다. '한성은행'과 '천일은행天一銀行(우리은행의 전신)', '대한은행' 등이 그것이다.

광무개혁은 사회면으로도 커다란 성과를 거두었다. 실업교육을 위주로 한 각종 학교의 설립이 대표적인 성과이다. 광무 3년(1899)에는 상공인 육성을 위한 '상공학교'가 설립된 것을 시작으로 이듬해인 광무 4년(1900)에 광무학교光武學校, 광무 6년(1902)에 '인공양잠소'와 '공업전습소' 등이 차례로 설립되었다. 이밖에도 체신업무를 원활히 하기 위해 '우편학당'과 전무학당電務學堂이 설립되었다. 각 기술학교에서는 배출된 기술자들을 유치하기 위한 생산시설도 계속 신설되었다. 미국인 기사를 초빙해 이뤄진 양전量田사업으로 서양의 측량술에 토대한 지계地契제도가 도입된 결과 지계아문에서는 일종의 소유권증서에 해당하는 토지문권을 발급하기도 했다.

광무개혁이 시도한 일련의 개혁 가운데 서양식 재판소와 병원의 설립은 근대화의 중요한 징표로 들 수 있다. 당시 대한제국은 토지소유권 등을 둘러싼 재판업무가 늘어나자 갑오개혁 때 의정부를 개편한 고등재판소를 광무 3년(1899)에 서구식 법원체제인 평리원平理院으로 바꿨다. 황족의 범죄를 다스리기 위한 특별법원과 순회재판소 등도 따로 설치했다.

지금의 대법원에 해당하는 평리원은 우리나라 최초의 서양식 재판소에 해당한다. 평리원에는 재판장 1인, 판사 4인, 검사 3인, 주사 10인, 정리廷吏 4인이 배치되었다. 이때 의정부 총무국장으로 있던 홍종우가 평리원 소속 4명의 판사 중 1명으로 발령받았다. 프랑스에서 법학을 공부한 것이 발령의 배경이었다.

홍종우가 재판관이 되자마자 심리한 인물은 이해 1월에 정부전복 혐의로 경무청에 구금되었다가 탈옥을 시도하다 붙잡힌 이승만이었다. 이승만은 이 재판에서 종신형을 언도 받았다. 당시 이승만은 태형 100대를 병과倂科받았다. 태형은 형장을 치는 사람의 수완에 따라 몇 대만 맞아도 능히 사람을 혼절시킬 수 있었다. 대개 100대를 맞으면 평생 불구가 되기 십상이었다. 그러나 이승만은 매를 1대도 맞지 않았다. 이는 입회 담당 판사가 슬그머니 자리를 피하면서 태형의 면제를 암시한데 따른 것이었다.

광무 11년(1907)의 헤이그밀사 사건 당시 이상설과 함께 헤이그로 간 이준도 일본의 와세다에서 법학을 공부한 인연으로 평리원 소속 검사로 재직한 바 있다. 이준은 광무 10년(1906)에 이근택 등 을사5적을 처단하려다 체포돼 복역 중이던 기산도에 대한 재판에서 "조선을 일본에 팔아먹은 을사5적을 처단하려다 체포된 사람들을 사면자 명단에 넣어야 한다"고 주장했다가 상관들의 반발에 부딪혀 파면되고 말았다. 그는 첫 '항명 1호 검사'에 해당한다.

당초 이준은 고종이 아관파천을 행하는 재위 33년(1896)에 한국 최초의 근대적 법률교육기관인 '법관양성소法官養成所'를 졸업한 '1호 검사'이기도 했다. 서울대는 법대의 전신인 '법관양성소'의 설립연도인 1895년을 개교일로 소급하려는 움직임을 보이고 있다. 해방 후 경성제국대학과 9개의 전문학교가 합쳐져 서울대로 발족한 게 논거이다. 사실 '법관양성소'는 이후 '법학교', '경성전수학교', '경성법학전문학교'를 거쳐 해방 후 경성제대 법학부와 통합돼 서울대 법과대학의 본체가 된 만큼 서울대의 설립시기를 '법관양성소'의 설립시기로 소급시키는 것도 나름대로 의미가 있다.

당시 '법관양성소'의 교육기간은 6달이었다. 이준은 교육을 마치자마자 한성재판소 검사시보로 임명됐다. 그러나 1주일 뒤 아관파천이 일어나자 이내 일본 망명길에 올랐다. 이듬해인 광무 원년(1897)에 와세다대 법과에 들어간 이준은 귀국 후 10여 년 만에 평리원 검사로 임명되지만 이내 '항명파동'으로 파면돼 '항명 1호 검사'의 기록을 갖게 된 것이다.

광무개혁은 의료복지 분야에서도 상당한 업적을 이뤘다. 광무 3년(1899)에 경성의학교京城醫學校를 설립해 서양의술을 익힌 의사를 대거 양성하기 시작했다. 이듬해인 광무 4년(1900)에 세워진 광제원廣濟院은 백성들의 질병치료를 목적으로 세워진 최초의 국립의료기관에 해당한다.

광제원에는 판임관 직책의 의사 15명이 배치되어 일반 환자에 대한 진료는 물론 죄수 및 창녀 등에 관한 검진도 실시했다. 의료비는 싼 값으로 책정되었고, 오전은 외래환자 진료, 오후 2시부터 4시까지는 왕진시간으로 짜져 있었다. 흉년에는 기민을 돕고, 평상시에는 고아와 홀아비, 과부, 무의탁 노인 등을 구호할 목적으로 광무 5년(1901)에 세워진 혜민원惠民院은 최초의 국립요양시설에 해당한다.

군국으로의 진행

그러나 광무개혁에서 가장 볼 만한 것은 역시 군사부문이었다. 우선 중앙군으로 국왕호위를 위해 광무 원년(1897)에 황궁수비대인 시위대侍衛隊를 부활시킨데 이어 호위군을 경호대인 호위대扈衛隊로 개편하고, 광무 6년(1902)에 도성수비대인 친위대親衛隊를 확대했다. 지방군도 진위대鎭衛隊로 개편해 하나로 통합했다.

당초 대한제국은 광무 2년(1898)에 무관학교를 개설해 2년 뒤에 무관학교 제1회 졸업 시험을 행하여 128명을 선발한 바 있다. 이때 시험을 주관한 부서는 광무 3년(1899) 7월에 대한국국제 제5조의 '육해군 통솔권'을 근거로 창설된 원수부元帥府였다. 원수부는 고종이 육해군을 친히 통솔하고 군사에 관한 각종 명령권을 총괄하는 부서였다. 당시 고종은 조칙을 내려 이같이 선언했다.

"각국 대원수大元帥의 규례대로 짐이 직접 육군과 해군을 통솔하고 황태자는 원수가 되어 일체를 통솔할 것이다."

이때 민영환이 원수부 산하의 회계국 총장이 되어 실무를 총괄했다. 그는 회계국 총장으로 재임하는 동안 황권을 높이기 위한 2가지 작업을 추진했다. 군악대의 설치와 국가國歌의 제정이 그것이다. 광무 4년(1900) 12월에 조직된 군악대에는 독일인 에케르트가 교사로 초빙되었다. 고종 6년(1902) 초에 대한제국의 국가가 제정되어 이해 3월 18일의 황태자 탄신일에 처음으로 연주되었다.

당시 원수부의 설치와 더불어 헌병대와 포병, 공병 등의 편제가 이뤄지고 육군법률과 육군법원, 육군감옥 등도 창설되었다. 원수부 설치는 바로 군비 강화의 새로운 시작이었다. 광무 4년(1900) 12월에 포병 2개 대대가 설치되고, 2년에는 혼성여단의 편성 제도도 마련되었다.

마침내 광무 7년(1903)년 3월 사상 최초로 징병제도를 실시하겠다는 조칙이 나왔다. 이는 제국주의 시대에 살아남기 위해서는 조속한 군국軍國의 건설이 절실히 필요하다는 판단에 따른 것이었다. 당시 대한제국 예산의 경상세출 중 군사비가 전체의 절반에 가까운 4백여만 원에 달했다. 황제의 호위군으로 1만2천 명의 시위대 병력을 갖추고 용산에 총기제작소를 건립한 것은 육해군 창설을 위한 징병제를 실시하기 위해 미리 손을 써 둔 것이었다.

대한제국의 이런 군국 행보에 일본은 적극적인 방해 책동에 나섰다. 이를 방치할 경우 한반도 장악은 물론 대륙으로 진출하려는 계획이 좌절될 것으로 판단한 것이다. 일본이 당대 최고의 지상군을 보유한 것으로 알려진 러시아와 일전을 각오케 된 배경이 여기에 있다. 광무 4년(1900)에 일본 외무대신으로 취임한 고무라 쥬타로小村壽太郎는 대한제국의 서북철도 부설권을 빼앗기 위한 이른바 '고무라 노선'을 세운 것은 러일전쟁에 대비한 사전조치에 해당했다. 광무개혁이 러일전쟁이 발발한 직후 이내 중단된 것은 바로 이런 '고무라 노선' 등에 기초한 일제의 압력으로 인한 것이었다.

당시 일본의 입장에서 볼 때 러일전쟁은 러시아와의 전면 승부를 통해 조선 병탄의 가능성을 결판 지으려는 일종의 승부수에 해당했다. 일제는 러일전쟁이 발발하자 곧 대규모의 정로군征露軍을 파견하는 과정에서 대한제국의 중립선언을 무시한 채 일방적으로 한반도를 경유했다. 이는 무력시위를 통해 대한제국을 제압한 가운데 장차 조선병탄을 위한 일련의 조치를 취하기 위한 것이었다. 실제로 일제는 곧바로 서북철도 부설권을 빼앗은 데 이어 '시정개선'이라는 미명 아래 대한제국이 광무개혁의 일환으로 추진 중인 각종 시책을 하나씩 접수해 나갔다.

이때 일제가 내세운 것이 이른바 '시정개선施政改善'이었다. 이 조치는 러일전쟁 이후 합방에 이르기까지 약 6년간에 걸쳐 일본 통감부가 지휘했다. 여기의 '시정'은 조선의 근대화 작업을 적극 돕는다는 뜻이고, '개선'은 이를 지도하며 감독하겠다는 취지를 담고 있는 것이다. 말할 것도 없이 통감부의 조선통치를 미화한 것으로 광무개혁을 무산시킨 뒤 순서를 밟아 조선을 병탄하겠다는 속셈을 호도한 것에 지나지 않았다.

그럼에도 일각에서는 광무개혁을 폄하하면서 '시정개선'을 오히려 높이 평가하는 모습을 보이고 있다. 광무개혁 당시에 전개된 일련의 사업은 황권을 제약해 입헌군주제를 추구한 독립협회 등 민권운동을 진압한 까닭에 모두 황실의 배를 불리는데 이용되었을 뿐이라는 게 이들의 주장이다. 이는 역사적 사실을 자의적으로 해석하고 있다는 지적을 면키 어렵다.

광무개혁 당시 외양상 황실의 재정이 팽창한 것은 사실이나 이는 기본적으로 강력한 황권을 바탕으로 일련의 개혁사업을 효과적으로 추진하기 위해 나온 것이었다. 고종이 광무 6년(1902) 6월에 황실 자산을 배경으로 황제 직속의 정보기관으로 익문사益聞社을 운영한 것도 같은 맥락에서 이해할 수 있다. 실제로 광무개혁 당시 고종을 비롯한 관민 모두 일제의 조선침략이 노골화하고 있었던 까닭에 일련의 개혁사업에 헌신적으로 뛰어들었다.

당시 고종의 광무개혁을 뒤에서 적극 후원한 대표적 인물이 고종의 최측근으로 활약한 이용익李容翊이다. 훗날 고려대의 전신인 보성전문을 세운 이용익은 왕실재정의 합리화를 꾀하기 위해 신설된 내장원內藏院의 총책인 내장원경에 제수된 것을 계기로 우선 농상공부 소관의 광산 업무를 내장원으로 이관시켰다. 이어 광산 관리를 강화키 위해 외국인의 채굴을 엄금하고, 각 광산에 사람을 보내 채굴과정을 감시케 했다. 그의 철저한 관리로 왕실재정이 순식간에 크게 늘어났다. 광무 6년(1902)에 그가 국가 재정의 최고 책임자인 탁지부 대신에 발탁된 것은 바로 고종이 그의 이런 공을 높이 평가한데 따른 것이었다.

당시 이용익이 광산 못지않게 중시한 것은 삼포蔘圃였다. 그는 자본금 4만원을 투입해 국내 최대 회사인 삼정사蔘政使을 내장원에 설치한 뒤 삼포 주인들을 주주로 모집했다. 이는 일본상인을 비롯한 외국인 상인들의 농간으로 헐값에 방매되고 있는 인삼을 황실에서 일괄적으로 사들인 뒤 홍삼으로 쪄서 제값을 받고 팔고자 한 데서 나온 것이었다. 삼정사가 전국 각지의 삼포 경영과 재배 등 일체의 업무를 감독케 되자 왕실재정은 더욱 튼튼해졌다. 광무 7년(1903) 4월에 적정가격의 거래를 골자로 하여 내장원과 일본의 미쯔이三井회사 사이에 맺어진 '관삼官蔘위탁판매 계약'이 그 증거이다. 이는 전적으로 그의 공이었다.

이밖에도 그는 다양한 방법으로 국영기업을 설립해 국고를 튼튼히 하고자 했다. 광무 6년(1902)에 세운 사기제조소砂器製造所와 광무 8년(1904)에 세운 총기제작소銃器製作所가 그 실례이다. 사기제조소의 설립은 각지에 산재한 사기제조업소를 한 곳으로 집결시킨 뒤 사기를 대량 제조해 제값을 받고 수출코자 하는 의도에서 나온 것이었다. 러일전쟁 직전에 세운 총기제작소는 전쟁 직후 총기를 생산도 해보지 못한 채 송두리째 일본에 빼앗기고 말았다.

이런 사업은 기본적으로 일본의 경제침탈에 맞서 조선경제를 구하려는 의도 하에서 나온 것이었다. 이는 이용익이 개항장의 상인들로 하여금 회사나 조합을 만들어 일본 상인들과 강력히 맞서도록 주선한 사실을 통해 쉽게 알 수 있다. 당시 인천과 원산 등의 개항장은 외국 거상들의 독무대나 다름없었다. 보부상 출신인 이용익은 이를 반전시키기 위해 조선 상인들을 적극 지원하고 나섰던 것이다. 대표적인 사례로 한강나루에 설립한 도진회사渡津會社와 인천의 거상으로 소문난 진사출신 서상집徐相潗을 권유해 설립한 신상회사新商會社 등을 들 수 있다. 그러나 이들 회사 역시 일본의 책동으로 소기의 성과를 거두지 못했다.

당시 이용익이 대한제국의 홍삼의 제조 및 광산사업 등을 궁내부로 이관한 것은 산업진흥에 필요한 재원을 원활히 조달키 위한 것으로 결코 황실의 배를 불리기 위한 것이 아니었다. 광무개혁 당시의 상황은 민씨 척족이 개화를 양두구육 격으로 내세워 매관매직을 일삼으며 각종 이권사업에 개입했던 때와는 달랐다. 고종의 진정한 통치 리더십을 평가키 위해서는 광무개혁이 진행된 제3기에 초점을 맞춰야 하는 이유가 여기에 있다. 이는 과연 당시 조선이 일련의 근대화 작업을 얼마나 자주적이면서도 효과적으로 진행할 수 있었는지에 대한 중요한 바로미터가 될 수밖에 없기 때문이다.

암군설과 명군설

현재 학계의 고종 리더십에 대한 평가는 광무개혁에 초점을 맞추고 있다. 크게 '명군설'과 '용군설', '암군설' 등으로 갈린다. 그의 리더십을 어느 한 가지 관점에서만 파악하는 것은 적잖은 문제가 있다. 그는 44년간에 달하는 재위기간 중 시기별로 매우 다양한 모습을 보였기 때문이다. 그의 재위기간은 52년간 재위한 영조에 이어 조선조의 역대 군왕 중 두 번째로 긴 기간에 해당한다. 그의 통치리더십을 제대로 파악키 위해서는 일단 시기별로 나눠 분석한 뒤 종합적으로 평가할 필요가 있다.

일부 학자들이 주장하듯이 광무개혁은 애초부터 개혁의 성과를 기대하기 어려웠다는 지적은 모두 옳은 것은 아니나 나름 귀담아들어야 할 부분이 있다. 실제로 광무개혁이 진행되는 도중 열강의 이권침탈은 더욱 극성을 부렸고, 개혁 자체도 열강에 의존하는 태도를 보였다. 더 큰 문제는 고종의 리더십이었다. 그의 리더십은 기본적으로 광무개혁을 전후로 해서 극명하게 드러나고 있듯이 군도君道의 요체인 결단력이 부족하다는 점에 가장 큰 문제가 있었다.

대개 결과가 좋지 못하면 과정까지 싸잡아 매도하기 십상이다. 비록 일본의 강압이 있기는 했으나 온건개화파인 김홍집이 주도한 갑오개혁과 고종이 러일 간의 상호견제를 틈타 주도적으로 이끈 광무개혁 등이 이 경우에 해당한다. 이홍장이 제창한 중국의 양무운동과 강유위가 선도한 변법운동이 오랫동안 비판을 받은 것도 유종의 미를 맺지 못한데 따른 것이다. 결과가 좋으면 과정상의 문제점 또한 미화된다. 메이지유신 직전에 일본의 보수적인 사무라이들이 전개한 일련의 존왕양이운동과 쑨원이 주도한 중국의 신해혁명 등이 이에 해당한다.

메이지유신의 주인공인 이토 히로부미는 20세 때인 1862년 초에 도쿄의 시나가와에 있던 영국 공사관에 불을 지른 바 있다. 이를 계기로 그는 막부로부터 정식 사무라이의 자격을 얻어 이해 5월에 방화에 참가했던 동료들과 함께 영국 유학길에 올랐다. 그는 영국의 선진문물을 보고 이내 개화의 선구자로 변신한 뒤 메이지유신을 성사시켰다. 그의 이전 행위까지 미화된 것은 물론이다.

고종의 광무개혁이 오랫동안 주목을 받지 못한 것도 이런 맥락에서 이해할 수 있다. 러일전쟁을 계기로 일제가 이를 중도에 무산시킨 뒤 아예 '광무개혁'이라는 용어 자체가 존재하지 않았다. 이를 최초로 언급한 사람이 김용섭이다. 그는 1968년에 발표한 「광무연간의 양전 사업에 관한 연구」라는 논문에서 여러 한계에도 불구하고 당시의 농지측량 사업은 '구본신참舊本新參'의 통치이념에 입각한 대표적인 근대화 사업에 해당한다고 평가했다. 이에 대한 반향은 엇갈리게 나타났다. 독립협회를 집중 탐구한 신용하는 친러수구파 정권이 '구본신참'이라는 표어를 내걸고 시대착오적인 수구정책으로 일관한 게 광무개혁이라고 혹평했다.

그러나 신용하의 이런 지적은 서재필 등이 주도한 독립협회를 지나치게 높이 평가한데 따른 편향된 견해라는 비판을 면키 어렵다. 나아가 자칫 일제가 내세운 조선침략의 논리를 수긍할 위험성마저 안고 있다. 실제로 '식민지근대화론'을 전개하는 사람들은 거의 예외 없이 광무개혁을 폄하하는 모습을 보이고 있다. 사실을 과장해 광무개혁을 미화하는 태도 역시 경계해야 하나 명백히 드러난 사실조차 아예 인정치 않으려는 태도 또한 잘못이다. 민비 시해에 가담한 바 있는 일본인 학자 기쿠치 겐조菊池謙讓가 쓴 『근대조선사』에 나오는 광무개혁에 대한 평가가 이를 뒷받침한다.

"구한말의 정부는 몇 년 동안 근대적 기구를 많이 설립했다. 철도행정청으로 철도원을 두고, 수리사업 등의 새로운 사업을 위해 수륜원水輪院을 두고, 사회사업으로 혜민원을 두어 구휼을 담당하게 한 것 등이 그것이다. 그러나 이는 끝내 결실을 보지 못하고 사라지고 말았다."

그가 '결실을 보지 못하고 사라졌다'고 언급한 것은 말할 것도 없이 일제의 강압에 의한 광무개혁의 무산을 돌려서 표현한 것이다. 그는 이왕직으로부터 고종 및 순종의 실록에 관한 편찬위원으로 위촉받아 1930년부터 1935년까지 사료를 수집한 바 있다. 누구보다도 당시의 사료를 많이 접했다고 보아야 한다. 그의 이런 주장은 사료를 바탕으로 한 객관적인 평가에 해당한다.

21세기 동북아시대는 한반도를 둘러싼 주변 4강국이 치열한 각축을 벌였던 1세기 전의 상황을 방불하고 있다. 막강한 황권을 전제로 한 광무개혁이 끝내 실패로 돌아간 배경에 대한 정밀한 분석은 21세기 동북아시대를 열어나가는데 중요한 지침이 될 수밖에 없다. 메이지유신에 성공한 이래 무려 1세기 반 가까이 동아시아의 패자를 자처하고 있는 일본이 내세우는 근대화 논리는 세심한 분석을 요하고 있다.

이에 대한 정밀한 분석도 없이 '식민지근대화론'과 같은 허망한 논리로 우리의 근대사를 바라보는 것은 계급투쟁론의 함몰돼 우리의 근현대사를 자학사관으로 몰아가는 것 못지않게 위험하다. 조선이 개화에 실패해 끝내 식민지로 전락케 된 배경을 정밀히 분석키 위해서는 반드시 이웃 중국과 일본의 개화과정과 비교해 검토할 필요가 있다. 그래야만 조선이 내세운 '구본참신' 내지 '동도서기'와 일본의 '화혼양재', 중국의 '중체서용'은 본질상 하등 차이가 없음에도 조선의 광무개혁과 중국의 양무운동은 끝내 실패하고 왜 일본의 메이지유신만 성공했는지에 대한 해답이 나올 수 있다.

고종의 리더십에 대한 평가는 광무개혁에 대한 객관적인 분석이 전제돼야 한다. 광무개혁의 성과에 비춰볼 때 고종의 리더십은 나름 평가할 만한 점이 없는 게 아니다. 그럼에도 아편전쟁이 상징하듯 사상 최초로 동서의 패권국이 서로 맞붙는 G2 시대의 난세에 제대로 대응치 못해 나라를 패망의 위기로 몰아간 것 또한 엄연한 사실이다. 특히 망국적인 세도정치를 부활시킨 것은 그 어떤 이유로도 변명할 길이 없는 최대 실책에 해당한다. 비록 인조 및 선조와 같은 수준의 형편없는 암군은 아니라고 할지라도 결코 암군의 범주에서 벗어나기 힘든 이유다.

나가는 글
21세기와 제왕 리더십

21세기와 지식창조 경영

조선조 역대 군왕 가운데 '수불석권'의 자세로 정사에 임한 인물을 고르라면 단연 세종과 정조를 들 수 있다. 그러나 두 사람 사이에는 적잖은 차이가 있다. 정조가 사서삼경 등의 경서를 중시한 데 반해 세종은 『춘추좌전』과 『자치통감』 등의 사서를 중시했다. 특히 세종의 『자치통감』에 대한 탐독은 손수 주석서를 낸 데서 알 수 있듯이 사대부들의 상상을 초월하는 것이었다.

『춘추좌전』과 『자치통감』은 '제왕학'의 여러 고전 중 특이하게도 분명 사서에 속하는데도 경서로 취급받았다. 원래 경서와 사서의 구별은 전傳의 존재 여부에 달려있다. 경서는 성인이 만든 '경'에 현인이 '전'을 달았다는 뜻의 '성경현전聖經賢傳'에서 나온 말이다. 『춘추좌전』의 명칭 역시 성인 공자가 만든 '경'에 현인 좌구명이 '전'을 달았다는 취지에서 나온 것이다.

어렸을 때부터 『춘추좌전』에 해박해 명성을 떨쳤던 사마광은 훗날 『자치통감』을 저술하면서 형식과 내용 모든 면에서 『춘추좌전』의 체제를 그대로 이어받았다. 그가 '춘추필법'을 기치로 내걸고 『춘추좌전』의 뒤를 이은 『자치통감』을 저술한 것은 바로 이 때문이다. 그런 의미에서 전국시대부터 송대 이전까지 1,300여년의 역사를 다룬 『자치통감』은 '제2의 『춘추좌전』'에 해당한다. 사서보다 경서를 훨씬 중시한 중국 송대 및 조선의 성리학자들이 『춘추좌전』과 『자치통감』에 대해서만큼은 경서의 일종으로 취급한 이유가 여기에 있다.

일찍이 중국의 마오쩌둥은 한국어는 물론 일본어로도 완역이 되지 않은 방대한 분량의 『자치통감』을 죽는 순간까지 침대 곁에 두며 무려 17번이나 읽은 것으로 알려져 있다. 그럼에도 그는 생전에 『춘추좌전』과 『자치통감』을 관통하는 '춘추필법'의 상징인 공자를 '수구반동'의 표상으로 몰아갔다. 이는 그의 독서 방식에 적잖은 문제가 있음을 시사한다.

그가 많은 고전을 섭렵한 것은 사실이나 '문사철'로 상징되는 3대 인문학 분야 중 나름대로 뛰어난 창견創見을 보인 것은 거의 문학 쪽에 국한돼 있다. 『홍루몽』을 사서로 간주하면서 주인공 가보옥을 '대혁명가'로 규정하고, 『수호지』의 여러 주인공 중 한 사람인 임충의 '투명장投名狀' 대목을 백미로 꼽은 것 등이 그것이다. 그러나 그는 역사 및 사상 분야에서는 진시황을 공자와 대비시켜 '진보'와 '보수'의 표상으로 규정하는 등 일정한 한계를 드러냈다.

일본의 메이지유신 당시 사상적 지도자 역할을 한 후쿠자와 유기치福澤諭吉는 마오쩌둥과 정반대되는 모습을 보여주었다. 그는 메이지

유신을 전후로 『서양사정』과 『학문의 권유』, 『문명론의 개략』 등 불후의 3부작을 펴내 일본의 근대화에 결정적인 도움을 준 바 있다. 이른바 '탈아입구脫亞入歐'를 기치로 내걸고 서구화에 가장 앞장섰던 그는 일본정신을 잃은 서구화는 아무 의미가 없다며 무분별한 서구화를 경계했다.

이는 그가 춘추시대 열국의 흥망성쇠를 다룬 『춘추좌전』에 깊은 조예가 있었기에 가능했다. 그는 말년에 펴낸 자서전 『복옹자전』에서 평생 동안 『춘추좌전』을 모두 13번 읽었다고 밝힌 바 있다. '모순론'과 '실천론' 등을 펴내 공산주의 이론에서 나름대로 뛰어난 식견을 보여준 마오쩌둥이 전래의 역사문화에 대해서만큼은 '문화혁명' 운운하며 멸시적인 태도를 보인 것과 대비되는 대목이다. 현대중국을 창업한 공을 수긍하면서도 전래의 역사문화에 대한 그의 천견淺見을 통박하지 않을 수 없는 이유가 여기에 있다.

21세기의 치열한 경제전쟁에서 살아남을 수 있는 유일한 길은 지식창조 분야에서 승리를 거두는 길뿐이다. 세종의 국가경영은 21세기의 창조경영과 닮아 있다. 그의 치세 때 조선조 5백년을 통틀어 가장 많은 지식축적 잡업과 일련의 창조 작업이 전개된 사실이 이를 뒷받침한다. 이는 『자치통감』을 숙독하며 과거와 현재, 미래를 하나로 꿴 결과로 해석할 수 있다.

하드웨어 분야에서 세계 최고의 수준을 자랑하던 삼성이 한때 스티브 잡스의 '아이폰' 돌풍에 휘말려 커다란 곤욕을 치른 것은 많은 것을 시사하고 있다. 이는 21세기의 국가 간 경제전쟁의 성패는 결국 소프트웨어 분야에서 창조적인 콘텐츠를 얼마나 확보하고 있는가에 달려 있음을 웅변한다. '모방의 덫'에 갇힐 경우 이는 곧 몰락을 의미한다. 세종은 재위 20년 3월에 이같이 말한 바 있다.

"내가 지금도 독서를 그만두지 않는 것은 글을 보는 사이에 생각이 떠올라 정사에 반영하는 것이 많기 때문이다."

한글을 비롯해 측우기, 혼천의 등 무수한 발명품은 바로 체계적인 지식에 기초한 그의 이런 창조정신에서 가능했던 것이다. 과거와 현재, 미래를 넘나들며 시대상황과 책무, 비전을 동시에 읽어 내는 통사적通史的 접근이 이를 가능케 했다고 보아야 한다. 격동의 21세기에 세종의 통치 리더십이 새삼 주목되는 이유이다.

실제로 세종은 '제왕학' 고전을 두루 섭렵한 까닭에 당시 문사철의 인문학에서 가장 높은 경지에 올라 있었다. 그는 사서삼경의 경서가 역설하는 '천도天道' 개념을 『자치통감』 등의 사서가 역설하는 '치국평천하'의 '인도人道' 원리 속에 녹여버렸다. 고루한 성리학자들과 질적인 차이를 보인 이유가 여기에 있었다. 그의 창조적 발상은 여기서 비롯됐다고 해도 과언이 아니다.

그의 창조경영이 가장 빛을 발하는 대목은 바로 한글의 창제이다. 그는 21세기 현재에 이르기까지 세계 최고의 문자로 칭송을 받고 있는 한글을 창제함으로써 실질적인 '애민愛民'을 이뤘다. 군민합일君民合一의 소통이 가능해진 결과이다. 이 놀라운 문자는 우리의 가장 큰 문화유산이자 정신적 뿌리에 해당한다.

실제로 한글의 창제는 활자개발과 수많은 서적의 출간으로 이어지며 지식창조 경영의 밑거름이 되었다. 농업혁명을 가능케 한 『농사직설』과 의학혁명의 디딤돌이 된 『향약채취월령』, 도덕혁명의 전거가 된 『삼강행실도』, 안보경제의 초석이 된 『팔도지리지』 등의 편찬이 모두 그의 치세 때 이뤄졌다. 현실과 동떨어진 공리공담이 아닌 이용후생에 기초한 창조경영이 진면목을 드러낸 대목이다.

통일의 기운이 가장 높게 일고 있는 현 상황은 해양과 대륙세력을 상징하는 미국과 중국을 비롯한 주변 4강국이 한반도의 조그만 움직임에도 촉각을 곤두세우고 있는 시기이기도 하다. 우리의 슬기로운 대응이 그 어느 때보다 절실히 요구되고 있는 것이다. 자칫 잘못 대처했다가는 천 길 낭떠러지로 떨어질 수도 있다. 정반대로 우리가 하기에 따라서는 민족의 숙원인 통일을 마침내 이뤄내고, 이를 바탕으로 대륙 및 해양으로 쾌주快走하는 절호의 기회르 삼을 수 있다. 모든 게 우리가 하기 나름인 것이다.

조선조 역대 군왕이 나라와 백성을 위해 과연 어떤 결단을 하고 어떻게 나라를 이끌었는지에 대한 평가는 결국 '위국위민爲國爲民'의 의도를 기준으로 전개될 수밖에 없다. 본서는 바로 이런 관점에서 조선조를 대표하는 12명의 군왕을 선정해 이들이 안팎의 주어진 상황에서 어떻게 난관을 헤쳐 나갔고, 그 공과功過는 과연 어떠했는지 등을 분석했다. 필자의 평가는 어디까지나 부국강병을 잣대로 삼은 하나의 견해일 뿐이다. 최종적인 해석은 어디까지나 득자들의 몫이다.

21세기와 비즈니스맨

정치경제학의 관점에서 볼 때 동양 전래의 사농공상士農工商 중 '사'는 정치, '농공상'은 경제를 의미한다. '농공상' 중 실물경제는 '농공', 금융경제는 '상'에 해당한다. 실물경인 '농공'은 '농'에서 출발한다. 농사의 성패는 얼마나 때 맞춰 씨를 뿌리고, 김을 매고, 곡식을 거두는가에 달려 있다. 먹는 문제의 성패가 근면에 달려 있는 셈이다. 실제로 열심히 일하면 백성이 배불리 먹지는 못해도 최소한 굶는 것을 걱정하지 않을 수 있고 일부는 소부少富를 이룰 수 있다.

동양은 배불리 먹으면 도를 깨우치는데 해가 된다고 생각해 대식大食을 천시했다. 서양이 그리스시대부터 척박한 농지로 인해 불가불 상업을 중시하며 중상주의로 나아간데 반해 동양이 소식小食을 기치로 내걸고 농업을 중시하는 중농주의로 나아간 이유가 여기에 있다. 제갈량이 죽기 직전에 유비의 아들 유선에게 표문을 올려 뽕나무 8백 그루와 척박한 밭이 약간 있어 여유가 있다며 자식들의 뒤를 당부한 것도 이런 맥락에서 이해할 수 있다. 선비가 먹기 살기 위해 농사를 짓는 것만은 인정해도 상공업에 종사하는 것만은 꺼리는 전통이 오랫동안 유지된 배경이다.

성리학을 완성한 남송대의 주희는 여기서 한 발 더 나아가 이른바 '천리인욕설天理人欲說'에 입각해 '대식'을 '인욕'으로 간주하며 죄악시했다. '대식'을 가장 빠른 방법으로 이룰 수 있는 상업을 극도로 천시한 것은 바로 이 때문이다. 실제로 남송대의 사대부와 조선조의 선비들은 '돈'이라는 명칭을 거론하는 것 자체도 비루하게 여겼다.

그러나 아무리 농업을 중시하고 상업을 천시하는 이른바 중농천상重農賤商의 기조를 견지할지라도 궁궐의 조영과 도로의 개설, 전차 및 무기의 개량, 관복의 정비, 서책의 간행 등을 소홀히 할 수는 없는 일이다. 이는 공업 즉 산업의 발전을 전제로 한 것이다. 시간이 지나면서 각종 수공업의 발달을 토대로 고부가가치의 제품생산이 이뤄진 배경이 여기에 있다. 대표적인 상품이 바로 비단과 도자기이다. 비약적인 기술혁신과 공장제 수공업 등의 분업으로 대량생산이 가능해지면서 사람들은 이전보다 훨씬 풍요한 삶을 영위할 수 있게 되었다. '농공'으로 상징되는 실물경제의 발달은 곧 먹고 문제가 거의 해결되었음을 뜻한다. 기술혁신에 따른 산업의 발달은 곧 상당 수준의 풍요를 뜻하는 중부中富를 가능케 했다.

산업의 발전은 전방효과로 농업기술의 향상을 통한 농산물의 증산을 가능케 했고, 후방효과로 생산된 공산품의 유통을 매개하는 상업의 발전을 가능케 했다. '농공'에 이어 '공상'이 점차 강조된 배경이 여기에 있다. 농공산품의 지속적인 증산을 보장하고 필요한 물품의 적시 입수를 가능케 하기 위해서는 원활한 물류가 전제되어야 한다. 수양제가 남북을 관통하는 대운하를 개착한 이유이다. 러시아가 차관을 들여와 시베리아 횡단철도를 부설하고, 미국이 중국의 쿠리를 들여와 대륙횡단철도를 깔고, 한국의 박정희 전 대통령이 야당 및 여론의 반대에도 불구하고 경부고속도로를 뚫은 이유가 여기에 있다.

운하와 도로, 철도의 개설은 시장의 확대를 의미한다. 시장의 확대는 각지에서 산출되는 특산품의 대량 수집과 신속한 유통을 자극해 천문학적인 재산축적을 가능케 했다. 동양에서는 전쟁이 일상화한 전국시대에 들어와 밀무역을 포함한 각국 간 교역이 활발히 전개되면서 최상의 풍요를 뜻하는 상부上富가 가능해졌다. '상부'가 곧 상인을 뜻하는 것으로 간주된 배경이 여기에 있다. 전국시대 말기에 전쟁특수로 치부한 여불위가 막대한 규모의 정치자금 기부를 배경으로 최강국인 진나라의 재상이 된 것은 이제 상업이 국가의 흥망을 좌우하는 상황에 이르게 되었음을 뜻했다. 『맹자』「공손추 하」편에는 전시특수를 틈타 거만의 재산을 모은 상인을 질타하는 대목이 나온다.

"옛날에 시장에서 교역하는 것은 자신이 갖고 있는 물건을 갖고 와 자신이 갖고 있지 않은 물건과 바꾸기 위한 것이었다. 당시 시장을 관할하는 유사有司는 그것을 감독만 했을 뿐이다. 그런데 한 천장부賤丈夫가 나타난 뒤 농단壟斷에 올라가 좌우를 둘러보며 시장의 이익을 그물질 하듯 거둬가 버리기 시작했다. 상행위에 세금을 징수하는 것은 바로 이 천장부로부터 시작된 것이다."

자신이 원하는 바대로 일을 처리한다는 뜻을 지닌 '농단'의 성어는 여기서 나온 것이다. 여기의 '천장부'는 시기 및 지역 간 차이를 틈탄 매점매석 행위로 치부한 상인을 뜻한다. 맹자가 이런 감정적인 표현을 쓴 것은 바로 수단방법을 가리지 않고 이윤을 극대화한 중상주의자들에 대한 중농주의자들의 비판의식을 대변한 것이다. 현실에 존재한 적도 없는 정전법井田法을 최상의 경제정책으로 간주한 맹자는 대표적인 중농주의자였다. 이 일화는 전국시대 당시 각국의 상인들이 자국의 특산품을 이용해 교역으로 막대한 재산을 축적했고, 각국은 이들에게 무거운 세금을 매겨 전비戰費를 충당한 역사적 사실을 담고 있다.

이 일화에서 주목할 것은 '농단'의 행위가 본래의 상업인 이른바 '직접상업'만을 의미하고 있다는 점이다. 금융업과 보험업 등의 '간접상업'은 훨씬 후대인 송대에 이르러서야 비로소 꽃을 피우게 된다. 동양에서 발달한 금융은 어디까지나 실물경제를 뒷받침하기 위한 보조적인 역할에 그친 까닭에 1997년의 IMF 환란과 2008년의 미국 발 금융대란과 같은 위기가 빚어질 여지가 없었다. 최근의 금융위기 사태를 계기로 사농공상의 맨 위쪽을 차지했던 '사인士人'의 존재의미가 새삼 부각된 것은 하나의 소득으로 볼 수 있다.

원래 '사인'은 문사文士와 무사武士로 구성된 위정자를 뜻했다. 그러나 기업이 국가경제 및 세계경제의 근간을 이루고 있는 21세기의 상황에서는 기업 CEO까지 포함하는 개념으로 파악하는 게 옳다. 이른바 '상사商士'가 전통적인 '문사'와 '무사'를 대신하는 시대에 살고 있는 셈이다. 기업의 존재의미를 이윤의 극대화에서 찾은 과거와 달리 국가발전 및 인류공영을 뜻하는 산업보국産業報國 및 흥국제세興國濟世에서 찾을 경우 기업과 국가경영의 리더십은 별반 다를 바가 없게 된다. 실제로 21세기에 들어와 선도적인 기업들은 윤리경영 등을 기치로 이런 방향으로 나아가고 있다. 바야흐로 '사인'의 대종이 문사 및 무사에서 기업인으로 바뀌는 세기사적 전환점에 서 있는 셈이다.

역사적으로 보면 조선조 후기에 이미 이런 생각을 지닌 사람들이 존재했다. 조선조 후기의 실학자 중 이른바 북학파北學派로 불린 중상주의자들이 바로 그들이다. 북학파의 대표주자인 박지원은 사농공상 개념을 '사=농공상'으로 파악하면서 사인들이 오히려 적극 상업에 종사해 재부를 쌓을 것을 촉구한 바 있다. 그는 조선이 궁색을 면치 못하고 백성의 삶이 누추한 것은 이용후생利用厚生을 천시하는 조정 관료와 사대부들의 무식함에서 비롯되었다고 질타했다.

박지원이 역설한 '이용후생'은 상공을 잘 다스려 나라를 부유하게 하고 백성의 삶을 풍요롭게 만드는 것이 통치의 요체라는 취지에서 나온 것이다. 이들 북학파들은 상행위의 자유와 상공업의 진흥을 앞장서 역설한 점에서 토지개혁에 무게를 두면서 상업을 천시한 정약용 등의 중농학파와 큰 차이를 보이고 있다. 중상주의자인 박지원은 이익과 정약용 등으로 대표되는 중농주의자들의 이런 주장을 시대에 뒤떨어진 것으로 간주했다. 그는 「과정록」에서 이같이 역설했다.

"상인을 관청에서 조정하려 들면 안 된다. 그들을 조정하면 물건 값이 묶이고, 물건 값이 묶이면 이익을 얻을 수 없고, 이익을 얻지 못하면 거래가 마비되는 폐단이 발생한다. 그러면 농민과 수공업자가 모두 곤란을 겪어 궁색해지고 백성은 생계수단을 잃게 된다. 상인들이 값이 싼 곳에서 물건을 사다가 비싼 곳에서 파는 상업 활동은 풍족한 것을 덜어내어 부족한 곳에 더해주는 이치이다. 물밑의 가벼운 모래가 출렁이는 물결에 따라 고루 퍼져 저절로 평탄해지는 이치와 같은 것이다."

그는 백성이 풍요를 누리고 나라가 부강해지기 위해서는 무엇보다 먼저 자유로운 상행위가 보장되어야 하고, 그러기 위해서는 운송 등의 유통경제가 뒷받침되어야 한다고 주장했다. 『열하일기』에 따르면 그가 북경에 사신으로 가는 길에 가장 인상 깊게 본 풍경은 선박과 수레를 이용한 운송이었다. 그는 청국과 조선의 빈부는 바로 유통경제의 차이에서 비롯되었다는 게 그의 주장이다. 이는 해외무역을 전제로 한 것이었다. 『열하일기』「허생전」에 나오는 관련 대목이다.

"우리 조선은 배가 외국과 통하지 못하고 수레가 국내에 두루 다니지 못하는 까닭으로 온갖 재물이 이내 안에서 생겨났다가 안에서 사라지는 처지에 놓여 있다."

그는 국제교역의 활성화가 국가경제와 민생을 풍요롭게 만드는 가장 바람직한 방략이라고 주장했다. 자유로운 상행위의 보장은 선박과 수레를 이용한 재화의 유통을 활성화하고, 이는 다시 국내 농공업의 발전을 자극해 해외통상을 촉진하고, 마침내 국부의 증진도 자연스럽게 도모할 수 있다는 게 그의 생각이었다.

이미 학자들의 연구에 의해 밝혀진 것이지만 원래 프랑스혁명을 전후로 문득 등장케 된 서양의 계몽주의 사상은 중국에서 활동한 선교사들에 의해 『논어』와 『도덕경』 등 동양의 수많은 고전이 라틴어로 번역되어 서양에 소개된 이후에 나타난 현상이다. 「경제표」를 만든 중농학파의 시조인 케네가 사람들에게 자신을 '유럽의 공자'로 불러 달라고 주문한 사실이 이를 뒷받침한다.

계몽사상의 대표 주자에 해당하는 볼테르는 중국의 제도와 문물을 참고로 '주권사상'을 만들어 냄으로써 미국의 독립운동과 프랑스 시민혁명의 사상적 기반을 제공한 바 있다. 맹자의 민본民本사상을 서구사상의 새로운 패러다임으로 삼은 덕분이다. '자유'와 '민주', '인권' 등 서양이 자랑하는 근대사상 모두 동양에서 건너간 것임을 뒷받침하는 대목이다. 조선조 최초로 '상사商士'의 역할을 역설한 박지원이 『열하일기』 등에서 상업을 통한 부국방안을 역설한 점에 주목할 필요가 있다. 그는 『국부론』의 저자 아담 스미스와 비슷한 시기를 살았다. 그의 주장은 아담 스미스 못지 않다. 이를 뒷받침하는 그의 주장이다.

"조선의 백성 중 상인이 가장 천한 직업이기는 하나 그들이 없으면 온갖 재화가 통할 수 없다. 상업을 폐지할 수 없는 이유이다. 재물이 백성에게 축적된 뒤에야 비로소 국가 재정도 풍족해질 수 있다."

아담 스미스의 『국부론』을 방불케 하는 탁견이다. 필자가 G2 시대를 타개하는 지혜를 찾아내는데 일조하기 위해 조선조 5백년 기간 동안 모두 3번에 걸쳐 등장한 G2 시대에 재위한 조선왕들의 리더십을 집중 탐사한 것도 이와 무관치 않다. 21세기 경제전쟁 시대의 일선 사령탑에 해당하는 기업 CEO를 비롯한 각계의 지도자들이 '부국강병'의 첨병 역할을 수행하는데 조금이라도 도움을 주고자 한 것이다. 독자 제현의 분발을 기대한다.

부록 1. 조선조 세계표

太祖 1392-1398	定宗 1398-1400		
太宗 1400-1418	世宗 1418-1450	文宗 1450-1452	端宗 1452-1455
世祖 1455-1468	睿宗 1468-1469	成宗 1469-1494	燕山君 1494-1506
中宗 1506-1544	仁宗 1544-1545	明宗 1545-1567	宣祖 1567-1608
光海君 1608-1623	仁祖 1623-1649	孝宗 1649-1659	顯宗 1659-1674
肅宗 1674-1720	景宗 1720-1724	英祖 1724-1776	正祖 1776-1800
純祖 1800-1834	憲宗 1834-1849	哲宗 1849-1863	高宗 1863-1907
純宗 1907-1910			

부록 2. 조선왕명 및 군호

묘호	즉위 전 이름 및 군호		즉위 후 개명
1. 태조太祖	이성계李成桂		이단李旦
2. 정종定宗	이방과李芳果	영안대군永安大君	이경李曔
3. 태종太宗	이방원李芳遠	정안대군靖安大君	
4. 세종世宗	이도李祹	충녕대군忠寧大君	
5. 문종文宗	이향李珦		
6. 단종端宗	이홍위李弘暐		
7. 세조世祖	이유李瑈	수양대군首陽大君	
8. 예종睿宗	이광李晄	해양대군海陽大君	
9. 성종成宗	이혈李娎	자산대군者山大君	
10. 연산군燕山君	이륭李㦕		
11. 중종中宗	이역李懌	진성대군晉城大君	
12. 인종仁宗	이호李峼		
13. 명종明宗	이환李峘		
14. 선조宣祖	이균李鈞	하성군河城君	이연李昖
15. 광해군光海君	이혼李琿		
16. 인조仁祖	이천윤李天胤	능양대군綾陽大君	이종李倧
17. 효종孝宗	이호李淏	봉림대군鳳林大君	
18. 현종顯宗	이연李棩		
19. 숙종肅宗	이돈李焞		
20. 경종景宗	이윤李昀		
21. 영조英祖	이금李昑	연잉군延礽君	
22. 정조正祖	이산李祘		
23. 순조純祖	이공李玜		
24. 헌종憲宗	이환李奐		
25. 철종哲宗	이원범李元範	덕완군德完君	이변李昪
26. 고종高宗	이재황李載晃	익성군翼成君	이형李㷩
27. 순종純宗	이척李坧		

참고문헌

1. 기본서

『경국대전』『고려사절요』『공자가어』『관자』『국어』『근사록』『금사』『구당서』『난중일기』『노자』『논어』『논형』『담헌서』『당의통략』『독통감론』『동국통감』『동사강목』『매천야록』『맹자』『명남루총서』『명사』『명이대방록』『목은집』『묵자』『반계수록』『발해고』『사기』『삼국지』『삼봉집』『상군서』『서애집』『서유견문』『설문해자』『설원』『성호사설』『세설신어』『손자』『송명신언행록』『송사』『송자대전』『순자』『신감』『신어』『신오대사』『신증동국여지승람』『안자춘추』『안씨가훈』『양자』『여유당전서』『여씨춘추』『연려실기술』『연암집』『열자』『염철론』『오자』『오주연문장전산고』『요사』『우서』『원사』『윤문자』『율곡전서』『일지록』『자치통감』『잠부론』『자치통감』『장자』『조선왕조실록』『전국책』『정관정요』『지봉유설』『징비록』『청사고』『춘추곡량전』『춘추공양전』『춘추번로』『춘추좌전』『퇴계집』『포박자』『한비자』『한서』

2. 저서 및 논문

• 한국어판

강상중, 『오리엔탈리즘을 넘어서』(이산, 1997).
강재언, 『선비의 나라 한국유학 2천 년』(하우봉 역, 한길사, 2003).
강주진, 『이조당쟁사 연구』(서울대출판부, 1971).
고영진, 『조선 중기 예학사상사』(한길사, 1995).
금장태, 『한국 실학사상 연구』(집문당, 1987).
기무라 칸, 『조선한국의 내셔널리즘과 소국의식』(김세덕 역, 산처럼, 2007).
김길환, 『조선조 유학사상 연구』(일지사, 1980).
김영작, 『한말 내셔널리즘 연구』(청계연구소, 1989).

김용욱, 『한국 개항사』(서문당, 1976).
김운회, 『대쥬신을 찾아서』(해냄출판사, 2006).
김태영, 『조선 전기 토지제도사 연구』(지식산업사, 1983).
김한식, 『실학의 정치사상』(일지사, 1979).
량치차오, 『중국 문화사상사』(이민수 역, 정음사, 1980).
렁청진, 『지전』(장연 역, 김영사, 2004).
리충우, 『후흑학』(신동준 역, 효형, 2003).
마루야마 마사오, 『일본 정치사상사 연구』(김석근 역, 한국사상사연구소, 1995).
마키아벨리, 『군주론』(강정인 역, 까치, 1997).
모리모토 준이치로, 『동양 정치사상사 연구』(김수길 역, 동녘, 1985).
모리야 히로시, 『중국 고전의 인간학』(이찬도 역, 을지서적, 1991).
박경룡, 『개화기 한성부 연구』(일지사, 1995).
박성수, 『조선의 부정부패』(규장각, 1999).
박세길, 『다시 쓰는 한국현대사』(돌베개, 1992).
박은식, 『한국 독립운동지혈사』(서울신문사, 1946).
박충석, 『한국 정치사상사』(삼영사, 1982).
사이드, 『오리엔탈리즘』(박홍규 역, 교보문고, 1997).
신동준, 『조선의 왕과 신하, 부국강병을 논하다』(살림, 2007).
신채호, 『조선사 연구초』(이만열 주석, 형설출판사, 1992).
샤오궁취안, 『중국 정치사상사』(최명 외 역, 법문사, 1994).
안확, 『조선 문명사』(회동서관, 1923).
유명종, 『한국의 양명학』(동화출판공사, 1983).
윤사순, 『한국 유학사상론』(열음사, 1986).
이경식, 『조선 전기 토지제도사 연구』(일조각, 1986).
이덕일, 『당쟁으로 보는 조선 역사』(석필, 1997).
이성무, 『조선 시대 당쟁사』(동방미디어, 2000).

이영화, 『조선 시대 사람들』(가람기획, 1998).
이영훈, 『조선 후기 사회경제사』(한길사, 1988).
이원순, 『한국 서학사 연구』(일지사, 1986)).
이을호, 『한국 개신유학사 시론』(박영사, 1980).
이정동, 『퇴계의 생애와 사상』(박영사, 1974).
이현희, 『정한론의 배경과 영향』(대왕사, 1986).
이훈상, 『조선 후기 향리 연구』(일조각, 1990).
정옥자, 『조선 역사의 이해』(일지사, 1993).
지두환, 『조선 전기 의례 연구』(서울대출판부, 1994).
차문섭, 『조선 시대 군제 연구』(단국대출판부, 1973).
천관우, 『근세 조선사 연구』(일조각, 1979).
최명, 『삼국지 속의 삼국지』(인간사랑, 2003).
최승희, 『조선 초기 정치사 연구』(지식산업사, 2002).
최이돈, 『조선 중기 사림 정치구조 연구』(일조각, 1994).
크릴, 『공자-인간과 신화』(이성규 역, 지식산업사, 1989).
하우봉, 『조선 후기 실학자의 일본관 연구』(일지사, 1989).
한명기, 『임진왜란과 한중관계』(역사비평사, 1999).
한상권, 『조선 후기 사회와 소원제도』(일조각, 1996).
한영우, 『다시 찾은 우리 역사』(경세원, 1997).
홍이섭, 『한국 근대사』(연세대출판부, 1975).

• 중국어판

郭志坤, 『荀學論稿』, 三聯書店, 1991.
匡亞明, 『孔子評傳』, 齊魯出版社, 1985.
喬木靑, 「荀況'法後王'考辨」, 『社會科學戰線』2, 1978.
金德建, 『先秦諸子雜考』, 中州書畵社, 1982.
勞思光, 「法家與秦之統一」, 『大學生活 153-155』, 1963.

童書業,『先秦七子思想硏究』, 齊魯書社, 1982.

鄧小平,『鄧小平文選』, 人民出版社, 1993.

毛澤東,「新民主主義論」,『毛澤東選集 2』, 人民出版社, 1991.

潘富恩 甌群,『中國古代兩種認識論的鬪爭』, 上海人民出版社, 1973.

方立天,『中國古代哲學問題發展史』, 中華書局, 1990.

傅樂成,「漢法與漢儒」,『食貨月刊 復刊 5-10』, 1976.

史尙輝,「韓非-戰國末期的反孔主將」,『學習與批判 1974-9』, 1974.

徐復觀,『中國思想史論集』, 臺中印刷社, 1951.

聶文淵,「孟子政治觀中的民本思想」,『貴州社會科學 1993-1』, 1993.

蕭公權,『中國政治思想史』, 臺北聯經出版事業公司, 1980.

蘇誠鑑,「漢武帝“獨尊儒術”考實」,『中國哲學史硏究 1』, 1985.

蘇新鋈,「孟子仁政首重經濟建設的意義」,『中國哲學史硏究 1』, 1988.

蕭一山,『淸代通史』, 臺灣商務印書館, 1985.

孫 謙,「儒法法理學異同論」,『人文雜誌 6』, 1989.

孫家洲,「先秦儒家與法家“忠孝”倫理思想述評」,『貴州社會科學 4』, 1987.

孫開太,「試論孟子的“仁政”學說」,『思想戰線 1979-4』, 1979.

孫立平,「集權 民主 政治現代化」,『政治學硏究 5-15』, 1989.

楊繼繩,『鄧小平時代』, 三聯書店, 1983.

梁啓超,『先秦政治思想史』, 商務印書館, 1926.

楊立著,「對法家“法治主義”的再認識」,『遼寧大學學報, 哲學社會科學 2』, 1989.

楊善群,「論孟荀思想的階級屬性」,『史林 1993-2』, 1993.

楊雅婷,「荀子論道」,『中國文學硏究 2』, 1988.

楊幼炯,『中國政治思想史』, 商務印書館, 1937.

楊鴻烈,『中國法律思想史』, 商務印書館, 1937.

呂 凱,「韓非融儒道法三家成學考」,『東方雜誌 23-3』, 1989.

呂思勉,『秦學術概論』, 中國大百科全書, 1985.
吳 康,「荀子論王覇」,『孔孟學報 22』, 1973.
吳乃恭,『儒家思想研究』, 東北師範大學出版社, 1988.
吳辰佰,『皇權與紳權』, 儲安平, 1997.
王德敏,「管子思想對老子道德論的影響」,『中國社會科學 1991-2』, 1991.
王德昭,「馬基雅弗里與韓非思想的異同」,『新亞書院學術年刊 9』, 1967.
王道淵,「儒家的法治思想」,『中華文史論叢 19』, 1989.
王文亮,『中國聖人論』, 中國社會科學院出版社, 1993.
王錫三,「淺析韓非的極端專制獨裁論」,『天津師大學報 1982-6』, 1982.
王亞南,『中國官僚政治研究』, 中國社會科學出版社, 1990.
王威宣,「論荀子的法律思想」『山西大學學報, 哲學社會科學 2』, 1992.
王曉波,「先秦法家之發展及韓非的政治哲學」,『大陸雜誌 65-1』, 1982.
于孔寶,「論孔子對管仲的評價」,『社會科學輯刊 4』, 1990.
熊十力,『新唯識論: 原儒』, 山東友誼書社, 1989.
劉奉光,「孔孟政治思想比較」,『南開學報, 哲學社會科學 6』, 1986.
劉如瑛,「略論韓非的先王觀」,『江淮論壇 1』, 1982.
劉 爲,『淸代中朝使者往來硏究』, 黑龍敎育江出版社, 2002.
劉澤華,『先秦政治思想史』, 南開大學出版社, 1984.
游喚民,『先秦民本思想』, 湖南師範大學出版社, 1991.
李 侃,「中國近代'儒法鬪爭'駁議」,『歷史研究 3』, 1977.
李德永,「荀子的思想」,『中國古代哲學論叢 1』, 1957.
李宗吾,『厚黑學』, 求實出版社, 1990.
李澤厚,『中國古代思想史論』, 人民出版社, 1985.
人民出版社編輯部 編,『論法家和儒法鬪爭』, 人民出版社, 1974.
林聿時 關 峰,『春秋哲學史論集』, 人民出版社, 1963.
張豈之,『中國儒學思想史』, 陝西人民出版社, 1990.
張國華,「略論春秋戰國時期的"法治"與"人治"」,『法學研究 2』, 1980.

張君勱,『中國專制君主政制之評議』, 弘文館出版社, 1984.
張岱年,『中華的智慧-中國古代哲學思想精髓』, 上海人民出版社, 1989.
張永江,『淸代藩部硏究』, 黑龍江敎育出版社, 2001.
田久川,「孔子的霸道觀」,『遼寧師範大學學報, 社會科學 5』, 1987.
鄭良樹,『商鞅及其學派』, 上海古籍出版社, 1989.
丁中江,『北洋軍閥史』, 春秋雜誌社, 1978.
曹 謙,『韓非法治論』, 中華書局, 1948.
趙光賢,「什麽是儒家? 什麽是法家?」,『歷史敎學 1』, 1980.
曹思峰,『儒法鬪爭史話』, 上海人民出版社, 1975.
趙守正,『管子經濟思想硏究』, 上海古籍出版社, 1989.
趙如河,「韓非不是性惡論者」,『湖南師範大學社會科學學報 22-4』, 1993.
曹旭華,「〈管子〉論富國與富民的關係」,『學術月刊 6』, 1988.
趙雲田,『淸末新政硏究』, 黑龍江敎育出版社, 2004.
趙忠文,「論孟子'仁政'與孔子'仁'及'德政'說的關係」,『中國哲學史硏究 3』, 1987.
鍾 陵,「陳亮朱熹的王霸義利論辯與南宋遊學派之爭」,『南京師大學報, 社會科學 1』, 1993.
鍾肇鵬,『孔子硏究, 增訂版』, 中國社會科學出版社, 1990.
周立升 編,『春秋哲學』, 山東大學出版社, 1988.
周雙利,「略論儒法在'名實'問題上的論爭」,『考古』4, 1974.
周燕謀 編,『治學通鑑』, 臺北, 精益書局, 1976.
曾小華,『中國政治制度史論簡編』, 中國廣播電視出版社, 1991.
陳大絡,「儒家民主法治思想的闡述」,『福建論壇, 文史哲 6』, 1989.
陳飛龍,『荀子禮學之硏究』, 文史哲出版社, 1979.
陳進坤,「論儒家的"人治"與法家的"法治"」,『廈門大學學報, 哲學社會科學 2』, 1980.
鄒華玉,「試論管子的"富國安民"之道」,『北京師範學院學報, 社會科學

6』, 1992.
湯 新,「法家對黃老之學的吸收和改造-讀馬王堆帛書〈經法〉等篇」,『文物 8』, 1975.
夏子賢,「儒法鬪爭的歷史眞相」,『安徽師大學報, 哲學社會科學 3』, 1978.
郝鐵川,「韓非子論法與君權」,『法學研究 4』, 1987.
韓學宏,「荀子'法後王'思想研究」,『中華學苑 40』, 1990.
向仍旦,『荀子通論』, 福建人民出版社, 1987.
黃公偉,『孔孟荀哲學證義』, 臺北, 幼獅文化事業公司, 1975.
黃偉合,「儒法墨三家義利觀的比較研究」,『江淮論壇 6』, 1987.
黃俊傑,「孟子王覇三章集釋新詮」,『文史哲學報 37』, 1989.
曉 東,「政治學和政治體制改革」,『瞭望 20-21』, 1988.

• 일본어판

加藤常賢,『中國古代倫理學の發達』, 二松學舍大學出版部, 1992.
角田幸吉,「儒家と法家」,『東洋法學 12-1』, 1968.
岡田武彦,『中國思想における理想と現實』, 木耳社, 1983.
鎌田 正,『左傳の成立と其の展開』, 大修館書店, 1972.
高文堂出版社 編,『中國思想史』, 高文堂出版社, 1986.
高山方尙,「商子 荀子 韓非子の'國家'-回歸と適應-」,『中國古代史研究 4』, 1976.
高須芳次郞,『東洋思想十六講』, 東京, 新潮社, 1924.
高田眞治,「孔子的管仲評-華夷論の一端として」,『東洋研究 6』, 1963.
顧頡剛 著 小倉芳彦 等 譯,『中國古代の學術と政治』, 大修館書店, 1978.
菅本大二,「荀子の禮思想における法思想の影響について」,『筑波哲學 2』, 1990.
館野正美,『中國古代思想管見』, 汲古書院, 1993.

溝口雄三,『中國の公と私』, 研文出版, 1995.
宮崎市定,『アジア史研究, I-V』, 同朋社, 1984.
宮島博史 外,「明淸と李朝の時代」『世界の 歷史』, 中央公論社, 1998.
金谷 治,『管子の硏究-中國古代思想史の一面』, 岩波書店, 1987.
內山俊彦,『荀子-古代思想家の肖像』, 東京, 評論社, 1976.
大久保隆郞也,『中國思想史, 上-古代.中世-』, 高文堂出版社, 1985.
大濱 晧,『中國古代思想論』, 勁草書房, 1977.
大野實之助,「禮と法」,『東洋文化研究所創設30周年紀念論集, 東洋文化と明日』, 1970.
渡邊信一郞,『中國古代國家の思想構造』, 校倉書房, 1994.
木村英一,『法家思想の探究』, 弘文堂, 1944.
木村英一,『孔子と論語』, 創文社, 1984.
茂澤方尙,「韓非子の'聖人'について」,『駒澤史學 38』, 1988.
服部 武,『論語の人間學』, 東京, 富山房, 1986.
福澤諭吉,『福澤諭吉選集』, 岩波書店, 1989.
山口義勇,『列子研究』, 風間書房, 1976.
森 秀樹,「韓非と荀況-思想の繼蹤と繼絶」,『關西大學文學論集 28-4』, 1979.
森 熊男,「孟子の王道論-善政と善教をめぐて」,『研究集錄, 岡山大學教育學部 50-2』, 1979.
上野直明,『中國古代思想史論』, 成文堂, 1980.
相原俊二,「孟子の五覇について」,『池田末利博士古稀記念東洋學論集』, 1980.
上田榮吉郞,「韓非の法治思想」,『中國の文化と社會 13』, 1968.
小林多加士,「法家の社會體系理論」,『東洋學研究 4』, 1970.
小野勝也,「韓非.帝王思想の一側面」,『東洋學學術研究 10-4』, 1971.
小此木政夫 外,『東アジア危機の構圖創出』, 東洋經濟新聞社, 1997.

小倉芳彦,『中國古代政治思想研究』, 青木書店, 1975.
松浦 玲,「'王道'論をめぐる日本と中國」,『東洋學術研究 16-6』, 1977.
守本順一郎,『東洋政治思想史研究』, 未來社, 1967.
狩野直禎,『韓非子の知慧』, 講談社, 1987.
守屋 洋,『韓非子の人間學-吾が存に善なる恃まず』, プレジデント社, 1991.
信夫淳平,『荀子の新研究』, 研文社, 1959.
兒玉公彦,「〈管子〉に見える法律思想の特徵について」,『漢文學會會報 29』, 1970.
兒玉六郎,「荀況の政治論」,『新潟大學教育學部紀要, 人文社會科學 31-1』, 1989.
安岡正篤,『東洋學發掘』, 明德出版社, 1986.
安居香山 編,『讖緯思想の綜合的研究』, 國書刊行會, 1993.
栗田直躬,『中國古代思想の研究』, 岩波書店, 1986.
伊藤道治,『中國古代王朝の形成』, 創文社, 1985.
日原利國,『中國思想史, 上,下』, ペリカン社, 1987.
日原利國,「王道から覇道への轉換」,『中國哲學史の展望と模索』, 東京, 創文社, 1976.
張 柳雲,「韓非子の治道與治術」,『中華文化復興月刊 3-8』, 1970.
町田三郎 外,『中國哲學史研究論集』, 葦書房, 1990.
佐川 修,「董仲舒の王道說-その陰陽說との關連について」,『東北大學教養部紀要 19』, 1974.
中村 哲,「韓非子の專制君主論」,『法學志林 74-4』, 1977.
中村俊也,「孟荀二者の思想と'公羊傳'の思想」,『國文學漢文學論叢 20』, 1975.
紙屋敦之,『大君外交と東アジア』, 吉川弘文館, 1997.
陳柱著 中村俊也 譯,『公羊家哲學』, 百帝社, 1987.
津田左右吉,『左傳の思想史的研究』, 東京, 岩波書店, 1987.

淺間敏太,「孟荀における孔子」,『中國哲學 3』, 1965.
淺井茂紀他,『孟子の禮知と王道論』, 高文堂出版社, 1982.
村瀨裕也,『荀子の世界』, 日中出版社, 1986.
貝塚茂樹 編,『諸子百家』, 筑摩書房, 1982.
幣原坦,『韓國政爭志』, 三省堂書店, 1907.
布施彌平治,「申不害の政治說」,『政經研究 4-2』, 1967.
穴澤辰雄教授退官記念會 編,『中國古代思想論考』, 汲古書院, 1982.
戶山芳郞,『古代中國の思想』, 放送大教育振興會, 1994.
丸山松幸,『異端と正統』, 每日新聞社, 1975.
丸山眞男,『日本政治思想史研究』, 東京大出版會, 1993.
黃 介騫,「荀子の政治經濟思想」,『經濟經營論叢 5-1』, 1970.
荒木見悟,『中國思想史の諸相』, 中國書店, 1989.

• 서양어판

Ahern, E. M., *Chinese Ritual and Politics*, Cambridge Univ. Press, 1981.
Allinson, R., ed., *Understanding the Chinese Mind : The Philosophical Roots*, Hong Kong : Oxford Univ. Press, 1989.
Ames, R. T., *The Art of Rulership–A Study in Ancient Chinese Political Thought*, Honolulu : Univ. Press of Hawaii, 1983.
Aristotle, *The Politics*, London : Oxford Univ. Press, 1969.
Barker, E., *The Political Thought of Plato and Aristotle*, New York : Dover Publications, 1959.
Bell, D. A., Democracy in Confucian Societies : The Challenge of Justification. in Daniel Bell et. al., *Towards Illiberal Democracy in Pacific Asia*, Oxford : St. Martin's Press, 1995.
Carr, E. H., *What is History*, London : Macmillan Co., 1961.
_____, *Nationalism and After*, London : Macmillan, 1945.

Cohen, P. A., *Between Tradition and Modernity* : *Wang T'ao and Reform in Late Ch'ing China*, Cambridge : Harvard Univ. Press, 1974.

Creel, H. G., *Shen Pu–hai. A Chinese Political Philosopher of The Fourth Century B.C.*, Chicago : Univ. of Chicago Press, 1975.

Cua, A. S., *Ethical Argumentation–A study in Hsün Tzu's Moral Epistemology*, Univ. Press of Hawaii, 1985.

De Bary, W. T., *The Trouble with Confucianism*, Cambridge, Mass. Harvard Univ. Press, 1991.

Fingarette, H., *Confucius* : *The Secular as Sacred*, New York : Harper and Row, 1972.

Fukuyama, F., *The End of History and the Last Man*, London : Hamish Hamilton, 1993.

Hegel, F., *Lectures on the Philosophy of World History*, Cambridge : Cambridge Univ. Press, 1975.

Held, D., *Models of Democracy*, Cambridge : Polity Press, 1987.

Hsü, L. S., *Political Philosophy of Confucianism*, London : George Routledge & Sons, 1932.

Huntington, S. P., "The Clash of civilization." *Foreign Affairs* 7, no.3, summer.

Johnson, C., *MITI and the Japanese Miracle*, Stanford : Stanford University Press, 1996.

Machiavelli, N., *The Prince*, Harmondsworth : Penguin, 1975.

Macpherson, C. B., *The Life and Times of Liberal Democracy*, Oxford : Oxford Univ. Press, 1977.

Mannheim, K., *Ideology and Utopia*, London : Routledge, 1963.

Marx, K., *Oeuvres Philosophie et Économie 1–5*, Paris : Gallimard, 1982.

Mills, C. W., *The Power Elite*, New York : Oxford Univ. Press, 1956.

Moritz, R., *Die Philosophie im alten China*, Berlin : Deutscher Verl. der Wissenschaften, 1990.

Munro, D. J., *The Concept of Man in Early China*, Stanford : Stanford Univ. Press, 1969.

Peerenboom, R. P., *Law and Morality in Ancient China - The Silk Manuscripts of Huang–Lao*, Albany, New York : State Univ. of New York Press, 1993.

Plato, *The Republic*, Oxford Univ. Press, 1964.

Pott, W. S., *A Chinese Political Philosophy*, Alfred. A. Knopf, 1925.

Rawls, J., *A Theory of Justice*, Cambridge, Harvard Univ. Press, 1971.

Rubin, V. A., *Individual and State in Ancient China - Essays on Four Chinese Philosophers*, Columbia Univ. Press, 1976.

Sabine, G., *A History of Political Theory*, Holt, Rinehart and Winston, 1961.

Sartori, G., *The Theory of Democracy Revisited*, Catham House Publisher, Inc., 1987.

Schumpeter, J. A., *Capitalism, Socialism and Democracy*, London : George Allen & Unwin, 1952.

Schwartz, B. I., *The World of Thought in Ancient China*, Cambridge : Harvard Univ. Press, 1985.

Strauss, L., *Natural Right and History*, Chicago Univ. of Chicago Press, 1953.

Taylor, R. L., *The Religious Dimensions of Confucianism*, Albany, New York : State Univ. of New York Press, 1990.

Tocqueville, Alexis de, *Democracy in America*, Garden City, N.Y. : Anchor Books, 1969.

Tomas, E. D., *Chinese Political Thought*, New York : Prentice–Hall, 1927.

Tu, Wei–ming, *Way, Learning and Politics- Essays on the Confucian Intellectual*, Albany, State Univ. of New York Press, 1993.

Waley, A., *Three Ways of Thought in Ancient China*, doubleday & company, 1956.

Weber, M., *The Protestant Ethics and the Spirit of Capitalism*, London : Allen and Unwin, 1971.

Wu, Geng, *Die Staatslehre des Han Fei - Ein Beitrag zur chinesischen Idee der Staatsräson*, Wien & New York : Springer–Verl., 1978.

Wu, Kang, *Trois Theories Politiques du Tch'ouen Ts'ieou*, Paris : Librairie Ernest Leroux, 1932.

Zenker, E. V., *Geschichte der Chinesischen Philosophie*, Reichenberg : Verlag Gebrüder Stiepel Ges. M. B. H., 1926.

Быков, ф. С., Зарождєниє Общєствєнно–Политичєской и Филос офской Мысли в Китає, Москва: Издатєлство Наука, 1966.

Переломов, Л. С., Конфуцианство и Легализм в Политической Истории Китая, Москвas : Наука, 1981.

G2 시대 리더십으로 본 조선왕 성적표

발행일 1쇄 2013년 12월 20일
지은이 신동준
펴낸이 여국동

펴낸곳 도서출판 인간사랑
출판등록 1983. 1. 26. 제일 - 3호
주소 경기도 고양시 일산동구 백석동 1178 - 1번지 2층
전화 031)901 - 8144(대표) | 977 - 3073(영업부) | 031)907 - 2003(편집부)
팩스 031)905 - 5815
전자우편 igsr@naver.com
페이스북 http://www.facebook.com/igsrpub
블로그 http://blog.naver.com/igsr
인쇄 인성인쇄 **출력** 현대미디어 **종이** 세원지업사

ISBN 978 - 89 - 7418 - 738 - 5 03910

이 도서의 국립중앙도서관 출판시도서목록(CIP)은 서지정보유통지원시스템 홈페이지(http://seoji.nl.go.kr)와 국가자료공동목록시스템(http://www.nl.go.kr/kolisnet)에서 이용하실 수 있습니다.(CIP제어번호: CIP2013024367)